Der Riss im Himmel

Clemens August und seine Epoche

Der Riss im Himmel

Clemens August und seine Epoche

Katalog zum Gesamtprojekt

Bonn – Brühl – Köln – Jülich – Miel

13. Mai bis 1. Oktober 2000

Herausgegeben von
Frank Günter Zehnder und Werner Schäfke

DUMONT

Träger:

LVR LANDSCHAFTSVERBAND RHEINLAND

Nordrhein-Westfalen-Stiftung
Naturschutz, Heimat-und Kulturpflege

Bundesstadt Bonn

Stadt Köln

Stadt Brühl

STADT JÜLICH

VERWALTUNG SCHLOSS BRÜHL

BRÜCKENKOPF-PARK Jülich

Förderverein Schloß Miel

RHEINISCHER VEREIN
für Denkmalpflege und Landschaftsschutz

Unterstützt durch:

Ministerium für **Arbeit, Soziales** und **Stadtentwicklung, Kultur** und **Sport** des Landes Nordrhein-Westfalen

NRW.

Die Sparkassen-Stiftung
ZUR FÖRDERUNG RHEINISCHEN KULTURGUTS

Kreissparkasse Köln

ERZBISTUM KÖLN

MODESCHULE DÜSSELDORF
Berufskolleg der DOB-Treuhand GmbH Köln

HypoVereinsbank

META WELL

Worldwide Information Systems
Bull

ADAC

Medienpartner:

Kölner Stadt-Anzeiger

WDR

Organisation des Projektes »Der Riss im Himmel«

Schirmherr der Ausstellung
Wolfgang Clement,
Ministerpräsident des Landes Nordrhein-Westfalen

Gesamtleitung
Gert Schönfeld, Kulturdezernent des Landschaftsverbandes Rheinland (Federführung)
Marie Hüllenkremer, Kulturdezernentin der Stadt Köln
Joachim Krause, Kulturdezernent der Stadt Jülich
Jochem von Uslar, Kulturdezernent der Bundesstadt Bonn

Projektleitung
Hans-Jürgen von Osterhausen, Landschaftsverband Rheinland

Koordination für das Land Nordrhein-Westfalen
Armin Brux, Ministerium für Arbeit, Soziales und Stadtentwicklung, Kultur und Sport des Landes Nordrhein-Westfalen
Gerlinde Fulle, Bezirksregierung Köln

Organisation und Verwaltung
Roswitha Arnold, RLMB; Elke Bayer, RLMB; Ingrid Bock, LVR; Irene Böttcher, RLMB; Winfried Fischer, Stadt Köln; Kerstin Gützkow, LVR; Ingo Hebler, Verwaltung Schloss Brühl; Harald Hürtgen, LVR; Marianne Koerfer, KSM; Constanze Kusch; Petra Pfeiffer, KSM; Helmut Roitzheim, KSM; Angelika Steinen, LVR; Alexandra Stey, KSM; Marion Wienholz, LVR

Aussstellungen

Projektleitung Ausstellungen:
Frank Günter Zehnder, RLMB

Wissenschaftliches Projekt-Sekretariat:
Susanne Blöcker, Nicole Buchmann, Marianne Gechter, Rita Wagner – unter Mithilfe von Ulrich Weber, Marion Werber

Koordinationsausschuß:
Kristiane Benedix, Ingrid Bodsch, Susanne Blöcker, Nicole Buchmann, Marianne Gechter, Wilfried Hansmann, Ingo Hebler, Harald Herzog, Norbert Kühn, Georg Mölich, Marcell Perse, Nicola Peczynsky, Werner Schäfke, Rita Wagner, Mona Wehling, Frank Günter Zehnder

Ausstellung in Brühl

Ausstellungsleitung:
Werner Schäfke, KSM; Frank Günter Zehnder, RLMB

Ausstellungskonzeption:
Susanne Blöcker, Dela von Boeselager, Marianne Gechter, Wilfried Hansmann, Robert Jütte, Werner Schäfke, Rita Wagner, Frank Günter Zehnder – mit Unterstützung der Autorinnen und Autoren der wissenschaftlichen Buchreihe »Der Riss im Himmel«

Ausstellungsarchitektur und -design:
Reiner Wiesemes

Bauleitung und Koordination:
Wolfgang Wiesemes, Sven Möller, Gisela Pichler

Holzbau: Herzing, Eckersdorf; Kunz, Trier
Beleuchtung:
Konzept: Osram-Light-Consulting, München
Herstellung: Borde + Borde, München
Ausführung: Rasky, Brühl

Metallarbeiten: BBM Babic, Giershausen
Glasarbeiten: Meyer, Brühl
Malerarbeiten: Kuhl, Köln
Textilarbeiten: Planung: Illigmann, Thurnau;
Ausführung: Fichtner, Brandis
Bodenbeläge: TLP Leppers, Korschenbroich
Werbetechnik: Sander GmbH, Köln; C & B Rösch, München

Kostüme: Modeschule Düsseldorf:
Leitung: Brigitte Richartz-Menzel,
Ausführende: Friederike Arens, Valentina Burghardt, Nicole Degen, Sandra Drockenmüller, Andrea Feldmann, Angela Grunwald, Susanne Miersch, Verena Przesdzienk, Constanze Schroth, Simone Weller, Hans-Jörg Winterfeld, Birgül Yanac

Beduftung: P & I GmbH Parfum und Innovationen, Köln

Aufbauteam:
Siegfried Clemens, RLMB; Günter Herde, RLMB; Kai-Uwe Kriegel, RLMB; Walter Münter, KSM; Werner Söntgerath, RLMB; Gabriele Thoma, RLMB; Ingeborg Wischnewski, RLMB; Heinz Detlef Wolf, KSM

Restauratorische Betreuung:
Beatrix Alexander, KSM; Holger Becker, RLMB; Christiane Brunnengräber, RLMB; Markus Döll, Restauratoren Team, Bonn; Andrea Habel-Schablitzky, KSM; Sabine Heitmeyer-Löns, Havixbeck; Andreas Hoppenrath, RLMB; Marianne Karlus, RLMB; Marion Korb, KSM; Katharina Liebetrau, RLMB; Sylvia Mitschke, Köln; Christoph Müller, Brühl; Lutz Sankowsky, Restauratoren Team, Bonn; Franz Schimschak, KSM; Sibylle Schmitt, KSM; Ute Sobottka-Braun, RLMB; Regine Vogel, RLMB; Frank Wagemann, Köln

Denkmalpflegerische Betreuung:
Wilfried Hansmann, Rheinisches Amt für Denkmalpflege, Pulheim; Karlheinz Kozlowsky, Bezirksregierung Köln; Gudrun Schmitz, Bezirksregierung Köln

Technik: Horst Bach, RLMB; Udo Rhein, RLMB
Sicherheit: Pro Tect. Sicherheit & Service GmbH, Alfter

Versicherung (soweit von den Leihgebern nicht anders verbindlich vorgegeben): Kuhn & Bülow, Berlin
Transport (soweit von den Leihgebern nicht anders verbindlich vorgegeben): hasenkamp. Internationale Transporte GmbH & Co.KG, Köln

Didaktik und Beschriftung:
Iris Benner, Susanne Blöcker, Ulrich Bock, Marianne Gechter, Jörn Kraft, Jost Rebentisch, Rita Wagner

Medienstationen (mit Unterstützung des WDR):
Claudia Kuhland, Michael Hirz, Reinold Specks
Mulimedia-Präsentation »Die Tuchregion Aachen«:
Dietrich Ebeling, Jürgen Nagel, Martin Schmidt, Thomas Simon

Audioführung: Texte: Bettina Mosler
eit. Systems & Technologies GmbH, Unterschleißheim

Museumspädagogik:
Ulrich Bock, Werner Hilgers, Hans-Jürgen Holzhausen, Franz Hülsbusch, Günther Hürtgen
Führungsdienst: Verwaltung Schloß Brühl

Museumsshop:
Rheinland-Verlag- und Betriebsgesellschaft des Landschaftsverbandes Rheinland mbH, Abtei Brauweiler, Pulheim

Zelte: Losberger Intertent GmbH, Bad Rappenau
Catering: Michael Haunhorst, Bonn

Praktikantinnen und Praktikanten:
Julia Carrasco, Christine Di Costanzo, Thilo Dahlmann, Tanja Dobrick, Petra Engel, Ralf Fleischer, Susanne Geiser, Thomas D. Güß, Barbara Haas, Philipp v. Hammerstein, Simone Henrich, Julia Hoffmann, Daniel Horn, Judith Jungfer, Sonja Lehnert-Klawa, Marian Krawietz, Vera Müller, Stefanie Rother, Nadja Sattar, Martina Schmitz, Silke Schneider, Monika Schwingeler, Kathrin Venjakob, Ulrich Weber, Sonja Wirtz

Ausstellung im StadtMuseum Bonn

Austellungsleitung: Ingrid Bodsch

Ausstellungskonzeption:
Ingrid Bodsch in Verbindung mit Otto Biba, Gisbert Knopp, Matthias von der Bank
Ausstellungssekretariat:
Petra Sonntag, SMB; Karin Kleuver, SMB

Ausstellungsarchitektur und -design: Anne-Doris Fluck, Bonn

Handwerkliche Ausführung: Franz Schmidt, Leiningen

Aufbauteam: Ingrid Bodsch, Doris Herzog, Franz Schmidt, Matthias von der Bank, Endrik Wiese

Restauratorische Betreuung:
Petra Cerwinske, Köln; Hans Hilsenbeck, Kassel; Ingrid Kemp, Bonn; Martina Kemp-Beuter, Bonn; Ulrike Reichert, Köln

Haustechnik:
Endrik Wiese in Verbindung mit dem Stadtbauamt der Stadt Bonn

Sicherheit: Pro-Tect, Bonn; Secur, Bonn

Versicherung (soweit von den Leihgebern nicht anders verbindlich vorgegeben): Kuhn & Bülow, Berlin

Transport (soweit von den Leihgebern nicht anders verbindlich vorgegeben): Artex Kunstausstellungsservice GmbH, Wien; ARTLOG, Sinzig; ZACK, Bonn

Didaktik: Franziska Münks

Führungen:
Förderverein StadtMuseum Bonn e.V.:
Carl Heinz Grasshoff, Karl Gutzmer, Hedi Schultze-Rhonhof, Barbara Wrany

Dank für Rat und Unterstützung:
Udo Arnold, Bonn; Eugen Ewig, Bonn; Ingrid Fuchs, Wien; Pia Heckes, Bonn; Regina Karbig, Bonn; Ingeborg Krueger, Bonn; Angelika Lorenz, Münster; Günther Massenkeil, Bad Honnef; Jozef Mertens, Alden Biesen; Ingrid Sangl, München; Norbert Schloßmacher, Bonn

Ausstellung im Museum Zitadelle Jülich

Ausstellungsleitung: Marcell Perse

Ausstellungskonzeption: Marcus Bernhardt, Guido von Büren, Christoph Fischer, Andreas Kupka, Marcell Perse

Ausstellungsarchitektur und -design: Reiner Wiesemes

Wissenschaftliches Sekretariat: Marcus Bernhardt

Technische Leitung & Öffentlichkeitsarbeit: Christoph Fischer
Organisationsbüro: Sigrid Renn-Rosenbaum, Martina Staruß

Mitarbeit: Bernhard Dautzenberg, Jülich; Tom Eichstaedt, Stadt Jülich, EDV-Abt.; Heinz Heidecke, Wagnerei Böhl-Iggelheim; Maria Krämer, Jülich; Frank Pohle, Aachen; Birgitta Ringbeck, Ministerium für Arbeit, Soziales und Stadtentwicklung, Kultur und Sport des Landes NRW; Peter Rosenbaum, Jülich; Barbara Scheidt, Jülich; Bodo Schlamp vom Hofe, Staatliches Bauamt Düren, Abt. Jülich; Gudrun Schmitz, Bezirksregierung Köln; Stadtbücherei Jülich; Paul Josef Vossel, Staatliches Bauamt Düren, Abt. Jülich

Ausstellungsaufbau:
Städtischer Bauhof; Alwin Jung, Anton Königstein, Hans-Peter Neunfinger, Stefan Pagojus

Restauratorische Betreuung und Modellbau:
Rheinisches Archiv- und Museumsamt; Horst Dinstühler, Stadtarchiv Jülich; L.A.N.D. GmbH, Aldenhoven-Dürboslar

Museumspädagogik: Barbara Scheidt
Führungsdienst: Jülich Information e. V.

Versicherung (soweit von den Leihgebern nicht anders verbindlich vorgegeben): Kuhn & Bülow, Berlin
Transport (soweit von den Leihgebern nicht anders verbindlich vorgegeben): hasenkamp. Internationale Transporte GmbH & Co.KG, Köln

Ausstellung in Schloß Miel

Schirmherrin: Ilka Keller, MdL

Ausstellungsleitung: Harald Herzog, Kristiane Benedix

Ausstellungskonzeption: Harald Herzog, Kristiane Benedix

Restaurierung: Bogumil Micior

Denkmalpflegerische Betreuung:
Harald Herzog, Dieter Spiegelhauer

Sicherheit: Bosch
Versicherung (soweit von den Leihgebern nicht anders verbindlich vorgegeben): Nürnberger Versicherung
Transport (soweit von den Leihgebern nicht anders verbindlich vorgegeben): hasenkamp. Internationale Transporte GmbH & Co.KG, Köln

Führungsdienst: Förderverein Schloß Miel

Unterstützt durch:
Ministerium für Arbeit, Soziales und Stadtentwicklung, Kultur und Sport des Landes Nordrhein-Westfalen
Deutsche Stiftung Denkmalschutz
Nordrhein-Westfalen-Stiftung Naturschutz, Heimat- und Kulturpflege
Rhein-Sieg-Kreis
Gemeinde Swisttal

Veranstaltungen

Federführende Gesamtkoordination:
Andreas Loesch, Kulturamt der Bundesstadt Bonn
Veranstaltungsbüro: Cornelia Kothe (Leitung), Uwe Degen, Kulturamt der Bundesstadt Bonn

Veranstaltungen: Schlösser Augustusburg und Falkenlust:
Gesamtleitung:
Andreas Loesch, Kulturamt der Bundesstadt Bonn
Projektleitung/Dramaturgie: Adolf Lang, Kassel
Organisation: Cornelia Kothe (Leitung), Uwe Degen, Heinz Maus, Hans-Joachim Over, Elisabeth Weiser
Technik: Hans Dieter Haarer (Leitung), Ralf Neffgen, Detlef Trog (alle Kulturamt der Bundesstadt Bonn)

Veranstaltungen in Bonn:
Gesamtleitung:
Andreas Loesch, Kulturamt der Bundesstadt Bonn
Dramaturgie: Adolf Lang, Kassel
Organisation: Heinz Maus (Leitung), Cornelia Kothe, Uwe Degen, Hans-Joachim Over, Elisabeth Weiser
Technik: Hans Dieter Haarer (Leitung), Ralf Neffgen, Detlef Trog (alle Kulturamt der Bundesstadt Bonn)

Veranstaltungen in Brühl:
Dietmar Druckrey, Kulturamt der Stadt Brühl

Veranstaltungen in Jülich:
Dorothee Esser, Evelyn Wirtz, Kultur- und Verkehrsamt der Stadt Jülich; Andreas Kupka, Brückenkopf-Park Jülich GmbH

Veranstaltungen in Köln:
Giesela Deckart, Kulturamt der Stadt Köln

Öffentlichkeitsarbeit, Werbung und Tourismus

Leitung: Horst Wadehn, brühl-info, in Zusammenarbeit mit Kirsten Büscher, Tourismus & Congress GmbH Region Bonn/Rhein-Sieg/Ahrweiler

Presse-/Öffentlichkeitsarbeit und touristische Dienste:
Karin Bolenius, Museumsreferat der Stadt Köln; Buxbaum-Veranstaltungen; Kirsten Büscher, Tourismus & Congress GmbH; Anne Gatzen, Stadt Jülich; Iris Ksoll-Richartz, brühl-info; Anne Peters, Jülich Information e.V.; Hans-Hoyer von Prittwitz und Gaffron, RLMB; Winfried Raffel, NRW-Stiftung Naturschutz, Heimat- und Kulturpflege; Horst Wadehn, brühl-info

Ticketing: Tourismus & Congress GmbH Region Bonn/Rhein-Sieg/Ahrweiler

Visuelle Konzeption der Werbung und graphische Gesamtgestaltung: Rüdiger Block, Hürth

Druck: asmuth gmbh & co.kg, Köln; Druck- und Verlags-GmbH Becher, Brühl; Druckhaus Locher GmbH, Köln;
GR Print plus Mail GmbH, Brühl

Internet: exe medien; Medienzentrum Rheinland
Texte: Kristiane Benedix, Marcus Bernhardt, Susanne Blöcker, Ingrid Bodsch, Christoph Fischer, Marianne Gechter, Harald Herzog
Comics: Heribert Braun
Technik: Andreas Gräther, Oliver Vater, exe medien; Martin Greifenberg, Tom Lovens, Joachim Paul, Michael Thessel, Medienzentrum Rheinland

Wir danken den Leihgebern der Ausstellungen in Schloß Augustusburg, Brühl, im StadtMuseum Bonn, im Museum Zitadelle Jülich und in Schloß Miel:

Aachen
Domarchiv
Das Domkapitel – Domschatzkammer
Sammlung Ludwig (Dauerleihgabe im Brückenrathaus Bamberg)
Adelebsen Familienarchiv Wolff Metternich
Ahrweiler St. Sebastianus Bürgerschützengesellschaft
Amsterdam Rijksmuseum Amsterdam
Basel Historisches Museum Basel
Bergisch Gladbach
Katholische Kirchengemeinde St. Laurentius
Berlin
Deutsches Historisches Museum
Staatliche Museen zu Berlin – Preußischer Kulturbesitz, Gemäldegalerie
Staatsbibliothek zu Berlin – Preußischer Kulturbesitz
Stiftung preußische Schlösser und Gärten Berlin-Brandenburg
Stiftung Stadtmuseum Berlin
Bern Bernisches Historisches Museum
Bochum Universitätsbibliothek
Bonn Katholische Stiftspfarre St. Johannes Baptist und Petrus
Kunst- und Ausstellungshalle der Bundesrepublik Deutschland
Münsterpfarre St. Martin
Rheinisches Amt für Bodendenkmalpflege
Rheinisches Landesmuseum
Stadtarchiv und Stadthistorische Bibliothek
StadtMuseum Bonn
Universität, Dekanat der Philosophischen Fakultät
Universitäts- und Landesbibliothek
Braunschweig Braunschweigisches Landesmuseum
Bremen Focke Museum – Bremer Landesmuseum für Kunst und Kulturgeschichte
Galerie Neuse
Brühl
Katholische Kirchengemeinde St. Margaretha
Nordrhein-Westfälisches Personenstandsarchiv Rheinland
Schloß Augustusburg
St. Sebastianus Schützenbruderschaft
Brüssel Ministère de la Défense Nationale – Musée Royal de l' Armée et d'Histoire Militaire
Darmstadt Hessisches Landesmuseum Darmstadt
Detmold Lippische Landesbibliothek Detmold
Dresden
Staatliche Kunstsammlungen Dresden – Rüstkammer
Staatliche Kunstsammlungen Dresden – Gemäldegalerie Alte Meister
Staatliche Kunstsammlungen Dresden – Grünes Gewölbe
Staatliche Kunstsammlungen Dresden – Mathematisch-Physikalischer Salon
Staatliche Kunstsammlungen Dresden – Skulpturensammlung
Stiftung Deutsches Hygiene-Museum Dresden
Düren Evangelische Gemeinde zu Düren
Düsseldorf
Hetjens-Museum Düsseldorf – Deutsches Keramikmuseum
Kunstmuseum Düsseldorf im Ehrenhof
Nordrhein-Westfälisches Hauptstaatsarchiv
Stadtmuseum Düsseldorf
Universitäts- und Landesbibliothek
Engelskirchen
Rheinisches Industriemuseum
Stift Ehreshoven
Frankfurt am Main
Historisches Museum
Museum für Kommunikation
Museum für Kunsthandwerk
Geldern Stadtarchiv Geldern
Gelsdorf Katholisches Pfarramt St. Walburgis
Gent Oudheidkundig Museum van de Bijloke
Göttingen
Ethik und Geschichte der Medizin, Georg-August-Universität Göttingen
Niedersächsische Staats- und Universitätsbibliothek
Grafing Dr. Gunther und Ingrid Joppig
Grefrath Niederrheinisches Freilichtmuseum des Kreises Viersen
Hamburg Museum für Hamburgische Geschichte
Museum für Kunst und Gewerbe
Hanau-Wilhelmsbad Hessisches Puppenmuseum
Hilden Wilhelm-Fabry-Museum
Ingolstadt Armeebibliothek
Bayerisches Armeemuseum
Jülich
Evangelische Kirchengemeinde
Stadtarchiv
Stadtgeschichtliches Museum Jülich
Karlsruhe
Badisches Landesmuseum
Staatliche Schlösser und Gärten, Oberfinanzdirektion Karlsruhe
Kassel Arbeitsgemeinschaft Friedhof und Denkmal e.V. – Zentralinstitut und Museum für Sepulkralkultur
Kaufbeuren Crescentiakloster
Kempen Kreisarchiv Kreis Viersen
Koblenz Wehrtechnische Studiensammlung des Bundesamtes für Wehrtechnik und Beschaffung
Köln
Archiv der Evangelischen Gemeinde
Dr. Reiner Dieckhoff
Diözesan- und Dombibliothek
Erzbischöfliches Diözesanmuseum
Erzbistum Köln
Prof. Henrik Hanstein
Historisches Archiv der Stadt Köln
Katholische Kirchengemeinde St. Alban
Katholische Kirchengemeinde der Basilika St. Gereon
Katholische Kirchengemeinde St. Kolumba
Katholische Kirchengemeinde St. Kunibert
Katholische Kirchengemeinde der Basilika St. Maria im Kapitol
Katholische Kirchengemeinde St. Maria Lyskirchen
Katholische Kirchengemeinde St. Peter
Kölner Gymnasial- und Stiftungsfonds
Kölnisches Stadtmuseum
Metropolitankapitel der Hohen Domkirche
Museum für Angewandte Kunst
Der Oberbürgermeister der Stadt Köln

Dr. Louis Peters
Schnütgen-Museum
Stiftung Rheinisch-Westfälisches Wirtschaftsarchiv zu Köln
Universität zu Köln
Universitäts- und Stadtbibliothek
Wallraf-Richartz-Museum
Kopenhagen Statens Museum for Kunst
Kranenburg
Stifts- und Wallfahrtskirche St. Peter und Paul
Krefeld Museum Burg Linn
Kremsmünster
Stiftssammlungen Benediktinerstift Kremsmünster
Kürten Katholische Pfarrkirche St. Johannes Baptist
Leipzig Museum für Kunsthandwerk – Grassimuseum Leipzig
Stadtgeschichtliches Museum
Liège Trésor de la Cathédrale de Liège
Lille Musée des Beaux-Arts
Ludwigsburg
Förderverein Strafvollzugsmuseum Ludwigsburg e.V.
Madrid Carmen Thyssen Bornemisza Collection
Magdeburg Universitätsbibliothek
Mainz Landesmuseum Mainz
Mannheim
Landesmuseum für Technik & Arbeit in Mannheim
Reiss-Museum der Stadt Mannheim
Mechernich
Rheinisches Freilichtmuseum und Landesmuseum für Volkskunde Kommern
Modena Biblioteca Estense
Mönchengladbach
Städtisches Museum Schloß Rheydt für Kunst und Kulturgeschichte
Monschau Stiftung Scheibler-Museum Rotes Haus Monschau
München
Bayerische Staatsbibliothek
Bayerische Staatsgemäldesammlungen
Bayerische Verwaltung der staatlichen Schlösser, Gärten und Seen
Bayerisches Hauptstaatsarchiv
Bayerisches Nationalmuseum
Deutsches Museum München
Deutsches Theatermuseum
Münchner Stadtmuseum
Städtische Galerie im Lenbachhaus
Universitätsbibliothek
Wittelsbacher Ausgleichsfonds
Münster
Museum für Lackkunst
Nordrhein-Westfälisches Staatsarchiv
Stadtmuseum
Westfälisches Archivamt
Westfälisches Landesmuseum für Kunst und Kulturgeschichte
Neuwied Kreismuseum
Nümbrecht Museum des Oberbergischen Kreises Schloß Homburg
Nürnberg Germanisches Nationalmuseum
Paderborn Hoher Dom St. Maria, St. Liborius und St. Kilian (Erzbischöfliches Diözesanmuseum)
Paris Musée du Petit Palais
Pforzheim Schmuckmuseum Pforzheim

Privatbesitz:
Kristiane Benedix
Gabi Biermann
Sophia Freifrau von Boeselager
Albrecht Freiherr von Boeselager
Antonius Freiherr von Boeselager
Philipp Freiherr von Boeselager
Dr. Wolfhard Freiherr von Boeselager
Antonius Freiherr von Geyr zu Schweppenburg
Andreas Freiherr von Pappritz-Iwicki
Franz Josef Graf Beissel von Gymnich
Antonius Graf von Mirbach-Harff
Rainer Graf von Seckendorff-Aberdar
Dr. Harald Herzog
Helma von Jordans
Karl Hubertus von Jordans
Franziska von Kintzel
Guido von Kintzel
Godehard Reichsgraf von und zu Hoensbroich
Peter Reichsgraf Wolff von Metternich zur Gracht
sowie weitere Leihgaben aus Privatbesitz
Pulheim-Brauweiler Rheinisches Amt für Denkmalpflege
Randersacker Der Bürgermeister der Stadt Randersacker
Ratingen Rheinisches Industriemuseum – Museum für Industrie- und Sozialgeschichte, Außenstelle Ratingen
Rheinberg Stadtarchiv
Rotterdam Museum Boijmans Van Beuningen
Salzburg Mozart Museum/ Archiv – Mozarts Geburtshaus
Siegburg Archiv des Rhein-Sieg-Kreises
Sögel Emslandmuseum Schloß Clemenswerth
Solingen Bergisches Museum Schloß Burg
Deutsches Klingenmuseum
Speyer Historisches Museum der Pfalz
Stuttgart Institut für Geschichte der Medizin der Robert Bosch Stiftung
Troisdorf Bilderbuchmuseum der Stadt Troisdorf
Troyes (Aube) Musée des Beaux-Arts et d'Archéologie
Tübingen Universitätsbibliothek
Trier Stadtbibliothek
Unkel am Rhein
Katholische Kirchengemeinde St. Pantaleon
Stadtarchiv Unkel
Utrecht Centraal Museum
Venedig Museo Correr e Quadreria Correr
Museo di Ca'Rezzonico
Vilich Katholische Pfarrgemeinde St. Peter
Warschau Muzeum Narodowe w Warszawie
Wiehl Christian Peter Kotz
Wolfenbüttel Herzog August Bibliothek
Wien
Amt des Hochmeisters des Deutschen Ordens
Heeresgeschichtliches Museum
Österreichisches Museum für Angewandte Kunst
Sammlungen der Gesellschaft der Musikfreunde
Windhagen Katholische Pfarrkirche St. Bartholomäus
Würzburg Mainfränkisches Museum Würzburg
Wuppertal Stadtbibliothek
Sammlung K.H. Steckelings
Zürich Medizinhistorisches Institut und Museum der Universität Zürich

Inhalt

12 Grußwort
14 Aspekte eines Zeitalters: Der Riss im Himmel – Clemens August und seine Epoche. Zu den Ausstellungen
16 Glanz der Epoche und Fenster in die Zukunft. Zu den Veranstaltungen des Projektes »Der Riss im Himmel«
20 Der Riss im Himmel – Clemens August und seine Epoche

Schloß Augustusburg
Der Riss im Himmel. Clemens August und seine Epoche

Wege in die Vergangenheit
22 I–III Das Schloß vom Mittelalter bis heute

Köln – Die heimliche Hauptstadt
30 IV Der Hochedele und Hochweise Magistrat
V Die Metropole
36 VI–VII Zwischen Reformversuch und Gegenreformation
42 VIII Kommerz ... Vom Zentrum zur Randlage
46 IX–X ... und Klüngel. Aber mit Stil!

Vor den Toren der Stadt
52 XI Krieg
56 XII Bäuerliche Arbeit und dörfliche Feste
XIII Räuber, Bettler, Reisende

Menschen und Mächte – Kurfürst und Politik
62 XIV Die zwei Gesichter des Rokoko: Capella Clementina
66 XV Die zwei Gesichter des Rokoko: Die Bühnen des Adels
72 XVI–XVII Hirt und Herde
78 XVIII Der Mensch hinter der Maske: Clemens August privat
82 XIX Das Bild des Fürsten: Die Kunst der Machtdarstellung
88 XX Spielball der Mächte: Kurköln in der Mitte Europas
XXI Wechselspiel der Kräfte: Die Verteilung der Macht im Inneren
94 XXII Die Gedanken sind frei
98 XXIII Die Schattenseiten der Aufklärung: Sozialdisziplin und Justiz

Das Höfische Zeitalter – Das Leben als Gesamtkunstwerk
102 XXIVa Das Ideal der Natur: Pastorale Malerei und Skulptur
106 XXIVb Das Ideal der Natur: Die Jagd
112 XXV Das Ideal der Schönheit: Die Gemäldesammlung von Clemens August
116 XXVI Die Lust des Lebens: Die Kunst der Verführung
120 XXVII Exotische Idyllen
124 XXVIII–XXIX Der Luxus des Geschmacks: Ästhetik des Essens

Aufbruch in eine neue Zeit
130 XXX Geburt und Tod
134 XXXI Bürgerliche Lebensideale
138 XXXII–XXXIII Die Macht des protestantischen Geldes

142 XXXIV Von der Natur des Kindes
146 XXXV Im Licht der Aufklärung: Die Naturwissenschaften
150 XXXVI–XXXVIII Die Behandlung von Leib und Seele: Medizin und Apothekenwesen

156 **Schloß Falkenlust**

StadtMuseum Bonn

Bonn – Residenzstadt der Kölner Kurfürsten

160 I Der Kurfürst und sein Bonner Hof
168 IIA Musik am kurfürstlichen Hof zu Bonn
171 IIB »Viel Fürsten halten ein Musica« – Musikensembles fürstlicher Hofhaltungen
173 Das Instrumentarium einer fürstlichen Hofkapelle
Musikalische Aufführungen am Bonner Hof zur Zeit von Kurfürst Clemens August
176 III Bonner Savonnerie
IV Die Poppelsdorfer Fayencemanufaktur
184 V Bürgerliche Selbstverwaltung in der Residenzstadt Bonn
188 VI Die Zünfte in Bonn
VIA Bonner Zinn
VIB Bonner Silber
196 VII Das Bonner Stadtbild im 18. Jahrhundert

Ernst-Moritz-Arndt-Haus, Bonn

208 Der Deutsche Orden im Bonner Raum

Museum Zitadelle Jülich

Die Ästhetik des Krieges?

210 Die Ästhetik des Krieges?
212 I Das Kriegswesen im Zeitalter der Kabinettskriege
216 II Das Offizierskorps
220 III Der Soldat
224 IV Feldschlachten des 18. Jahrhunderts
228 V Festungsbau und Belagerungskrieg

Schloß Miel

232 Caspar Anton Graf Belderbusch: Minister, Bauherr, Landkomtur
234 Schloß Miel – ein rheinisches Landschloß des Barock
238 Der Garten von Schloß Miel
242 »Raumdistribution« und Raumausstattung
244 Rundgang

250 Abkürzungs- und Literaturverzeichnis
254 Autorenverzeichnis
254 Bildnachweis
256 Impressum

Grußwort

Aus unserer Gegenwart gesehen, hat es Symbolcharakter: Der Mann, dessen 300. Geburtstag Anlaß dieses großen rheinischen Projektes ist, wurde am 17. August 1700 als Sohn eines bayerischen Kurfürsten und einer polnischen Prinzessin in Brüssel geboren. Die Spannungen, Konflikte, Kontakte und Verbindungen Europas vor der Französischen Revolution sind in der Familienkonstellation bereits zu erkennen. Seine Erziehung als »Kriegsgefangener« des Kaisers 1706–1715 im habsburgischen Graz, seine Laufbahn als fünffacher Bischof und Erzbischof, seine Rolle als Kurfürst am Rhein – ein europäisches Schicksal, Spiegelbild unserer Gegenwart und Zukunft.

Seine Epoche, die Spanne und Spannungen zwischen Reformation, Gegenreformation, Aufklärung und Revolution, faßt der Titel zusammen:

Der Riss im Himmel – die Brüche in den Systemen des Denkens und Handelns, des Träumens und Hoffens, der Ansprüche und Rechte, der Verpflichtungen und Verweigerungen – kündigt aus unserer Perspektive bereits den Zusammenbruch des Ancien Régime in der Revolution, in der französischen Besetzung des Rheinlandes im Jahre 1794 an.

Die Epoche danach, unser Zeitalter der Nationalstaaten und der Industrialisierung, geht nun zu Ende. Das bringt uns Clemens August und seine Zeitgenossen so nahe. Wir spüren in seiner Zeit ebenso Ängste und Hoffnungen im Hinblick auf vielfältige Veränderungen aller Lebensbereiche, in Familie, Arbeit, Gesellschaft, Politik und Kommunikation, wie sie sich auch in unserer Gegenwart in bezug auf unsere Zukunft artikulieren. Die Sehnsucht nach Glück bleibt.

Das Projekt ist selbst Zeichen neuer Entwicklungen im Rheinland. Die Region erkennt sich in ihrer neuen Situation im vereinigten Europa im Spannungsfeld zwischen Brüssel, Paris, London, Straßburg und Berlin sowie im Spiegel der Vergangenheit. Der Landschaftsverband Rheinland, die Städte Bonn, Brühl, Jülich und Köln, die Nordrhein-Westfalen-Stiftung Naturschutz, Heimat- und Kulturpflege, die Verwaltung Schloß Brühl, der Förderverein Schloß Miel, der Rheinische Verein für Denkmalpflege und Landschaftsschutz, der WDR und der Kölner Stadtanzeiger tragen gemeinsam ein Spektrum von Ausstellungen und Veranstaltungen, die mit Hilfe der regionalen Kulturförderung des Ministeriums für Arbeit, Soziales und Stadtentwicklung, Kultur und Sport des Landes Nordrhein-Westfalen und der Unterstützung der Kreissparkasse Köln, des Erzbistums Köln, der Sparkassen-Stiftung zur Förderung rheinischen Kulturguts sowie engagierter Sponsoren – HypoVereinsbank, Bull GmbH, VAW Metawell GmbH, Modeschule Düsseldorf, ADAC – realisiert werden können. Die Kreissparkasse Köln hat insbesondere den Druck des Kataloges gefördert.

Im Mittelpunkt steht die Ausstellung in Schloß Augustusburg in Brühl, die gemeinsam vom Rheinischen Landesmuseum Bonn und vom Kölnischen Stadtmuseum vorbereitet wurde. Zwei Ausstellungen des StadtMuseums Bonn zu Bonn als Residenzstadt und zum Deutschen Orden ergänzen das Bild. Das Stadtgeschichtliche Museum Jülich öffnet mit dem Aspekt »Die Ästhetik des Krieges?« in den weitläufigen Befestigungswerken der Zitadelle Jülich einen ungewohnten Blick in diese Epoche. Die Restaurierung des Lustschlosses Miel des mächtigen kurfürstlichen Ministers Graf Belderbusch mit der Rekonstruktion des Inventars gestattet einen Blick in die Lebensgestaltung des Ancien Régime, der kaum an anderer Stelle in gleicher Präzision geleistet werden kann. Das umfangreiche Veranstaltungsprogramm in allen beteiligten Städten bietet mit Opern, Ballett und mit musikalischen Aufführungen zeitgenössische Aussagen zu den Spannungen und Dissonanzen der Epoche.

Das Miteinander von Ausstellungen und Veranstaltungen belebt das Thema in ungewohnt vielfältiger Form. Hier ernten wir den Ertrag der langfristigen Vorbereitung des Projektes, die durch die Institution des Landschaftsverbandes Rheinland ermöglicht wurde. Seine regionale Vernetzung bot eine unentbehrliche Basis zur Zusammenarbeit aller Partner.

Dies ist ein eindrucksvoller Beweis für die Leistungsfähigkeit der Region Köln/Bonn zur Zusammenarbeit, ein ermutigendes Zeichen für künftige Projekte und Kooperationen, nicht nur auf kulturellem Gebiet.

Die langfristige Entwicklung des Projektes hat zu einer erstaunlichen wissenschaftlichen Vorbereitung im Forschungsvorlauf geführt. In einer achtbändigen Reihe werden neue Forschungen vorgelegt und durch Quellenpublikationen ergänzt. Die Ergebnisse der Forschungen sind in die Vorbereitung der Ausstellungen eingegangen. Diese grundlegend neue Struktur der Publikationen zum Projekt ermöglicht die Handlichkeit des Kataloges, zu dessen Besitz wir Sie beglückwünschen.

Winfried Schittges, MdL
Vorsitzender der Landschaftsversammlung

Ferdinand Esser
Landesdirektor

Bärbel Dieckmann
Oberbürgermeisterin der Bundesstadt Bonn

Michael Kreuzberg
Bürgermeister der Stadt Brühl

Heinrich Stommel
Bürgermeister der Stadt Jülich

Fritz Schramma
Bürgermeister der Stadt Köln

Herbert Neseker
Präsident der Nordrhein-Westfalen-Stiftung
Naturschutz, Heimat- und Kulturpflege

Aspekte eines Zeitalters
Der Riss im Himmel – Clemens August und seine Epoche

Zu den Ausstellungen

Am 17. August des Jahres 1700 wurde Clemens August als Sohn einer polnischen Prinzessin und des bayerischen Kurfürsten in Brüssel geboren. So kann im Jahre 2000 sein 300. Geburtstag gefeiert werden. In Personalunion hat er weite Teile des heutigen Bundeslandes Nordrhein-Westfalen seit 1723 als Erzbischof und Kurfürst von Köln, seit 1719 als Bischof von Münster und Paderborn, seit 1724 als Bischof von Hildesheim und seit 1728 als Bischof von Osnabrück unter seiner Herrschaft verbunden. Clemens August, der am 6. Februar 1761 auf der Feste Ehrenbreitstein starb, steht als ebenso farbenprächtige wie zwiespältige Gestalt am Ende der frühneuzeitlichen Entwicklung unserer Region. Im Spannungsfeld zwischen Residenz und Metropole, zwischen Landesherrschaft und bürgerlicher Selbstbehauptung im Raum Bonn, Brühl und Köln, werden viele Probleme der Epoche in exemplarischer Verdichtung sichtbar.

Nach einem Jahrhundert furchtbarer Kriege waren unter Clemens August Frieden und Wohlstand zurückgekehrt. Nach dem Vorbild des Hofes von Versailles entstanden unter den Kölner Kurfürsten aus dem Hause Wittelsbach prunkvolle Schlösser und bezaubernde Gärten. Architekten und Künstler aus ganz Deutschland, aus Frankreich und Italien verliehen der Hofhaltung den Glanz, mit dem das Gottesgnadentum der absolutistischen Herrscher den Untertanen vor Augen geführt werden sollte.

In den Schlössern des Adels und den Häusern der reichen Bürger wurde die höfische Kultur zu einem eigenständigen Lebensstil umgeformt.

Doch in der prächtigen Fassade des absolutistischen Staates und der barocken Kultur erscheinen die ersten Risse, erzeugt durch den fortwirkenden Verlust der religiösen Einheit, die revolutionären Ideen der Aufklärung, den Aufstieg des Bürgertums, die dürftigen Lebensverhältnisse breiter Bevölkerungsschichten.

Weil die Risse im sozialen Gefüge negiert, die Umwälzungen in Wissenschaft, Technik und Wirtschaft nicht zur Kenntnis genommen wurden und die notwendigen gesellschaftlichen und politischen Reformen unterblieben, beschwor das Ancien Régime sein Ende selbst herauf. Im Ansturm der französischen Revolutionstruppen wurde die alte Ordnung hinweggefegt.

Durch die Rückbesinnung auf regionale Zusammengehörigkeit und kulturelle Identität und die gleichzeitige Integration neuer geistiger Strömungen ist es dem Rheinland jedoch immer wieder gelungen, als Kernland Westeuropas Motor des Fortschritts über alle politischen Grenzen hinweg zu werden.

Kristallisationspunkt und zentrales Kulturereignis des Projektes ist die große gemeinsame Ausstellung des Rheinischen Landesmuseums Bonn, Landschaftsverband Rheinland, und des Kölnischen Stadtmuseums in *Schloß Augustusburg in Brühl*. Ein modernes, multimediales Ausstellungskonzept läßt Clemens August und seine Epoche wiedererstehen. Ungewöhnliche Inszenierungen machen Geschichte erfaß- und erlebbar, dienen der sinnlichen Wahrnehmung.

Ausgehend von der Gegenwart wird der Besucher in die Vergangenheit des Schlosses geführt: Mit dem Besuch der Queen Victoria begegnet man einem Höhepunkt der Preußenzeit. Im Glanz des Barock und Rokoko öffnet sich das Schloß und wird zur Hintergrundfolie der Darstellung einer Zeit, deren Wirkungen am Objekt anschaulich werden. Eine umfassende Auswahl hervorragender Meisterwerke aus Malerei, Skulptur und Kunstgewerbe demonstriert Macht und Herrschaft. Ihnen stehen Gegenstände des Alltags und der Wirtschaft gegenüber. Jedes einzelne Exponat erzählt eine Geschichte, leitet die Besucher, läßt sie eine ferne Welt verstehen. So erlebt man den Krönungszug Karls VII. oder nimmt am Maskenball des Kurfürsten teil. Im goldglänzenden Speisesaal lockt die fürstliche Speisetafel.

Exotische Welten vermitteln den verfeinerten Luxus eines »Fin de siècle«. Doch auch die Rückseite der Pracht wird sichtbar. Dem Glanz des höfischen Zeremoniells stehen bürgerliche und bäuerliche Realität gegenüber. Die Ausstellung spiegelt die Epoche in all ihrer Schönheit, aber auch in ihrer Zerrissenheit.

In der Ausstellung bildet das Leben in der Freien Reichsstadt Köln den thematischen Kontrapunkt. Die Metropole des Erzbistums hatte die politische Herrschaft des Erzbischofs zwar weitgehend abgeschüttelt, blieb aber trotzdem geistiges und geistliches Zentrum des Rheinlands. Politische, soziale, wirtschaftliche und geistige Verhältnisse werden hier aus reichsstädtischer Sicht mit Blick auf die Epoche gesehen. Beide Perspektiven ergänzen sich und ermöglichen erstmals einen Einblick in umfassende Fragestellungen dieser Epoche unserer Kulturregion.

Eine Ausstellung zeitgenössischer Aquarell-Fotografien in der *Orangerie des Schlosses Augustusburg* beleuchtet das Rokoko aus der Perspektive der Gegenwart. Die Kölner Fotografin Mechthild Op Gen Oorth wirft Schlaglichter auf die »Fassade« des 18. Jahrhunderts. Ihre mit transparenten Seiden verhangenen Schwarzweiß-Fotografien lassen das Lebensgefühl der Epoche erahnen, bewahren aber das Geheimnis des Schlosses.

Das in *Jülich* erhaltene Festungsensemble des 16. bis 19. Jahrhunderts bildet die Kulisse für eine Ausstellung über *Die Ästhetik des Krieges?*. Die Ästhetisierung des Krieges in den Vorstellungen der Theoretiker steht in einem starken Kontrast zur bitteren Realität im Alltag der Soldaten, der von Leid und Tod geprägt war. So unterschiedlich der Krieg erfahren wurde, war er doch mit dem Leben aller Gesellschaftsschichten auf seine Weise verbunden. Die Jülicher Befestigungsanlagen sind für heutige Besucher ein »Denk-mal« im besten Wortsinn. Die Schloßfestung Zitadelle Jülich wurde im 16. Jahrhundert als Reaktion auf die Einführung der Feuerwaffen gebaut und beherbergt heute ein Museum für die Geschichte des Residenzschlosses und der Entwicklung des Festungsbaus im Rheinland seit der Frühen Neuzeit. Die Sonderausstellung in den begehbaren Kasematten, den Bastionen und dem Pulvermagazin der Zitadelle zeigt die Illusion einer berechenbaren Kriegführung auf, die in den Theorien des 18. Jahrhunderts ihre Grundlagen fand und bis heute in den Köpfen der Strategen fortlebt. Jenseits der ästhetischen Faszination entlarven die Schrecken des Krieges jegliche unkritische Sicht auf die Zeit des Barock und Rokoko.

Die Rolle als Hochmeister des Deutschen Ordens, die Clemens August reiche Mittel und Einfluß sicherte, beleuchtet eine Ausstellung des Bonner StadtMuseums in Zusammenarbeit mit dem Projektbereich Ostdeutsche Landesgeschichte der Rheinischen Friedrich-Wilhelms-Universität Bonn (Prof. Dr. Arnold) zum *Deutschen Orden im Bonner Raum* in seiner Dependance, dem *Ernst-Moritz-Arndt-Haus*. Im Museumsgebäude Franziskanerstraße 9 wird *Bonn – Residenzstadt der Kölner Kurfürsten* zum Thema. Gegenüber dem kurfürstlichen Residenzschloß läßt das *StadtMuseum Bonn* mit hochkarätigen Leihgaben aus dem In- und Ausland das Leben am Hof und den Alltag der kurkölnischen Residenzstadt mit ihrem vielfältigen Kunst- und Musikleben wiederaufleben und wird anhand vieler Bildzeugnisse auch das Stadtbild des 18. Jahrhunderts würdigen. Besonders freuen wir uns, daß wir die kurfürstliche Hofkapelle, deren Mitglied unter dem letzten Kölner Kurfürsten auch der junge Ludwig van Beethoven gewesen ist, anhand zeitgenössischer Instrumente als musikalisches Ensemble in der Ausstellung lebendig werden lassen können.

Das *Lustschloß Miel*, eines der schönsten architektonischen Zeugnisse des Rheinlandes aus dem 18. Jahrhundert, präsentiert die private Seite des höfischen Adels. Es beherbergt eine der vollständigsten originalen Raumausstattungen dieser Zeit. Duftige Wandgemälde nach Antoine Watteau und eine Vielfalt kostbarer Möbel präsentieren adelige Wohnkultur auf der Höhe des europäischen Rokoko. Der eigens für das Personal errichtete Schloßflügel offenbart den aufgeklärten Denker, der ein faszinierender Mensch und einer der mächtigsten Männer in der zweiten Hälfte des 18. Jahrhunderts war: Caspar Anton Graf von Belderbusch, Deutschordenskomtur und Minister am Hof der Kölner Kurfürsten.

Ingrid Bodsch | Harald Herzog | Marcell Perse

Frank Günter Zehnder | Werner Schäfke

Compagnie de Danse Baroque l'Eventail, »Le Carnaval ou la Fête à l'Envers« (Nancy, Mai 1999)

Glanz der Epoche und Fenster in die Zukunft
Zu den Veranstaltungen des Projektes »Der Riss im Himmel«

Im Sommer 1748 besuchte Christian Friedrich Carl Alexander, Markgraf und Erbprinz des eher bescheidenen, im Fränkischen Reichskreis gelegenen hohenzollerischen Fürstentums Brandenburg-Ansbach, den Kurfürsten Clemens August. Aus der Feder seines protestantisch-lutherischen Reisepredigers Friedrich Wilhelm Wolshofer sind uns einige Dutzend Gedichte erhalten geblieben, die in einzigartiger Weise demonstrieren, welchen Glanz die Welt Clemens Augusts ausstrahlte.[1]

Natürlicher Schwerpunkt der Frankenbewunderung war *»Augustusburg oder Brühl«*:

»Ihr Römer und Griechen! Nun können wir siegen,
mit Waffen, mit Bauen, mit Ordnung und Pracht!
Drum schaut doch ihr Geister, ihr Künstler, ihr Meister,
was Clemens Augustus für Wunder gemacht!
Denn, alles was dorten an Mauern und Pforten
den Römern, den Freunden, den Barbar'n gefiel –
Das zeiget sein Brühl!

Glückselige Gegend, wo Pallas, sich regend,
den Maßstab, die Kette, den Zirkel gebraucht,
wo jeder bemühet, den Müßiggang fliehet,
und Armut und Jugend zur Arbeit was taugt.
So prangen die Taten, so blühen die Staaten,
so findet die Weisheit mit Nutzen ihr Ziel –
wie Clemens in Brühl.

Pracht, Ordnung und Fülle, Geist, Hoheit und Stille,
und Freundschaft und Liebe und gnädige Wort',
die stritten beständig, in allen lebendig,
in diesem beliebten, so prächtigen Ort …«

Und auch heute in Brühl Verschwundenes höht den Ruhm von Clemens August, gibt ihm übernationalen Rang, wie *»Das chinesische Haus«*:

»Glaub' China, glaube mir, daß dein Gesicht zu matt,
und daß Europa noch gute zwei Augen hat,
weil Clemens, wenn man nur dies' Haus von China schauet,
so gut als China selbst, ja zweimal besser bauet!«

Und flugs ist der eher zu spartanischen Lebensformen und puritanischen Erziehungsprinzipien neigende Reiseprediger dabei, Clemens August gar mit Großen der Bibel und der Antike zu vergleichen, in einer Mischung aus devoter Höflichkeit gegenüber dem Gastgeber, aber auch überwältigender Bewunderung. Clemens August bedankte sich später wegen der Verse und erkundigte sich beim Autor, was diesem am meisten in den Rheinlanden gefallen habe, der dann schreibend stammelte: *»Alles, dennoch Du am meisten unter allen!«*:

»Wer Bonn noch nicht geseh'n, der sag' auch nichts von Bonn!
Man mag's Elysien, man mag's den Helikon,
man woll' es Kanaan, man woll' es Zypern nennen.
Man laß' es für das Land der gold'nen Zeit erkennen.
Bonn ist es in der Tat, denn was nur groß und schön,
das ist in dieser Stadt und seinem Schloß zu seh'n.

Gebäude, Türme, Kirch', Basteien, Mauern, Wälle,
Paläste, Gärten, Gäng', Alleen, Wasserfälle,
Ställ', Pferde, Porzellan, Gemälde, Galerie,
Gold, Silber, Marmorstein', und alles sieht man hie.
Und nicht genug, August will es noch besser schauen!
Augustus will sein Rom, Bonn Clemens schöner bauen.

Das ist ein wahrer Prinz, der zeiget in der Tat
von seinen fürstlichen Gedanken Schluß und Rat!
So, Alexander, so wirst Du Dich auch erweisen,
denn dieses ist allein die Absicht Deiner Reisen!
Der Ehrentempel steht nur bloß am Helikon.
Wer Bonn noch nicht geseh'n, der sag' auch nichts von Bonn.«

Clemens August gar als Idealgestalt deutscher Prinzenerziehung? Tatsächlich läßt sich der lutherische Geistliche und Pädagoge aus Ansbach noch weiter hinreißen:

»Der große Kurfürst gleicht dem weisen Salomon.
Der baut Jerusalem, und jener schmückt sein Bonn.
Er baut mit gold'ner Pracht, wie dort in Rom August.
Das weist sein Poppelsdorf, das zeigt sein Falkenlust!«

Wie immer solche Reimgebilde zwischen zeremonieller Höflichkeit, Untertanengeist (1748 gab es bereits genügend Aufmüpfige im Heiligen Römischen Reich Deutscher Nation) und naiv-ehrlicher Bewunderung aus der Sicht letztlich provinzieller Autorenherkunft bewertet werden, der Clemens-August-Enthusiasmus ist offensichtlich Realität. Andererseits gibt er dem braven Wolshofer[2] die Möglichkeit, kommende Tugenden zu predigen, den *»guten«* Fürsten der Zukunft zu zeichnen, den Wunsch nach einer Gesellschaft humaner Ordnung – *»überall Maß«* – auszusprechen, am Beispiel des *»schönen Weges zwischen Bonn und Poppelsdorf«*:

»Wie reizend ist der Weg von etlich' Tausend Schritten.
Man geht so rechts als links, man fahret in der Mitten.
Zu beiden Seiten steh'n die Linden ohne Zahl,
und Lampen machen ihn zu einem Fürstensaal,
die fast zu Tausenden zweimal Reihen brennen,
daß man auch in der Nacht das kleinste mag erkennen.
Hier ist, wie weltbekannt, der Poppelsdorfer Markt.
Die Kirchweih ist sehr groß, der Zulauf ist sehr stark.
Viel' Wochen sieht man da der Fremden große Menge,
und Waren, Spiel und Tanz, und mancherlei Gedränge.

Und doch geht alles gut und ordentlich hier zu,
und doch herrscht überall Maß, Ziel und Schutz und Ruh'
Und dennoch bleibt der Weg rein, sauber, ohne Schande,
und dennoch lebt sogar die Polizei im Sande,
der immer gleich bedeckt und schön und eben ist,
und seine Breit' und Läng' nach Schnur und Zirkeln mißt.
Seh' an, so kann ein Fürst in groß' und kleinen Sachen,
wenn er nur eifrig will, fast alles möglich machen!
So, Prinz, muß auf der Reis' das Große nicht allein,
auch das Geringste kann Dir stets zum Muster sein!«

Damit wird schlagartig die Bipolarität der Clemens-August-Epoche sichtbar. Die unscheinbaren und kleinen Sachen als Anliegen, Geringes zum Muster zu nehmen, bedeutet letztlich, die Rechte und Nöte der gesamten Staatsbevölkerung zu achten. Plötzlich wird der *Riss im Himmel* deutlich. Der Glanz zu Recht unvergänglicher Kunstwerke des aufgeklärten Absolutismus, etwa der Treppenhäuser von Weißenstein ob Pommersfelden, Augustusburg oder Würzburg, findet keine Synchronentsprechung in einer erfüllten und in ihren Lebensnotwendigkeiten zufriedengestellten Gesamtgesellschaft. Die Schönheit barocker Residenzbauten in Deutschland muß in Relation zu Zehntausenden umherziehender Tagelöhner gesehen werden. Der strahlende Glanz von Fayence und Porzellan ist auch verbunden mit dem Elend trinkender Brenner ... Der Veranstaltungsreigen anläßlich des Clemens-August-Jubiläums will dieser Doppelgesichtigkeit einer zweifellos bedeutenden Epoche gerecht werden – ihrem Glanz und ihrem Elend mitsamt den immer deutlicher werdenden Zeichen, daß ein umfassender gesellschaftlicher Umbruch, eine radikale Veränderung von Regierungs- und Staatsformen bevorsteht.

Schon fünf Jahre vor der Geburt Clemens Augusts hatte Pierre Bayle seinen *Dictionnaire historique et critique* vorgelegt, die Trennung von Vernunft und Glauben gefordert. 1712 schrieb Christian Wolff über *Vernünftige Gedanken von Kräften des menschlichen Verstandes;* drei Jahre später forderte Gottfried Wilhelm von Leibniz eine Geschichtsschreibung auf quellenkritischer Grundlage, also die Abkehr vom Existenzberechtigungsnachweis für Fürstenhäuser durch ihre Historiographen.

Die Aufklärung war demnach mehr als spürbar im Anmarsch, als Clemens August sein erstes Bischofsamt übernahm. Bei seiner sensiblen Intelligenz und wiewohl zweckgerichteten, dennoch hochkarätigen Erziehung konnten ihm diese Strömungen nicht verborgen bleiben. Und so schärfen die Eigenproduktionen des Projektes *»Der Riss im Himmel«* die Beurteilung und Wertung dieser Epoche des Spätbarock, des Rokoko, des aufgeklärten Absolutismus, der »Epoque Louis XV«.

Das N.N. Theater Köln greift die Geschichte der *Landstörzerin Courage* auf, frei nach Hans Jakob Christoffel von Grimmelshausen. Mitten im Dreißigjährigen Krieg bringt eine junge Frau zwei Kinder zur Welt, die sie in fremde Hände geben muß. Der Junge, Simplicissimus, wird Schäfer, das Mädchen, »Courasche«, verkommt zur Gaunerin. Beide versuchen, in einer unmenschlichen Zeit zu überleben, ohne Chance auf sichernde gesellschaftliche Einbindung: Menschen im erbärmlichen Kampf um psychisches und physisches Weiterexistieren.

Ähnliches Menschenschicksal bewegt *The Beggar's Opera* von John Gay und Johann Christoph Pepusch. Sie wird vom Freien Werkstatt Theater Köln in sprachlicher und musikalischer Neubearbeitung präsentiert. Die Bettleroper, 1728 im ersten Regierungsjahr Clemens Augusts als Fürstbischof von Osnabrück entstanden, parodiert die große Barockoper – was den Adel zeitweise nicht hinderte, sich mitzuamüsieren.

Endgültig prärevolutionäres Terrain wird im *Tollen Tag* von Pierre Augustin Caron de Beaumarchais erreicht, den das »fringe ensemble Frank Heuel Bonn« aufführen wird. Die weltbekannte, erfrischende Geschichte von Susanne und ihrem Figaro gerät zum Abgesang der Rolle des Adels. Witz und Intelligenz, vor allem die Tugenden Fleiß und Anstand, der Sinn für Gleichheit und Menschenrechte, vertreten durch das aufsteigende Bürgertum, öffnen das Fenster zu einer neuen Zeit.

Ömmes & Oimel, das Kölner Kinder- und Jugendtheater, widmet sich der *Liebe zu den drei Orangen,* frei nach Carlo Gozzi. Nach vielen Abenteuern gelingt es dem Königssohn Tartaglia, die Orangen und mit ihnen seine zukünftige Braut zu finden. In dieser Familienproduktion können die Liebenden heiraten, die Bösen werden des Landes verwiesen. Nebenbei erhält der Spaßmacher Truffaldino den bemerkenswerten Auftrag, schlechte Unterhaltung am Hofe auszumerzen.

Nur zu Überwindendes also im Veranstaltungsprogramm von Brühl, Köln, Bonn, Jülich und anderswo? Mitnichten, die französische »Compagnie de Danse Baroque l'Eventail« macht die Schönheit von Tanz, Musik und Kostüm der Epoche Ludwigs XV. greifbar, im Verbund mit »Le Concert Spirituel« in der einzigartigen Besetzung Barockvioline, Traversière, Blockflöte, Barockoboe, Musette, Drehleier, Fagott, Barockcello, Violone, Cembalo. Hier wird kreativ neu erschlossen, nicht nur im musealen Rückgriff, sondern in einer bezwingenden Einheit von formaler historischer Wiederaufnahme und sensibler Wiedererfüllung graziler Ästhetik des Rokoko.

Dergestalt wird der *Riss im Himmel* zum Dialog zwischen den Jahrhunderten. Und was aus der gleichermaßen bejubelten und geschmähten Rokoko-Vergangenheit Leuchtkraft bewahren konnte, wird seinen Platz bei den Veranstaltungen finden. Letztlich geht es auch um die Wiederbelebung der grandiosen Architekturkulissen aus der Hinterlassenschaft Clemens Augusts. Dazu gehören neue Gartenmusiken des Klever Kompositionswettbewerbs genauso wie die Auftragskomposition des Brühlers Willy Giefer über den Namen des Kurfürsten.

Adolf Lang

[1] Die Veröffentlichung dieser Gedichte wurde durch das großzügige Entgegenkommen von Rainer Graf von Seckendorff ermöglicht, der auch der Clemens-August-Ausstellung wichtige Reverenz erwiesen hat.

[2] Eine Gesamtausgabe der Gedichte von Friedrich Wilhelm Wolshofer ist vorbereitet. Sie vermittelt über die mitgeteilten Texte hinaus reiche kulturgeschichtliche Informationen.

Der Riss im Himmel – Clemens August und seine Epoche

Im Jahre 1961 hat sich eine Ausstellung in Schloß Augustusburg anläßlich des 200. Todestages von »Kurfürst Clemens August. Landesherr und Mäzen des 18. Jahrhunderts« mit seiner Person beschäftigt. Unsere Ausstellung anläßlich des 300. Geburtstages legt gut eine Generation später Zeugnis ab vom Wechsel historischer und kunsthistorischer Perspektiven. Nun steht seine Person nicht mehr im Mittelpunkt. Sie bietet den Anlaß, das weitgespannte Panorama einer faszinierenden Epoche zu schildern.

Zwischen Reformation, Gegenreformation und Französischer Revolution entwickeln sich Spannungen und Brüche in den Gefügen von Herrschaft, Glaube, Wirtschaft und Gesellschaft, die uns zum Titel *Der Riss im Himmel* geführt haben. In vielen Bereichen schimmert das Neue, das das 19. und 20. Jahrhundert prägen wird, bereits durch, deuten sich kommende Entwicklungen an.

Die ersten Räume der Ausstellung führen aus der Gegenwart und ihrer Nutzung des Schlosses für große Staatsempfänge als *Wege in die Vergangenheit* in die Geschichte des Schlosses ein. Sie bieten einen ersten Einblick in die Epoche des Bauherrn, der die Vollendung seines Traumes nicht mehr erlebt hat.

Unerfüllt blieb auch sein Wunsch, die eigentliche Metropole des Erzbistums, die Freie Reichsstadt Köln, seiner Herrschaft zu unterwerfen. So blieb sie *Die heimliche Hauptstadt*, die im Sommerappartement als geistiges, organisatorisches und immer noch wirtschaftliches Zentrum des Rheinlandes vorgestellt wird. Eine vorsichtige Politik des Rates hielt Krieg, Räuber und Wegelagerer *Vor den Toren der Stadt*, wo sie jedoch das Leben der Bauern, des Landadels und der kleineren Städte immer wieder beunruhigten.

Im prunkvollen Staatsappartement trifft man auf *Die zwei Gesichter des Rokoko* im Wechsel zwischen einem aufwendigen Zeremoniell der Kaiserkrönung 1742 und dem höfischen Amusement des Maskenballs, auf die Spannung also zwischen geistlichem Amt und politischen Herausforderungen als Kurfürst und Landesherr, eingebunden ins Zeremoniell und selten für Privatleben frei. Aber auch die Einbindung des Kurfürsten ins *Wechselspiel der Kräfte* inmitten Europas ist ein wichtiger Aspekt einer Epoche, die sich andererseits von den Träumen politischer Utopien oder den gebündelten Lebensvorschriften der Behörden faszinieren läßt.

Das höfische Zeitalter – Thema des Gelben Appartements – wünscht sich das Leben als Gesamtkunstwerk: *Das Ideal der Schönheit* wird in lieblichen Landschaften und ländlichen Liebschaften wie in der Beherrschung der Natur in Jagd und Gartenkunst gesucht. Ausgeklügelte Regeln bestimmen *Die Lust des Lebens* in Spiel und Erotik wie in Tafelfreuden.

Schloß Augustusburg/Brühl

Dabei hat der *Aufbruch in eine neue Zeit* längst begonnen. Die Familie mit ihren Beziehungen und Bindungen erhält einen neuen, bürgerlichen Stellenwert. *Die Macht des protestantischen Geldes* in der Textilproduktion betont dies ebenso wie das Vorspiel des kommenden, kapitalintensiven Industriezeitalters, in dem Forschung und Bildung alle Lebensbereiche zu verwandeln beginnen.

Aus unserer Gegenwart öffnen Medienstationen immer wieder den Blick für Bezüge und Entsprechungen unserer Zeit zur Epoche der Ausstellung und der damaligen Situation des Rheinlandes.

Die Spannungen zwischen diesem Ausstellungskonzept und der Architektur des Schlosses, zwischen differenzierter Sicht einer Epoche und kurfürstlich prunkender Selbstdarstellung werden durch die Inszenierung der Ausstellung sichtbar gemacht. Das Konzept des Ausstellungsarchitekten Reiner Wiesemes nimmt die Themen der Ausstellungsbereiche auf und gibt ihnen in abwechslungsreichen Bildern Gestalt. Schloß und Ausstellung treten so in ein lebhaftes Gespräch, das dem Publikum ein bisher ungewohntes Erlebnis vermitteln wird. Die langfristige Einbindung des Ausstellungsarchitekten in die ausführlichen Überlegungen und Diskussionen des Ausstellungsteams haben hier reiche Früchte erbracht.

Das gilt auch für den ebenso langfristig angelegten Forschungsvorlauf, dessen Ergebnisse acht Sammelbände füllen werden. Im Gegensatz zu gängigen Ausstellungskatalogen, heute meist zur Eröffnung mit einem Aufsatzband kombiniert, standen dem Ausstellungsteam so die Ergebnisse der jüngsten, breitgefächerten Forschungen für die Vorbereitungen zur Verfügung. Für ihre Mitwirkung an der Buchreihe »Der Riss im Himmel« und für anregende Gespräche sei allen Kolleginnen und Kollegen auch an dieser Stelle herzlich gedankt. Der Öffentlichkeit können so vielfältig neue Aspekte der Epoche eröffnet werden, die auch unser Verständnis der Gegenwart verändern. Wir »lernen« nicht aus der Geschichte, aber wir werden Vergangenheit und Gegenwart besser verstehen.

Susanne Blöcker | Nicole Buchmann | Marianne Gechter | Rita Wagner
Frank Günter Zehnder | Werner Schäfke

Wege in die Vergangenheit

I–III Das Schloß vom Mittelalter bis heute

Schloß Augustusburg, die Lieblingsresidenz des Kurfürsten Clemens August, ist hervorgegangen aus einer Landesburg der Kölner Erzbischöfe und Kurfürsten aus dem späten 13. Jahrhundert. Diese Landesburg, im 14. und 16. Jahrhundert zu einer vierseitig geschlossenen Wasseranlage ausgestaltet, wurde 1689 im dritten Eroberungskrieg Ludwigs XIV. durch die französische Besatzung gesprengt.

Kurfürst Joseph Clemens (1688–1723) widmete sich zunächst dem Neubau der 1689 gleichfalls zerstörten Bonner Residenz. Erst nach Ende des Spanischen Erbfolgekrieges, der den Kurfürsten ins französische Exil gezwungen hatte, konnte er an eine Wiederherstellung und an einen Ausbau des Brühler Schlosses denken. Joseph Clemens schwebte ein Landschloß mit Garten mit einem Kanal zum Rhein und einer Allee nach Bonn vor. Die Planungen wurden – wohl aus finanziellen Gründen – nicht ausgeführt.

Als Clemens August 1723 die Nachfolge seines Onkels antrat, übernahm er zwar die Bonner Residenz als Regierungssitz, doch wollte er ein eigenes, repräsentatives Schloßgebäude errichten lassen, das der Selbstdarstellung seiner Person und seiner Herrscherwürde dienen sollte. Den Grundstein hierzu legte er 1725 in den Ruinen der Brühler Landesburg. Clemens August schätzte Brühl wegen der Schönheit der Landschaft und den günstigen Bedingungen für die geliebte Falkenjagd.

Drei Jahre nach der Grundsteinlegung war der Rohbau fertiggestellt. Den Plan zu der dreiflügelig nach Osten geöffneten Anlage – zunächst noch nicht als Residenz, sondern als Jagdschloß gedacht – entwickelte Johann Conrad Schlaun, der damalige Oberbaumeister des Kurfürsten. Clemens August wollte durch die Einbeziehung der Wasserburgruine Baukosten sparen. Schlaun hatte deshalb zu untersuchen, welche Mauerteile erhalten werden konnten. Dies erklärt, warum die heutige Anlage nur wenig umfangreicher ist als der mittelalterliche Vorgängerbau. Dessen Mauern blieben im Nordflügel des Schlosses teilweise bis ins zweite Obergeschoß bestehen. Schlaun übernahm auch den schweren mittelalterlichen Rundturm an der Nordwestecke und errichtete einen gleichartigen an der Südwestecke als Kapellenturm. Das Schloß sollte von den Gräben der alten Wasserburg umgeben bleiben. Schlaun sah ferner vor, die alte Vorburg zur Stadt hin symmetrisch auszubauen und vor dem Ehrenhof des Schlosses einen Ziergarten von beträchtlicher Ausdehnung anzulegen.

Vermutlich hätte Schloß Augustusburg die Gestalt einer kurkölnischen Landesburg Schlaunscher Prägung behalten, hätte nicht der bayerische Kurfürst Karl Albrecht, der Bruder Clemens Augusts, den Vorwurf geäußert, daß dies altertümlich sei. Clemens August ließ sich zu einer grundlegenden Planänderung bewegen, und Karl Albrecht entsandte seinen Hofarchitekten François de Cuvilliés und seinen Gartenkünstler Dominique Girard nach Brühl. Schlaun wurde als Bauleiter abgelöst; fortan war er für den Kurfürsten nur noch in Westfalen tätig. Cuvilliés erhielt den Titel »erster Baumeister«. Da er nur selten in Brühl sein konnte, übernahm der kurkölnische Hofarchitekt Michael Leveilly die Bauleitung vor Ort.

Cuvilliés entwickelte einen Gesamtplan für die Umgestaltung des eben erst vollendeten Rohbaus. Diese Überlegungen betrafen die gesamte Innenraumdisposition und die Gärten. Cuvilliés' Gedanke war, dem Bau die nicht mehr zeitgemäßen Züge einer Wasserburg zu nehmen und statt dessen eine moderne Residenz mit Lustschloßcharakter zu gestalten. Die Wassergräben wurden zugeschüttet, und vor der Südfront entstand ein großartiges Gartenareal nach den Plänen Girards. Zwei Orangerien an der Stadtseite verbanden den Wirtschaftstrakt und die Kirche der Franziskaner als Hofkirche mit dem Schloß.

Im Inneren änderte Cuvilliés die Raumanordnung Schlauns völlig, indem er die Repräsentationsgemächer zum neuen Garten hin in den Südflügel verlegte (Schlaun hatte sie im Nordflügel vorgesehen). Schließlich überarbeitete Cuvilliés die Außenfassaden und ließ die Rundtürme abbrechen. Jetzt erst erhielt das Schloß das Gesicht einer repräsentativen Residenz.

◁ Schloß Augustusburg, Treppenhaus

Für Clemens August waren höchste Prachtentfaltung und erlesene Qualität des Kunstschaffens entscheidend, um sein Bedürfnis nach Genuß, Repräsentation und Erhöhung seiner Person zu befriedigen. Niemals ging vom Fürsten ein Stildiktat aus, nach dem sich die Baumeister und Kunsthandwerker hätten richten müssen. Nur eines zählte: Die Künstler mußten die besten ihres Faches sein. Italienisches findet sich regellos neben Französischem. Brühl läßt die Entwicklung des Rokoko in allen Facetten erleben wie kein zweites Schloß dieser Art. Dies war u. a. der Grund, warum die UNESCO Schloß Augustusburg, seine Garten- und Parkanlage und Schloß Falkenlust 1984 in die Liste des Kultur- und Naturerbes der Welt aufgenommen hat.

Die Bauzeit des Schlosses betrug rund vierzig Jahre. Trotz vielerlei Verzögerungen aufgrund versiegender Gelder wurde Schloß Augustusburg eines der glanzvollsten Gesamtkunstwerke des 18. Jahrhunderts in Europa. Die Malereien, Stukkaturen, Schnitzereien und Kunstschmiedearbeiten im Innern – Schöpfungen internationaler Künstler und Kunsthandwerker – zählen zu den Spitzenleistungen des 18. Jahrhunderts. Clemens August erlebte die Vollendung zwar nicht mehr, doch waren die meisten Appartements und die künstlerisch bedeutendste Ausstattung der Prunkräume fertiggestellt, als er am 6.2.1761 verstarb. Der Nachfolger, Kurfürst Max Friedrich von Königsegg-Rothenfels, führte die Arbeiten nach den Plänen seines Vorgängers zu Ende.

Nach dem Zusammenbruch des Kurstaates 1794 wurde Schloß Augustusburg von französischen Revolutionstruppen besetzt und arg demoliert. 1815 gelangte das Schloß an die preußische Krone. Es wurde als königliche, später kaiserliche Residenz am Rhein restauriert. Nach dem Zweiten Weltkrieg ging das Gebäude in den Besitz des Landes Nordrhein-Westfalen über, das für weitere Restaurierungen sorgte. Nach 1945 waren umfangreiche Wiederaufbau- und Konservierungsarbeiten zu leisten: Eine Bombe hatte einen Teil des Nordflügels weggerissen, in die Westwand des Hauptflügels war eine Artilleriesalve mit verheerender Wirkung eingeschlagen. Erst als die ärgsten Kriegsschäden behoben waren, konnte mit der Sicherung der gesamten Gebäudesubstanz begonnen werden.

Schloß Augustusburg war zugleich Lustschloß und Residenz. Der Kurfürst widmete sich hier den Regierungsgeschäften, gewährte Audienzen, führte Verhandlungen mit Staatsmännern. Daneben fanden hier die Festlichkeiten des Hofes statt. Das Leben in der Residenz war geregelt durch die Hofordnung. Alles unterlag einem bis ins kleinste ausgearbeiteten Zeremoniell, das sich unter Clemens August allerdings mehr und mehr zu lockern begann. Die Hauptschauplätze waren das Treppenhaus und das Große Neue Appartement – die Hauptraumfolge des Schlosses. Zu dieser gehören zehn erlesen ausgestattete Räume: Treppenhaus, Gardensaal, Speise- oder Musiksaal, erstes und zweites Vorzimmer, Audienzsaal, Paradeschlafzimmer, Kabinett, Bibliothek und Nepomukkapelle.

Das vielfältig in Stuck und Malerei inszenierte Bildprogramm des Treppenhauses und der anschließenden Säle beinhaltet mythologisch-allegorische Kommentare über die Bedeutung und das Selbstverständnis des Kurfürsten. Ein erster Höhepunkt des Programms ist das Treppenhaus, an dessen Gestaltung Balthasar Neumann maßgeblich mitwirkte. Es gilt als »die wirkungsvollste, glücklichste, prächtigste und schönste Leistung des Rokoko in ganz Deutschland« (Paul Clemen). Nach dem Aufstieg über einen Mittellauf führen von einem Podest aus zwei Oberläufe ins Piano nobile. Neumanns Auffassung von plastisch durchgliedertem Raum mittels Doppelsäulen und Gewölbebrücken ist im Erdgeschoß beispielhaft zu erleben. Mit jedem Schritt in die Höhe wird der Raum lichter. Farbiger Stuckmarmor an Säulen, Gewölben und Wänden und das prachtvolle Deckenfresko von Carlo Carlone vereinigen sich zu unübertroffener Farbharmonie. Im Mittelpunkt des Bildprogramms, das die ruhmreiche Gestalt des Clemens August verherrlicht, steht seine vergoldete Stuckbüste auf einer Pyramide (Ruhmessymbol) in einer Triumpharchitektur an der Nordwand.

Im Deckengemälde erscheint das Ruhmessymbol der Pyramide erneut, dieses Mal mit dem Monogramm CA. Magnanimitas, eine der Tugenden aus dem Wahlspruch von Clemens Augustus (»Pietate et Magnanimitate«), und Magnifizenz schicken die Freigebigkeit zu den Künsten, während Verstand und Virtus böse Mächte und Laster in den Abgrund stürzen: Im Herrschaftskreis dieses ruhmreichen Fürsten soll das Erlesene regieren; hier aber ist kein Platz für Ausschweifung und Neid.

In der Regierungszeit Clemens Augusts blieb das Treppenhaus unvollendet. Niemals haben er und seine beiden Nachfolger als Kurfürsten hier einen König, den Kaiser oder gar den Papst die Stufen emporgeleiten dürfen. Erst im 19. und 20. Jahrhundert wurde das Treppenhaus Schauplatz von Staatsempfängen glanzvollen Stils. Das erste große Ereignis dieser Art fand in der Regierungszeit König Friedrich Wilhelms IV. von Preußen statt: Er empfing 1845 Königin Victoria von Großbritannien und Irland und ihren Gemahl Prinz Albert von Sachsen-Coburg-Gotha in Brühl.

Die Tradition der Staatsempfänge lebte bald nach der Gründung der alten Bundesrepublik wieder auf. Schon einen Tag nach der Wahl von Theodor Heuss zum ersten Bundespräsidenten im Jahre 1949 gab der nordrhein-westfälische Ministerpräsident Karl Arnold zu Ehren des neuen Staatsoberhauptes im Schloß einen Empfang. Seit dieser Zeit hat das Land Nordrhein-Westfalen das Schloß für Staatsempfänge der Bundesrepublik Deutschland durch den Bundespräsidenten zur Verfügung gestellt. Bis zur Übersiedlung der Bundesregierung nach Berlin im Jahre 1999 sind weit über hundert Staatsgäste die Treppe emporgestiegen: Kaiser und Kaiserinnen, Könige und Königinnen, Staats- und Regierungschefs – allen voran Papst Johannes Paul II.

Der Weg in die Vergangenheit der Augustusburg umfaßt in der Ausstellung drei Stationen. Er führt durch die drei noch erhaltenen Räume – zwei Vorzimmer und die sog. Ritterstube – des Blauen Winterappartements im Erdgeschoß des Nordflügels, einst Privatgemächer des Kurfürsten Clemens August. Die Vorzimmer hatten eine Wandbespannung »von blawseidenen damast« (1980 erneuert). Die Ritterstube bewahrt eine kostbare Goldledertapete aus der Mitte des 18. Jahrhunderts, die wahrscheinlich in Mecheln hergestellt wurde.

Im ersten Vorzimmer (Raum I) taucht man in die jüngste Vergangenheit von Schloß Augustusburg als Kulisse für Staatsempfänge der Bundesrepublik Deutschland ein.

Das zweite Vorzimmer (Raum II) thematisiert die Geschichte des Schlosses im 19. Jahrhundert. Ausgestellt sind die wenig bekannten Ansichten von Schloß Augustusburg und seiner neugestalteten Umgebung, die der Vedutenmaler Carl Daniel Freydanck 1847/48 für die Königliche Prozellan-Manufaktur (KPM) zu Berlin malte. Sie dienten als Vorlagen für die Übertragung auf Porzellan. Dokumentiert sind der Zustand des Schlosses und seiner Gartenanlage unter König Friedrich Wilhelm IV. von Preußen. Aus der Zeit des Aufenthaltes der Queen Victoria in Schloß Augustusburg vom 11. bis 14. August 1845 sind einige Möbel erhalten. Sie standen damals in den von ihr bewohnten Räumen des Großen Neuen Appartements.

Die Ritterstube (Raum III) ist der Entstehung von Schloß Augustusburg gewidmet. Neben den Veduten der zerstörten mittelalterlichen Landesburg von Renier Roidkin sind die sorgfältig gezeichneten Bauaufnahmen der Ruine, Lage- und Projektpläne sowie die Ansichten der Hauptschauseiten des neuen Schlosses von Johann Conrad Schlaun zu betrachten. Im Büro Balthasar Neumanns entstanden die einzig erhaltenen Plandokumente zum Treppenhaus (zwei Teilentwürfe). Neumanns »Proportionalzirkel« bietet darüber hinaus einen Eindruck vom Handwerkszeug eines Barockarchitekten.

W. H.

Literatur: Hansmann 1972, 1973, 1985, 1987, 1999; Hansmann/Knopp 1997.

II.1
»Empfang der Königin Victoria im Schlosse Brühl«, 1845
Holzstich aus: »Leipziger Illustrirte Zeitung Nr. 115«, Titelseite
Kölnisches Stadtmuseum

König Friedrich Wilhelm IV. von Preußen geleitet Königin Victoria von Großbritannien und Irland und ihren Gemahl Prinz Albert von Sachsen-Coburg-Gotha die Treppe hinauf. Auf dem Treppenpodest begrüßt Königin Elisabeth, die Gemahlin Friedrich Wilhelms IV., die Queen. »Man fährt in die Halle, von der aus eine wahrhaft prachtvolle marmorne Treppe ansteigt, welche, wie das ganze Schloss im Rococo-Stil erbaut ist. Die Königin, die Prinzessin von Preussen, Erzherzog Friedrich von Oesterreich, die Herzogin von Anhalt-Dessau mit ihrer Tochter und der ganze Hof in Gala empfing uns und führten uns die Treppe hinauf ...«, notierte Victoria in ihr Tagebuch.
Lit.: T. Martin, *Das Leben des Prinzen Albert – Prinzgemahls der Königin von England*, Bd. 1, Gotha 1876, , S. 274 (Tagebuch-Zitat); Hansmann 1985, S. 101ff. I. Krueger, Queen Victorias Besuch am Rhein, in: *Vom Zauber des Rheins ergriffen ... Zur Entdeckung der Rheinlandschaft vom 17. bis 19. Jh.*, Ausstellungskatalog Rheinisches Landesmuseum, Bonn, München 1992, S. 281ff.

II.2
Stühle und Konsoltisch, vor 1845
Stühle: Holz, mit Goldbronze gefaßt, rotbespannte Sitzpolster, H. 174 cm
Konsoltisch: Holz, vergoldet, mit ornamentierten Glaseinlagen und Spiegeln, H. 81 cm, L. 111 cm, T. 69 cm
Schloß Augustusburg, Brühl

II.1

II.4

Der Konsoltisch und mindestens drei der Stühle waren anläßlich des Victoria-Besuchs im Jahre 1845 im zweiten Vorzimmer des Großen Neuen Appartements von Schloß Augustusburg aufgestellt. Dies dokumentiert ein Aquarell Adolph Wegelins. In die Geschlossenheit des barocken Gesamtkunstwerks brachten diese Möbel nach dem ästhetischen Empfinden um 1845 verlebendigende Effekte des Malerischen und Stimmungsvollen hinein. Dem entspricht auch die Härte des Farbkontrastes zwischen Gold und Rot. Die Stühle ähneln Entwürfen für Sitzmöbel nach Henry Shaw von Wilhelm Kimbel, 1842/43, und waren das Modernste, was Friedrich Wilhelm IV. der Queen im englischen Geschmack präsentieren konnte.
Lit.: Hansmann 1985, S. 101ff.

II.3
Carl Daniel Freydanck
»Ansicht des Königl. Schlosses in Brühl. Morgenseite«, 1848
Öl auf Leinwand, 28,2 x 36,2 cm
KPM-Archiv Berlin (Stiftung preußische Schlösser und Gärten Berlin-Brandenburg), Inv. Nr. 214

Freydanck (1811–1887) war Vedutenmaler in Berlin. Für die Königliche Porzellan-Manufaktur (KPM) zu Berlin schuf er von 1837 bis 1848 eine umfangreiche Vorlagen-Ölbildserie mit Ansichten von Berlin und Umgebung und u. a. auch vom Rhein. 1847 nahm er hier Ansichten von den Hohenzollern-Schlössern Stolzenfels, Koblenz und Brühl auf. Die Brühl-Vedute zeigt den Blick auf die Ostseite des Schlosses mit dem Ehrenhof. Die Bepflanzung mit Strauchwerkinseln im Sinne des englischen Landschaftsgartens reicht bis an die Fronten der Nebenflügel heran.
Lit.: Hoff 1987, Nr. 84.

II.4
Carl Daniel Freydanck
»Ansicht des Schlosses in Brühl. Gartenseite«, 1847
Öl auf Leinwand, 28 x 36,3 cm
KPM-Archiv Berlin (Stiftung preußische Schlösser und Gärten Berlin-Brandenburg), Inv. Nr. 212

Anstelle des Ziergartens aus dem 18. Jh. breitet sich ein nach Plänen Peter Joseph Lennés gestaltetes Parterre mit Strauchinseln und Stauden aus. Auf und vor der Terrasse ist die üppige Orangerie aus kurfürstlicher Zeit zu bewundern. Lennés Prinzip in Brühl war, aktuelle Gartenkunst mit den Strukturen des 18. Jh.s in Einklang zu bringen.
Lit.: Hoff 1987, Nr. 85.

II.5
Carl Daniel Freydanck
»Aussicht auf den Bahnhof aus dem Zimmer des Königs im Schlosse zu Brühl«, 1847
Öl auf Papier, 27 x 37,2 cm
KPM-Archiv Berlin (Stiftung preußische Schlösser und Gärten Berlin-Brandenburg), Mappe 41, Nr. 42

Der Blick fällt aus dem Zimmer des Königs, der ehem. kurfürstlichen Bibliothek im ersten Obergeschoß des Südflügels, auf das tapis vert vor dem Schloß mit der 1844 gepflanzten Lindenallee und dem 1844/45 neu errichteten Bahnhof der Köln-Bonner-Eisenbahn. Mit ihr reiste auch Königin Victoria 1845 nach Brühl. Die Bahntrasse ließ Friedrich Wilhelm IV. durch den Park führen. Die Eisenbahn machte den Schloßpark für die Kölner Bevölkerung als Volkspark erreichbar. Zugleich war die Bahn Bestandteil des Lennéschen Parkkonzeptes; sie galt als ästhetische Bereicherung des Parks und als Symbol für den technischen Fortschritt, den der König somit beim Besuch Victorias vor aller Welt demonstrieren konnte und den er von seinem Zimmer aus vor Augen hatte.
Lit.: Hoff 1987, Nr. 86.

III.1
Georg Braun/Franz Hogenberg
»BRVLA, vulgari idiomate. Broel 1575.« Ansicht der Stadt Brühl mit der kurfürstlichen Landesburg, 1576
Kupferstich, 10,3 x 22, 7 cm
Schloß Augustusburg, Brühl

Der Stich stellt die Landesburg Brühl mit dem Rundturm an der Nordwestecke in der Gestalt dar, die sie bis zur Zerstörung im Jahre 1689 besaß.

III.2
Renier Roidkin
Ansicht der Burgruine von Südwesten, 1723
Malerei in Tuschpinselmanier auf Holz, 18 x 26 cm
Schloß Augustusburg, Brühl

Diese und die Vedute Kat. Nr. III.3 geben den Zustand der Ruine wieder, bevor Johann Conrad Schlaun sie untersuchte und jene Teile festlegte, die in seine Neubauplanung einbezogen werden konnten. Die verheerende Wirkung der Sprengmaßnahmen durch französische Truppen im Jahre 1689 wird in dieser Ansicht besonders deutlich.
Lit.: Hansmann 1987.

III.3
Renier Roidkin
Ansicht der Burgruine von Nordosten, 1723
Malerei in Tuschpinselmanier auf Holz, 18 x 26 cm
Schloß Augustusburg, Brühl

Noch gut erhalten und deshalb von Schlaun für geeignet befunden, in die Neubauplanung einbezogen zu werden, sind der Nordflügel und der Rundturm auf der Nordwestecke.
Lit.: Hansmann 1987.

III.4
Johann Conrad Schlaun
»Plan von dem jetziegem ruiniertem Cuhrfurstliegem jachthause Brull«, um 1724
Feder laviert (grau, schwarz, blau, grün), 71,5 x 51 cm
Rheinisches Amt für Denkmalpflege, Pulheim-Brauweiler, Inv. Nr. 28462

Die im Grundriß der Burgruine schwarz angelegten Teile bezeichnen die für den Neubau des Schlosses als wiederverwendbar angesehenen. Dessen dreiflügeliger Grundriß mit der Öffnung des Ehrenhofes nach Osten ist über dem Ruinengrundriß schwach gepunktet angedeutet.
Lit.: Hansmann 1973, S. 68f.; Matzner/Schulte 1995, S. 136, Nr. 16.1.

III.6

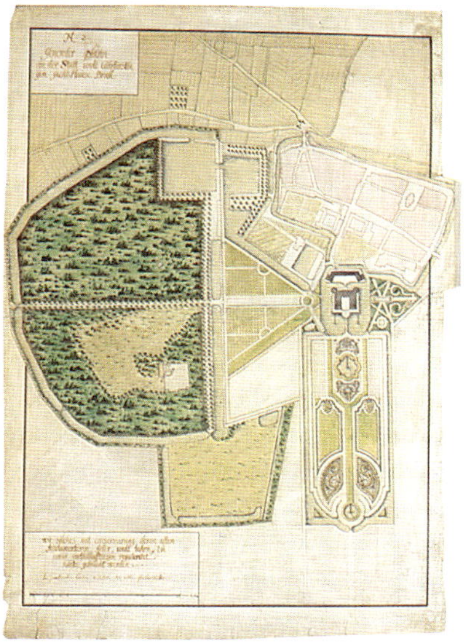

III.5
Johann Conrad Schlaun
»Auffurung undt profill des jetziegem ruiniertem Cuhrfurstliegem jachthause Brull«, um 1724
Zwei Aufrisse der Burgruine von Westen und Süden
Feder laviert (grau, blau), 24,4 x 43 cm
Rheinisches Amt für Denkmalpflege, Pulheim-Brauweiler, Inv. Nr. 28463

Die beiden Aufrisse, wie alle Pläne Schlauns äußerst akurat gezeichnet, zeigen den Baubestand der Burgruine von Westen und Süden.
Lit.: Hansmann 1973, S. 67; Matzner/Schulte 1995, S. 136, Nr. 16.2.

III.6
Johann Conrad Schlaun
Gesamtplan von Schloß Augustusburg, dem Park und der Stadt Brühl, um 1724
Feder laviert (grau, blau, grün, rosa), 73 x 52,5 cm
Rheinisches Amt für Denkmalpflege, Pulheim-Brauweiler, Inv. Nr. 28468

Der Gesamtplan dokumentiert, daß Schlaun bei seiner Schloßplanung von städtebaulichen Überlegungen ausgeht. Er bewahrt den traditionellen Zusammenhang zwischen Stadt und Herrschaftssitz, gestaltet ihn jedoch neu. Mit der Übernahme bzw. Neugestaltung der Türme zur Stadtseite hin möchte Schlaun die Tradition der kurkölnischen Landesburg bewahren. Das Gartenprojekt an der Ostseite, das riesige Dimensionen erhalten hätte, gehört zu den originellsten Erfindungen des Gartenarchitekten Schlaun.
Lit.: Hansmann 1973, S. 67; Matzner/Schulze 1995, S. 136f., Nr. 16.3.

III.7
Johann Conrad Schlaun
Aufriß der Ostseite (Hofseite) von Schloß Augustusburg, um 1724

III.7

Feder laviert (grau, blau), 50 x 74 cm
Rheinisches Amt für Denkmalpflege, Pulheim-Brauweiler, Inv. Nr. 28469

Schlauns Fassadenarchitektur beruht teilweise auf Eindrücken seiner Romreise: Die Kantenabrundung ist von Borromini übernommen, die einschwingenden Attiken der Seitenflügel stammen von den entsprechenden Aufbauten der Kolonnaden von St. Peter, die Schichtenbildung der Wand ist ebenfalls borrominesk. Clemens August bezog seinen Vornamen gerne auf den hl. Papst Clemens und auf Kaiser Augustus. Einem solchen Selbstverständnis ist die Synthese von Bauformen des päpstlichen und kaiserlichen Rom (Attiken, Pilaster, korinthische Ordnung) angemessen.
Lit.: Hansmann 1973, S. 72ff.

III.8
Johann Conrad Schlaun
Aufriß der Westseite (Stadtseite) von Schloß Augustusburg, um 1724
Feder laviert (grau, blau), 49,5 x 71,4 cm
Rheinisches Amt für Denkmalpflege, Pulheim-Brauweiler, Inv. Nr. 28470

Der linke Eckturm stammt im Kern aus dem Mittelalter, der rechte Turm wurde von Schlaun hinzugefügt. Mit diesen traditionellen Bauformen soll Kontinuität anschaulich werden, gehören Rundtürme doch nach Auffassung Schlauns zum Charakter einer Landesburg.
Lit.: Hansmann 1973, S. 67.

III.9
Anonym, nach Marcus Friedrich Kleinert
Bildnis des Balthasar Neumann, um 1740
Öl auf Leinwand, 94 x 76 cm
Mainfränkisches Museum, Würzburg, Inv. Nr. H. 32334

Neumann (1687–1753) erscheint in dreifacher Eigenschaft: als Militär in Küraß, als Ingenieur und als Zivilarchitekt. Dies deuten Kanonenrohr, Festungsplan und der Bau der Würzburger Residenz an, auf den Neumann den Betrachter stolz hinweist.
Lit.: Hansmann 1999, S. 49.

III.10
Jodokus Matthias Kaspers (?)
Bildnis des Johann Conrad Schlaun, nach 1750
Öl auf Leinwand, 87,5 x 67 cm
Westfälisches Landesmuseum für Kunst und Kulturgeschichte, Münster, Inv. Nr. 723

Einzig bekanntes Bildnis Schlauns (1695–1773). Schlaun ist dargestellt in seiner Eigenschaft als Generalmajor. Als kurfürstlicher Hofarchitekt stand Schlaun auch nach seinem Ausscheiden aus dem Brühler Bauprojekt in einem engen Vertrauensverhältnis zu Clemens August.
Lit.: Matzner 1995, S. 115f.

III.11
Proportionalzirkel Balthasar Neumanns, von ihm selbst angefertigt, 1713
Auf der Vorderseite bez.: »Instrumentum Architecturae Inv[enit] et Fe[cit] Bal: Neümann, 1713.«
Messing, 16,2 x 4,2 x 0,5 cm (zusammengeklappt)
Mainfränkisches Museum, Würzburg, Inv. Nr. H. 12228

Die Erscheiungsformen der toscanischen, dorischen, ionischen, korinthischen und kompositen Säulenordnung – wichtigste Vokabeln der Architektursprache von Renaissance und Barock – beruhen u. a. auf spezifischen Proportionen. Neumann suchte sie mit seinem Zirkel in Zahlen festzulegen. Als weiteres Arbeitsinstrument ist hierbei ein Stechzirkel zum Abgreifen der Einzelelemente und ihrer Werte erforderlich.
Als Abgreifzirkel dient in der Ausstellung der Stechzirkel, der 1991 in Balthasar Neumanns Gartenpavillon in Randersacker bei Würzburg gefunden wurde (vgl. Kat. Nr. III.12). Klappte Neumann den Proportionalzirkel auseinander, hatte er einen Maßstab von 303,75 mm zur Hand. Dies entspricht einem Nürnberger Schuh.
Lit.: Wagner 1994.

III.12
Stechzirkel aus Balthasar Neumanns Gartenpavillon in Randersacker bei Würzburg, um 1743 (?)

III.12

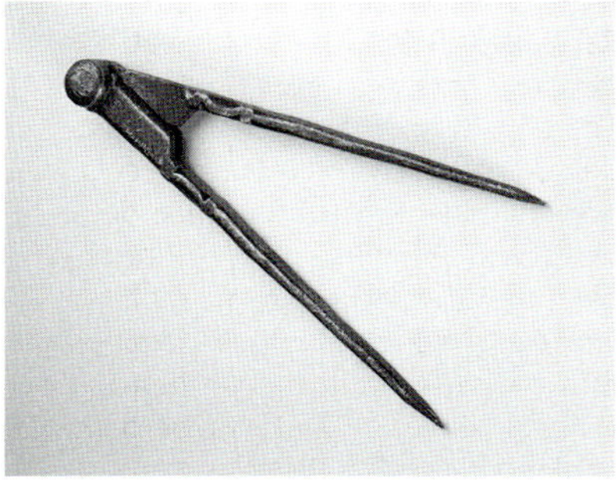

III.10

Eisen, geschmiedet, L. 19,1 cm
Gemeinde Randersacker

Der Zirkel wurde 1991 bei Restaurierungsarbeiten in der Fehlbodenschüttung der ersten Erneuerungsphase des oberen Plattenbodens als möglicherweise alt verlagerter Einzelfund zu Tage gefördert. Der teilweise ornamental gearbeitete Zirkel könnte als Arbeitsinstrument Neumanns gedient haben.
Lit.: Wamser 1994.

III.13
Johann Wolfgang van der Auvera nach Balthasar Neumann
Entwurf zum Treppenhaus von Schloß Augustusburg, Querschnitte, um 1741
Feder laviert (grau), 26,2 x 40,8 cm
Rheinisches Amt für Denkmalpflege, Pulheim-Brauweiler, Sammlung Zengeler,
Inv. Nr. 22

Johann Wolfgang van der Auvera, Bildhauer und Zeichner in Neumanns Würzburger Baubüro, begleitete den Baumeister 1740 auf der ersten (bekannten) Reise nach Brühl. Das Blatt zeigt verschiedene Querschnitte durch die seitlichen Treppenunterwölbungen (links hinter den Säulen des Querraumes, rechts vor den dortigen Säulen). Die Idee der sich unter den Treppenunterwölbungen in die Tiefe staffelnden Räume fehlt noch. Nicht ausgeführt wurde das lange Gitter mit je zwei Standfiguren an den Enden entlang der Stirnwand im Obergeschoß.
Lit.: Hansmann 1972, S. 41.

III.14
Johann Wolfgang van der Auvera nach Balthasar Neumann
Entwurf zum Treppenhaus von Schloß Augustusburg, Längsschnitt, um 1741
Feder laviert (grau) und Bleistift,
26,5 x 28,2 cm
Rheinisches Amt für Denkmalpflege, Pulheim-Brauweiler, Sammlung Zengeler,
Inv. Nr. 23

Der Längsschnitt zeigt bereits wesentliche Elemente der späteren Ausführung (Doppelsäulen, Unterwölbungen, Anzahl der Stufen des Unterlaufs). An den Wänden sind jedoch noch Hermenpilaster vorgesehen, die gegenüber den Atlanten am unteren Treppenlauf nach vorne gezogen sind. Diese Idee ist bereits auf dem Blatt Kat. Nr. III.13 aufgegeben.
Lit.: Hansmann 1972, S. 41.

III.15
Nicolaus Mettely nach Johann Martin Metz
»Das Churfl. Lust und JagtSchlos AugutusBurg«, um 1755. Südansicht mit Garten
Kupferstich, 38 x 54 cm
Schloß Augustusburg, Brühl

Der Stich gehört zu der Sammlung von 21 Blättern mit den Schlössern des Clemens August. Die in Wirklichkeit asymmetrische Südfront erscheint bei Metz-Mettely symmetrisch ausgeglichen. Den Ziergarten mit den Broderieparterres und dem Spiegelweiher säumen gedeckte Lindenalleen in Form von »lebendigen« Arkaden, die bis heute erhalten sind. Der einst reiche Skulpturenschmuck des Gartens ist nicht mehr vorhanden. Das Rahmenwerk aus Rocaillen und Akanthus fängt die heitere Stimmung der Anlage auf. Wildschweine und Hirsche am Rahmensockel deuten auf den Wildpark, der sich südlich an das Parterre anschloß und schon im Mittelalter Jagdgebiet der Kölner Erzbischöfe war.
Lit.: Hansmann/Knopp 1976, S. 48.

III.16
Johann Franz van Helmont
Gipsabgüsse der Modelle zu »Europa« und »Asia« auf der Stirnfront des südlichen Seitenflügels von Schloß Augustusburg, um 1730
H. 36 cm
Schloß Augustusburg, Brühl

Die Originale in rotgrauer Terrakotta befinden sich im Westfälischen Landesmuseum für Kunst und Kulturgeschichte in Münster (Inv. Nrn. F145, F146).
Lit.: Hansmann 1971, S. 166ff.

III.14

Kat. Nr. IV.5a, S. 32

Köln – Die heimliche Hauptstadt
IV Der Hochedele und Hochweise Magistrat
V Die Metropole

1288 war es der Stadt Köln in der Schlacht von Worringen gelungen, sich von der Herrschaft des Kölner Erzbischofs zu befreien. 1475 erhielt sie von Kaiser Friedrich III. auch die rechtliche Anerkennung dieses Status im Gegenzug für ihre entscheidende Unterstützung des Reiches gegen Karl den Kühnen und den mit ihm verbündeten Kölner Erzbischof Ruprecht von der Pfalz. Das Zeremoniell der feierlichen Einritte der neugewählten Erzbischöfe in ihre Kathedralstadt ist seit dem 15. Jahrhundert überliefert: Die Stadt huldigte dem Erzbischof; dieser bestätigte dafür mehrfach die städtischen Privilegien.

Aber bis zum Einmarsch der Franzosen 1794 versuchten die Erzbischöfe stets aufs neue, sich die größte und mächtigste Stadt ihrer Diözese und eine der größten Städte des Reiches wieder untertan zu machen – vergeblich. »Ein von den Erzbischöfen angestrengter [Reich-]Kammergerichtsprozeß, der die Oberhoheit Kurkölns über die Stadt Köln feststellen sollte, kam nie zum Abschluß.« Die Stadt Köln ihrerseits pflegte den Mythos der starken Stadt, die sich von den Fesseln ihres Landesherrn befreit hatte (Militzer 1984, S. 116).

1396 hatten sich die Kölner Handwerker und Kaufleute eine auf genossenschaftlicher Basis beruhende Verfassung gegeben, den Verbundbrief, der bis 1797, also bis zum Ende der Freien Reichsstadt, gültig blieb. Jeder Kölner Bürger mußte sich bei einer der 22 Gaffeln, den politischen Organisationen der berufsständischen Zünfte, einschreiben und dort seinen Bürgereid ablegen. Das Bürgerrecht war – sofern man ehelich geboren und katholisch war – für jeden, auch Zugezogene, prinzipiell erreichbar, selbst Frauen konnten Bürger werden. Allerdings hatten sie keine politischen Rechte. Den 49 Ratsherren standen die Kölner Bürgermeister vor, die immer paarweise regierten und jährlich wechselten. Diese sahen sich als Repräsentanten einer wichtigen Macht und traten entsprechend auf. Besonders im 18. Jahrhundert erscheinen sie auf ihren Amtsporträts – kenntlich an ihrer rot-schwarzen Kleidung und dem weißen Bürgermeisterstab – wie Fürsten. Die Krone wurde dabei durch den schwarzen Ratsherrenhut ersetzt.

Wenn auch der Erzbischof fortan in Bonn oder Brühl residierte, so hatten doch wichtige kirchliche Institutionen weiterhin ihren Sitz im großstädtischen Köln: Domkapitel, Weihbischöfe, Generalvikariat und der päpstliche Nuntius (seit 1585) vertraten zusammen mit der großen Menge der Pfarr-, Stifts- und Klostergeistlichen die Belange der katholischen Kirche. Deputationen der Landstände hielten ihre Sitzungen im Kölnischen Hof ab. Zudem war die Zuständigkeit bei Kriminalgerichtsverfahren in der Stadt ebenso beim Erzbischof geblieben wie die Verfügungsgewalt über gewisse Zölle und andere Abgaben. Nicht zuletzt stand der Dom in Köln, die Hauptkirche des Erzbistums, wenn auch in jenem unfertigen Zustand, wie man ihn seit 1560 kannte.

Köln blieb weiterhin zudem wirtschaftlich die dominierende Stadt des Niederrheins. Sie gehörte im Gegensatz zu Kurköln, das zum Kurrheinischen Kreis zählte, zum Niederrheinisch-Westfälischen Kreis – eine Einteilung innerhalb des Reiches mit ›Selbstverwaltungs‹-Aufgaben –, für den es ebenfalls eine Metropolenfunktion wahrnahm. Hier fanden regelmäßig die Probationstage statt, auf denen die ›Wechselkurse‹ der Münzen festgelegt wurden.

Und 400 Jahre vor Bonn hatte Köln seit 1388 eine eigene, eine städtische Universität, an der auch ein bedeutender Teil des kölnischen Klerus ausgebildet wurde.

R. W.

Literatur: *1396–1996. Köln in guter Verfassung?! 600 Jahre Verbundbrief*, hrsg. v. W. Schäfke, Köln 1996; H. Höhne, Die Streitigkeiten zwischen Stadt und Kurstaat Köln zur Zeit des Kurfürsten Clemens August (1723–1761), *AHVN*, 137,1940, S. 98–134 u. 138, 1940, S. 79–114; Kat. *Köln 1475*, 1975; K. Militzer, Die feierlichen Einritte der Kölner Erzbischöfe in die Stadt Köln im Spätmittelalter und in der frühen Neuzeit, *Jb. d. KGV*, 55,1984, S. 77–116; Kat. *Der Name der Freiheit 1*, 1987/88; Kat. *Stadtrat, Stadtrecht, Bürgerfreiheit* 1996.

IV.2

IV.1
Ratsedikt des »Hochedelen und Hochweisen Magistrats«, womit die abendlichen Schließungszeiten der Stadttore wieder normalisiert werden, 30. April 1734
Druck (Kopie)
Historisches Archiv der Stadt Köln,
Sign. Edikte 2, Bl. 192

IV.2
Melchior von Rheidt
Bank aus dem Senatsgestühl des Kölner Rathauses, um 1600
Eichenholz, Marketerie, H. 100 cm, B. 350 cm, T. 55 cm
Der Oberbürgermeister der Stadt Köln

Die 1599–1601 von Melchior von Rheidt angefertigte Ausstattung des Kölner Senatssaales – Prunkportal, Gestühl und Vertäfelung eines kurzen Ganges – gilt als Höhepunkt der Kölner Intarsienkunst.
Lit.: P. Werhahn-Fleischhauer, Melchior von Rheidt und die Frage der Kölner Intarsienmöbel, in Zehnder/Schäfke, *Der Riss im Himmel 1*, 1999, S. 255–293, bes. Abbn. 1, 2, 26.

IV.3
Abraham Aubry nach Johann Toussyn
Rathaus der Freien Reichsstadt Köln, 1655
Kupferstich, 53 x 52,3 cm
Kölnisches Stadtmuseum,
Graphische Sammlung

IV.4
Abraham Aubry nach Johann Toussyn
a) Reichsadler mit Darstellung einer Ratssitzung, vor 1654
Kupferstich, 26,4 x 41 cm
Kölnisches Stadtmuseum, Graphische Sammlung, Inv. Nr. KH 624

b) Ratsschiff als Allegorie des guten Regiments, vor 1660, und Wappenkalender des Kölner Stadtrats auf das Jahr 1660
Kupferstiche, modern montiert,
26,5 x 37,8 cm und 55,2 x 39,2 cm
Kölnisches Stadtmuseum, Graphische Sammlung, Inv. Nr. KH 538 a

IV.5
a) Ratsherrenhut, 1793
Seide, mit Resten von schwarzem Samt,
H. 15,8 cm, Dm. 37,8 cm
Kölnisches Stadtmuseum,
Inv. Nr. HM 1888/36 B
Abb. S. 30.

b) Ratsherrenstab, 18. Jahrhundert
Holz, Metall, L. 126 cm
Kölnisches Stadtmuseum,
Inv. Nr. HM 1955/98

IV.6
Joseph Engelbert Marteleux
Bildnis eines Kölner Ratsherrn, 1789
Öl auf Leinwand, 43 x 33 cm
Kölnisches Stadtmuseum,
Inv. Nr. HM 1927/395 b

IV.7
Geldorp Gortzius
Christus am Kreuz, um 1602
Öl auf Eichenholz, 228 x 171 cm
Der Oberbürgermeister der Stadt Köln

Geldorp Gortzius (1553–nach 1619) malte diesen »einsamen Kruzifix« für den Senatssaal.
Ganz im Sinne der Gegenreformation scheint der Moment dargestellt zu sein, in dem der noch lebende Christus sich aufbäumt und verzweifelt ausruft: »Mein Gott, mein Gott, warum hast Du mich verlassen?«
Der Rat der Stadt Köln hatte den Saal im ersten Obergeschoß des Ratsturmes 1597–1602 für seine Sitzungen neu einrichten lassen. Dort hing das Gemälde bis 1943. Nach der Wiederherstellung des im Zweiten Weltkrieg zerstörten Ratsturms kehrte es 1972 dorthin zurück.
Lit.: H. Vey/A. Kesting, *Katalog der niederländischen Gemälde von 1550 bis 1800 im Wallraf-Richartz-Museum und im öffentlichen Besitz der Stadt Köln mit Ausnahme des Kölnischen Stadtmuseums* (Kataloge des Wallraf-Richartz-Museums, 3), Köln 1967, S. 42f.

IV.8
Reichsstadt-Privileg, 1475
Ausfertigung, deutsch, Pergamentlibell von 7 Seiten, Majestätssiegel anhängend,
35 x 26 cm
Historisches Archiv der Stadt Köln,
Sign. HUA 13286

Nachdem die Stadt Köln 1474/75 dem Kaiser beim Kampf gegen Karl den Kühnen von Burgund und dessen Verbündeten, den Kölner Kurfürsten Ruprecht von der Pfalz, vor Neuss wertvolle Dienste geleistet hatte, verlieh Kaiser Friedrich III. der Stadt Köln am 19. September 1475 auch de jure den Status der Reichsunmittelbarkeit. Insbesondere bestätigte er ihr in 13 Privilegien verbriefte Rechte.

IV.9
»Apologia des Erzstiffts Cöllen wider Burgermeister und Rhat dessen Haupt Statt Cöllen auff das churfurstliche Manifest abgangenen vermeinten Gegenberichts«, Bonn 1659
a) Druck, lateinisch und deutsch
466 S. + 134 Beil. auf 349 S.
Historisches Archiv der Stadt Köln, Bibliothek,
Sign. En 2
b) Titelblatt, 29,8 x 18,1 cm
Kölnisches Stadtmuseum, Graphische Sammlung, Inv. Nr. G 16294

Erzbischof Maximilian Heinrich von Bayern (1650–1688) beantwortete damit die Argumentation des Kölner Rates hinsichtlich der städtischen Reichsunmittelbarkeit. Anders als seine beiden Vorgänger Ernst und Ferdinand, die mit der Konsolidierung des Erzstifts zu beschäftigt waren, um auch noch einen Streit mit der Stadt Köln anzuzetteln, versuchte Maximilian Heinrich, die Freie Reichsstadt auf den Status einer Landstadt des Erzstifts herabzudrücken.
Lit.: Kat. *Köln 1475*, 1975, S. 100, Kat. Nr. 139; Militzer 1984, S. 114f.; Kat. *Stadtrat, Stadtrecht, Bürgerfreiheit* 1996, S. 56, B 44.

IV.10
Gereon Hesselmann
Zwei Entwurfsskizzen für einen Triumphbogen auf dem Heumarkt, 1659
Konzept, eigenhändige Federzeichnungen, Papier
Historisches Archiv der Stadt Köln, Sign. KcK N 22

Der Kölner Syndikus Gereon Hesselmann plante einen Triumphbogen, der auf dem Heumarkt errichtet werden sollte. Damit sollten die Ansprüche Maximilian Heinrichs demonstrativ zurückgewiesen werden. Beide Entwürfe fanden nicht die Zustimmung des Rates.
Lit: Militzer 1984, S. 115; Kat. *Stadtrat, Stadtrecht, Bürgerfreiheit* 1996, S. 57, B 45.

IV.11
Johann Heinrich Löffler nach Johann Toussyn
Arcus triumphalis, 1660
Kupferstich, 57,4 x 38 cm
Kölnisches Stadtmuseum, Graphische Sammlung, Inv. Nr. A I 2/65

IV.12
Johann Heinrich Löffler nach Johann Toussyn
Huldigung Kaiser Leopolds durch die Stadt Köln, 1660

IV.14

Kupferstich, 56,7 x 39 cm
Kölnisches Stadtmuseum, Graphische Sammlung, Inv. Nr. KH 37 a

Die Huldigungen der Stadt an die Kaiser hatten demonstrativen Charakter: Sie sollten dem jeweiligen Erzbischof vor Augen führen, daß nur der Kaiser über dem Rat der Stadt stand.
Lit.: Kat. *Der Name der Freiheit 1*, 1987/88, S. 438f., Kat. Nr. 5.39.

IV.13
Der erste Teil von Hermann Conrings Antwort auf die »Apologia«, 1669
Abschrift, Papier
Historisches Archiv der Stadt Köln, Sign. KcK 140D

Der Rat hatte Hermann Conring mit einer Antwort auf die *Apologia* beauftragt. Das Werk fand die Zustimmung des Rates, der Autor erhielt 2000 Taler Honorar, es wurde aber nie gedruckt.
Lit.: Kat. *Stadtrat, Stadtrecht, Bürgerfreiheit* 1996, S. 58, Kat. Nr. B 47.

IV.14
Johann Jakob Hültz, Köln
Huldigungsbecher, 1717
Silber, getrieben, teilvergoldet, reich graviert, H. 21,5 cm
Kölnisches Stadtmuseum, Inv. Nr. KSM 1992/219

Dieser prunkvolle Huldigungsbecher der Freien Reichsstadt Köln für Kaiser Karl VI. wurde anläßlich der Ablegung des städtischen Treueeides am 15. November 1717 vor dem kaiserlichen Kommissar Franz Georg Graf von Manderscheid-Blankenburg gefertigt.

IV.15
Kendenicher Vergleich, 1672
14 Urkunden
Historisches Archiv der Stadt Köln

Am Vorabend des Holländischen Krieges war Kölns Freiheit ernsthaft bedroht. Unterstützt durch die Generalstaaten, begann die Stadt damit, Vorräte und Waffen einzulagern sowie ihre Befestigungen zu verstärken. Letzteres führte zu heftigen Protesten des gesamten Klerus. Der Kaiser nahm nun die Stadt unter seine Protektion und ordnete eine kaiser-

IV.7

liche Kommission zur Schlichtung des Konfliktes an. Da Kurköln eine Verlegung der Konferenz nach Bonn verlangte und Köln boykottierte, bot sich der Sitz des Bischofs von Münster auf Schloß Kendenich als neuer Verhandlungsort an. Unterdessen verlor die Kölner Bevölkerung die Geduld, sie wollte nicht weiter zu Festungsarbeiten herangezogen werden oder Kriegssondersteuern bezahlen. Der Kölner Kurfürst Maximilian Heinrich von Bayern hoffte darauf, daß die Franzosen ihn unterstützten, aber Ludwig XIV. hatte mittlerweile seine Absicht geändert.
Da ein Angriff auf die Freie Reichsstadt das ganze Reich gegen ihn aufgebracht hätte und somit seine Kriegspläne Makulatur geworden wären, andererseits eine neutrale, gut mit allen kriegswichtigen Vorräten versorgte Stadt Köln ihm bei seinem Krieg gegen Holland von Nutzen sein konnte, drängte Ludwig XIV. auf einen Vergleich. So wurde im Januar 1672 der »Kendenicher Vergleich« geschlossen, in dem der Erzbischof die Freiheit der Stadt respektierte und versprach, sie nicht mehr zu belästigen. Bürgermeister und Rat der Stadt versicherten umgekehrt, das Erzstift nicht zu gefährden und keine Beleidigungen des Klerus mehr in der Stadt zu dulden. Alle noch offenen Streitpunkte sollte das Reichskammergericht klären.
Lit.: K. Junkers, *Der Streit zwischen Kurstaat und Stadt Köln*, Düsseldorf 1935.

V Die Metropole

V.1
Johann Ziegler nach Laurenz Janscha
Der Domplatz in Köln, 1798
kolorierter Kupferstich, 28,9 x 43,8 cm
Kölnisches Stadtmuseum, Graphische Sammlung, Inv. Nr. R 39 bzw. HM 1898/49 = A I 3/302

V.2
a) Domherren-Stern
modern, nach barockem Vorbild
Silber, vergoldet, Email, H. ca. 5 cm
Metropolitankapitel der Hohen Domkirche Köln

Das Domkapitel wird von der Geistlichkeit gebildet, die unter Führung des Bischofs an der Kathedralkirche wirkt. Das Kölner Domkapitel, die mächtigste Instanz im alten Kurfürstentum, besaß seit 1238 das ausschließliche Recht zur Wahl des Erzbischofs. Es bestand aus 24 Mitgliedern, von denen 16 ›freiedler‹ Abkunft sein mußten, die übrigen acht waren geadelte Priesterkanoniker, die oft dem Kölner Stadtpatriziat entstammten. Mitglieder waren außerdem Papst und Kaiser. Das Kapitel ergänzte sich selbst aus den Domicellaren; damit war es nach Verlegung der erzbischöflichen Residenz in der zweiten Hälfte des 13. Jh.s praktisch der Einflußnahme des Kirchenfürsten entzogen.

b) Caspar Benedikt Beckenkamp
Bildnis eines jungen Geistlichen mit Kapitelsstern: Clemens August von Merle, um 1765
Öl auf Holz, 30 x 24 cm
Kölnisches Stadtmuseum,
Inv. Nr. WRM 1104 = RM 1941/416

V.3
Franz Kessler (?)
Bildnis des Kurkölnischen Kanzlers Christoph von Wintzler, 1631
Öl auf Holz,
96,5 x 68 cm
Kölnisches Stadtmuseum,
Inv. Nr. RM 1925/309

Kurfürst Ferdinand hatte mit dem Hofrat einen ständigen Rat in Bonn installiert, der zusammen mit dem Hofgericht die oberste Verwaltungsinstanz und Justizbehörde des Kurfürstentums bildete. Der Kanzler führte die Geschäfte.
Christoph von Wintzler (1569–1633) trat nach einem Studium in Leuven in kurkölnische Dienste, wo er zuletzt Kanzler des Erzbistums war. Die Medaille von 1612 an der Kette zeigt das Porträt des Kölner Kurfürsten Ferdinand von Bayern. Wintzler, mit der Kölner Bürgerstochter Gertrud Sichratz verheiratet, war auch Zensor des Rates der Stadt Köln. Sein Sohn Eitel Friedrich wurde Ratsherr in Köln, dessen Sohn Johann Heinrich sogar Bürgermeister der Stadt Köln – so fließend waren die Übergänge zwischen kurkölnischem Beamtentum und stadtkölnischem Patriziat, auch in umgekehrter Richtung.

V.4
Jan Luyken (?)
Die Entführung Wilhelms von Fürstenberg 1674
Kupferstich,
25,2 x 34,4 cm (Platte)
Kölnisches Stadtmuseum, Graphische Sammlung, Inv. Nr. KH 42

1673 bemühten sich alle Beteiligten, den Holländischen Krieg rasch zu beenden, und versammelten sich zu einem Kongreß in Köln, der der Reichsstadt ein reges gesellschaftliches Leben bescherte. Am 14. Februar 1674 jedoch wurde Wilhelm von Fürstenberg, Verhandlungsführer und Bruder des ersten kurkölnischen Ministers, auf Befehl des Kaisers entführt und als Gefangener nach Wien gebracht. Bald darauf verließen die Franzosen den Kongreß.
Lit.: M. Braubach, *Kurkölnische Miniaturen*, 1954, S. 25–77.

V.5
Johann Jakob Schmitz (?)
Bildnis des Nuntius Bartolomea Pacca, um 1790
Öl auf Leinwand,
87 x 71 cm
Kölnisches Stadtmuseum,
Inv. Nr. HM 1900/477

Nach dem gerade noch verhinderten Abfall des Kurfürstentums installierte der Heilige Stuhl 1585 in Köln einen päpstlichen Residenten.
Nuntius Bartolomea Pacca (1756–1844) kam 1786 in Köln an und blieb bis zum Einmarsch der Franzosen am 4. Oktober 1794. In seine Amtszeit fiel der Nuntiaturstreit der deutschen Erzbischöfe mit dem Heiligen Stuhl über Zuständigkeitsfragen. Daher erkannte ihn Kurfürst Maximilian Franz nicht an.
Lit.: B. Pacca, *Historische Denkwürdigkeiten Sr. Eminenz des Cardinals Bartholomäus Pacca über seinen Aufenthalt in Deutschland in den Jahren 1786 bis 1794 …*, Augsburg 1832.

V.6
a) Beglaubigungsschreiben für den Residenten der niederländischen

V.I

V.7b

Generalstaaten in Köln, Martinus van Landsbergen, vom 14. Januar 1739
Papier, Verschlußsiegel
Historisches Archiv der Stadt Köln,
Sign. K+R 275/3, Bl. 8–9

b) Beglaubigungsschreiben für den preußischen Residenten in Köln, Abraham von Meinertzhagen, vom 9. April 1765
Papier mit eigenhändiger Unterschrift
König Friedrichs II.
Historisches Archiv der Stadt Köln,
Sign. K+R 274/5, Bl. 75–76

Viele Staaten, namentlich die Generalstaaten und Preußen, zeitweise auch England, waren in Köln mit eigenen Gesandten oder Residenten vertreten.
Lit.: Kat. *Stadtrat, Stadtrecht, Bürgerfreiheit* 1996, S. 56, B 43.

V.7
a) ›Cista rectoris‹ – Archivtruhe der Universität zu Köln, um 1600
Eichenholz,
H. 77 cm, B. max. 127 cm, T. 60 cm
Universität zu Köln
Lit.: Kat. Graven 1935, T. 21.

b) Johann Jakob Schmitz
Bildnis des Rektors Johannes Math. Carrich, um 1790
Öl auf Leinwand,
92 x 108 cm
Kölner Gymnasial- und Stiftungsfonds

Dr. theol. Johannes Math. Carrich (1735–1813) war 1788–1793 Rektor der Universität.

V.8
Modell der Erzbischöflichen Hacht, 1726
Holz, H. 59 cm, B. 43 cm, L. 101 cm,
Maßstab 1:50
Kölnisches Stadtmuseum,
Inv. Nr. RM 1925/1006

Angefertigt wurde dieses Modell anläßlich des Streites zwischen dem Provisor des städtischen Waisenhauses und der Kurkölnischen Hofkammer im Jahr 1726. Die Hacht war das Gefängnis des Kölner Hochgerichts, des Hohen Weltlichen Gerichts, das dem Erzbischof unterstand. Es war für alle Kriminalsachen und Personalklagen innerhalb der Stadt zuständig. Auch mußten die zum Tode Verurteilten ihre letzte Nacht in der Hacht verbringen, bevor sie am nächsten Tag hingerichtet wurden. Darüber hinaus erfüllte es die Funktion eines Appellationsgerichtes für das ganze Erzstift.
Auf dem Erbwege war ein Teil der Hacht an die Stadt Köln bzw. das städtische Waisenhaus gefallen. Damit war die Stadt Besitzerin der Bingerhäuser und des Oberbaus der Hacht.
Angesichts des fortgeschrittenen Verfalls entbrannte ein Streit zwischen den Beteiligten. Der Kaiser wurde zum Schiedsrichter berufen und ernannte den Abt von Werden zu seinem Kommissar. Dieser ließ 1726 das Modell der Hacht anfertigen, das den damaligen Zustand festhielt.
Am 27. Juli 1727 legte ein Urteil fest, daß die Reparatur des Mauerwerks der eigentlichen Hacht aus kurfürstlichen, die des Oberbaus dagegen aus städtischen Mitteln bezahlt werden sollte.
Lit.: M. C. Beemelmans, Die Stellung des hohen kurfürstlichen Gerichts der Stadt Köln (1475–1794), *Jb. d. KGV*, 17, 1935, S. 4ff.; D. Strauch, Das Hohe Weltliche Gericht zu Köln, und ders., Kölnisches Gerichtswesen bis 1794, in: ders., *Kleine rechtsgeschichtliche Schriften. Aufsätze 1965–1997*, aus Anlaß seines 65. Geburtstages hrsg. v. M. Baldus und H. P. Neuheuser (Rechtsgeschichtliche Schriften, 11). Köln/Weimar/Wien 1998, S. 136–229 und 230–250.

V.8

V.9
Köln, Anfang des 18. Jahrhunderts
Bildnis des Bürgermeisters Johann Imstenraedt
Öl auf Leinwand, 144 x 102,5 cm
Kölnisches Stadtmuseum,
Inv. Nr. KSM 1959/89

Ganz offensichtlich war dem Maler und sicher auch seinem Modell Johann von Imstenraedt (1645–1711) das Altersporträt Ludwigs XIV. von Hyacinthe Rigaud aus dem Jahr 1701 bekannt.

»*Die Bürgermeister von Kölln machen vielleicht von allen deutschen Reichsstädten in ihrem Amte den grössten Staat.* [...] *Die beiden regierenden und die künftig in ihrer Ordnung zur Regierung kommenden Bürgermeister sind besonders an Gallatägen mit einer etwas kurzen römischen Toga oder einer Art spanischen Talar, so halb schwarz, halb roth ist, mit kostbarem Pelzwerk ausgeschlagen, angekleidet (sie tragen sonst durchgehends schwarze Unterkleider). Über die Schulter hängt ein schwarzsammtner ellenbreiter Balken (Trabea), dann haben sie einen hohen schwarzsammtnen Huth mit Falten. Ein Knabe trägt ihm den Regierungsstab nach, wenn er geht, fährt er aber, so geht er damit vor dem Wagen. Der Wagen ist vorne und von allen Seiten ganz von Glas, so, dass man Ihn von allen Seiten sehr deutlich sehen kann* [...] *Die Kleidung der übrigen Senatoren ist im Rathe jedesmal ein kurzer spanischer Rock oder Talar mit Bändern und Litzen garnirt und einem sammetnen Kragen, auch ein hoher spanischer Huth von Sammet mit vielen Falten.*«
(P. W. Gercken, *Reisen durch Schwaben, Baiern, die angränzende Schweiz, Franken, die Rheinische Provinzen und an der Mosel etc. in den Jahren 1779–1785* ..., Stendal 1786,
III. Theil, S. 251–327, zit. nach: Bayer 1912, S. 48f.)

Kat. Nr. VI.21, S. 40

VI–VII Zwischen Reformversuch und Gegenreformation

Zu Beginn des 16. Jahrhunderts war das Kölner Frömmigkeitsleben von der ›devotio moderna‹, einer neuen Form der persönlichen Frömmigkeit, bestimmt, und namhafte Männer bildeten eine erasmisch-humanistische, fast antikirchliche Gruppe. »Der Aufruhr von 1525 hatte jedoch schon große Teile der herrschenden Schicht zu der Überzeugung gebracht, daß die Einführung der Reformation zugleich eine Veränderung des politischen Regiments mit sich bringen werde. So sammelten sich in den drei bedeutsamen Korporationen der Stadt, dem Rat, dem Klerus und der Universität, die Kräfte gegen die Neuerung.« (Stiasny 1962, S. 4) Da auch der Kaiser dem Katholizismus treu blieb und die Stadt für die Bewahrung ihrer Unabhängigkeit den kaiserlichen Rückhalt brauchte, hielt sie nicht zuletzt deswegen an der alten Religion fest.

»Anno 1529 sind zwei, Adolphus Clarenbach und Peter von Fliesteden, zu Köln als Ketzer von den Theologen verdammt worden, und sind zu Melaten zu Asche verbrannt worden. Ich habe sie gesehen hinausführen und verbrennen, sie sind bei ihrem Vornehmen und ihrer Meinung bis in den Tod verblieben; das Volk hat sich viel um sie gekümmert und ist über sie Gerede in der Stadt gewesen.« (*Das Buch Weinsberg. Kölner Denkwürdigkeiten aus dem 16. Jahrhundert*, 1. Bd. bearb. v. K. Höhlbaum [Publ. d. Ges. f. Rhein. Geschichtskunde, 3], Leipzig 1886, S. 36) Seit damals duldete der Rat kein ›Sektierertum‹ mehr. Man zog es zudem vor, davon auszugehen, »daß Ketzer stets von außen eingedrungen sein müßten« (Stiasny 1962, S. 17). Die rigorose Strafpraxis wurde aber im Laufe des Jahrhunderts durch die humanere Ausweisung ersetzt. In der ersten Hälfte des Dreißigjährigen Krieges wuchs der religiöse Eifer wieder und nahm mit der Hexenverfolgung neue Züge an.

Seit dem Schreckensregiment von Herzog Alba 1566 in den Niederlanden lassen sich niederländische Protestanten in Köln annehmen. Es kam zur Gründung von protestantischen Gemeinden. Zunächst verhielt sich die Stadt ihnen gegenüber sehr tolerant, aber nicht zuletzt bewegte der von außen ausgeübte Druck die Stadt dazu, mehrfach Ausweisungsverfügungen zu erlassen. Letztendlich war die Stadt Köln aber willens, wohlhabende Protestanten, die ihre Religion nicht öffentlich praktizierten, zu dulden. Dieses Recht hatte sie ihren jüdischen Mitbürgern 1424 verweigert, als alle Juden Köln verlassen mußten. Das Bürgerrecht aber gewährte sie auch den Protestanten nicht.

Als Martin Luther auf der Bildfläche erschien, herrschte im Kurfürstentum seit 1515 Hermann V. von Wied (1477–1552). Er verfolgte die Anhänger der neuen Konfession aufs schärfste. Mit zunehmendem Alter erkannte er für sich die Notwendigkeit einer Glaubensreform. Er berief die Reformatoren Martin Butzer und Philipp Melanchthon an seinen Hof und beauftragte sie mit einer innerkirchlichen Reform. Einer seiner schärfsten Widersacher war Johannes Gropper (1503–1559), der statt dessen den Weg der katholischen Reform einschlug. Hermann wurde 1546 exkommuniziert und gab 1547 sein Amt auf.

Gebhard Truchseß zu Waldburg (1547–1601) war seit 1568 Mitglied des Kölner Domkapitels. 1577 wurde er in Köln zum neuen Erzbischof und Kurfürsten gewählt. Im Dezember 1582 trat Gebhard zum Protestantismus über und gestattete die freie Religionsausübung aller christlichen Bekenntnisse. Er wollte das Erzstift als weltliches Fürstentum weiterführen, was ihm sofort die Gegnerschaft der Stadt Köln eintrug, die um ihre Unabhängigkeit fürchtete. Nach seiner Heirat mit Agnes von Mansfeld im Februar 1583 exkommunizierte ihn der Papst umgehend und enthob ihn aller seiner Ämter, im Mai 1583 wurde Ernst von Bayern Kölner Erzbischof. Gebhard wehrte sich mit Waffengewalt. Daraus entwickelte sich der »Kölnische« oder »Truchsessische Krieg«. Erst 1589 gab Gebhard auf und ging ins Exil nach Straßburg. Mit seinem Nachfolger Ernst von Bayern (1554–1612), der von Jesuiten erzogen worden war, hielt 1583 die Gegenreformation auch im Erzstift Einzug.

R. W.

Lit.: B. Becker-Jákli, Protestanten in Köln, in: *Der Name der Freiheit 2*, 1988, S. 53–60; G. Chaix, *Réforme et Contre-Réforme Catholiques. Recherches sur la Chartreuse de Cologne au XVIe siècle*, 3 Bde., Diss. Tours (Analecta Cartusiana, 80), Salzburg 1981; *Die Jesuitenkirche St. Mariae Himmelfahrt in Köln. Dokumentation und Beiträge zum Abschluß ihrer Wiederherstellung 1980* (Beiträge zu den Bau- und Kunstdenkmälern im Rheinland, 28), Düsseldorf 1982; Kat. *Reformatio* 1965; R. W. Scribner, Warum gab es in Köln keine Reformation?, in: Zehnder/Schäfke, *Der Riss im Himmel 4*, 1999, S. 88–115; Stiasny 1962.

VI.I

VI Reformversuch

VI.1
Caspar Benedikt Beckenkamp,
Kopie nach Barthel Bruyn d. Ä.
Bildnis des Gerhard von Westerburg, 1524/um 1800
Öl auf Holz, 65 x 53 cm
Kölnisches Stadtmuseum,
Inv. Nr. WRM 236 = HM 1940/70

Der Kölner Gerhard von Westerburg veröffentlichte schon 1523 eine Schrift gegen das Fegefeuer. Täufer, die 1534 in Köln hingerichtet wurden, gaben Gerhard, seinen Bruder Arndt und deren Frauen als »Wiedergetaufte« an. Die Brüder Westerburg verließen daraufhin ihre Heimatstadt, wo sie mit Haftbefehl gesucht und ihre Güter beschlagnahmt wurden. 1545 bemühte sich Gerhard, von Bonn aus am Reformationsversuch Hermann von Wieds mitzuwirken.

VI.2
Gerhard Westerburg: »Von dem großen Gottesdienst der löblichen Statt Cöllen. Eine Vergleichung der statt Cöllen mit dem heiligen Hierusalem ...«, Straßburg 1545
Universitäts- und Stadtbibliothek, Köln,
Sign. Rh T 169

Dieses Kapitel handelt von Jerusalems Untreue und Abfall von Gott, seiner Strafe und Wiederaufnahme. Es wird Köln als Spiegelbild vorgehalten.

VI.3
Kirchenbuch der niederländisch-reformierten Gemeinde, 1571–1591
Nordrhein-Westfälisches Personenstandsarchiv Rheinland, Brühl

Das älteste Zeugnis der niederländisch-reformierten Gemeinde ist gleichzeitig das älteste Kölner evangelische Kirchenbuch.

VI.4
Erstes Konsistorialprotokollbuch der hochdeutsch-reformierten Gemeinde 1572–1594
Archiv der Evangelischen Gemeinde, Köln

VI.5
»Contributionscassa« – Kassenbuch der lutherischen Gemeinde 1574–1590
Archiv der Evangelischen Gemeinde, Köln

VI.6
»Wie sich Prediger in der heimlichen Privathauskirche zu verhalten haben«, um 1700
Abschrift
Archiv der Evangelischen Gemeinde, Köln

Da protestantischen Predigern der Aufenthalt in Köln verboten war, konnten sie nur heimlich tätig werden.

VI.7
Johann Rütgers, Köln
Brotteller mit Deckel, 1733
Silber, getrieben, gegossen, ziseliert
Teller: 40,5 x 32 cm,
Deckel: Dm. 33 x 24 cm
Evangelische Gemeinde, Düren

VI.8
Bildnis des Erzbischofs Hermann V. von Wied
Holzschnitt, monogrammiert »F«
Privatbesitz

VI.9
Martin Butzer: »Von Gottes genaden vnser Hermans Ertzbischoffs zu Cöln, vnnd Churfürsten etc. einfältigs bedencken, warauff ein Christliche, inn dem wort Gottes gegrünte Reformation ... anzurichten seye«, Bonn 1543
Universitäts- und Stadtbibliothek, Köln,
Sign. 1 P 42

Im Auftrag des Erzbischofs Hermann von Wied arbeiteten Philipp Melanchthon und Martin Butzer diese Schrift aus, mit deren Hilfe der Erzbischof die Reformation im Erzstift durchführen wollte.

VI.10
Johannes Gropper: »Antididagma – Seu Christianae et Catholicae ...«, 1544
Universitäts- und Stadtbibliothek, Köln,
Sign. GB IV 7160

Dr. iur. Johannes Gropper, u. a. Archidiakon in Bonn, stand anfangs in engem Kontakt zu den Reformatoren, entschied sich dann jedoch für den Weg der katholischen Reform.

VI.11
a) Ausweisung für alle Nichtkatholiken aus Köln, 1569
Historisches Archiv der Stadt Köln,
Ratsedikte 1, f. 17

b) Verzeichnis der Geusen etc. in Köln, 1570
Historisches Archiv der Stadt Köln,
Reformation 32, f. 3–13

Mit Geusen (eigentlich niederländisch: ›Bettler‹) bezeichnete man in Köln die

VI.23

niederländischen Flüchtlinge.
Schon 1567 hatte der Rat angeordnet, alle des Sektierertums Verdächtigen aufzuzeichnen. Eine Ratskommission visitierte die Kirchspiele, um zu überprüfen, wer nicht kommunizierte, und der Rat verlas öffentlich eine Liste der Verdächtigen, die man in 111 Häusern entdeckt zu haben glaubte.

VI.12
Franz Hogenberg
Bildnis des Gebhard Truchseß zu Waldburg-Zeil
Kupferstich, 22,4 x 25,9 cm (Platte)
Kölnisches Stadtmuseum, Graphische Sammlung, Inv. Nr. G 3340 a

VI.13
Franz Michelis
Bildnis der Agnes von Mansfeld, 18. Jahrhundert
Kupferstich, 30,8 x 22,4 cm
Kölnisches Stadtmuseum, Graphische Sammlung, Inv. Nr. G 7624 a

VI.14
Erzbischof Gebhard verkündet seinen Untertanen die Freiheit des Glaubens, 16. 1. 1583
Druck, 37 x 47,5 cm
Historisches Archiv der Stadt Köln,
Sign. Reformation 54, f. 8

VI.15
Franz Hogenberg, 1586
Truchsessischer Krieg: Das brennende Deutz im Jahre 1583
Kupferstich, 25,4 x 30,9 cm
Kölnisches Stadtmuseum, Graphische Sammlung, Deutz I

Gegenreformation

VI.16
Crispijn de Passe nach Augustin Braun
Ernst von Bayern vor einer Ansicht der Stadt Köln, um 1600
Kupferstich,
13,5 x 9,9 cm (Platte)
Kölnisches Stadtmuseum, Graphische Sammlung, Inv. Nr. G 16295

Ernst von Bayern wurde 1583 zum neuen Kölner Erzbischof gewählt.

VI.20

Der Stecher Crispijn de Passe d. Ä. (1564–1637) suchte 1589 als verfolgter Wiedertäufer in Köln Schutz. In seiner neuen Heimatstadt war er sehr produktiv; 1611 mußte er Köln aus religiösen Gründen verlassen.

VI.17
Ferdinand von Bayern vor einer Ansicht der Stadt Köln
Kupferstich; 29,2 x 19,5 cm
Kölnisches Stadtmuseum, Graphische Sammlung, Inv. Nr. G 16296

Ferdinand von Bayern (1577–1650) war seit 1595 Koadjutor seines Onkels Ernst und eigentlicher Regent. 1612 wurde Ferdinand selbst Erzbischof von Köln.
Er betrieb eine rücksichtslose Rekatholisierung.

VI.18
Conrad Wolff
Lehrstuhl des Kaspar Ulenberg, 1612
Eiche, H. ca. 130 cm, B. 70 cm, T. 70 cm
Katholische Kirchengemeinde St. Kolumba, Köln

Dr. Kaspar Ulenberg (1548–1617) konvertierte 1572 in Köln zum Katholizismus, 1576 wurde er zum Priester geweiht. Fortan bemühte er sich um die Rettung protestantischer Seelen.
Lit.: Kat. Graven 1935, S. 29 u. T. 22.

VI.19
Kaspar Ulenberg: »Erhebliche und wichtige Ursachen, warumb die altgläubige Catholischen Christen bey dem alten waren Christenthumb ... bestendiglich verharren ...«,

Köln (Gerwin Calenius), 1589
Kölnisches Stadtmuseum, Bibliothek,
Sign. D 50

VI.20
Kaspar Ulenberg. »Biblia Sacra ...«, Köln (Johann Kreps), 1630
Kölnisches Stadtmuseum, Bibliothek,
Sign. D 118

VI.21
Johann Hulsman und Johann Toussyn
Sebastianusaltar, 1635
Öl auf Leinwand,
244 x 140 cm
Katholische Kirchengemeinde der Basilika
St. Gereon, Köln

Anlaß zur Stiftung dieses Bildes durch Alexander Simonis, Propst des Stiftes St. Kunibert, Kanoniker an St. Gereon, war der Prager Friede von 1635. Simonis stiftete den Kölner Stadtpatronen einen Altar, um den Heiligen dafür zu danken, daß durch ihre Fürsprache Deutschland den Waffen der Schweden und übrigen Feinden ›unseres‹ Glaubens entronnen sei.
Lit.: B. Herrmann, *Johann Hulsman. Ein Kölner Maler des 17. Jahrhunderts* (Europäische Hochschulschriften Reihe XXVIII, 314), Frankfurt a. M. et al. 1998, S. 80–83, S. 171, Nr. 10. Abb. S. 36

VI.22
Matthäus Merian d. Ä., 1650
Köln und die Belagerung von Deutz 1632
Kupferstich
Kölnisches Stadtmuseum, Graphische Sammlung, Inv. Nr. A I 2/38

VI.23
Theodor Silling S. J.
Reliquienbüste des Hl. Aloisius, um 1636
Silber, getrieben, graviert, ziseliert, teilvergoldet, Steinbesatz, H. 59 cm
Katholische Kirchengemeinde St. Peter, Köln

VI.24
Theodor Silling S. J.
Reliquienbüste des Hl. Franz Xaver, 1638
Silber, getrieben, graviert, ziseliert, teilvergoldet, Steinbesatz, H. 67,5 cm, B. ca. 60 cm
Erzbistum Köln

VI.25
Theodor Silling S. J.
Ignatiusschrein, 1642
Silber auf Holzkern, getrieben, gegossen, graviert, ziseliert, punziert, teilvergoldet; L. 67 cm, B. 36 cm, H. 34 cm
Erzbistum Köln

VI.25

Schrein für die Toga des Hl. Ignatius von Loyola, des Gründers der Societas Jesu, angefertigt von der Kölner Jesuitenwerkstatt bzw. Bruder Theodor Silling S. J. (1577–1657).

VI.26
Theodor Silling S. J. und Antonius Klemens S. J.
Reliquienbüste des Hl. Adrian, 1645
Silber, getrieben, graviert, ziseliert, teilvergoldet; H. 63 cm, B. 53 cm
Erzbistum Köln

VII Heiliges Köln

VII.1
Johann Löffler jun. nach Johann Schott, ausgeführt von Johann Peter Goffart
Kölner Gottestracht am zweiten Freitag nach Ostern, 1658
Kupferstich, 59,2 x 78,5 cm
Kölnisches Stadtmuseum, Graphische Sammlung, Inv. Nr. G 1008

Am zweiten Freitag nach Ostern begann morgens um 7 Uhr ein Hochamt im Dom, wo sich die Teilnehmer der Gottestracht versammelten, die in folgender Ordnung gingen: Schulkinder, Gymnasien, Mönchsorden, Stiftsherren und Vikarien, Bruderschaften, Zünfte, Dechanten, Pröpste, Äbte, Stadtspielleute, Wallherren, Gewaltrichter, unter dem Baldachin das Sanktissimum, dann die zwei regierenden Bürgermeister, der Rat und sonstige Beamte. Die acht Bürgerkompagnien bildeten abwechselnd Spalier. Der Weg führte vom Dom durch die Hacht, links den Hof und die Neugasse hinab durch das Mühlengassentor zum Rhein, an seinem Ufer aufwärts bis oberhalb des Bayenturms, dann um die Landseite der Stadt bis zum Thürmchen, zum Neugassentor und wieder über den Hof zur Hacht und zurück zum Dom.

VII.2
Werner Brewer, Köln
Altarkreuz, um 1786/90
Ebenholz mit Silberbeschlägen; Corpus Silberguß, H. 48,8 cm, B. 19 cm
Schnütgen-Museum, Köln, Inv. Nr. G/511

Dieses Altarkreuz schenkte der Trierer Kurfürst Clemens Wenzeslaus einer rheinischen Familie. Viele kurtrierische

VI.24

Beamte kamen aus Köln und Umgebung; nicht selten standen sie gleichzeitig auch in Diensten des Kölner Kurfürsten.

VII.3
Wilhelm Gleen, Köln
Kelch, 1695
Silber, vergoldet, getrieben, gegossen, graviert, punziert, H. 25,5 cm
Katholische Kirchengemeinde St. Maria Lyskirchen, Köln

Köln hatte schon im 17. Jh. seine führende Stellung als Stadt der Goldschmiede eingebüßt, aber bis zum Ende des Ancien Régime und darüber hinaus blieb seine Produktion an kirchlichem Gerät für das ganze Rheinland sehr bedeutsam.

VII.4
Hermann Joseph von der Rennen, Köln
Ein Paar kniende Engel, um 1775
Silber, getrieben, ziseliert, gefaßte Holzsockel, je H. 59 cm, B. 43 cm, T. 33 cm
Katholische Kirchengemeinde St. Peter, Köln

VII.5
Franz Hermann Brewer, Köln
Sonnenmonstranz, um 1765
Silber, vergoldet, getrieben, gegossen, punziert, ziseliert, H. 48 cm, B. 21,8 cm, Fuß: B. 19,7 cm, T. 14,3 cm
Museum für Angewandte Kunst, Köln

Diese relativ kleine Strahlenmonstranz ist typisch für das Kölner Rokoko: In der Grundform immer noch streng symmetrisch, zerfließt das Rocailleornament in asymmetrischen Bewegungen.

VII.6
Max Heinrich Rolshoven, Köln
Zylindermonstranz, um 1765
Silber, vergoldet, getrieben, gegossen, graviert, punziert, Steine, H. 67 cm
Katholische Kirchengemeinde St. Alban, Köln

Die Zylindermonstranz verkörpert den in Köln seltenen Typus der barocken Zylindermonstranz ohne Strahlenkranz. Sie ist ein Hauptwerk des Kölner Rokoko.

VII.7
Joan Rohr II, Köln
Zylindermonstranz, um 1771/73
Silber, vergoldet, getrieben, gegossen, punziert, ziseliert, H. 63 cm, B. 32,3 cm
Katholische Kirchengemeinde der Basilika St. Maria im Kapitol, Köln

Diese Spitzenleistung Joan Rohrs ist ein Höhepunkt der Kölner Goldschmiedekunst der zweiten Hälfte des 18. Jh.s.

VII.2

VII.5

VII.4

Kat. Nr. VIII.4, Ausschnitt, S. 44

VIII Kommerz ... Vom Zentrum zur Randlage

Seit dem Mittelalter war Köln eine internationale Handelsmetropole. Die großen Kaufherren hatten von Nordeuropa bis in den Nahen Osten, von Rußland bis zu den Kanarischen Inseln die ihnen bekannte Welt bereist. Die Entdeckung Amerikas, neue Handelswege und neue Territorialstaaten ließen die Stadt immer mehr auf die Bedeutung eines regionalen Handelszentrums herabsinken. Köln blieb aber weiterhin das größte Wirtschaftszentrum am Niederrhein mit einer bedeutenden Bevölkerungsansammlung, die es zu einem wichtigen Verbrauchermarkt machte. Wenn auch das Gewerbe im Umland florierte, war man doch hinsichtlich des Vertriebs bzw. Einkaufs auf den Kölner Markt angewiesen. Vor allem aber dem Stapelrecht verdankte es die Stadt, daß sie nicht zur Bedeutungslosigkeit herabsank. Dabei trat der – risikoreiche – Eigenhandel hinter das Kommissions- und Speditionsgeschäft zurück. Eine Ausnahme bildete lediglich der Weinhandel, der fest in Kölner Hand blieb. Die Kölner Kaufleute hatten als Faktoren nieder- und oberländischer Auftraggeber bzw. als Spediteure ein bequemes Auskommen.

Damit einher ging eine Verkrustung der zünftigen Gewerbestrukturen – Neuerungen und Modernisierungen wurden blockiert. Es galt das spätmittelalterliche Prinzip der »Nahrung«, d. h. alle Mitglieder einer Zunft sollten vor fremder Konkurrenz geschützt werden, aber einander auch nicht das Brot wegnehmen. Dadurch wurden Modernisierungen verhindert, die Einführung von Maschinen oder die Einrichtung von Manufakturen unmöglich. Lediglich außerhalb der Zunftordnung gelang es Zuwanderern, vornehmlich aus Oberitalien, Nordfrankreich und dem heutigen Belgien, neue Gewerbe zu initiieren, etwa im Bereich des Tabaks oder Kölnisch Wassers. Da aber überall anderswo, ganz besonders in den umliegenden Territorien, neue Gewerbe angesiedelt und neue Produktionsmethoden eingeführt wurden und dadurch bedingt auch die Rohstoffzufuhr schwieriger wurde, verarmten die Handwerker und die von ihnen abhängigen Bevölkerungsteile.

Einer kleinen Oberschicht war es trotz allem gelungen, ihren Wohlstand zu wahren, indem sie ihr Vermögen in Ländereien und Renten anlegte, aber auch in Unternehmungen wie der niederländischen Ostindischen Compagnie oder in Bergwerke in der Eifel und im Bergischen Land investierte. Köln war der wichtigste Bankenplatz des Niederrheins; stadtkölnische Bankiers stützten u. a. die kurkölnische Finanzwirtschaft und verdrängten als unternehmerisch tätige Bankherren die traditionellen Hofbankiers. 1705 gründete der Pfälzer Kurfürst und Herzog von Jülich-Berg, Johann Wilhelm, in Köln eine Jülich-Bergische Staatsbank und unterstellte sie dem Schutz der Stadt Köln.

Die häufigen Kriege beeinträchtigten zwar den Handel, Sicherheitsmaßnahmen für die Stadt und Einquartierungen waren teuer, aber die Versorgung der Truppen aller Kriegsteilnehmer brachte gute Einnahmen, denn Köln verhielt sich in allen Konflikten seit 1475 neutral.

Trotz alledem muß die Zeit seit dem ausgehenden 17. Jahrhundert als eine Phase wirtschaftlicher Stagnation bezeichnet werden. Wie die Verfassung war auch das Wirtschaftsleben darauf berechnet, vorhandene Vorteile festzuhalten und nicht, neue zu erwerben. Dadurch kam es immer wieder zu Konflikten zwischen dem Rat, in dem die Kaufmannschaft dominierte, und den Ämtern, den Zünften. Den der oberen Gesellschaftsschicht angehörenden Kaufleuten – und nur diese konnten es sich neben wenigen Handwerksmeistern leisten, ein Rats- oder gar Bürgermeistermandat wahrzunehmen – war bewußt, daß die Wirtschaft der Stadt einer durchgehenden Modernisierung bedurfte, da die Mandate aber von den Gaffeln vergeben wurden, konnten sie nicht unabhängig von der Meinung des Zunftbürgertums regieren. Andererseits hingen die Finanzen der Stadt von einem gutgehenden Handel ab, denn sie wurden durch die Akzisen, einer Art Umsatzsteuer, gedeckt. Deshalb mußte der Handel vor Ort stark beaufsichtigt werden, was wiederum dem guten Ruf der in Köln gehandelten Waren dienlich war, so dienlich, daß Kölner Warenzeichen von den aufstrebenden Industrien in den Nachbarterritorien ›imitiert‹ wurden. R. W.

Literatur: D. Ebeling, Die wirtschaftlichen Führungsschichten Kölns im Spektrum der rheinischen Frühindustrialisierung des 18. Jahrhunderts, *Bürgerliche Eliten*, 1985, S. 401–420; H. Kellenbenz/K. van Eyll (Hrsg.), *Zwei Jahrtausende Kölner Wirtschaft*, 2 Bde., Köln 1975; St. Prott, *1396–1996. 600 Jahre Verbundbrief – der schwere Weg zur Demokratie*, Köln o. J. (1996).

VIII.1
Köln, 1647
Spendenaufruf: Opfert für den Kirchenbau von St. Christoph und die Hausarmen der Gemeinde
Öl auf Holz, 47 x 46,5 cm
Kölnisches Stadtmuseum,
Inv. Nr. WRM 2257 = HM 1896/282

»Hausarme« waren sog. ›verschämte Arme‹, also nichtbettelnde Einheimische, die sich und ihre Familien nicht mehr ernähren konnten und daher auf die Wohltätigkeit anderer angewiesen waren.

VIII.2
Gerrit A. Berckheyde
Vor der Rheinmauer
Öl auf Leinwand,
44 x 62,5 cm
Museum Boijmans Van Beuningen, Rotterdam,
Inv. Nr. 1042
Lit.: Lawrence 1991, S. 80f., Abb. 89.

VIII.3
Gerrit A. Berckheyde
St. Aposteln, 1690
Öl auf Leinwand,
44,5 x 49,5 cm
Rheinisches Landesmuseum, Bonn,
Inv. Nr. 59.103
Lit.: Lawrence 1991, S. 80f., Abb. 84.

VIII.4
Gerrit A. Berckheyde
Marktszenerie, ca. 1670/90
Öl auf Holz,
46,5 x 60 cm
Kölnisches Stadtmuseum,
Inv. Nr. RM 1944/195

Gerrit Berckheyde (1638–1698), der mit seinem älteren Bruder Job in den 1650er Jahren den Rhein hinauf bis Heidelberg bereist hatte, fertigte nach seinen Skizzen später in Haarlem zahlreiche Capricci mit Kölner Motiven.
Immer wieder tauchen kleine Marktszenen auf, die durchaus der Natur abgeschaut waren. Innerhalb der Kölner Stadtmauer lebten einige Bauern, deren Felder z. T. außerhalb der Stadt lagen, die aber vor allem Gartenbau in der und für die Stadt betrieben. Zu diesen Höfen am Stadtrand gehörte auch Kleinvieh.
Lit.: Lawrence 1991, S. 80, Anm. 19a.
Abb. S. 42.

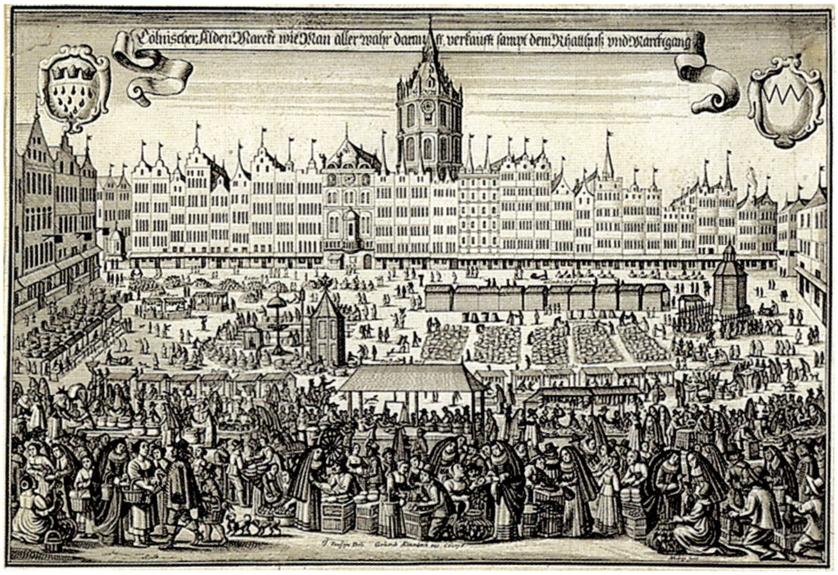

VIII.5

VIII.5
Abraham Aubry nach Johann Toussyn
Kölnischer Altermarkt, um 1660
Kupferstich, 25,6 x 37,5 cm
Kölnisches Stadtmuseum, Graphische Sammlung, Inv. Nr. HM 1927/280

»*Wer gern im Gewühle von Menschen wandeln und seine Bemerkungen über den Handlungsgeist, über Gewinnsucht u. dergl. machen will, der findet an der Wasserseite der Stadt, am Hafen, ... die auffallendsten Karakterschilderungen in den mannichfaltigsten Gruppen. ... Man wird irre vom Gewühle der Menschen. Überall wurden Kaufmannsgüter auf- und abgeladen, die auf dem Rhein dahin kommen. Wie sie da untereinander liegen, die Artikel von tausend und tausend Rubrikken: die Zukkerfässer, die Kaffeeballen, die Kästhürme, die Tücher, die Hölzer und die Produkte des Nordens! Das ist ein Gewirr, eine Geschäftigkeit, ein Überfluss über alle Begriffe. Hier knarren die ächzenden Krahnen, dort krachen die rollenden Lastwägen, hier klirren die Ketten, dort girksen die beladenen Kasten und Pakfässer; hier ruft der geschäftige Schiffer, dort spricht der wartende Spediteur, hier läuft der begierige Scherge, dort schreitet ein belasteter Träger: überall Leben, überall Lärm und unablässige Bewegung.*« (J. G. Lang, Reise auf dem Rhein, II. Theil: Von Andernach bis Düsseldorf, Koblenz 1790, S. 243–318, zit. nach: Bayer, 1912, S. 67)

VIII.6
Köln, um 1600
Türen aus dem Faßbinderzunfthaus
Eichenholz,
je 209 x 110 x 5 cm
Germanisches Nationalmuseum, Nürnberg

VIII.7
Der Doge von Venedig bestätigt das Zugangsrecht der Kölner zum Fondaco dei Tedeschi, 5.10.1652
Historisches Archiv der Stadt Köln,
Sign. HUA 3/19250 bzw. HUA 3/19251

Die oberdeutschen Städte machten den niederdeutschen das Recht streitig, den Fondaco dei Tedeschi, das Haus der deutschen Kaufleute in Venedig, mitzubenutzen. Der Doge Francesco de Molino bestätigte den Kölnern jedoch das uneingeschränkte Zugangsrecht. Venedig, Sitz bedeutender Banken, war bis zum Ende des 18. Jh.s ein wichtiger Umschlagplatz für den Kölner Seidenhandel.
Lit.: Kat. *Stadtrat, Stadtrecht, Bürgerfreiheit*, 1996, S. 54f., Kat. Nr. B 40.

VIII.8
a) Kardinalshut der Firma Foveaux »Zum großen Kardinal«
Eisen, farbig gefaßt, H. 28 cm, T. 62 cm, Dm. 80 cm
Kölnisches Stadtmuseum

1735 gründete Heinrich Joseph DuMont aus Soumaigne bei Lüttich in Köln die erste Tabakfabrik. Ein anderes bedeutendes Unternehmen in der Branche war das von Franz Foveaux unter dem Namen »Zum großen Kardinal«. Ende des 18. Jh.s arbeiteten im Kölner Tabakgewerbe 1200 Menschen.
Lit.: Kat. *Blauer Dunst*, 1984, bes. S. 34.

b) Delft, »De Drie Klokken«
Tabaktopf »Rappe«, um 1800
Fayence, heller, beiger Scherben, leicht bläuliche Glasur, H. 35 cm, Dm. 26 cm
Kölnisches Stadtmuseum,
Inv. Nr. RM 1927/626 b

Kölscher Rappé, Schnupftabak nach holländischem Vorbild, galt als von ausgezeichneter Qualität.
Lit.: Kat. *Blauer Dunst*, 1984, S. 107, Kat. Nr. 81.

VIII.9
a) Briefbuch der Firma Farina von 1733–1738
Stiftung Rheinisch-Westfälisches Wirtschaftsarchiv zu Köln, Sign.33-018-3

Am 21.10.1737 erlaubte sich Farina, Clemens August sein »Eaux admirable« zu schicken.

b) »Wirkungen und Tugenden des berühmten L'Eau Admirable oder Collnisch Wasser genannt«, 1727
Druck, Kupferstich, 18 x 16,5 cm
Stiftung Rheinisch-Westfälisches Wirtschaftsarchiv zu Köln, Sign. 33-39-1/2

Kurz vor 1700 begann der Italiener Giovanni Paolo de Feminis in Köln mit der Produktion eines »aqua mirabilis«, eines allumfassenden Heilmittels. 1714 nahm der zugezogene Galanteriewarenhändler Johann Maria Farina ebenfalls die Produktion eines Heilwassers auf.

VIII.10b

VIII.11

VIII.10
a) Nikolaus Mettely nach Johann Peter Schophoven
Lehrzeugnis für den Schlosser Otto Schumacher, 1780
Kupferstich; 36,5 x 45,5 cm
Kölnisches Stadtmuseum, Graphische Sammlung, Inv. Nr. HM 1927/177 a

Der Kölner Otto Schumacher hatte bei Heinrich Schumacher, seinem Vater, das Schlosserhandwerk gelernt. Er ist ein Beispiel dafür, wie traditionelle Zünfte Fremden den Zugang verwehrten und Meistersöhne bevorzugten.

b) **Lehrzeugnis für den Zuckerbäcker Franz Breuer, 1787**
Papier. 27,6 x 44,5 cm
Kölnisches Stadtmuseum, Graphische Sammlung, Inv. Nr. G 16071

Köln war als Zentrum des ›Luxushandwerks‹ von großer Bedeutung für den gesamten Niederrhein. Hier ließ man Kleidung schneidern oder elegante Schuhe anfertigen, hier wurden aber auch Spezialisten ausgebildet wie etwa der Zuckerbäcker Franz Breuer aus dem Jülichschen, der bei Eliphius Wolff das (nichtzünftige) Handwerk der »Zuckerbeckerey« erlernt hatte.
Lit.: Wagner, *Zuckerindustrie*, 1998, bes. S. 40f.

VIII.11
Kaminplatte aus dem Brauergaffelhaus, 1675
Gußeisen,
H. 134 cm, B. 108 cm
Kölnisches Stadtmuseum, Köln,
Inv. Nr. HM 1903/40

VIII.12
Franz Vriendt
Bildnis eines Kölner Kaufherrn, 1670
Öl auf Leinwand, 131 x 103,5 cm
Wallraf-Richartz-Museum, Köln,
Inv. Nr. WRM 2267

Selbstbewußt weist dieser Kölner Kaufherr auf Amerika. Es ist anzunehmen, daß ihn mit der ›Neuen‹ Welt Handelsbeziehungen verbanden; vielleicht war er sogar schon selbst dort gewesen. Das Bild stammt aus der Kölner Kaufmannsfamilie von Herwegh, die Mitglied der Gaffel Himmelreich war.
Lit.: Kat. *Wallraf-Richartz-Museum*, 1973, S. 82.

VIII.13
Emanuel Gottlieb Oernster und Salomon Dreyer, Nürnberg, Mitte des 18. Jahrhunderts
Terrine, Schale und Löffel aus dem Gaffelhaus der Gaffel Himmelreich
Silber, teilvergoldet; getrieben, gegossen, graviert; Email; Terrine: H. 34 cm, B. 47 cm; Schale: H. 4,2 cm, B: 54 cm, T. 31 cm
Kölnisches Stadtmuseum,
Inv. Nr. HM 1929/412 a–c

Die Leistungen des Kölner Goldschmiedehandwerks genügten den Genossen der vornehmen Gaffel Himmelreich nicht mehr. Sie ließen ihre Terrine in Augsburg, dem neuen Zentrum der Goldschmiedekunst, anfertigen.

VIII.12

Kat. Nr. X.1, S. 49

IX–X ... und Klüngel. Aber mit Stil!

Das 18. Jahrhundert wird gemeinhin als das der Aufklärung bezeichnet. Für Köln trifft dies nur begrenzt zu. Anders als man erwarten sollte, verlief der *Riss* nicht zwischen einer nach oben drängenden Unter- und Mittelschicht und einer erstarrten Oberklasse, sondern vielmehr zwischen einer europäisch orientierten, dem Ideal der Aufklärung nachstrebenden Elite, die sowohl dem gehobenen Bürgertum als auch dem Klerus angehörte, und dem großen Rest der Stadtbevölkerung, der sich vor der neuen Zeit fürchtete und krampfhaft am Althergebrachten festhielt. Diese Differenz wurde besonders im »Toleranzstreit« deutlich. Seit 200 Jahren hatte sich die rechtliche und politische Situation der Protestanten in Köln nicht geändert, dabei gehörten die meisten von ihnen zur Oberschicht, denn seit einem Ratsbeschluß von 1660 wurden in Köln nur »Evangelische« mit Vermögen und Auskommen geduldet. 1787 gab es etwa 120 protestantische Familien in Köln (bei einer Einwohnerzahl von ca. 40 000). Die Protestanten waren weiterhin auf den Großhandel und wenige, nichtzünftige Gewerbe festgelegt. Neben anderen Einschränkungen belasteten sie zudem gesonderte Steuern. Als all diese Diskriminierungen 1714 in der Erneuerten Beisassenordnung ihren Niederschlag fanden, wanderten neun der reichsten Familien in das bergische Mülheim/Rhein aus und schufen dort die Grundlage für eine florierende Textilindustrie. 1787 ersuchten die in Köln ansässigen protestantischen Gemeinden den Rat, das Verbot der protestantischen Religionsausübung aufzuheben und ein *»zum Lutherischen und Reformierten stillen Gottesdienst und Religionsausübung gewidmetes Bet-, Schul- und Predigerhaus«* zu genehmigen. Der Kölner Rat unter Führung des Bürgermeisters Franz Jakob von Hilgers bewilligte dies mit knapper Mehrheit. Aber postwendend legten Ämter und Klerus Widerspruch ein. Erstere fürchteten mögliche wirtschaftliche Nachteile, letztere den Verlust der Alleinherrschaft der katholischen Religion. Nach den Ratswahlen zu Weihnachten 1788 verwarf der neue Rat die Zustimmung. Kaiser Joseph II. forderte zwar wenig später dazu auf, dem alten Ratsbeschluß zu folgen, aber schließlich resignierten die Protestanten und zogen ihren Antrag am 3. August 1789 zurück – drei Wochen nach dem Sturm auf die Bastille!

Köln war auch im 18. Jahrhundert eine geistliche Stadt. Domkapitel, Abteien, Stifter, Orden, Konvente, Kongregationen und Weltgeistlichkeit bestimmten wesentlich das Gesicht der Stadt und waren ein beachtlicher Konsumentenkreis. Außerdem hatte jede angesehene Familie Söhne und Töchter im geistlichen Stand, wodurch enge Verbindungen entstanden. Der Geist der neuen Zeit fand sich am ehesten in den Kölner Freimaurerlogen. Zu diesen zählte praktisch die gesamte aufgeklärte Oberschicht – Adlige, Domherren, auch kurfürstliche Hofräte, kaiserliche Gesandte, Ratsherren, Bürgermeister, viele Fabrikanten und Kaufleute, Katholiken und Protestanten gehörten zu den Mitgliedern.

Die neue fürstliche Hofhaltung, die die Wittelsbacher mit an den Rhein gebracht hatten, ließ im Kölner Stadtbürgertum den Wunsch nach einer eleganteren Umgebung aufkommen. Auch die Möbel sollten den fürstlichen Prunk in die Wohnstuben holen, allerdings waren sie für den bürgerlichen und einfacheren adligen Auftraggeber schlichter gestaltet. Da man sie natürlich in ständiger Benutzung hatte, dienten sie ebenso wie Tafelgeschirr und Besteck nur zum Teil der Repräsentation. Die meisten bürgerlichen Möbel des 18. Jahrhunderts waren importiert und im schlichten Stil des Aachen-Lütticher Barock gehalten. Aber in Köln gab es durchaus Handwerker, die sich auf die Herstellung repräsentativer Möbel verstanden, wie z. B. der aus Schlesien zugewanderte Joseph Stephan, der auch am Bau des Benrather Schlosses beteiligt war.

R. W.

Literatur: B. Becker-Jákli, *Die Protestanten in Köln. Die Entwicklungen einer religiösen Minderheit von der Mitte des 18. bis zur Mitte des 19. Jahrhunderts* (= Schriftenreihe des Vereins für Rheinische Kirchengeschichte, 75), Köln 1983; dies., Protestanten in Köln, in: *Der Name der Freiheit*, 2, 1988, S. 53–60; D. Ebeling, *Bürgertum und Pöbel. Wirtschaft und Gesellschaft Kölns im 18. Jahrhundert*, Köln/Wien 1987; W. F. Ilges, *Casanova in Köln. Die Kölner Erlebnisse des Abenteurers aufgrund neuer Quellen und Urkunden*, Köln 1926; H. Kellenbenz/K. van Eyll (Hrsg.), *Zwei Jahrtausende Kölner Wirtschaft*, 2. Bd., Köln 1975; C. von Looz-Corswarem, Die politische Elite Kölns im Übergang vom 18. zum 19. Jahrhundert, in *Bürgerliche Eliten*, 1985, S. 421–444; Zehnder/Schäfke, *Der Riss im Himmel 8* (im Druck).

IX.3

IX.1
Kölnisch
Hochzeitspokal, 1679 (?)
Glas, H. 31,5 cm, Dm. Fuß 11 cm
Kölnisches Stadtmuseum,
Inv. Nr. RM 1936/1308

Es handelt sich wohl um einen anläßlich einer Eheschließung hergestellten Pokal: 1679 heiratete Peter Nicolaus Krufft (1643–1727, Bürgermeister zwischen 1690 und 1726) Justina Sibilla Wiedenfeld (1654–1727).

IX.2
Johann Michael Hambach
Stilleben, um 1680
Öl auf Leinwand, 60 x 79,5 cm
Wallraf-Richartz-Museum, Köln,
Inv. Nr. WRM 1292

Johann Michael Hambach ist in Köln zwischen 1672 und 1686 nachweisbar. Er malte neben zahlreichen Mahlzeitenstilleben auch großformatige Waffenstilleben für die Vorhallen der Kölner Patrizierhäuser.
Dieses vorliegende in der Art der holländischen Ontbijtjes zeigt die Mahlzeit eines wohlhabenden Haushaltes mit Tischdecke, kostbaren Glas- und silbernen Gewürzgefäßen.
Es ist Symbol einer neuen ›Luxuskultur‹ – man genoß nun seinen Reichtum, zeigte ihn vor, statt den Gewinn ins Geschäft zu reinvestieren.
Lit.: Kat. *Wallraf-Richartz-Museum*, 1973, S. 42f.

IX.3
Köln, um 1645
David-Schrank
Nußbaum, H. 178 cm, B. 145 cm, T. 63 cm
Kölnisches Stadtmuseum,
Inv. Nr. KSM 1968/729

Das biblische Motiv des Hirtenknaben David, der den Riesen Goliat besiegt und tötet, war in Köln im 16. und 17. Jahrhundert sehr beliebt. Die Kölner identifizierten sich mit David, dem Erzbischof wurde die Rolle des besiegten Goliats zugewiesen.
Die Figuren der Karyatiden symbolisieren Caritas und Spes.
Lit.: Dieckhoff, Republikanische Thematik, 1987/88; B. Hoppe, *Geschnitzte Kölner Überbauschränke des 17. Jahrhunderts* (= Sigurd Greven-Studien 1), Diss. Köln 1997, Bonn 1999, S. 86–90, S. 158ff., Kat. Nr. 7.

IX.4
Heinrich Jodocus und Cornelius ab Egmont nach Arnold Mercator
Colonia Agrippina Anno Domini MDCXLXXII (Mercator-Plan), 1642
Kupferstich, 117,5 x 169,5 cm
Kölnisches Stadtmuseum,
Leihgabe aus Privatbesitz

»… *wenn man die Menge des Volks das herrliche Ansehen der Obrigkeit, die Grösse ihres Reichtums, die Pracht ihrer gemeinen und Privatgebäude, wie auch ihre Übungen in den Wissenschaften betrachtet, so muss man bekennen, dass sie das wahrhafte Rom in Deutschland sei.*« (J. H. Dielhelm, Rheinischer Antiquarius oder Ausführliche Beschreibung des Rheinstroms, Frankfurt und Leipzig 1776, III. Aufl., XIV. Kapitel, S. 775–805, zit. nach: Bayer, 1912, S. 19.)

IX.5
Geldorp Gortzius (?)
Knabenbildnis, 1589
Öl auf Holz, 72 x 52,5 cm
Kölnisches Stadtmuseum,
Inv. Nr. WRM 1548 = HM 1940/119

Der aus Leuven stammende Maler Geldorp Gortzius (1553 – nach 1619), kam 1579 als Maler im Gefolge des Herzogs von Terranova († 1579 Köln) nach Köln. Er blieb hier und wurde der Lieblingsmaler des Kölner Patriziats.

IX.6
Geldorp Gortzius (und Melchior Geldorp)
Kölner Familie beim Tischgebet, 1602
Öl auf Holz, 73,7 x 100 cm
Rheinisches Landesmuseum, Bonn,
Inv. Nr. 93.0157

Die lateinische Inschrift gibt den Inhalt des Bildes wieder: »*Siehe so wird gesegnet der Mann, der den Herrn fürchtet*« (Psalm 128). Weinstock und Ölbäume

IX.4
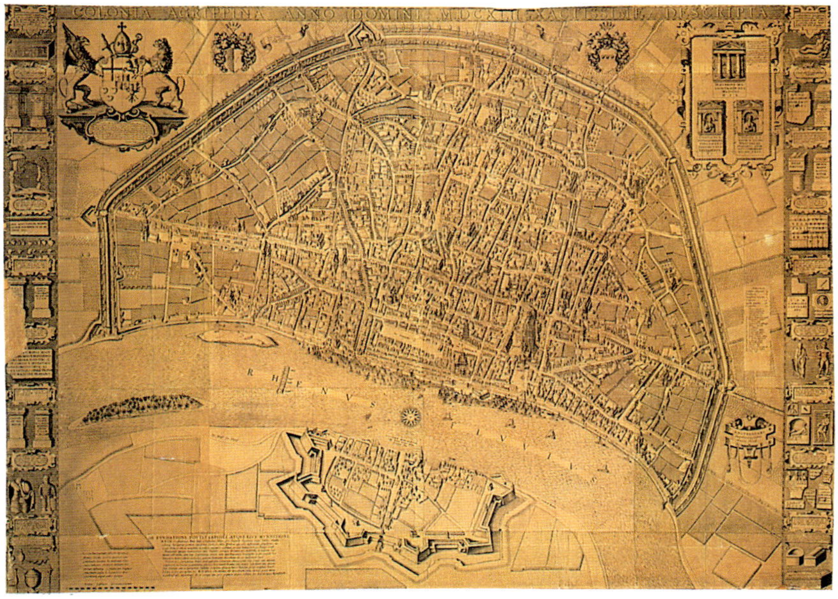

verweisen auf die Fortsetzung des Psalms: »*Dein Weib wird sein wie ein fruchtbarer Weinstock drinnen in deinem Hause, deine Kinder wie junge Ölbäume um deinen Tisch her.*«
Lit.: I. Krueger, Kölner Familie beim Tischgebet, Anno 1602. Zu einem Gemälde von Geldorp Gortzius (und Melchior Geldorp) und seiner Bildtradition, in: Zehnder/Schäfke, *Der Riss im Himmel 1*, S. 79–100.

IX.7

IX.8

IX.7
Christiaen van Couwenbergh (?)
Catharina Lucia von Kreps, 1658
Öl auf Leinwand, 112 x 91,5 cm
Kölnisches Stadtmuseum,
Inv. Nr. WRM 1571 = HM 1940/132

IX.8
Christiaen van Couwenbergh (?)
Herwin von Kreps, 1658
Öl auf Leinwand,
113 x 91,5 cm
Kölnisches Stadtmuseum,
Inv. Nr. WRM 2308 = HM 1940/229

Christiaen van Couwenbergh (1604–1667) arbeitete für die Delfter Oberschicht und den Hof im Haag, bevor er 1656 – hoch verschuldet – nach Köln zog.
Catharina Lucia (1653–1699) und Herwin (1655–1687) von Kreps waren die Kinder von Maximilian von Kreps, seit 1658 Kölner Ratsherr und Bürgermeister, und Anna Catharina von Cronenberg, Tochter des Bürgermeisters Dr. Johann Michael von Cronenberg.

IX.9
Köln, um 1560
Simson-Schrank
Eichenholz,
H. 134,5 cm, B. 117 cm, T. 53,5 cm
Kölnisches Stadtmuseum,
Inv. Nr. RM 1937/682

Der mittelalterliche Typus des eichenen Stollenschranks gehörte bis weit in das 16. Jh. hinein zu den beliebtesten Möbeln des Kölner Bürgertums.
Simson steht hier als Verteidiger der – städtischen – Freiheit gegen den Unterdrücker (den Erzbischof).
Lit.: Dieckhoff, Republikanische Thematik, 1987/88, S. 423f.; Meister/Jedding, 1958, Nr. 83.

IX.10
Köln, letztes Viertel 16. Jahrhundert
Überbauschrank mit Architekturmarketerie
Eiche mit Einlegearbeiten in Ahorn, Mooreiche, Esche, Pflaumenbaum, Palisander, Walnußbaum; Säulen: Nußbaum;
H. 156 cm, B. 112 cm, T. 53 cm
Kölnisches Stadtmuseum,
Inv. Nr. KSM 1977/66

Typisch für die Kölner Möbel zwischen etwa 1580 und 1620 waren Intarsienarbeiten.
Lit.: Meister/Jedding, 1958, Kat. Nr. 93;
S. E. Muffert, *Renaissance Überbauschränke mit Holzeinlegearbeiten aus dem Rheinland*, Diss. Köln 1999.

X.1
Johann Jakob Schmitz
Bürgermeister Franz Caspar von Wymar, 1755
Öl auf Leinwand, 147,5 x 115 cm
Kölnisches Stadtmuseum,
Inv. Nr. KSM 1983/589

Franz Caspar von Wymar (1693–1772) war zwischen 1740 und 1771 elfmal Bürgermeister in Köln – hier in seiner sechsten Amtszeit in Amtstracht dargestellt. Wymars Pose erinnert an ein Regentenporträt. Der Kölner Maler Johann Jacob Schmitz (1724–1810) steht als Porträtist vornehmlich der Kölner Oberschicht in der Tradition eines Barthel Bruyn, Geldorp Gortzius u.a. Seit 1768 war er auch Hofmaler des Kurfürsten Max Friedrich.
Abb. S. 46.

X.2
Peter Lützenkirchen (?)
Nicolaus DuMont als Freimaurer, um 1810
Öl auf Leinwand, 88,5 x 71 cm
Kölnisches Stadtmuseum, Köln,
Inv. Nr. WRM 2066 = HM 1940/180

Der Jurist und Seidenfabrikant Nicolaus DuMont (1743–1816) war 1794 zum letzten Bürgermeister der Freien Reichsstadt gewählt worden.
Er gehörte zur Kölner Loge, »Le Secret des Trois Rois«. Darauf verweist die Freimaurersymbolik: Die Sphinx mit der französischen Aufschrift »*Pour Ceux Qui L'entendent*« ist ein deutlicher Hinweis. Diese Motive verweisen ebenso wie die der Alchemie entlehnte Dreieckspyramide mit den Zahlen auf die ägyptische Mythologie. Zum Tor der Weisheit führen sieben Stufen, Symbole der sieben freien Künste. Die Brücke über dem Wasserfall symbolisiert die Verbindung zur Vergangenheit. Neben Gedichten Friedrich Schillers liegen auch Gedichte des ehemaligen Jesuiten und republikanisch gesonnenen Freimaurers Aloys Blumauer.
Lit.: Dotzauer, 1973, S. 215; frdl. Auskunft von Prof. Adolf Schmidt, Köln.

X.3
Freimaurerbrief des Jacques Molinari als Mitglied der Loge »St. Jean« der Kölner Gesellschaft »Le Secret des Trois Rois«, 1804 (?)
Pergament mit anhängendem rotem Lacksiegel; 31 x 44 cm

X.7

Kölnisches Stadtmuseum, Graphische Sammlung, Köln, Inv. Nr. RM 1934/1162

X.4

Erneuerte Beisassenordnung, 1714 (1716 revidiert)

Historisches Archiv der Stadt Köln, Sign. Handelsabt. 456 oder Edikte 12,94 (9.12.1716)

X.5

Toleranzstreit 1787–1789

a) Die Reformierten und Augsburger Konfessionsverwandten in Köln an den Rat der Stadt. Bitten um Gewährung eines dem stillen Gottesdienst gewidmeten Bethauses sowie eines Schul- und Predigerhauses, 28. 11. 1787

Historisches Archiv der Stadt Köln, Sign. Deputatschaft 17, fol. 33

Lit.: Hansen, *Quellen*, S. 209–212.

b) Spottgedicht auf Rat und Bürgermeister, Ende April 1788

Historisches Archiv der Stadt Köln, Deputatschaft 17, fol. 82/83

Lit.: Hansen, *Quellen*, S. 288.

c) Befehl Kaiser Josephs II., den Protestanten die Einrichtung eines Bet-, Schul- und Predigerhauses zu gestatten, 27. 3. 1789

Historisches Archiv der Stadt Köln, Sign. Deputatschaft 17, fol. 233

Lit.: Hansen, *Quellen*, S. 342f.

d) Die Kölner Protestanten verzichten im Hinblick auf den Widerspruch und die Drohungen der Zünfte auf die Errichtung des Bet-, Schul- und Predigerhauses, 3. 8. 1789

Historisches Archiv der Stadt Köln, Sign. Deputatschaft 17, fol. 276

Lit.: Hansen, *Quellen*, S. 400f.

X.6

Köln, um 1785

Johann David Herstatt

Öl auf Leinwand, 80,5 x 65,5 cm

Kölnisches Stadtmuseum, Leihgabe aus Privatbesitz

Die Angehörigen der Familie Herstatt waren als Hugenotten aus Valenciennes im 17. Jh. nach Köln gekommen. Ihr Unternehmen gehörte bald zu den führenden Kölner Textilverlagen. Johann David Herstatt (1740–1809) betrieb bis 1782 gemeinsam mit seinem Bruder Johann Jakob eine Fabrikation für Seiden- und Florettbänder, in der 30 Posamentiermeister mit über 200 Webstühlen beschäftigt wurden. Am Ende des 18. Jh.s war Herstatt auch in Wechselgeschäften tätig. Er gab allmählich die Fabrikation zugunsten des Bankgeschäftes auf. Dabei unterschied sich Herstatt von den alten Hofbankiers: Er war ein unternehmerisch tätiger Bankier, der nicht nur von Zinsen lebte, sondern Geld investierte. Johann David übernahm 1768 das Amt des Ältesten in der evangelischen Gemeinde in Mülheim.

Lit.: Nicke, 1957, S. 39f., 44, 65.

X.7

Johann Jakob Schmitz

Johann Jakob Herstatt, 1784

Öl auf Leinwand, oval, 123,5 x 90 cm

Kölnisches Stadtmuseum, Inv. Nr. HM 1949/37

Johann Jakob Herstatt (1743–1811) machte sich 1782 als Weinhändler selbständig. In der Johannisstraße betrieb er seit 1805 eine Zuckersiederei, in der erstmals in Köln auch Rübenzucker hergestellt wurde. Auch Johann Jakob, ein Mitglied der Kölner Dreikönigenloge, übernahm 1773 das Amt des Ältesten in der evangelischen Gemeinde in Mülheim.

Lit.: Dotzauer, 1973, S. 148, 170; Ebeling, 1987, S. 46, 70, 72; Nicke, 1957, bes. S. 42, 48; Wagner, Zuckerindustrie, 1998, S. 41f.

X.8

Köln, um 1775

Jakob Fuchs

Öl auf Leinwand, 96 x 82 cm

Kölnisches Stadtmuseum, Inv. Nr. KSM 1964/330

Der Schiffer, Holzhändler und Flößer sowie kurkölnische Brückenmeister der Deutzer Fähre Jakob Fuchs (1729–1779) war, obwohl Neubürger, ein typischer Vertreter des mittelständischen, gediegenen Kölner Bürgertums des ausgehenden 18. Jh.s, der sich aber durch sein Interesse an aufgeklärter Bildung hervorhob. 1755 hatte er die Kölnerin Cathrin Weyl geheiratet, die die Bildung in Ehe und Geschäft einbrachte, die ihm versagt geblieben war.

Lit.: Heyderhoff, 1912.

X.9

Köln, um 1775

Cathrin Weyl

Öl auf Leinwand, 96 x 82 cm

Kölnisches Stadtmuseum, Inv. Nr. KSM 1964/331

Cathrin, eigentlich Maria Catharina Weyl (1729–1797) war die Tochter eines Kölner Oberländer-Schiffers. Sie hatte eine umfassende Bildung genossen, sprach ein gutes Deutsch, ziemlich gut französisch und war im Rechnen ebenso bewandert wie in Schönschrift und feinen Handarbeiten. Cathrin Weyl nahm regen Anteil an den Geschäften ihres Mannes, über sie liefen schon ihrer Sprachkenntnisse wegen die Kontakte zur französischen Armee, die sie mit

X.10

X.8

Holz, Kohlen und Früchten belieferten. Im Gegensatz zu ihrem Mann hatte sie weitergehenden gesellschaftlichen Ehrgeiz und versuchte, vergeblich, für ihn ein Ratsmandat zu kaufen.
Lit.: Heyderhoff, 1912.

X.10
Joseph Stephan
Kabinettschrank, um 1770
Nußbaum, Eiche, Nadelholz, furniert und mit reicher Marketerie (Nußbaum, Buxbaum, Ahorn, Pflaumenholz, Eibenholz);
120 x 94 x 52 cm
Kölnisches Stadtmuseum,
Inv. Nr. HM 1952/67

Dieser bürgerliche Kabinettschrank aus einer Kölner Werkstatt läßt schon das Herannahen des Klassizismus erahnen, der das Rokoko bald ablösen sollte.
Sein Konstrukteur, der Schreinermeister Joseph Stephan, war aus der schlesischen Grafschaft Glatz nach Köln eingewandert und hatte hier 1760 das Bürgerrecht erworben, dem später der Meistertitel folgte. Seine Arbeiten für die Ratskapelle sind verloren. Auch an der Einrichtung der Elendskirche war er beteiligt.
1797 gab sich Stephan als Vorreiter einer modernen Berufsauffassung zu erkennen: Er schlug in einem Brief an den Rat anstelle der langwierigen und teuren Anfertigung eines Meisterstückes, was dem unbegabten, aber wohlhabenden Schreiner leichter falle als dem talentierten, aber armen, ein neues Prüfungsverfahren für das Steinmetzen-, Zimmerer-

X.9

und Schreineramt vor. Außerdem forderte er unentgeltlichen Unterricht für alle Gesellen und Lehrlinge. Er schloß sein Gesuch mit dem Wunsch, »*das goldene Zeitalter der Künste und Gewerbe in unsere Vaterstadt herbeizuführen*«.
Lit.: A. Jordans, *Ein Kabinettschrank aus der zweiten Hälfte des 18. Jahrhunderts von Joseph Stephan*, MS, Köln 1999.

X.11
Hieronymus Schmitz
Pendule, 1766
Holzgehäuse, Bronzelünette, verglast, Emailzifferblatt, vergoldete Zeiger, Messingwerk,
H. 85 cm, B. 47 cm, T. 27 cm
Kölnisches Stadtmuseum, Inv. Nr. HM 1929/1
Lit.: *Aus der Uhrzeit. Die Uhrensammlungen des Museums für Angewandte Kunst und des Kölnischen Stadtmuseums*, bearb. v. Helmut Krieg, Köln 1987, S. 184ff., Kat. Nr. 45.

X.13

X.12
Wilhelm Constantin Schiffer
Tafelklavier mit Oktavkloppel, um 1795
Mahagoni, Mahagonifurnier auf Nußbaum, Ahorn/Ebenholz, Kirschbaum,
H. 80 cm, B. 156 cm, T. 55,5 cm
Kölnisches Stadtmuseum,
Inv. Nr. KSM 1990/595 – XIII/13

Der »Claviermacher« Constantin Wilhelm Schiffer ist in Köln zwischen 1779 und 1797 nachgewiesen.
Lit.: *Die Musikinstrumentensammlung des Kölnischen Stadtmuseums*, bearb. v. Helmut Hoyler, Köln 1993, S. 259ff., Kat. Nr. 323.

X.13
Johannes Huibert Prins
St. Maria im Kapitol, 1793
Öl auf Leinwand,
97 x 111 cm
Kölnisches Stadtmuseum,
Inv. Nr. HM 1952/68

Der Künstler gewährt mit diesem Bild einen der letzten Blicke auf das reichsstädtische Köln. Mit dem Einmarsch der Franzosen 1794 ging diese Epoche zu Ende. Zahlreiche Menschen halten sich im gepflasterten Immunitätsbezirk von St. Maria im Kapitol – hier eine Ansicht von Südosten – auf und gehen ihren Geschäften nach. Rechts der Turm der Pfarrkirche Klein St. Martin.

»*Von aussen bietet die ungeheure Stadt Köln mit einem Wald von Mastbäumen und den unzähligen Kirchthürmen einen prächtigem Anblick dar. Allein alle Pracht verschwindet, sobald man einen Fuss unter das Thor gesetzt hat. Die Strassen und die Einwohner sind gleich schmutzig und finster. (...) Köln ist in jedem Betracht die abscheulichste Stadt von Deutschland. (...) Ich bin in einigen Häusern bekannt, wo der feinste Geschmack und die beste Lebensart herrscht; allein es sind der Ausnahmen doch sehr wenig.*« (Kaspar Riesbeck, Briefe eines reisenden Franzosen über Deutschland an seinen Bruder in Paris, 1784. II. Aufl. 2. Bd. 67.–69.Brief. S. 350–370, zit. nach: Bayer, 1912, S. 22, 23.)

Kat. Nr. XI.6, S. 55

Vor den Toren der Stadt
XI Krieg

Vor ihren Augen lockend steht die Rache;
Zum Kriege spitzt sich die geringste Sache.
Durch das Gelingen schwillt des Scheusals Mut:

Noch trunken, lechzt nach frischem Blut.
Die Kriegsfurien lockt sein schriller Schrei;
Der Menschheit Plagen eilen flugs herbei.

Aus: »Die Kriegskunst«. Gedicht des preußischen Königs Friedrichs des Großen 1751/52 (Volz, S. 394)

Erstmals im Zweiten Weltkrieg hat Köln die Zerstörungen und Verluste erlitten, die andere Städte oder gar Dörfer im Rheinland in früheren Jahrhunderten fast regelmäßig erlebt haben. Belagerung oder Überfall, Mord, Plünderung, Beschießung oder Brandstiftung legten die Siedlungen in Schutt und Asche, töteten die Menschen oft in größerer Zahl als Epidemien. Für Herrscher und Teile des Adels war Krieg eine militärische und politische Aufgabe. Für Architekten und Ingenieure war der Festungsbau eine anspruchsvolle Kunst, die vom Auftraggeber immense Mittel forderte. Für den einfachen Soldaten, für Bürger und Landadel, für das einfache Volk war der Krieg eine Geißel. Er unterbrach Handel und Verkehr, verbreitete Hunger und Entsetzen, bedrohte Leben und Lebensart mit Einquartierung, Beschlagnahmung und Zwangsrekrutierung.

Das Rheinland litt im 16. Jahrhundert unter den Auseinandersetzungen in den Niederlanden. Aber auch im Geldrischen Erbfolgekrieg ziehen die Truppen und Verbündeten Kaiser Karls V. durch das Rheinland. Deren Sieg führt auch zum Ende des Reformversuchs des Kölner Erzbischofs Hermann von Wied. Er dankt ab.

Im blutigen Kölnischen Krieg 1583–1588 scheitert der Versuch von Erzbischof Gebhard Truchseß von Waldburg, das geistliche Kölner Kurfürstentum in ein weltliches Fürstentum zu verwandeln. Nun übernehmen von 1583 bis 1761 Wittelsbacher Prinzen den Kölner Thron. Ruhe vor Krieg und seinen Folgen bringt dies nicht.

Im 17. Jahrhundert führt der Dreißigjährige Krieg bald zu hohen Ausgaben für Befestigungsanlagen der Stadt Köln. Immer wieder ziehen Truppen der Kriegsparteien durchs Rheinland. Erzbischof Ferdinand von Bayern findet Sicherheit hinter den Mauern Kölns. 1672 durchqueren wieder französische Truppen das Rheinland auf dem Vormarsch in die Niederlande. Köln baut seine Befestigung weiter aus und nimmt ein niederländisches Regiment auf, um sich gegen einen Überraschungsangriff der französischen Verbündeten von Erzbischof Maximilian Heinrich zu sichern. Erst im Frieden von Nymwegen 1679 endet diese Krise. Im Pfälzischen Erbfolgekrieg beansprucht Ludwig XIV. von Frankreich das Erbe des Hauses Kurpfalz-Simmern und unterstützt den Anspruch von Wilhelm Egon von Fürstenberg auf den Kölner Bischofsthron. Preußische Truppen belagern und zerstören 1689 das von Frankreich besetzte Bonn. Das französische Militär zieht sich schließlich nach Süden über die Mosel zurück und hinterläßt eine Spur der Verwüstung. Im Spanischen Erbfolgekrieg besetzen 1702 die französischen Verbündeten von Erzbischof Joseph Clemens Bonn und Kurköln. 1703 übernehmen die Truppen der Allianz der Seemächte England und Niederlande, der Preußen und das Reich beitreten, das Rheinland. Die Stadt Köln bleibt neutral und wird durch pfälzische Truppen gesichert. Im Siebenjährigen Krieg (1756–1763) Österreichs, Rußlands, Frankreichs, Schwedens und vieler Reichsfürsten gegen Preußen ziehen mehrfach Truppen der französischen Verbündeten durch das Rheinland gegen Preußen, teils besetzen sie Köln, aber auch kurkölnische Orte. 1794, mit den Truppen der Revolution, kehrt Frankreich wieder an den Rhein zurück.

Immer wieder wechseln in unserer Epoche Jahre des Krieges mit Jahrzehnten des Friedens. Das Rheinland ist Aufmarschgebiet im europäischen Spannungsfeld.

W. S.

Literatur: G. Aders, *Bonn als Festung. Ein Beitrag zur Topographie der Stadt und zur Geschichte ihrer Belagerung* (Veröff. des Stadtarchivs Bonn, 12), Bonn 1973; *Architekt und Ingenieur. Baumeister in Krieg und Frieden*, Ausstellungkatalog Herzog August Bibliothek Wolfenbüttel, Braunschweig 1984; M. Bernhardt: »Es sollten gleichsam Krieges-Schulen seyn vor dem Adel, daß man geschickte Krieges-Officierer hätte.« Die Gründung militärischer Bildungsanstalten im Rheinland des 18. Jh.s, in: Zehnder/Schäfke, *Der Riss im Himmel 3*, 1999, S. 87–108; E. Herter, *Geschichte der Kurkölnischen Truppen*, Bonn 1914; H. Neumann, *Festungsbaukunst und Festungsbautechnik*, Koblenz 1988; G. B. Volz (Hrsg.), *Die Werke Friedrichs des Großen. In dt. Übersetzung v. Friedrich von Oppeln-Bronikowski*, 10 Bde., Berlin 1912–1914, hier Bd. 6, Berlin 1913, S. 394.

XI.I

XI.1
Im »Pfälzischen Krieg«, der auch um die Nachfolge auf dem Kölner Bischofsthron geführt wird, vertreibt der preußische Kurfürst Friedrich III. die französischen Verbündeten von Wilhelm Egon von Fürstenberg aus Bonn und anderen befestigten Orten am Rhein. Tod und Elend der Bevölkerung am Rhein werden mit Medaillen gefeiert.

a) Philipp Heinrich Müller, Augsburg
Silberne Medaille auf die Eroberung von Bonn, 1689
Rs.: Darstellung der Belagerung mit Batteriestellungen und Pulverwagen im Vordergrund auf der rechten Rheinseite. Vier Kugeln mit ihren Flugbahnen in der Luft über der brennenden Stadt:
»BONO.REDIT.OMINE.BONNA.« (Bonn wieder unter gutem Omen)
Dm. 5 cm
Kölnisches Stadtmuseum,
Inv. Nr. D 161a/97

b) Johann Bernhard Schultz, Berlin
Silberne Medaille auf die Befreiung der kurkölnischen Städte Bonn, Neuss, Kaiserswerth und Rheinberg, 1689
Rs.: Rheinlandschaft mit diesen Städten und Köln ganz rechts mit kämpfender Kavallerie und Truppenformationen
Dm. 5,4 cm
Kölnisches Stadtmuseum,
Inv. Nr. D 159/91

c) Silberne Medaille auf die Belagerung und Eroberung von Bonn, Kaiserswerth und Rheinberg, 1689
Rs.: Drei querovale Medaillonrahmen mit Ansichten der drei Orte
Unten im Abschnitt: »A TYRANNIDE. GALL. LIBERATE. 1689« (Von der französischen Tyrannei befreit)
Dm. 4,3 cm
Kölnisches Stadtmuseum,
Inv. Nr. D 157/58

XI.2
Nicolas de Fer
Rheinlaufkarte von 1689
Kupferstich von drei Platten, koloriert
Kartenfels 137,9 x 72,2 cm
ca. 1:870 000
Kölnisches Stadtmuseum,
Graphische Sammlung
Erworben aus Mitteln der Kölner Kulturstiftung der Kreissparkasse Köln

Die Karte berichtet von den Kriegen Ludwigs XIV., bei dessen Hegemoniestreben über Europa die Rheingrenze eine besondere Rolle spielte. So ist z. B. im obersten Blatt von der Annexion Straßburgs 1681 die Rede.
Die Festungspläne einzelner Städte, darunter auch Köln, sind in einem größeren Maßstab aufgenommen als die übrigen Topographien. Als würde man durch eine Lupe blicken, so deutlich heben sich die Städte en détail vom Rhein und seinen Nebenflüssen ab.

XI.3
Deutschland, 18. Jahrhundert
Neunläufige Radschloßbüchse
Eisen, Holz (auf modernem Gestell)
L. 127,5 cm, Kaliber: 15 mm
Kölnisches Stadtmuseum,
Inv. Nr. KSM 1996/133 (W 1032)

Bei der Verteidigung von Festungsanlagen wurden solche mehrläufigen Büchsen eingesetzt, um Gänge oder Festungsgräben zu verteidigen.

XI.4
Köln, Ende des 17. Jahrhunderts
Pulverprobe
Messing, Eisen
H. 10 cm, B. 21 cm, L. 11 cm
Gravierte Inschrift: »Mittwochs Rentt Kammer«
Kölnisches Stadtmuseum,
Inv. Nr. KSM 1996/509 (W 293)

Das auf seine Qualität zu prüfende Pulver wurde in den kleinen Messingzylinder

XI.7

rechts eingefüllt. Der eiserne Deckel verschloß danach den Zylinder. Die Zündung des Pulvers trieb dann den Deckel hoch. Der Zeiger notierte dabei, wie weit der Deckel gegen die Federkraft hochgetrieben wurde, und maß so die Stärke des Pulvers. Zentraler, behördlich kontrollierter Einkauf ist bis heute ein Kennzeichen perfekter Verwaltungskunst. Hier belegt dies die Pulverprobe der mittwochs tagenden Finanzverwaltungsabteilung des Rates der Stadt Köln.

XI.5
Köln (?), Ende des 18. Jahrhunderts
Pulverprobe
Holz, Eisen, L. 25 cm, B. 5,5 cm
Kölnisches Stadtmuseum,
Inv. Nr. KSM 1996/550 (W 1017)

Für den Handgebrauch des Artillerieoffiziers war diese Pulverprobe bestimmt.

XI.6
Le Chevalier de Cambray: »Manière de Fortifier de Mr. de Vauban«, Amsterdam 1689
Privatbesitz, Köln

Der langjährige Mitarbeiter Vaubans, der Chevalier de Cambray, ist der erste, der festungsarchitektonische Überlegungen Vaubans publiziert.
Lit.: Kat. *Architekt und Ingenieur* 1984, Nr. 339. Abb. S. 52.

XI.7
Petrus Schenk, Amsterdam
»Carte qui represente toutes les pièces qui sont comprises dans l'architecture militaire ...«, 1703
Kupferstich, rot gedruckt
H. 55 cm, B. 63,8 cm
Kölnisches Stadtmuseum, Graphische Sammlung

Das aus einem Atlas entnommene Blatt zeigt eine Fülle von Geräten und Techniken für den Festungskrieg. Krieg wird als technische und logistische Leistung erkennbar, ohne daß seine Auswirkungen hier Interesse finden.

XI.8
Hanss Siegmund Ulrici,
verlegt von Petrus Schenk, Amsterdam

XI.10

»Speculum Architecturae Militaris«, 1708
Kupferstich, rot gedruckt
H. 54 cm, B. 62,5 cm
Kölnisches Stadtmuseum, Graphische Sammlung

Hanss Siegmund Ulrici widmet dieses Blatt Friedrich August dem Starken von Sachsen. Auf einem dekorativen Blatt werden 20 Manieren der Festungsbaukunst zusammengestellt.

XI.9
H. V. D., Köln
Feldmühle, 1608
Kupferstich, H. 29,8 cm, B. 37 cm
Kölnisches Stadtmuseum, Graphische Sammlung

Die fahrbare Feldmühle, zur Produktion von Mehl unverzichtbar, wird erstmals

XI.8

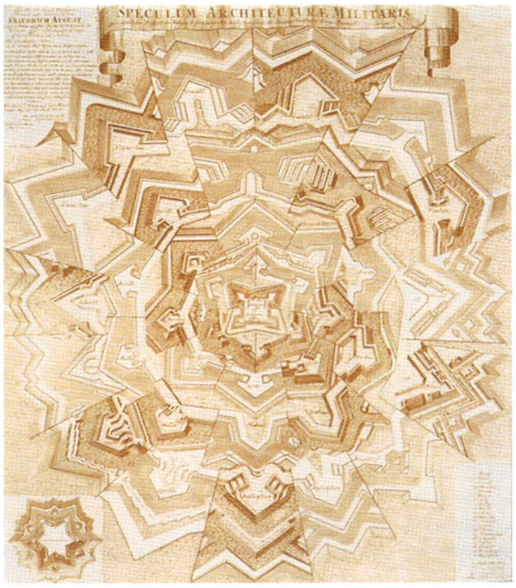

XI.9

Ende des 16. Jh.s von Braun/Hogenberg publiziert. Nachstiche wie dieser, sind bis ins späte 17. Jh. hinein überliefert.

XI.10
Die Belagerung von Bonn 1703
Niederlande, Anfang 18. Jahrhundert
Kupferstich, H. 25 cm, B. 57,3 cm
Kölnisches Stadtmuseum, Graphische Sammlung

Die Belagerung Bonns im Jahre 1689 führte zur weitgehenden Zerstörung der Stadt. Im Rheinland entging nur Köln für Jahrhunderte kriegerischer Zerstörung. Dörfer und kleine Städte wurden immer wieder fast dem Erdboden gleichgemacht. Für die Residenzstadt Bonn wiederholten sich Belagerung und Zerstörung im Jahre 1703, als erneut die französischen Verbündeten von Kurfürst Joseph Clemens aus der Festung vertrieben wurden. Der niederländische Kupferstich zeigt – von gehängten Plünderen bis zur Eroberung des Beueler Forts – vielfältiges Kriegsgeschehen.
Lit.: G. Aders, *Bonn als Festung*, Bonn 1973.

Kat. Nr. XII.4, S. 60

XII Bäuerliche Arbeit und dörfliche Feste

Das Rheinland des 18. Jahrhunderts beherbergte eine Vielfalt von bäuerlichen Wohn- und Lebensformen, die mit den differenzierten geographischen und geomorphologischen Bedingungen korrespondierten. Während am Niederrhein große Höfe und z. T. Einzelhofsiedlungen das Bild bestimmten, herrschten im Bergischen Land geschlossene Dörfer vor. In den fruchtbaren Gegenden der Köln-Bonner Bucht gab es seit dem Mittelalter eine intensive Bodennutzung, die kargen Eifelhöhen eigneten sich dagegen nur für Grünlandwirtschaft und im geringen Maße für Hafer- und Roggenanbau. Die Betriebsgrößen differierten sehr stark zwischen den Gegenden mit Anerbenrecht, z. B. am Niederrhein, in denen der Hof ungeteilt an den ältesten Sohn überging, und den Gebieten mit Realteilung, bei denen der Besitz gleichmäßig unter allen Kindern aufgeteilt wurde. Gemeinsam war den Ländern im Westen des Reiches, daß es trotz großer kirchlicher und adeliger Besitzungen nicht zur Ausbildung der Gutsherrschaft mit leibeigenen Bauern wie in Ostdeutschland kam. Die Bauern waren im Rheinland in der Frühen Neuzeit alle persönlich frei und verfügten entweder über eigenes oder gepachtetes Land. Die Pächter der großen, zusammenhängenden geistlichen oder adeligen Höfe besaßen dabei sogar einen besonderen sozialen und wirtschaftlichen Status. Nur sie bewirtschafteten Betriebe von überdurchschnittlicher Größe mit Hilfe einer oft beträchtlichen Gesindezahl, während der normale bäuerliche Haushalt eher klein war und vier bis fünf Personen und vielleicht noch einen Knecht und eine Magd umfaßte. Die Karte der Ländereien der Kölner Johanniterkommende SS. Johannes und Cordula (Kat. Nr. XII.1) verdeutlicht die Fülle des geistlichen Grundbesitzes in einer Gemarkung, während die Bildschüssel des niederrheinischen Töpfers Albert Murs auf amüsante Weise die soziale Differenzierung innerhalb der Dorfgemeinschaft widerspiegelt (Kat. Nr. XII.2). Bestimmt wurde das bäuerliche Leben durch den Rhythmus der Jahreszeiten und die anfallenden Feldarbeiten. Die wichtigsten Anbaupflanzen waren Roggen, in weit geringerem Umfang Weizen und – vor allem im Niederrheingebiet – Flachs zur Leinenherstellung. Am Rhein reichte die Weinbauzone bis in die Gegend nördlich von Köln. In der Nähe der größeren Städte wurde ein intensiverer Gartenbau betrieben, da Obst und Gemüse auf den Wochenmärkten verkauft werden konnten. Die Anbaumethoden veränderten sich durch neue wissenschaftliche Erkenntnisse erst sehr langsam in der zweiten Hälfte des 18. Jahrhunderts. Die Grundlage der Ernährung bildete das Roggenbrot, Weizengebäck war eine reine Festtagsspeise. Getreidebrei und Gemüseeintöpfe aus Kohl, Kraut und Rüben gehörten zur täglichen Kost. Im Rheinland wurde der Speisezettel noch relativ häufig durch Fleisch bereichert, da fast überall Schweine zum Eigenbedarf gehalten werden konnten. Im Laufe des 18. Jahrhunderts fanden neue Genußmittel wie Kaffee, Tabak und bei Festen auch Branntwein (zusätzlich zu Bier und Wein) Eingang in den bäuerlichen Haushalt. Im Westen setzte sich auch zuerst das Essen von eigenen Tellern gegenüber der gemeinsamen Schüssel durch. Geschirr und Küchengeräte bestanden aus Holz, Zinn und einfacher Keramik. Feste wie Kirmessen, Hochzeiten, Beerdigungen, Kindtaufen spielten eine besondere Rolle im Leben der Dorfgemeinschaft. Stellvertretend wird hier auf Mai- und Hochzeitsbräuche besonders eingegangen. Die bäuerlichen Maibräuche dienten der Stiftung von Ehen innerhalb der Dorfgemeinschaft. Durch Versteigerung der Maibräute oder durch Ausrufen wurden Paare gebildet, die meist bis Pfingsten zusammengehörten und denen durchaus sexuelle Freiheiten erlaubt waren. Im Laufe des 18. Jahrhunderts paßte sich die bäuerliche Gesellschaft mehr und mehr an die bürgerliche und kirchliche Moral an und transformierte die Maibräuche in die zahme Form, die wir heute noch kennen.

Bei der Eheschließung durfte die Hochzeitstruhe nicht fehlen, oft mit Namen oder Initialen der Brautleute verziert, in der die Aussteuer aufbewahrt wurde (Kat. Nr. XII.8). Am Niederrhein existierte der Brauch der mit Bemalung verzierten und mit Sprüchen versehenen Festtagskeramiken, die für den jeweiligen Anlaß angefertigt wurden. Die Sprüche sind dabei wichtiger als die Bemalung. Da sie immer abgewandelt oder neu erfunden wurden, muß man auf eine hohe Lesefähigkeit auch der bäuerlichen Bevölkerung schließen. M. G.

Literatur: Zehnder/Schäfke, *Der Riss im Himmel 3*, 1999.

Kat. Nr. XIII.4, S. 61

XIII Räuber, Bettler, Reisende

Reges Leben herrschte auf den Straßen: Vornehme Reisende waren zu geschäftlichen oder zu privaten Besuchen mit eigener Kutsche oder Post unterwegs, Bauern brachten ihre Ware zum nächsten Markt, Wallfahrer pilgerten zu weit entfernten heiligen Stätten, Studenten und Handwerksgesellen suchten neue Arbeits- und Ausbildungsplätze. Berufsmäßig ständig unterwegs waren die Boten und Kuriere, die Postkutschenfahrer und Fuhrleute.

Aber es gab auch ganze soziale Gruppen, die – da sie keine eigene Bleibe hatten – ständig umherzogen, von der Gesellschaft ausgegrenzt waren und keinen Schutz einer städtischen oder landesherrlichen Obrigkeit genossen – Bettler, Zigeuner, fahrendes Volk. Eine Zwischenstellung nahmen die wandernden Händler und Handwerker ein: Scherenschleifer, Bürstenbinder, Toilettenartikel- und Schmuckverkäufer.

Das verkehrsreiche und territorial zersplitterte Rheinland bildete in der Frühen Neuzeit das bevorzugte Zielgebiet für fahrendes Volk sowie besitz- und landlose soziale Randgruppen. Zudem stellten die geistlichen Territorien Kurköln, Kurmainz und Kurtrier wegen ihrer Verpflichtung zur christlichen Caritas besondere Anziehungspunkte dar. Alle Staaten versuchten, mit harten Maßnahmen gegen Bettler und Vaganten vorzugehen und durch verstärkte Einführung des Paß- und Meldewesens einerseits und harte Strafen andererseits die umherziehenden Gruppen in unterstützungsberechtigte und in unerwünschte einzuteilen. Zu den besonders gefährdeten und bedrohten Minderheiten gehörten die Zigeuner, die im späten Mittelalter in Europa auftauchten und ein in Clans und Familien organisiertes Nomadenleben führten. Sie bestritten ihren Lebensunterhalt als Kesselschmiede, Pferdehändler, Musikanten und Wahrsager. Dabei waren sie ständig von Ausweisung und Strafen bedroht. Gerade Clemens August erließ besonders harte Gesetze gegen sie, auf deren Übertretung z. T. sogar die Todesstrafe stand.

Das Gemälde »Die Wahrsagerin« von Johann Conrad Seekatz zeigt eine sehr typische Szene: Wohlhabend gekleidete Bürger ergehen sich vor der Stadt; man läßt sich von einer Zigeunerin aus der Hand lesen, aber zwischen ihnen und der Gruppe, die im Hintergrund um ein Feuer lagert, liegt eine unüberbrückbare soziale Kluft.

Die Straßen waren oft unsicher, die Reisenden durch Räuber und Wegelagerer bedroht. Nach Kriegen, in Zeiten wirtschaftlicher Depression, durch die Zunahme der besitzlosen Unterschichten im letzten Drittel des 18. Jahrhunderts kam es immer wieder zur Bildung zahlenmäßig starker Räuberbanden. Die Obrigkeit reagierte mit Verstärkung der Polizei und überregionaler Fahndung. Als Hilfsmittel dienten Steckbriefe, die an öffentlichen Gebäuden angeschlagen wurden (Kat. Nr. XIII.8). Straßenraub gehörte sicher zu den Gefahren des frühneuzeitlichen Reisens, doch sollte man die Zahl der Delikte nicht überschätzen.

Außerdem erreichte nicht jeder die sichere Zuflucht innerhalb der Stadtmauern. Bettler und fahrendes Volk wurden oft schon an den Toren abgewiesen. Waren die Tore abends geschlossen, benötigte man eine spezielle schriftliche Genehmigung, um in die Stadt zu gelangen. M. G.

Literatur: K. Härter; »... zum Besten und Sicherheit des gemeinen Wesens ...«. Kurkölnische Policeygesetzgebung ..., in: Zehnder/Schäfke, *Der Riss im Himmel 2*, 1999, S. 203ff.; Weinforth 1992; Kat. *Zeit der Postkutschen* 1992; H. Boehnke, *Die rheinischen Räuberbanden*, Frankfurt 1993; U. Danker, *Räuberbanden im Alten Reich um 1700*, Frankfurt 1988.

XII.2

XII Bäuerliche Arbeit und dörfliche Feste

XII.1
Franz Ehmans
Karte der Ländereien der Johanniterkommende SS Johannes und Cordula in Brühl, 1764
Kolorierte Federzeichnung, 82 x 113 cm,
Maßstab in Ruten 1:3500
Historisches Archiv der Stadt Köln,
Karten aus Düsseldorf 2/4

Die Karte zeigt die Stadt Brühl, das Schloß und das Umland. Die rosa eingezeichneten Flächen markieren den Besitz der Kölner Johanniterkommende SS. Johannes und Cordula. Daneben eingetragen sind jeweils die Besitzer der angrenzenden Grundstücke, unter denen sich besonders viele geistliche Institute befinden. Es handelt sich hier nur um den Besitz eines einzigen geistlichen Instituts in einer Gemarkung. Der gesamte Bestand zeigt deutlich die Fülle des geistlichen Grundbesitzes, besonders in der Köln-Bonner Bucht.
Lit.: Hansmann 1977, S. 2, Taf. 1.

XII.2
Albert Murs d. Ä., Rayen 1716
Festtagsschüssel mit Darstellung eines reichen Bauern mit Pferdegespann und eines ärmeren mit Ochsenpflug
Keramik, Dm. 58 cm, T. 11 cm
Museum Burg Linn, Krefeld, Inv. Nr. KW 82

XII.3
Architekturmodell eines Bauernhofes
Papier, 29 x 43 cm
Stadtarchiv Geldern, Sign. 160, f.109

Um die an zahlreiche Bauern verpachteten, in viele kleine Parzellen aufgeteilten Domänenländereien bei der Stadt Geldern effektiver nur an einen Bauern verpachten zu können, ließ die preußische Regierung 1738 einen neuen Bauernhof planen, der im bisher unbebauten Gebiet errichtet werde sollte.
Neben dem ersten Entwurf wurde 1739 ein zweiter Vorschlag eingereicht. Dieser sah einen Hof vor, der hauskundlich nicht am Niederrhein beheimatet ist. Der zweite Plan ist nicht nur zweidimensional gezeichnet, sondern darüber hinaus als dreidimensionales Modell aufzubauen. Der Bauernhof wurde gebaut, doch welcher der beiden Entwürfe verwirklicht wurde, ist nicht bekannt. S. F.
Lit.: S. Frankewitz, Ein Bauernhof wird gebaut. Zwei Baupläne von 1739 im Stadtarchiv Geldern. *Rheinisches Jahrbuch für Volkskunde*, 28, 1989/90, S. 203–217.

XII.4
Christian Georg Schütz d. Ä.
Sommerlandschaft, um 1770/80
Öl auf Leinwand, 82 x 96cm
Rheinisches Landesmuseum Bonn,
Inv. Nr. 63.1183

Genreszenen aus dem bäuerlichen Alltag, die in der Landschaft angesiedelt sind, geben einen durchaus zutreffenden Einblick in das Leben der Bevölkerung. Dieses Sommerbild zeigt Bauern bei der Getreideernte mit der Sichel, im Vordergrund gönnen sich einige junge Männer und Frauen eine Rast von der Arbeit mit einer kühlen Erfrischung.
Lit.: Kat. Rheinisches Landesmuseum Bonn 1982, S. 484f.
Abb. S. 56.

XII.5
Nach Bernhard Picart
Bäuerin aus der Umgebung von Köln, um 1710
Kupferstich, 13 x 6,5 cm
Kölnisches Stadtmuseum, Graphische Sammlung, Inv. Nr. KH 540

XII.6
Johann Conrad Seekatz
Kirchweih in Groß-Gerau, um 1759/60
Öl auf Leinwand, 53,1 x 76,5 cm
Hessisches Landesmuseum Darmstadt,
Inv. Nr. GK 746

Für Seekatz' Bilder sind oft fälschlicherweise lokale Ortsnamen tradiert. Auch in diesem Fall handelt es sich eigentlich um ein Phantasiepanorama. Dargestellt ist ein ländliches Fest mit Maibaum vor den Toren einer Stadt.
Lit.: H. Ludwig, *Die Gemälde des 18. Jh.s im Hessischen Landesmuseum Darmstadt* (Kataloge des Hessischen Landesmuseums Darmstadt, 18), Eurasburg 1997, S. 211–213.

XII.7
Verordnung des Kurfürsten Clemens August gegen das Tanzen an Sonn- und Feiertagen und Mai- und Pfingstbräuche vom 16. Juni 1749
Druck, ca. 30 x 20 cm
Stadtarchiv Unkel, Verordnungen

XII.8
Niederrheinisch, 1772
Truhe
Eiche, 81,5 x 145 x 56,5 cm
Kölnisches Stadtmuseum,
Inv. Nr. RM 1927/346
Lit.: *Rheinische Truhen und Laden aus dem Kölnischen Stadtmuseum*, Ausstellungskatalog Kreismuseum Zons 1974, S. 12, Nr. 22, Abb. S.13.

XII.9–10
Werkstatt Evers Schaephuysen,
Ende des 18. Jahrhunderts
Zwei Hochzeitsschüsseln mit Darstellung der Braut und des Bräutigams
Keramik,
Dm. 36,5 cm, H. 8 cm und
Dm. 37 cm, H. 7 cm
Museum Burg Linn, Krefeld,
Inv. Nrn. BL16, BL18
Lit.: *Festtagsschüsseln vom Niederrhein*, hrsg. von der Stadt Krefeld, Museum Burg Linn o. J. (1999), S. 2–3; Scholten-Nees/Jüttner 1971, S. 353f., Nrn. 485–486, Abbn. 116–117.

XII.11
Gort Bosmans, Tönisberg, 1724
Branntweinschale
Keramik, ca. 20 x 20 cm, T. 6,5 cm
Museum Burg Linn, Krefeld

Branntweinschale für die Hochzeitsfeier mit Ablaufkonstruktion und zwei Tonflöten. Daraus wurde bei der Hochzeitsfeier gemeinsam aus Strohhalmen getrunken.

Lit.: *Festtagsschüsseln vom Niederrhein*, hrsg. von der Stadt Krefeld, Museum Burg Linn o. J. (1999), S. 4; Scholten-Nees/Jüttner 1971, S. 409f., Nr. 807.

XII.12
Sevelen, 1782
Kaminwand für die Eheleute Johannes Henrikus Praas und Anna Margaretha Hesen
Keramik, 69 x 85 cm
Museum Burg Linn, Krefeld, Inv. Nr. BL 313
Lit.: *Festtagsschüsseln vom Niederrhein*, hrsg. von der Stadt Krefeld, Museum Burg Linn o. J. (1999), S. 20–23; Scholten-Nees/Jüttner 1971, S. 395, Nr. 740, Abb. 329.

XII.13
Laurentius Russinger
Höchst, um 1760, Ausformung 1765/70
Bäuerin am Butterfaß
Porzellan,
H. 13,2 cm, B. 13,5 cm, T. 8 cm
Landesmuseum Mainz, Inv. Nr. 63/37
Lit.: *Höchster Fayencen und Porzellane*. Altertumsmuseum und Gemäldegalerie der Stadt Mainz, bearb. v. K. H. Esser und H. Reber, Mainz 1964, S. 70, Nr. 113.

XII.14
Bäuerlicher Tisch
Leihgaben des Rheinischen Freilichtmuseums Kommern und des Landesmuseums für Volkskunde, des Museums Burg Linn

XIII Räuber, Bettler, Reisende

XIII.1
Peter Reinicke
Meissen, 1755

XII.11

Händler mit Laterna Magica und Drehleier
Porzellan, H. 14,8 cm
Hetjens-Museum, Düsseldorf, Slg. Schneider, Jägerhof, Inv. Nr. 136

XIII.2
Peter Reinicke
Meissen, 1755
Landkartenverkäufer
Porzellan, H. 17 cm
Hetjens-Museum, Düsseldorf, Slg. Schneider, Jägerhof, Inv. Nr. 141

XIII.3
Höchst, um 1760
Bettelmusikanten
Porzellan, H. 22,8 cm
Landesmuseum Mainz, Inv. Nr. M.O.82

XIII.4
Johann Conrad Seekatz
Die Wahrsagerin, 1765
Öl auf Leinwand, 38 x 50 cm
Historisches Museum, Frankfurt a. M., Inv. Nr. B 57.1

Johann Conrad Seekatz (1719–1768) malte die bürgerliche und bäuerliche Welt in einer Mischung aus niederländisch-genrehaften Elementen, dekorativer Rokokomalerei und durchaus realistischen Einzelbeobachtungen.
Die Wahrsagerin, die zu seinen Spätwerken gehört, zeigt – sehr präzise und zeitnah – verschiedene soziale Gruppen vor den Toren einer Stadt. M. G.
Lit.: *Gemälde des Historischen Museums Frankfurt am Main*, bearb. v. W. Prinz, Frankfurt a. M. 1957, S. 116, Abb. 117.
Abb. S. 58.

XIII.5
Friedrich Müller
Nächtlicher Überfall, 1769
Radierung, 31,7 x 42,1 cm
Reiss-Museum, Mannheim

XIII.6
Grenzstein, 1727
Gelblich-roter Sandstein, H. 62 cm, B. 30 cm, T. 19–28 cm
Fuß grob behauen, gerundeter Kopf
Rheinisches Amt für Bodendenkmalpflege/ Rheinisches Landesmuseum Bonn

XII.9

Die frühneuzeitliche Kulturlandschaft war durch mannigfache Steinsetzungen gegliedert.
Markiert wurden Territorialgrenzen (meist mit Wappen), gemeinschaftlicher Besitz und Privateigentum. Der vorliegende Stein wurde 1988 nordwestlich der im Zuge der Erschließung des Braunkohletagebaus Garzweiler umgesiedelten Ortschaft Königshoven in einer Bauschuttgrube gefunden. B. P.
Lit. K. E. Fuchs, Grenzsteine, Gütersteine aus Kurköln. *AHVN*, 183, 1980, 201–261; 185, 1982, 73–140; *Bonner Jahrbuch*, 190, 1990, 502 (Päffgen u. a.)

XIII.7
Jakob Wangner nach Christoph Weyermann, Augsburg, nach 1720
Unsicherheit und Raub auf der Strassen
Kupferstich, 34 x 24 cm
Museum für Kommunikation, Frankfurt a. M.
Lit.: Kat. *Zeit der Postkutschen* 1992, S. 94, Abb. S. 95.

XIII.8
Bekanntmachung des Kölner Rates betr. einer Fahndung nach drei Postkutschenräubern, um 1732
Druck, 49 x 40,5 cm
Kölnisches Stadtmuseum, Graphische Sammlung

XIII.9
»Erlaubnis-Billet zu Eröffnung der Stadtpforte«, 1792
Papier, 9,2 x 11,4 cm,
mit rotem Lacksiegel
Kölnisches Stadtmuseum,
Graphische Sammlung

Kat. Nr. XIV.1, S. 64

Menschen und Mächte – Kurfürst und Politik

XIV Die zwei Gesichter des Rokoko: Capella Clementina

Mit der Präsentation der sog. Capella Clementina im Gardensaal von Schloß Augustusburg ist ein beziehungsreicher Ausstellungsort gewählt worden. Das Deckengemälde von Carlo Carlone verherrlicht das Haus Wittelsbach und das Kaisertum, das der bayerische Kurfürst Karl Albrecht durch seine Krönung am 12. Februar 1742 erlangt hatte. Die Krönungsmesse in Frankfurt feierte sein Bruder, der Kölner Kurfürst und Erzbischof Clemens August, der zu diesem Anlaß kostbare liturgische Textilien (Paramente) und einen prachtvollen Thronsessel erwarb. Da die Gesamtheit der für eine feierliche Bischofsmesse verwendeten Teile als ein Ornat oder eine Kapelle bezeichnet wird, ist die Schenkung des Clemens August an den Kölner Dom auch als ›Capella Clementina‹ bekannt geworden.

Durch neuere Forschungen konnten jetzt die Umstände der Erwerbung geklärt werden. Eine nicht geringe Rolle spielten dabei die politischen Ereignisse, die der Wahl Karl Albrechts vorausgingen. Nach dem Tod Kaiser Karls VI. im Oktober 1740 war seine Tochter, Erzherzogin Maria Theresia, bestrebt, ihrem Gemahl Franz Stephan den Weg zur Kaiserwürde zu ebnen. Der bayerische Kurfürst betrieb seine eigene Kandidatur und trat als politischer und militärischer Gegner Maria Theresias auf. Da Karl Albrecht und Clemens August mit Frankreich verbündet waren, entsandte Ludwig XV. Hilfstruppen zu ihrer Unterstützung. Daraufhin gaben die übrigen Kurfürsten nach und nach ihre Zusage, daß sie den bayerischen Kurfürsten wählen würden. Als schließlich elf Monate nach dem Tod Karls VI. die Wahl Karl Albrechts gesichert war, entschloß sich Clemens August Anfang Oktober 1741, einen Bischofsornat für die Krönungsmesse zu erwerben.

Die Bestellung mit genauen Vorgaben für rund 60 Teile wurde an den bayerischen Gesandten in Paris, Prince de Grimberghen, gesandt. Es sollte möglichst bald geliefert werden, da mit Kaiserwahl und Krönung in nächster Zeit zu rechnen war. Der Auftrag, 22 liturgische Gewänder und zahlreiche Zubehörteile vollständig mit Gold zu besticken, war kurzfristig nicht zu bewältigen. Der bayerische Gesandte wandte sich daher an den Generalleutnant der Pariser Polizei und verlangte von ihm, daß er durch Ordnungskräfte 60 zusätzliche Sticker rekrutieren sollte. Da die Arbeiten nicht für die französische Krone bestimmt waren, weigerte sich der Generalleutnant darauf einzugehen, bis er vom Außenminister in Versailles den Befehl hierzu erhielt. Ludwig XV. machte jedoch zur Auflage, daß die benötigten Sticker ohne Zwang und nur mit ihrem Einverständnis zur Arbeit heranzuziehen seien. Die außergewöhnliche Maßnahme wurde offenbar deshalb bewilligt, da der Kölner Kurfürst der Bruder des künftigen Kaisers war und mit der Krönung das Ziel französischer Politik erreicht wurde. Durch die zahlreichen Arbeitskräfte gelang es, den riesigen Auftrag innerhalb von höchstens vier Monaten fertigzustellen, so daß der Transport nach Frankfurt rechtzeitig erfolgen konnte.

Am 12. Februar 1742 begab sich Clemens August in die Krönungskirche St. Bartholomäus, wo er mit einem goldgestickten Chormantel und der Mitra bekleidet wurde. 19 Assistenten und Ministranten legten die für sie bestimmten Gewänder des Pariser Ornates an. Zur gleichen Zeit formierte sich in der Stadt der Krönungszug und näherte sich mit Karl Albrecht, der zu Pferde saß, der Kirche. Clemens August, der Mainzer Kurfürst Philipp Karl Graf Eltz sowie der Vertreter des Trierer Kurfürsten schritten zum Portal, um den erwählten König zu empfangen. Die Ausstellung im Gardensaal will die feierliche Prozession des Clemens August mit seinem Gefolge nochmals aufleben lassen.

Während der Krönungsmesse, zu der Clemens August das Meßgewand anlegte, konnte er seinen Bruder salben, da Kurfürst Philipp Karl das Amt des Konsekrators, das dem Mainzer Erzbischof zustand, dem Kölner überlassen hatte. Die Krönung hingegen war der Tradition nach ein gemeinsamer Akt der drei geistlichen Kurfürsten. Folglich setzten die beiden Kurfürsten und der Vertreter des abwesenden Trierer Kurfürsten die Krone des Heiligen Römischen Reiches auf das Haupt des Gesalbten, der damit den Titel und Namen Kaiser Karl VII. annahm. D. v. B.

Literatur: D. v. Boeselager, *Capella Clementina. Clemens August und die Krönung Kaiser Karls VII.* (Studien zum Kölner Dom, 8), Köln 2000 (im Druck).

XIV.2

XIV.1
Paris, 1742
Thronsessel des Konsekrators
Buchenholz, geschnitzt, Polimentvergoldung
H. 184 cm; B. vorne 101 cm, hinten 120 cm; T. 87,5 cm; Polster: Silbergewebe, Goldstickerei (Vergoldung abgerieben)
Das Domkapitel, Aachen (seit 1804)

Der reich geschnitzte Thronsessel wurde als Teil des Ornates in Paris bestellt. Als oberer Abschluß der Sesselbeine erscheinen vier Cherubim und auf der Rückenlehne mehrere Geräte, die von einem Band zusammengehalten werden: eine Handwaschgarnitur, ein Altarkreuz, ein Zepter und eine Stola. Das ikonographische Motiv ist das einer Trophäe, die liturgische Gegenstände bündelt. Das Thronmöbel wurde von einem führenden Rokokokünstler in Paris entworfen, die höchst qualitätvollen Schnitzereien sind das Werk des Bildhauers De Bruyne, der im Louvre lebte. Die berühmte Werkstatt Martin hat den Sessel vergoldet.
In der Krönungskirche stand der Sessel unter einem Baldachin auf der Seite des Altares, auf der üblicherweise der Sitz des Bischofs seinen Platz hat. Es ist jedoch keine typische Kathedra, sondern ein Fauteuil, d. h. ein Lehnsessel mit Rücken- und Seitenlehnen, der seine Bedeutung als ranghöchstes Sitzmöbel im höfischen Zeremoniell hat. Bei der Krönung diente er als prachtvoller Sitz des Konsekrators und machte den Rang von Clemens August als Bruder des Kaisers sichtbar.
Abb. S. 62.

XIV.2
Paris, 1742
Fünf Mitren
Silbergewebe, Goldstickerei
Hauben H. 42,5–44 cm, B. 30–37 cm; Behänge L. 35–36 cm; Fransen L. 8 cm
Metropolitankapitel der Hohen Domkirche Köln

Die fünf Mitren (Bischofsmützen) des Ornates sind auf beiden Seiten goldbestickt. Zwei Mitren zeigen jeweils den gleichen Dekor. Die am reichsten bestickte fünfte wurde von Clemens August bei der Krönungsmesse selbst benutzt. Die vier anderen ließ er vor sich hertragen. Sie repräsentierten die Bischofsstühle Münster, Paderborn, Hildesheim und Osnabrück, die Clemens August neben dem des Erzbistums Köln innehatte.
Die Vielzahl der Mitren führte den Krönungsteilnehmern die Ämterfülle des Konsekrators vor Augen.

XIV.3
Paris, 1742
Fünf Chormäntel
Silbergewebe, Goldstickerei
Dm. 312,5–321,5 cm, max. H. 139–145 cm
Metropolitankapitel der Hohen Domkirche Köln

Zum Ornat gehören acht Pluviale (Chormäntel) mit flächendeckender Goldstickerei.
Die Gewänder für den Konsekrator Clemens August und den assistierenden Priester (Presbyter assistens) zeigen das Lamm Gottes und den Pelikan auf dem Rückenschild. Auf die übrigen sechs Gewänder ist ein ornamentaler Dekor gestickt.
Sie wurden bei der Krönung von sechs Ministranten getragen. Zwei hatten die Aufgabe, den Bischofsstab und die Mitra immer dann mit verhüllten Händen zu halten, wenn Clemens August sich seiner bischöflichen Abzeichen nicht bediente. Die Rolle der übrigen bestand darin, die vier Mitren zu warten, welche die weiteren Bischofsstühle des Clemens August repräsentierten.

XIV.3

XIV.4

XIV.4

Der Konsekrator hatte also sechs Insignienträger, welche die einzigartige Häufung seiner geistlichen Ämter und Würden zur Anschauung brachten.

XIV.4
Paris, 1742
Zehn Dalmatiken
Silbergewebe, Goldstickerei
H. 114,5–117,5 cm, B. mit Ärmeln 130,5–133 cm
Metropolitankapitel der Hohen Domkirche Köln

Für die Krönung wurden zwölf goldgestickte Dalmatiken mit unterschiedlichem Dekor angefertigt. Die sog. Stäbe, zwei senkrechte Streifen, haben ein mehr oder weniger starkes Relief, um auf diese Weise die Hierarchie der liturgischen Ämter bei der Krönungsmesse zu verdeutlichen.
Die vier am reichsten verzierten Dalmatiken wurden von den Diakonen und Subdiakonen, die bei der Messe assistierten, getragen.
Die übrigen acht Gewänder waren für Ministranten bestimmt, die für dieAkolythenleuchter, das Vortragekreuz, das Gremiale, das Missale, den Handleuchter und die Weihrauchgefäße zuständig waren.

XIV.5
Paris, 1742
Kelchvelum
Silbergewebe, Goldstickerei
H. 71,4 cm, B. 64 cm
Metropolitankapitel der Hohen Domkirche Köln

Am Beispiel eines Kelchvelums, das zum Verhüllen des Meßkelchs dient, kann die Goldstickerei näher betrachtet werden. Der größte Teil des Flächendekors ist in sog. Stecharbeit ausgeführt. Hierbei hat der Sticker den Goldfaden durch das Silbergewebe gestochen und über die Rückseite geführt, bevor er die Nadel wieder nach oben gestoßen hat. Der Goldfaden liegt also auch auf der nicht sichtbaren Geweberückseite. Da die Stickerei sämtlicher Paramente in dieser Stichart und in flächendeckender Weise ausgeführt wurde, waren für den Ornat riesige Mengen kostbarer Goldfäden erforderlich. Daneben haben die Sticker schmale Goldstreifen, sog. Goldlahn, verwendet, um die Wirkung von glänzenden Linien und Glanzlichtern zu erzeugen.
Eine reliefierte Oberfläche schaffen Applikationen, die gesondert gestickt und auf das Silbergewebe festgeheftet wurden.
Die gesamte Stickerei ist neuester Pariser Mode entsprechend mit zahllosen Goldplättchen, den Pailletten, übersät. Die mit Lahn und Pailletten gestickten Motive wurden außerdem mit haarfeinen Drahtspiralen, den sog. Kantillen, verziert. Durch die Stickmaterialien, die matt oder glänzend erscheinen, entsteht auf der goldenen Oberfläche ein bewegtes Lichtspiel. Die Sticker haben auf höchst differenzierte Weise das Gold zur Wirkung gebracht.
Da in Frankreich Werke vergleichbarer Bedeutung während der Revolution eingeschmolzen wurden, ist der Kölner Ornat ein einzigartiges Zeugnis der Pariser Goldstickerei.

XIV.5

XIV.6
Augsburg, Meister A.D.
Bischofsstab des Clemens August, kurz vor 1735
Silber, teilvergoldet, H. 208 cm
Hoher Dom St. Maria, St. Liborius und St. Kilian (Erzbischöfliches Diözesanmuseum, Inv. Nr. DS 30), Paderborn
Lit.: Kat. *Kurfürst Clemens August* 1961, S. 166, Kat. Nr. 59.

XIV.7
Johann Nikolaus Lentzner / M. Rößler
Einzug des Kurfürsten von Köln, Clemens August von Bayern, in Frankfurt am 22. Januar 1742
Kupferstich,
31 x 60 cm
Kölnisches Stadtmuseum,
Graphische Sammlung
Lit.: Kat. *Clemens August – Fürstbischof, Jagdherr, Mäzen* 1987, S. 415, Taf. 38.

XIV.8
J.G. Funck / M. Rößler
Die Krönung Karls VII. im Frankfurter Dom am 12. Februar 1742
Kupferstich, 30,5 x 39 cm
Kölnisches Stadtmuseum,
Graphische Sammlung
Lit.: Kat. *Clemens August – Fürstbischof, Jagdherr, Mäzen* 1987, S. 419, Taf. 40.

Kat. Nr. XV.1, S. 68

XV Die zwei Gesichter des Rokoko: Die Bühnen des Adels

Die höfische Gesellschaft des 18. Jahrhunderts pendelt auch am Bonner Hof zwischen intensiver Frömmigkeit und demonstrativer Vergnügungssucht. Die Kunst der Selbstdarstellung wird bis zur Perfektion betrieben. Phantasiewelten und Rollenspiele bilden den äußeren Rahmen für die Inszenierung des eigenen Ichs. Im Zentrum dieser Gesellschaftsbühnen steht der Kurfürst. Sein Machtanspruch zeigt sich nicht nur auf politischem Parkett, sondern auch auf den Dielen des Theaters seiner Residenz in Bonn. Er ist derjenige, der den Ball eröffnet, der mit einer Partnerin das erste Menuett tanzt, der als Akteur im Zentrum der Bühne und damit im Zentrum des Staates steht. Ihm folgt der Adel, denn nur dieser ist zu den großen Bällen zugelassen, während das Bürgertum lediglich als Zuschauer auf den Emporen anwesend sein darf. Bei der Inszenierung der eigenen Person wird allerdings nichts dem Zufall überlassen: Ballverordnungen legen Zeitpunkt und Dauer der Veranstaltung fest und reglementieren die präzise Abfolge der einzelnen Tänze und sogar die Kleidung der Teilnehmer.

Während des Karnevals jagt ein Maskenball, Redoute genannt, den nächsten. Hier erscheint die Maske des italienischen Stegreifkomödianten der Commedia dell'Arte neben der der spanischen Tänzerin, die die Sarabande mit Kastagnetten tanzt. Es gibt auch pantomimisch-akrobatische Darbietungen professioneller Tänzer. Wird die Maske gegen Mitternacht gelüftet? Darf der Fremde sie erst gar nicht aufziehen? Verordnungen über Verordnungen regeln das zeremonielle Zusammenspiel der Teilnehmer. Vom Tanzmeister dirigiert, bewegt sich diese künstliche Gesellschaft in kunstvollen Mustern und Figuren.[1]

Im Hintergrund begleiten auf zwei Podien die Musiker der Hofkapelle das Treiben. Der Musikliebe der bayerischen Wittelsbacher ist es zu verdanken, daß die Bonner Hofkapelle während des gesamten 18. Jahrhunderts einen guten Ruf genießt. Joseph Clemens dall'Abaco[2], Kammermusikdirektor unter Clemens August, gastiert sogar in London und Wien. Viele junge Musiker, wie dall'Abaco, werden auf Kosten des Kurfürsten in Italien ausgebildet, andere erhalten ihren Unterricht in Klosterschulen. Hat doch die Musik – ähnlich wie die bildende Kunst – die Aufgabe, das Prestige des adeligen Auftraggebers zu erhöhen. Unter dem Taktschlag der Notenrolle des Kapellmeisters nimmt die große Zahl der Streicher – 1759 waren alleine 15 Violonisten darunter[3] – im Vordergrund der Podien Aufstellung. Hinter ihnen folgen die Traversflötenspieler, die Fagottisten und Oboisten nebst anderen Bläsern und Paukern. Bei Opernaufführungen wird das Ensemble durch Sänger und Sängerinnen verstärkt. Berühmte italienische Primadonnen wie Giovanna della Stella und Rosa Costa werden für Bonn engagiert, und der Bonner Tenor Anton Raaff feiert später Erfolge im Ausland. Nicht nur die Sänger und Musiker des Hofes, sondern auch Clemens August und seine Wittelsbacher Verwandten verfügen über ein ausgeprägtes musikalisches Wissen und Können, erhalten sie doch schon seit frühester Kindheit musikalischen Unterricht von Privatlehrern. Die Beherrschung mehrerer Musikinstrumente hat den gleichen Stellenwert wie die Beherrschung der Kriegskunst. Diese Fähigkeiten sind es nämlich, die den angehenden Herrscher zum urteilssicheren Mäzen der Künste heranwachsen lassen, nicht nur zum Ruhm des eigenen Hauses, sondern auch hinsichtlich der effektvollen Inszenierung seiner Selbst auf den Bühnen des Adels.[4]

S. B.

1 Vgl. M. Fink, *Der Ball. Eine Kulturgeschichte des Gesellschaftstanzes im 18. und 19. Jh.*, Innsbruck 1996.

2 Vgl. U. Iser, Mordversuch am Kurfürsten. Der Kammermusikdirektor Joseph Clemens dall'Abaco, Zehnder/Schäfke, *Der Riss im Himmel 7* (im Druck).

3 Vgl. Valder-Knechtges 1989, S. 474.

4 Vgl. U. Iser, »wie du ein französisches lied vor meiner gesungen«. Zur musikalischen Erziehung Clemens Augusts und der Wittelsbacher Prinzen, Zehnder/Schäfke, *Der Riss im Himmel 7* (im Druck).

XV.3

XV.1
François Rousseau
Maskenball im Bonner Hoftheater, sog. Bönnsches Ballstück, 1754
Öl auf Leinwand, 102 x 145 cm
Schloß Augustusburg, Brühl

Das Bönnsche Ballstück zeigt einen Maskenball am Hofe von Clemens August. Schauplatz war das Theater in der Bonner Residenz. Der Kurfürst selbst steht im Zentrum des Geschehens. Das polnische Kostüm, das er trägt, erinnert an seine Herkunft – war doch seine Mutter eine polnische Königstochter. Um ihn herum sieht man Damen in typischer Hofgarderobe mit ausladendem Reifrock, modische Hirten- und Hirtinnen, die die beliebten Schäferidyllen dieser Zeit spiegeln, exotische Kostüme und eine Handvoll phantasievoller italienischer Dominos.
Das große Vorbild dieser Maskenbälle war der Hof von Versailles.
Lit.: M. Fink, *Der Ball. Eine Kulturgeschichte des Gesellschaftstanzes im 18. und 19. Jh.*, Innsbruck 1996, S. 132ff.
Abb. S. 66.

XV.2
Ballordnung des Kurfürsten Max Friedrich vom 26. Juni 1776
Papier, 21,5 x 16,5 cm
Nordrhein-Westfälisches Hauptstaatsarchiv Düsseldorf, Sign. Kurköln I 373, f.13

Ballordnungen wurden öffentlich am Ort des Ballgeschehens angeschlagen. Ihre Aufgabe war es, das Miteinander der Teilnehmer zu regeln. So wurden nur Mitglieder des Hofes zum Ball zugelassen. Kindern unter zehn Jahren war der Zutritt nicht gestattet. Jeder Gast mußte beim Eintritt eine Eintrittskarte vorweisen. Als Kostüm war der Domino vorgeschrieben. Masken waren Pflicht, mußten aber dezent sein und durften während des Balls nicht abgenommen werden. Das Bürgertum durfte dem Treiben von dem Geländergang über dem Ballsaal zusehen.
Lit.: Winterling 1986, S. 231.

XV.3
Alexander Roslin
Vor dem ersten Ball, um 1755
Öl auf Leinwand, 98 x 81 cm
Rheinisches Landesmuseum Bonn, Inv. Nr. 52.14

Das Gemälde stammt sehr wahrscheinlich von dem berühmten schwedischen Maler Alexander Roslin, der u. a. in Paris tätig war. Er wurde wegen seiner gekonnten Stoffwiedergabe geschätzt.
Lit.: Kat. Rheinisches Landesmuseum Bonn 1982, S. 436ff.

XV.4
Johann Meßelreuther
»Neu-eröffneter Masquen-Saal«, 1723
Drei Kupferstiche,
je 45 x 31,2 cm (mit Rahmen)
Bayerische Verwaltung der staatlichen Schlösser, Gärten und Seen, München, Graphische Sammlung, Inv. Nr. FV. III., III 36

Kostüme für Maskenbälle wurden oft von professionellen Kostümbildnern wie Johann Meßelreuther entworfen, der 30 Jahre lang am Bayreuther Hof tätig war. Theater und Oper der Zeit boten ein reiches Reservoir an Vorlagen: antikmythologische Götterkostüme, humoristisch-groteske Dominos der italienischen Commedia dell'Arte oder verspielte Hirtenkostüme moderner Schäferidyllen. Oft besaßen barocke Höfe einen riesigen Fundus an Maskenballkostümen. In Bayreuth waren es im Jahre 1718 alleine 1100 Teile. Ähnliches wird auch am Hof von Clemens August üblich gewesen sein.
Lit.: *Galli Bibiena und der Musenhof der Wilhelmine von Bayreuth*, Ausstellungskatalog Bayreuth 1998, Bd. 2, S. 245, Kat. Nr. 243.

XV.5
Carnet de bal, 1788
Nicht identifiziertes Trägermaterial mit Schwarzlackbeschichtung, 8,5 x 4,8 x 1 cm
Museum für Lackkunst, Münster,
Inv. Nr. EU-F-d-2

Bei Bällen war es üblich, daß jede Dame ein kleines Ballnotizbuch bei sich hatte. Hier trug sie die Reihenfolge ihrer Tanzpartner ein. Die kleine Schatulle enthält noch den originalen Schreibblock.
Der zugehörige Stift, der ursprünglich in einer röhrenförmigen Ausbuchtung untergebracht war, ist verlorengegangen.
Lit.: M. Kopplin, *Europäische Lackkunst*. Katalog Museum für Lackkunst Münster 1998, S. 116f.

XV.6
Briséfächer
Elfenbein mit Gouache, Lackarbeit,
21,3 x 38 cm
Museum für Lackkunst, Münster,
Inv. Nr. EU-F-d-21

Wie Kostüm und Maske, so gehörte auch der Fächer zum Standardrepertoire vieler Bälle.
Hier diente er weniger der Kühlung als vielmehr dem Austausch von Nachrichten. Ziel war es, geheime Liebesbotschaften zu übermitteln – mittels einer ausgeklügelten Zeichensprache.

XV.7
Unbekannt, 18. Jahrhundert
Dame mit Maske
14 x 10,2 cm (mit Rahmen)
Deutsches Historisches Museum, Berlin,
Inv. Nr. Kg 54/289

XV.8
a) Halbmaske, 1700
Leder, 14 x 14,5 cm
Oudheidkundig Museum de Bijloke, Gent,
Inv. Nr. 3584

b) Vollmaske, 1700
Dunkelblauer Seidensamt,
19 x 16 cm
Oudheidkundig Museum de Bijloke, Gent,
Inv. Nr. 3585

Masken wurden im 18. Jh. zu vielen verschiedenen Anlässen getragen – ob nun auf Bällen oder im Theater. Hier wie

dort dienten sie dazu, ihren Träger zu schützen, ›sein wahres Gesicht‹ zu verbergen oder es zu wahren. Dies war besonders bei zotig-erotischen Aufführungen vonnöten. Auf Bällen war die Benutzung der Masken genauen Reglements unterworfen. Mal waren es die Farben, dann die Formen, die festgelegt wurden. Oft mußten die Vermummungen zu einem bestimmten Zeitpunkt abgenommen werden. So mußten sich in Wien (1721) und in Berlin alle Teilnehmer eines Balls noch vor Eintritt ausweisen, indem sie ihre Maske lüfteten.
Lit. M. Braun-Ronsdorf, Zwei Damenmasken, in: *Waffen- und Kostümkunde*, 1966, S. 87ff.; M. Fink, *Der Ball. Eine Kulturgeschichte des Gesellschaftstanzes im 18. und 19. Jh.*, Innsbruck 1996, S. 128ff.

XV.9
Evaristo Felice dall'Abaco: »Concerti à più Instrumenti dedicati alla ... Ferdinando Maria, Duca della Alta e Bassa Baviera«, um 1719, Amsterdam: Jeanne Roger V. Nr. N.o. 476
29,5 x 22 cm
Bayerische Staatsbibliothek München, Inv. Nr. 4°Mus.pr.18856

Evaristo Felice dall'Abaco war Konzertmeister am Münchner Hof von Max Emanuel, dem Vater von Clemens August. Neben seiner Tätigkeit als Komponist war er auch Erzieher der kurfürstlichen Prinzen.
Zu seinen Schülern zählte auch Ferdinand, der jüngere Bruder von Clemens August. Anläßlich von dessen Hochzeit verfaßte er dieses Konzert.
Wohlwissend, daß sich sein ehemaliger Schüler Ferdinand inzwischen zu einem sehr guten Flötisten entwickelt hatte, baute er für diesen ein Solo für zwei Traversflöten ein.
Lit.: U. Iser, wie du ein französisches lied vor meiner gesungen. Zur musikalischen Erziehung Clemens Augusts und der Wittelsbacher Prinzen, in: Zehnder/Schäfke, *Der Riss im Himmel 7* (im Druck).

XV.10
Traversflöte
Elfenbein, Silber
L. 63 cm, Dm. 3,5 cm
Musikinstrumentenmuseum im Münchner Stadtmuseum, Inv. Nr. 42-208

XV.8a

XV.11
Kopie nach Joseph Grassi
Bildnis des Wolfgang Amadeus Mozart
Öl auf Leinwand,
82 x 62 cm (mit Rahmen)
Mozart-Museum, Salzburg

Auf seiner Kunstreise in den Nordwesten Europas kam der sechsjährige Mozart zusammen mit seinem Vater und seiner Schwester Nannerl am 27. September 1763 nach Bonn. Einen Tag später besuchte er Schloß Falkenlust und spielte wahrscheinlich die Orgel in der Franziskanerkirche in Brühl.
Lit.: F. Wündisch, Mozart auf der Reise in Brühl, *Brühler Heimatblätter*, 25, Okt. 1968, S. 37f.

XV.12
Maria Antonia Walpurgis von Bayern
Partitur Talestri Regina delle Amazoni, 1765 (?)
Deutsches Theatermuseum, München, Inv. Nr. R1

Am Beispiel von Maria Antonia Walpurgis (18. Juli 1724 – 23. April 1780), Tochter von Kaiser Karl VII. und Nichte von Clemens August, zeigt sich die hohe musikalische Bildung der Wittelsbacher. Schon als Kind erhielt sie eine systematische Erziehung in Poesie, Malerei und Musik. Nach der Heirat mit dem sächsischen Kurprinzen (1747) schrieb sie Gedichte, übersetzte das italienische Trauerspiel »Demetrio« von Mestastasio und verfaßte schließlich sogar selbst ein Oratorium: *La Conversione di Sant'Agostino* (1750).
Zu ihren Hauptwerken zählen zwei Opern: *Talestri regina delle Amazzoni* (1763) und *Il trionfo della fedeltà.*
Beide Opern schickte sie zur Begutachtung an den Musikkenner Friedrich II. von Preußen. Gleichzeitig versuchte sie, über diesen Weg seine politische Unterstützung im Kampf um die polnische Krone zu gewinnen.
Die Begeisterung des preußischen Königs schlug sich in vielen Briefen an die sächsische Kurprinzessin und spätere Kurfürstin nieder: *»Diese seltene Frau bewirkt nicht nur das Vergnügen derjenigen, die sie (ihre Opern) hören, sondern auch das Glück derjenigen, die sie regiert.«*
Lit.: A. Fleig, Entre souverains ce n'est pas le sexe qui décide – Höfische Selbstinszenierung und Geschlechterrollen, in: U. Weckel/ C. Opitz/O. Hochstrasser u. a. (Hrsg.), *Ordnung, Politik und Geselligkeit der Geschlechter im 18. Jh.*, Göttingen 1998, S. 41ff.

XV.13
Giovanni Paolo Gaspari
Dekoration zur Oper Talestri am Münchner Hoftheater, 1760 (?)
Öl auf Leinwand, 69 x 65 cm
Deutsches Theatermuseum, München, Inv. Nr. IV/5574

Die Oper Talestri basiert auf einem antiken Amazonenmythos. Talestris, Nachfolgerin ihrer Mutter als Amazonenkönigin, verliebt sich in den verfeindeten Skythenprinzen Orontes. Als Frau verkleidet lebt dieser zunächst unerkannt unter den Amazonen, wird schließlich jedoch entdeckt und zum Tode verurteilt. Hin- und hergerissen zwischen Liebe und Staatsräson bekennt sich Talestris zu ihm. Nach Irrungen und Wirrungen siegt die Menschlichkeit. Der Frieden zwischen Skythen und Amazonen wird besiegelt. Talestris und Orontes dürfen heiraten. Die dreiaktige, in italienischen Versen verfaßte Oper wurde am 24. August 1763 in Dresden uraufgeführt. Neben der Anerkennung der künstlerischen Leistung – bis in das 19. Jh. war die Oper allgemein bekannt und beliebt – verhalf sie der jungen Kurprinzessin dazu, ihre Machtstellung am sächsischen Hof zu festigen. Indem Maria Antonia Walpurgis die Hauptrolle in der Uraufführung selbst übernahm, diente ihr Talestris als Spiegelbild. Friedrich II. von Preußen

faßt es in Worte: »*Es ist die Anmut ihres Geschlechts verbunden mit der Festigkeit eines Mannes von Genie und Geist*«, die in der Oper *Talestri* offensichtlich und gezielt hervortreten sollte.
Das Bühnenbild des Münchner Bühnenmalers Gaspari zeigt den Kerker des Orontes aus der ersten Szene des dritten Aktes.
Lit.: A. Fleig, Entre souverains ce n'est pas le sexe qui décide – Höfische Selbstinszenierung und Geschlechterrollen, in: U. Weckel/ C. Opitz/O. Hochstrasser u. a. (Hrsg.), *Ordnung, Politik und Geselligkeit der Geschlechter im 18. Jh.*, Göttingen 1998, S. 41ff.

XV.14
Johann Friedrich Lück
Höchst, 1757
Tänzerpaar
Porzellan, H. 17,6 und 18,4 cm
Reiss-Museum, Mannheim,
Vermächtnis Erika Harre

XV.13

Professionelle Tänzer bereicherten viele Feste europäischer Höfe im 18. Jh. Dabei war es seit der Zeit des französischen Sonnenkönigs Ludwig XIV. üblich, daß sich auch der regierende Fürst und seine Familie unter die Akteure mischten.
Die neuen Sprungtechniken, die die international berühmte spanische Tänzerin Marie Anne Cupis de Camargo in Paris einführte, erforderten eine Kürzung des unbequemen langen Schleppenkleides. Das seitdem gültige Ballettkostüm ist das bis heute bekannte Tutu. Tänzerpaare aus Porzellan wie das hier gezeigte gehörten zu den üblichen Tischdekorationen fürstlicher Desserttafeln.

XV.15
F. A. Bustelli
Nymphenburg, spätere Abformungen der Originale von 1759/60

XV.14

Figuren der italienischen Komödie: Anselmo und Leda, Scaramuz und Colombine, Mezzetin und Lalagé
Privatbesitz, Hamburg

Bei der italienischen Commedia dell'Arte handelt es sich um ein grotesk-possenreiches, pantomimisches Stegreifspiel. Es lebt von der Spontaneität der Darsteller, die festgelegte Typenfiguren verkörpern: den alten kränkelnden Pantalone, der sich in seinem Werben um die junge Leda lächerlich macht, den streitlustig-witzigen neapolitanischen Scaramuz, der mit der spöttischen Colombine ein Techtelmechtel hat, und das verschlagene Narrenpaar Mezzetin und Lalagé.
Obwohl die Förderer der deutschen Theaterkultur, wie der Literaturkritiker Gottsched, die italienische Commedia-dell-Arte im 18. Jh. verurteilen, ist sie an den Fürstenhöfen nach wie vor sehr beliebt. Italien gilt als Vorbild in allen Künsten. Commedia dell'Arte-Motive findet man besonders in der Malerei des Rokoko – z. B. in Gemälden von Watteau.
Lit.: *Zeremoniell und Freiheit. Europa im 18. Jh.*, Ausstellungskatalog Museum für Hamburgische Geschichte, Hamburg 1999, Kat. Nr. 4.

XV.16
Moritz von Kellerhoven
Bildnis des Anton Raaff, 1783
Öl auf Leinwand, 62 x 49 cm
Bayerische Staatsgemäldesammlungen, München, Inv. Nr. 7598

Der berühmte Tenor Anton Raaff wird 1714 in Gelsdorf bei Bonn geboren. Sein Vater ist Gutsverwalter auf der Burg Gudenau, wo auch der junge Raaff später als Haushofmeister arbeitet.
Dank der Förderung durch den Obristhofmarschall Freiherr Waldbott von Bas-

XV. 16

senheim gelangt der musikbegeisterte junge Mann als Kammermusikus nach Bonn. Zur professionellen Gesangsausbildung geht er nach Italien und besucht die Schule des Kastraten Antonio Bernacchi in Bologna. 1742 kehrt er als professioneller Sänger an den Hof nach Bonn zurück, wo er u. a. in der Oper *Artaxerxes* singt. Zeitweise gastiert er in Wien, lebt in Portugal und in der berühmten Opernstadt Neapel.
Sein Ruf als herausragender Tenor verfestigt sich. Mit 56 Jahren wird er Hofmusiker in Mannheim – mit einer Traumgage von 1500 Gulden. Hier begegnet er auch dem jungen Mozart, in dessen Oper *Idomeneo* er später die Hauptrolle übernimmt, seine letzte Rolle. Mit 67 Jahren scheidet Anton Raaff aus dem aktiven Opernleben aus. Das Gemälde zeigt den fast siebzigjährigen Tenor.
Lit.: Anton Raaff. Tenor des 18. Jh.s, in: *Wachtberger Hefte*, 1, 1997 (Festschrift zum 200. Todestag Anton Raaffs).

XV.17
a) Deutschland
Viola d'amore, um 1700
umgebaut aus einer Diskant-Viola da Gamba
Fichte, Ahorn, Ebenholz, Palisander, Bein, L. 81 cm
Kölnisches Stadtmuseum,
Inv. Nr. RM 1942/ 66-IV/2

b) Nicol. Gusetto Fiorentino, Cremona
Violine, 1777
Fichte, Ahorn, Ebenholz,
L. 58,8 cm
Kölnisches Stadtmuseum,
Inv. Nr. KSM 1979/ 119-IV/76

c) Tirol (?)
Kleines Violoncello, um 1800
Fichte, Ahorn, L. 92,5 cm
Kölnisches Stadtmuseum,
Inv. Nr. RM 1942/ 183-IV/72

d) **Kontrabaß, Anfang 20. Jahrhundert**
Fichte, Ahorn, Rotbuche, Palisander, Ebenholz, Buche, L. 185 cm
Kölnisches Stadtmuseum,
Inv. Nr. RM 1942/ 183-IV/57

e) Friedrich Ehe, Nürnberg
Langtrompete in Es, Anfang 18. Jahrhundert
Messing, Mundstück aus Plexiglas ergänzt, H. 64,5 cm
Kölnisches Stadtmuseum,
Inv. Nr. RM 1942/ 183-II/43

f) Friedrich Gabriel August Kirst, Potsdam
Fagott, um 1785
Ahorn, Messing, S-Rohr nicht original zugehörig, H. 129 cm
Kölnisches Stadtmuseum,
Inv. Nr. RM 1942/ 183-I/65

g) Jakob Friedrich Grundmann, Dresden
Oboe, um 1765

XV.17b

XV.17h

XV.17g

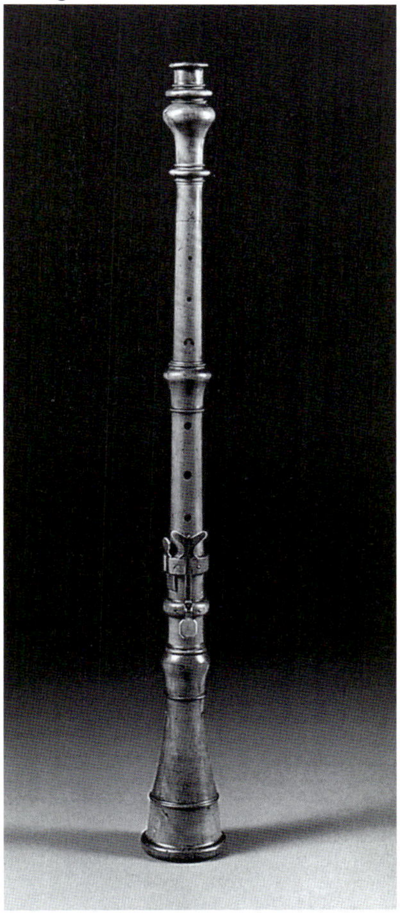

Buchsbaum, Messing, 56,8 cm
Kölnisches Stadtmuseum,
Inv. Nr. RM 1942/ 183-I/29

h) Süddeutschland
Paukenpaar, um 1700
Messing, Eisen, Zinnlötung,
Fellbespannung fehlt,
H. 22 cm, Dm. 34 cm
Kölnisches Stadtmuseum,
Inv. Nr. KSM 1983/ 351a+b-XII/11
Lit.: H. Hoyler, *Die Musikinstrumentensammlung des Kölnischen Stadtmuseums*, Köln 1993, Kat. Nrn. 11, 26, 51, 60, 209, 218, 301, 364.

Kat. Nr. XVI.21, S. 76

XVI – XVII Hirt und Herde

Die intensive Heiligen- und Marienverehrung der Gegenreformation ist Glaubenszeichen und Ausweis des Katholischen. Reformorden wie die der Jesuiten oder Kapuziner wollen die Frömmigkeit in der Gemeinschaft der Gläubigen stärken. Sie gehen auch aus den Städten hinaus auf das Land und überzeugen dort durch gefühlvolle Volkspredigten, die von dramatischen Licht- und mechanischen Bühneneffekten unterstützt werden. Mit ›modernsten‹ Mitteln, etwa mit Hilfe des Guckkastens oder der Laterna Magica, werden Bilder vorgeführt oder überdimensional an die Wände projiziert, ›der Teufel an die Wand gemalt‹.

Ihr hartnäckiges Bemühen ebnet den Weg für die Erneuerung einer großen Volksbewegung, die weite Teile der katholischen Bevölkerung erfaßt. Ob Kurfürst, Bürger oder Bauer – sie alle begeben sich auf den Weg zu den neuen Glaubenszentren im Umkreis der Residenzen. Wallfahrtsprozessionen ziehen durch die Landschaft zu dem Gnadenbild in Kevelaer oder zur Maria der Sieben Schmerzen auf dem Kreuzberg bei Bonn.[1] Hofft der eine auf die Lösung seelischer Konflikte, der andere auf die Befreiung von quälender Krankheit, so ist allen der Wunsch nach einer stärkenden Glaubenserfahrung in der Gemeinschaft gemeinsam. Die oft gewaltige Größe der Prozessionszüge erfordert eine straffe Organisation, die von Laienvereinigungen, sogenannten Bruderschaften, übernommen wird.[2] Weithin sichtbar durch ihre glänzenden Messing- oder Silberstäbe, führen sie den Zug zum Ziel. In der Wallfahrtskapelle angekommen, erwartet die Gläubigen der für den Barock typische lichte, offene Deckenhimmel, aus dem die Heiligen herabzusteigen scheinen. Auf dem Altar thront eine Marienfigur mit dem Kind[3], nicht entrückt, sondern oft zum Anfassen nahe, berührbar. Ihre Kraft überträgt sich auf die Unzahl kleiner Kupferstiche, sogenannte Anrührzettel, mit denen die Wallfahrer ihr über Gewand und Gliedmaßen streichen. Heilende Glaubenszeichen wie diese transportieren die Wunderwelt der Wallfahrten zurück in den Alltag der Gläubigen, andere, wie silberne Votivgaben, werden als Dankesgaben in den Kirchen zurückgelassen. Sie sind Zeichen erfüllter Wünsche – zeigen geheilte Arme, Beine und Herzen.

Die Kraft dieser Volksbewegung bleibt jedoch nicht bestehen. Im Verlauf des 18. Jahrhunderts erstarrt das Wallfahrtswesen zunehmend im Formellen. Religion wird zur Hülse des Profanen, Wallfahrt zum zwanglosen Volksfest.

Im Gewand des »modischen« Pilgers versteckt sich am Hofe plötzlich der galante Schäfer der Rokoko-Idyllen. Ziel seiner Wallfahrt ist nicht mehr eine Marienkapelle, sondern die mythische Liebesinsel Kythera.

Diesem religiösen Auflösungsprozeß versucht die aufgeklärte katholische Theologie entgegenzutreten, indem sie sich in Liturgie und Predigt auf die zentralen Glaubensinhalte konzentriert.[4] Das Streben nach Einfachheit und klaren, emotional ansprechenden Inhalten zeigt sich auch in der religiösen Literatur und Kunst der Zeit.[5] Das Erhabene wird plötzlich sehr privat und intim. Es wendet sich an den einzelnen, nicht an die Gruppe. Mit der Betonung des individuellen Glaubens fordert die religiöse Aufklärung einen Rückzug von den lebensfrohen Massenwallfahrten hin zur stummen Zwiesprache mit Gott.

S. B.

[1] Vgl. U. Scholten, Überlegungen zu Struktur, Funktion und Entwicklung rheinischer Sakrallandschaften im 17. und 18. Jh.; sowie: A. Döring, Wallfahrtsleben im 18. Jh., in: Zehnder/Schäfke, *Der Riss im Himmel* 5 (im Druck).

[2] Vgl. J. Oepen, Religiöse Bruderschaften des 18. Jh.s, in: Zehnder/Schäfke, *Der Riss im Himmel* 5 (im Druck).

[3] Vgl. P. Schwarz, Clemens August und die Verehrung der Loreto Madonna, in: Zehnder/Schäfke, *Der Riss im Himmel* 5 (im Druck).

[4] Vgl. A. Gerhards, Die liturgische Entwicklung zwischen 1600 und 1800, in: Zehnder/Schäfke, *Der Riss im Himmel* 5 (im Druck).

[5] Vgl. M. Schieder, *Jenseits der Aufklärung. Die religiöse Malerei im ausgehenden Ancien régime*, Berlin 1997.

XVI.7b

XVI Die Wunderwelt der Wallfahrten

XVI.1
Gerhard Altzenbach
Prozession zum Kreuzberg bei Bonn, von Köln aus gesehen, 1641
Kupferstich, 48 x 25 cm
Stadtmuseum, Düsseldorf

XVI.2
Bruderschaftsbuch der Vierzehn-Nothelfer-Bruderschaft in Unkel, um 1699/1700–1998
Handschrift mit kolorierten Seiten, 34 x 22 cm
Archiv der katholischen Kirchengemeinde St. Pantaleon, Unkel am Rhein
Lit.: J. Oepen, Religiöse Bruderschaften des 18. Jh.s, in: Zehnder/Schäfke, *Der Riss im Himmel 5* (im Druck), mit Farbtafeln.

XVI.3
Opferbüchse der Kevelaer Bruderschaft an St. Kunibert in Köln, 18. Jahrhundert
Messing, getrieben, Deckel profiliert, H. 15 cm
Katholische Kirchengemeinde St. Kunibert, Köln

XVI.4
a) Bonn, 18. Jahrhundert
Spitze eines Brudermeisterstabes mit Darstellung der Madonna von Kevelaer
Messing, 26 x 16 cm
Kölnisches Stadtmuseum,
Inv. Nr. RM 1926/452

b) Köln, 18. Jahrhundert
Aufsatz eines Brudermeisterstabes der Erzbruderschaft Maria Verkündigung zum Scharfen-Hövel an St. Cäcilia in Köln
Messing, versilbert,
17 x 10,4 cm
Kölnisches Stadtmuseum,
Inv. Nr. HM 1917/83

c) A. Ostendorp
Spitze eines Brudermeisterstabes für die Wallfahrt nach Kevelaer, 1767
Silber, getrieben,
H. 27,5 cm mit Hülse, B. 11,5 cm
Stifts- und Wallfahrtskirche St. Peter und Paul, Kranenburg

d) Gerhard Hültz, Köln
Drei Vorbeterstäbe der marianischen Bruderschaft, um 1755
Silber, Messing,
H. 25 cm
Katholische Kirchengemeinde St. Margaretha, Brühl

XVI.5
Wallfahrtsfähnchen: Begrüßung des Aachischen Heiligtums, 18. Jahrhundert
Kupferstich, 26 x 36 cm
Domarchiv, Aachen

XVI.6
Kevelaerscher Bruderschaftszettel, 18. Jahrhundert
Kupferstich, 13,5 x 8,8 cm
Erzbischöfliches Diözesanmuseum, Köln

XVI.7
a) Rosenkranz, 17. Jahrhundert (?)
Blaue Glasperlen mit eingeschmolzenen gelben Ranken (Murano), Vaterunserperlen in Schalen aus Bein, Anhänger: Fünf-Wunden-Zeichen, Nägel und Totenkopf aus Bein, Pilgermedaille Walldürn, 43,5 cm
Erzbischöfliches Diözesanmuseum, Köln,
Inv. Nr. R 133

Die bei Wallfahrten mitgeführten Rosenkränze wurden in den Zielkirchen geweiht. So sollte die Wundertätigkeit des Gnadenbildes in den alltäglichen Gegenständen des Glaubens weiterwirken.

b) Rosenkranz, 17. Jahrhundert
Elfenbeinperlen, Anhänger: Totenkopf, Medaillon: Dominikus und Rosalia, Fünf-Wunden-Zeichen, Nägel und Kelch, 65,5 cm
Erzbischöfliches Diözesanmuseum, Köln,
Inv. Nr. R 159

XVI.8
Zwei Wallfahrtszeichen, 18. Jahrhundert (?)
Silber, 3 x 2,5 cm;
Bronze, Dm. 2,3 cm
Kölnisches Stadtmuseum

XVI.18

XVI.22

XVI.9
Pilgerblättchen: Maria Kevelaer mit Pilgern, Wappen der Stadt Köln und Prozessionsdarstellung
Kupferstich,
11,3 x 7 cm
Erzbischöfliches Diözesanmuseum, Köln

Vor den Kirchen blühte oft ein reger Handel mit Devotionalien aller Art – Erinnerungsbilder oder Anrührzettel, die das wundertätige Gnadenbild berührt hatten.

XVI.10
Amulett, 18. Jahrhundert
Pappe, Stoff, Glas,
4 x 5,4 x 3,2 cm
Kölnisches Stadtmuseum,
Inv. Nr. RM 1935/229

XVI.11
Drei Votivherzen, 18. Jahrhundert
Silber, 14,5 x 12 cm (Inv. Nr. RM 1929/633 d);
7 x 5,8 cm (Inv. Nr. RM 1929/633 e);
H. 11,8 cm (KSM 1964/188)
Kölnisches Stadtmuseum

Auch silberne Votivgaben konnten an den Marktständen vor den Kirchen erworben werden. Miniaturgegenstände von Körperteilen versinnbildlichten z. B. eine überwundene Krankheit des Gläubigen. Als Zeichen seiner Dankbarkeit schenkte er sie dem Marien- oder anderen Heiligenbild in der Wallfahrtskirche.

XVI.12
Figur des Hl. Nepomuk, 18. Jahrhundert
Holz, H. 102 cm (mit Sockel)
Katholische Kirchengemeinde St. Laurentius, Bergisch Gladbach

XVI.13
a) Bayern, Mitte des 18. Jahrhunderts
Klappaltärchen
Messing, Samt, Goldborte, Wachs, Papier, Elfenbein, 15,7 x 11,2 x 2,8 cm
Reliquiensammlung Louis Peters

b) Landshut, Mitte des 18. Jahrhunderts
Reliquienkapsel
Messing, Textilgrund, Schleiergaze, Metallfolie, Papier, Goldborte, Winden, Wachs, Elfenbein, 10,9 x 7,3 x 3 cm
Reliquiensammlung Louis Peters

c) Eichstätt, 18. Jahrhundert
Reliquienkapsel
Messing, Seidengrund, Goldbouillon, Silber- und Golddrahtborten, Spitze, Schleiergaze, Chenille-Zwirn, Perlen, Wachs, 8,3 x 5 x 1,8 cm
Reliquiensammlung Louis Peters

d) Wien, 18. Jahrhundert
Reliquienkapsel
Messing, graviert, vergoldet, facettiertes Glas, aquarelllierte Miniatur auf Papier, Wachssakramentalie, Elfenbeinkruzifix, Winden, Goldkantillen, -börtchen, Perlen, Seidenblüten, 8,4 x 7 x 1,2 cm
Reliquiensammlung Louis Peters

Der böhmische Heilige Johannes Nepomuk (1729 heiliggesprochen) wird besonders in Bayern verehrt. Als Symbol seines Martertodes – er wurde u. a. wegen der Wahrung des Beichtgeheimnisses gefoltert und in der Moldau ertränkt – ist eine aus Wachs geformte Zunge zentraler Gegenstand vieler süddeutscher Reliquienkästchen. Über die Wittelsbacher Erzbischöfe wird die Verehrung dieses Heiligen im 18. Jh. auch im Rheinland populär. Clemens August besaß wohl in jedem seiner Betten eine goldene Nepomukzunge.
Lit.: Hegel 1979, S. 337.

XVI.14
Mirakelbuch, Köln 1759
Gedruckt bei Nagel
16,5 x 20 cm
Diözesan- und Dombibliothek Köln,
Sign. BA 1577

Mirakelbücher sind Dokumente der Wundertätigkeit bestimmter Gnaden- oder Heiligenbilder. Oft wurden die zunächst handschriftlichen Vermerke der Pilger in einem gedruckten Kompendium zusammengefaßt.

XVI.15
Jacob Jamenett
Ein Bruderschaftsschild der Schutzengelbruderschaft an St. Peter zu Köln, 1746
Silber, 38,6 x 33 cm
Katholische Kirchengemeinde St. Peter, Köln

XVI.16
a) Camera Obscura, 18. Jahrhundert
Holz usw., 24 x 22 x 38 cm
Privatsammlung »S«, Wuppertal

b) Laterna Magica, um 1800
Metall, 16 x 17 x 20 cm
Privatsammlung »S«, Wuppertal

c) Laterna Magica-Scheiben: Totentanz mit Frau und Mönch, 18. Jahrhundert
Glas, 6 x 23 cm
Privatsammlung »S«, Wuppertal

Robertson
Gottvater auf Wolken, Ende des 18. Jahrhunderts
Glas, 11 x 24 cm
Privatsammlung »S«, Wuppertal

Robertson
Fledermaus-Teufel mit Krone, Ende des 18. Jahrhunderts
Glas, 15 x 26 cm
Privatsammlung »S«, Wuppertal

Die Gegenreformation arbeitete mit den modernsten Mitteln. Um bei öffentlichen Vorträgen die Gefahren der Hölle noch zu unterstreichen, warf man überdimensionale Schemen des Höllenfürsten oder seiner Helfershelfer an die Wand. Dies geschah mit Hilfe kleiner Laternen, die von innen durch eine Kerze beleuchtet wurden. Das Licht drang durch kleine, vorgeblendete Glasscheiben, die mit entsprechend furchterregenden Motiven bemalt waren.
Lit.: *Laterna Magica. Vergnügen, Belehrung, Unterhaltung*, Ausstellungskatalog Historisches Museum, Frankfurt a. M. 1981, S. 42ff.

XVI.17
Kanzel aus St. Kolumba in Köln, um 1710
Eichenholz, lasiert,
Dm. 1,40 m, H. ca. 5 m
Erzbistum Köln

Die Kanzel ist Austragungsort der symbolhaften und bilderreichen Barockpredigten der Gegenreformation.
Die um 1710 entstandene Kanzel aus St. Kolumba besteht aus einem sechseckigen Korb, der vier große Reliefs mit Darstellungen der vier Evangelisten trägt. Aufwendig gearbeitete Schmuckformen und ein reich gestalteter Schalldeckel, ehemals mit der Figur des Hl. Michael bekrönt, prägen ihr Erscheinungsbild. Dieser Predigtstuhl steht am Anfang der Entwicklung großer Prunkkanzeln nach flämischem Vorbild im Rheinland. S. E.

Lit.: Hegel 1979, S. 306ff.; S. Eberhardt, Flämische Bildhauer in Köln, in: Zehnder/Schäfke, *Der Riss im Himmel 6* (im Druck).

XVI.18
a) Alessandro Magnasco,
gen. Lissandrino
Wärmestube der Kapuzinermönche
Öl auf Leinwand, 88 x 127 cm (mit Rahmen)
Hessisches Landesmuseum, Darmstadt,
Inv. Nr. GK 661

Die Gegenreformation wurde besonders durch die Jesuiten und die Bettelorden (u. a. Kapuziner und Barfüßermönche) getragen. Mit eindrucksvollen Volkspredigten wendeten sie sich insbesondere an die ländliche Bevölkerung, um diese wieder für den alten Glauben zurückzugewinnen. Neben der Volksmissionierung widmeten sie sich aber auch der Organisation der Wallfahrten und der Wallfahrtskirchen.

Lit.: Hegel 1979, S. 212ff.

XVII.3

XVII.4

XVI.19
Januarius Zick
Anbetung der Könige, 1790
Öl auf Leinwand, 54,5 x 42,5 cm
Rheinisches Landesmuseum Bonn,
Inv. Nr. 53.12

XVI.20
Gabriel Grupello
Hl. Joseph mit dem Jesuskind
Bronzeguß, 65 x 20 x 23 cm
Schnütgen-Museum, Köln,
Inv. Nr. H 927

XVI.21
Jean-Honoré Fragonard
Ruhe auf der Flucht nach Ägypten
Öl auf Leinwand,
200 x 135 x 7 cm (mit Rahmen)
Musée des Beaux Arts, Troyes, Inv. Nr. 53.3

Das Bestreben der aufgeklärten katholischen Theologie, klare und emotional ansprechende Inhalte zu präsentieren, drückt sich am anschaulichsten in der religiösen Kunst des 18. Jh.s aus. Das Erhabene wird plötzlich sehr privat und intim. Bei Fragonard ist der Betrachter stiller Teilhaber einer innigen Mutter-Kind-Szene, die mehr von irdischen Glücksvorstellungen als von ferner Heiligkeit erzählt.

Lit.: M. Schieder, *Jenseits der Aufklärung. Die religiöse Malerei im ausgehenden Ancien régime*, Berlin 1997.
Abb. S. 72.

XVI.22
Bayern, 18. Jahrhundert
Reliquienkapsel
Sog. Literatenreliquiar
Messing, Schleiergaze, Goldbouillon, Goldlahn, Perlen, Granate,
10,2 x 7,5 x 2 cm
Reliquiensammlung Louis Peters

Das Literatenreliquiar ist ein außergewöhnliches Beispiel für den Umgang mit Religion am Ende des 18. Jh.s. Die ursprünglich aus dem 17. Jh. stammende Kapsel ist umgewidmet worden, die Knochen der Heiligen haben neue Zettel erhalten. Verehrt werden nun u. a. Shakespeare, Schiller und Klopstock – die neuen Heiligen des Goethe-Zeitalters. Goethe postuliert das Ziel dieser Verehrung: *»zu der wahren Religion hinaufschwingen* [...], *der statt des Heiligen ein großer Mensch erscheint.«*

Lit.: V. Neuhaus, Zur Säkularisierung der Heiligenverehrung in der Goethezeit, in: Kat. *Reliquien. Verehrung und Verklärung* 1989, S. 166ff.

XVI.23
»Breviarium Coloniense«, Köln 1780
Universitäts- und Stadtbibliothek Köln,
Sign. Rh T 1617 (Bd. 1)

Das von Erzbischof Max Friedrich herausgegebene Kölnische Brevier bezeugt das innerkirchliche Wirken der Aufklärung. So sollte es nur ›nachweisbare‹ Heiligenlegenden enthalten, die mit entsprechenden Quellenangaben versehen wurden, um ihre Authentizität zu belegen.

Lit.: Hegel 1979, S. 266f.

XVI.24
Francesco Fernandi gen. Imperiali
Drei Gemälde zur Bischofsweihe von Clemens August, nach 1727
1. Salbung Clemens Augusts durch Papst Benedikt XIII. in der Kirche S. Maria della Quercia in Viterbo am 9. November 1727
2. Der Papst reicht Clemens August die heilige Kommunion
3. Clemens August erteilt den ersten bischöflichen Segen
Öl auf Leinwand,
je 97,5 x 133 cm
Schloß Augustusburg, Brühl

Lit.: Boenisch 1979, S. 35; Hansmann 1977, S. 100f.

XVII Die Apotheose des Glaubens

XVII.1
Maria Theresia Lahrin
Votivtafel, 1773
Öl auf Leinwand, 44,5 x 32 cm (mit Rahmen)
Crescentiakloster, Kaufbeuren

Schon zu Lebzeiten war die Franziskanerin Maria Crescentia Höß (1682–1744) eine Berühmtheit. An die im Kaufbeurener Kloster ansässige Visionärin wandten sich Scharen von Gläubigen, die sich von ihr Beistand und Fürbitte erhofften. Dazu gehörte auch Clemens August. Ihr Einfluß auf den Kurfürsten war beträchtlich, zumal sie den ›Kontakt‹ zu seinem verstorbenen Freund Roll im Jenseits herstellte.
Das Grab Crescentias entwickelte sich zu einer Pilgerstätte. Unter den Pilgern befand sich auch jene junge Frau, die zum Dank dem Kloster diese Votivtafel verehrte.
Am 7. Oktober 1900 wurde Crescentia seliggesprochen.
Lit.: K. Pörnbacher, ›Daß die Untertanen nach aller Gerechtigkeit geführt und regiert werden.‹ Crescentia Höß von Kaufbeuren ..., in: Zehnder/Schäfke, *Der Riss im Himmel 5* (im Druck).

XVII.2
Nach Gottfried Bernhard Göz
Heilige Dreifaltigkeit
Elfenbeinschnitzerei,
20,5 x 16,4 cm
Crescentiakloster, Kaufbeuren

Viele der Visionen der M. Crescentia Höß rankten sich um den Hl. Geist. Dieser erschien ihr als eine Person von jugendlichem Aussehen – weder Mann noch Frau –, um deren Haupt sieben Flammen kreisten (die sieben Gaben des Hl. Geistes), und mit dem Symbol der Taube vor der Brust. Noch zu ihren Lebzeiten fand diese Vision in Kupferbildchen oder in kleinen Relieftafeln weite Verbreitung. Eine von diesen mag auch die Vorlage für die Heilig-Geist-Kapelle im Erdgeschoß von Schloß Augustusburg gewesen sein, die um 1750 von Johann Adam Schöpf ausgemalt wurde.
Lit.: K. Pörnbacher, ›Daß die Untertanen nach aller Gerechtigkeit geführt und regiert werden.‹ Crescentia Höß von Kaufbeuren ..., in: Zehnder/Schäfke, *Der Riss im Himmel 5* (im Druck).

XVII.5

XVII.3
Paris, 1707–1708
Bucheinband eines Missale Romanum des Erzbischofs und Kurfürsten Joseph Clemens
Silber, 45 x 34,5 cm
Trésor de la Cathédrale, Liège, Inv. Nr. 42

Der Prunkeinband gehört zu den bedeutendsten Pariser Goldschmiedearbeiten, die sich aus dem frühen 18. Jh. erhalten haben. Auf dem vorderen Deckel ist die Anbetung der Heiligen Drei Könige dargestellt, in den Ecken Medaillons mit heiligen Bischöfen. Auf dem hinteren Deckel sieht man die Anbetung der Hirten sowie Medaillons mit Büsten der Hll. Michael, Joseph, Gregor und Benno.
Lit.: Kat. *Kurfürst Max Emanuel* 1976, Bd. 2, S. 267, Nr. 615.

XVII.4
Balthasar Permoser
Engelsfigur, um 1726
Marmor, L. 69 cm
Staatliche Kunstsammlungen Dresden, Skulpturensammlung, Inv. Nr. ZV3955

Die kleine Engelsfigur stammt von einem der berühmtesten Bildhauer des 18. Jh.s, Balthasar Permoser. Wahrscheinlich gehörte die Engelsfigur zu einem nicht vollendeten Epitaph. Klassische Engelattribute wie Flügel fehlen. Der Betrachter sieht vielmehr die Ausdrucksstudie eines wütenden Kleinkindes vor sich – ganz im Sinne der neuen Emotionalisierung in der religiösen Kunst, wie sie im 18. Jh. zu beobachten ist.
Lit.: *Verborgene Schätze der Skulpturensammlung*, Katalog Staatliche Kunstsammlungen Dresden, 1992, S. 51, Kat. Nr. 35.

XVII.5
München, 1732
Statuette der Maria Immaculata
Silberguß, vergoldet, H. 32 cm
Henrik Hanstein, Köln

Die Marienverehrung steht im Zentrum der Gegenreformation. Ziel vieler Wallfahrten ist besonders die Maria der Unbefleckten Empfängnis. Die gezeigte Figur war sehr wahrscheinlich ein Geschenk Karl Albrechts (Karl VII.) an seinen Bruder Clemens August aus Anlaß von dessen Ernennung zum Hochmeister des Deutschen Ordens.

XVII.6
a) Monstranz mit dem Wappen von Clemens August, 1749
Silber, vergoldet, 50,5 x 19,8 cm

b) Augsburg, um 1754
Meßkännchen mit Teller
Silber, vergoldet, H. des Kännchens 14,5 cm, Dm. des Tellers 37,5 cm

c) Augsburg, um 1748
Pontifikal-Lavabo
Silber, H. der Kanne 24,5 cm,
Dm. des Tellers 44 cm
Hoher Dom St. Maria, St. Liborius und St. Kilian (Erzbischöfliches Diözesanmuseum, Inv. Nrn. DS 60, DS 51, DS 27), Paderborn
Lit.: Kat. *Kurfürst Clemens August* 1961, S. 312, Kat. Nrn. 524, 526.

XVII.7
Augsburg, kurz vor 1735
Zwei Gueridons
Silber auf Holzkern, H. 94 cm
Hoher Dom St. Maria, St. Liborius und St. Kilian (Erzbischöfliches Diözesanmuseum, Inv. Nrn. DS 6.2, DS 6.3), Paderborn
Lit.: Kat. *Kurfürst Clemens August* 1961, S. 311, Kat. Nr. 523.

Kat. Nr. XVIII.12, S. 81

XVIII Der Mensch hinter der Maske: Clemens August privat

Wer war Clemens August? Was für ein Mensch steckte hinter der Maske des Kurfürsten? Nur undeutlich kommt jene sensible, künstlerisch begabte Persönlichkeit in der »Robe des Herrn der Fünfkirchen« zum Vorschein. Als Sohn von Max Emanuel, dem Kurfürsten von Bayern, wird er im Jahre 1700 in Brüssel in eine Welt hineingeboren, die ihn sofort zum Spielball europäischer Politik macht. Schon als Kleinkind wird er für höhere Würden, für geistliche Ämter, bestimmt, um dem Machtausbau des Hauses Wittelsbach und dem Ruhm seiner Familie zu dienen. Diese Familie denkt in europäischen Dimensionen, weil sie international ist – die Mutter Polin, der Vater halb Bayer, halb Savoyer. Mit den großen Herrscherhäusern Europas verwandt, haben die Wittelsbacher ein Ziel vor Augen: die Erlangung der Kaiserkrone.[1] Auf dem Weg dahin gerät Max Emanuel in die Wirren des Spanischen Erbfolgekrieges. Seine Allianz mit Frankreich kostet ihn letztendlich sogar sein Land Bayern. Der Kaiser stellt den ehemaligen Kurfüsten unter die Reichsacht. Der kampf- und siegeserprobte bayerische Feldherr muß nach Brüssel flüchten. Frau und Kinder bleiben in München zurück – als Geiseln des Kaisers.[2] Clemens August wird seinen Vater und seine Mutter erst elf Jahre später wiedersehen. Unter Bewachung führt man den fünfjährigen Clemens August und seine Brüder Karl Albrecht, Philipp Moritz und Ferdinand Maria nach Klagenfurt, später nach Graz. Ihren kleinen Münchner Hofstaat von ca. 30 Personen dürfen sie mitnehmen. Jeglicher Kontakt zu den Eltern ist aber zunächst untersagt. Unter der Obhut des Kaisers erzieht man sie fürstlich. Ihr straff organisierter Tagesablauf reicht von 9.00 bis 17.00 Uhr: Jesuitische Privatlehrer unterrichten sie in den Tugenden künftiger Herrscher. Sie erhalten eine fundierte historische und politische Bildung. Über die Entfernung hinweg – der Vater lebt in Frankreich und in den Niederlanden, die Mutter in ihrem venezianischen Exil – nehmen die Eltern Anteil am Leben ihrer Kinder, geben Ratschläge, bereiten sie auf ihre zukünftigen Aufgaben vor.

Erst 1715, nach dem europäischen Frieden von Baden, kommt ein erstes Wiedersehen der Familie zustande. Vom Kaiser wieder in Amt und Würden eingesetzt, kehrt Max Emanuel nach München zurück. Seine Söhne erkennt er kaum noch. Clemens August ist zu diesem Zeitpunkt 15 Jahre alt. Ihrer Bestimmung nach werden er und sein Bruder Philipp Moritz nun verstärkt für das geistliche Amt ausgebildet. Als er mit 16 Jahren Bischof von Regensburg wird, hadert der junge Mann noch mit seiner Berufung, sieht sich ihr nicht gewachsen. Doch der Vater hat noch Größeres mit ihm vor. Ein zweijähriger Romaufenthalt seiner Söhne unter den Augen des Papstes soll diesen für ihre Zukunft gewogen machen. Daheim erkauft der Vater derweil die Anwartschaft auf die Münsteraner und Paderborner Bischofswürde, besticht hier wie dort, um die strategisch wichtige Region in die Wittelsbacher Machtsphäre einzugliedern. Als Philipp Moritz, der ältere, plötzlich an den Blattern stirbt, wird der neunzehnjährige Clemens August auf den Plan gerufen – zuerst als Bischof von Münster und Paderborn, vier Jahre später als Erzbischof von Köln, 1724 als Bischof von Hildesheim und 1728 von Osnabrück. Seinen Vater kostet die Karriere seines Sohnes die gewaltige Summe von ca. 800 000 Gulden.[3] Weitere Geld- und Schmuckgeschenke investiert er 1727 in die Bischofsweihe von Clemens August in Viterbo: all dies mit dem Blick auf ein großflächiges, reiches Territorium, ein Einflußgebiet im Nordwesten Europas. Nur zaghaft wehrt sich Clemens August gegen die Pläne seines Vaters. Es entstehen neue Abhängigkeiten, indem ihm als politischer Berater (später Minister) ein westfälischer Adliger, Ferdinand von Plettenberg, zur Seite gestellt wird. Während dieser die Staatsgeschäfte führt, zieht sich Clemens August immer häufiger ins Private zurück. Bälle und Jagden lösen sich ab, die Förderung der Künste steht für ihn an erster Stelle. Wahre Freunde hat er wenige. Und verliert er sie, wie im Falle des Deutschordensritters Ferdinand von Roll, stürzt ihn dies in ernste, langanhaltende Lebenskrisen. Hinter der Maske des Kurfürsten führt der Mensch Clemens August ein einsames Leben. S. B.

[1] Siehe hierzu: J. Engelbrecht, Krone und Exil. Das Haus Wittelsbach in der deutschen und europäischen Politik (1679–1761), in: Zehnder/Schäfke, *Der Riss im Himmel 2*, 1999, S. 9ff.
[2] Vgl. Kat. *Kurfürst Max Emanuel* 1976, Bd. 1, S. 82.
[3] Vgl. Boenisch 1979, S. 34.

XVIII.1
Augsburg, um 1565, Art des Antoni Peffenhauser
Knaben-Halbharnisch
Eisen, geschmiedet, Gelbguß
Collections du Musée royal de l'Armée, Bruxelles, Inv. Nr. 112

Harnische wurden beim Adel schon von Kindern im Alter von fünf oder sechs Jahren getragen. Auch die Wittelsbacher Prinzen besaßen Rüstungen. Meist stammten sie aus altem Familienbesitz und wurden von nahen Verwandten zur Taufe geschenkt. Auf spielerische Weise sollten sie den zukünftigen Herrscher auf Krieg und Kriegshandwerk vorbereiten. Dieser Harnisch stammt von Joseph Ferdinand, dem ältesten, früh verstorbenen Bruder Clemens Augusts.
Lit.: Kat. *Kurfürst Max Emanuel,* Bd. 2, S. 136, Kat. Nr. 317.

XVIII.2
Franz Christoph Hueber; Illustrationen von Sebastian Benno Huber, Joseph Dengelbach u. a.
Turnierbuch Karl Albrechts von Bayern, 1717–1734
Handschrift auf Pergament u. Papier, z. T. kolorierte Tuschezeichnungen und Gouache, 136 Bll., 52 x 30,7 cm
Bayerische Staatsbibliothek, München, Sign. Cod. germ. 8009 a
Lit.: Kat. *Kurfürst Max Emanuel* Bd. 2, S. 259, Kat. Nr. 595.

XVIII.3
Englisch, um 1800
Rinkelbell
Silber, Koralle, L. 15 cm
Reiner Dieckhoff, Köln

XVIII.4
Lehrbuch der Ethik für den Kurprinzen Karl Albrecht
Handschrift, 31 x 40 cm (aufgeschlagen)
Bayerische Staatsbibliothek, München, Sign. Cod. Lat. 11480

Das *Lehrbuch der Ethik* hält dem zukünftigen Kurfürsten die Tugenden des idealen Herrschers am Beispiel berühmter Gestalten der klassischen Antike und der Kirchenväterliteratur vor Augen.
Lit.: Kat. *Kurfürst Max Emanuel*, Bd. 2, S. 238, Kat. Nr. 535.

XVIII.5
Lehrbuch der Physik für den Kurprinzen Karl Albrecht
Handschrift, 29 x 36 cm (aufgeschlagen)
Bayerische Staatsbibliothek, München, Sign. Cod. lat. 9423

XVIII.6
Baßgambe, 18. Jahrhundert
Holz: Fichte, Ahorn, Ebenholz
L. 125 cm, B. 40 cm, T. 30 cm
Musikinstrumentenmuseum im Münchner Stadtmuseum, Inv. Nr. 41-182

Die Baßgambe zählt zu den Lieblingsinstrumenten des musikalisch begabten jungen Clemens August. In ihrem weichen, tiefen Klang fühlt er sein eigenes melancholisches Temperament mitschwingen.
Lit.: U. Iser, »wie du ein französisches lied vor meiner gesungen«. Zur musikalischen Erziehung Clemens Augusts und der Wittelsbacher Prinzen, in: Zehnder/Schäfke, *Der Riss im Himmel 7* (im Druck)

XVIII.7
Joseph Vivien
Bildnis des Johann Theodor von Bayern

XVIII.2

XVIII.10

Öl auf Leinwand, 119 x 98 cm
Residenz München, Inv. Nr. Res. Mü. G 441

XVIII.8
Joseph Vivien
Bildnis des Philipp Moritz von Bayern
Öl auf Leinwand, 120 x 98 cm
Residenz München, Inv. Nr. Res. Mü. G 438

XVIII.9
Kopie nach Johann Georg Winter
Bildnis der Maria Anna Carolina von Bayern
Emslandmuseum Schloß Clemenswerth, Sögel

Aus der Ehe von Therese Kunigunde und Max Emanuel stammten zehn Kinder, von denen sechs überlebten. Maria Anna Carolina und Karl Albrecht, der spätere Karl VII. (1697–1745), waren die ältesten. Ihnen folgten Philipp Moritz (1698–1719) und Ferdinand Maria Innozenz. Clemens August und Johann Theodor (1703–1763) wurden 1700 und 1703 geboren.

XVIII.10
Jan van Huchtenburgh zugeschrieben
Bildnis von Max Emanuel zu Pferde
Öl auf Leinwand, 62 x 53,5 cm
Wittelsbacher Ausgleichsfonds, Schloß Nymphenburg, München, Inv. Nr. WAF Bla 291

Der bekannte Schlachtenmaler van Huchtenburgh porträtiert den bayerischen Kurfürsten als Feldherrn. Im

Hintergrund sieht man ein Kavalleriegefecht – vielleicht eine der vielen siegreichen Schlachten Max Emanuels. Kämpfte doch der Blaue Kurfürst, wie man ihn auch nannte, am Ende des 17. Jh.s im Osten Europas wiederholt und erfolgreich gegen die Türken. Seinen wohl berühmtesten Sieg errang er 1688 bei Belgrad, dem Hauptbollwerk türkischer Macht auf dem Balkan – ein Erfolg, der nicht zuletzt der habsburgischen Monarchie endgültig das Königreich Ungarn bescherte.
Lit.: Kat. *Kurfürst Max Emanuel*, Bd. 2, S. 38f., S. 117, Kat. Nr. 281.

XVIII.15

XVIII.11
Petschaft Max Emanuels von Bayern als Statthalter der Niederlande, 1711–1714
Bergkristall,
Stahl, H. 5 cm
Schatzkammer der Residenz München,
Inv. Nr. Res. Mü. Schk. 1161 WAF

XVIII.12
Johann Jakob Kleinschmidt nach Cosmas Damian Asam
Therese Kunigunde von Bayern im venezianischen Exil, 1715
Kupferstich (vergrößerte Fotoreproduktion)
Münchner Stadtmuseum,
Inv. Nr. Mailinger I/720

Nach dem Tod seiner ersten Frau im Kindbett heiratet Max Emanuel (1662–1726) 1694 Therese Kunigunde (1676–1730), die Tochter des polnischen Königs Jan III. Sobieski. Die Ehe ist nach damaligen Maßstäben trotz der vielen Liebschaften Max Emanuels glücklich. Der Kupferstich zeigt die Kurfürstin im venezianischen Exil, nachdem 1706 die Reichsacht über ihren Mann verhängt worden war.
Lit.: Kat. *Kurfürst Max Emanuel*, Bd. 2, S. 115 u. 125ff.
Abb. S. 78.

XVIII.13
Frankreich, Ende 17. Jahrhundert
Tabaksdose der Therese Kunigunde von Bayern
Schildpatt, Gold,
1,8 x 8,5 x 11 cm
Schatzkammer der Residenz München,
Inv. Nr. Res. Mü. Schk. 1074 WL

Die durch Ludwig XIV. modern gewordenen, kostbaren Schnupftabaksdosen waren als höfische Geschenke bei Männern wie Frauen gleichermaßen beliebt.
Lit.: Kat. *Kurfürst Max Emanuel*, Bd. 2, S. 250, Kat. Nr. 575.

XVIII.14
Französisch, Ende 17. Jahrhundert
Nadelbüchse der Therese Kunigunde
Elfenbein, teilweise farbig gefaßt,
L. 9 cm
Schatzkammer der Residenz München,
Inv. Nr. Res. Mü. Schk. 1114 WAF

XVIII.15
Francesco Trevisani
Bildnis des Clemens August als Bischof von Regensburg, 1718
Öl auf Leinwand,
229 x 131 cm
Bayerische Staatsgemäldesammlungen – Staatsgalerie Schleißheim, Inv. Nr. 2490

XVIII.13

XVIII.16

Der berühmte römische Porträtmaler zeigt Clemens August während seines Rom-Aufenthaltes im Alter von 18 Jahren. Die unbequeme Haltung scheint Ausdruck seiner inneren Unentschlossenheit zu sein.
Aus der Korrespondenz mit seinem Vater geht hervor, daß er sich dessen Wünschen und dem hohen geistlichen Amt, das Max Emanuel für ihn vorsieht, nicht gewachsen fühlt.
Lit.: Boenisch 1979, S. 28f.

XVIII.16
Georges Desmarées
Bildnis der Maria Anna von Löwenfeld, Tochter von Clemens August
Öl auf Leinwand,
104,2 x 84,4 x 8,2 cm (mit Rahmen)
Städtische Galerie im Lenbachhaus, München,
Inv. Nr. G 13067

Clemens Augusts Tochter (1735–1783) – sein einziges Kind – stammt aus der kurzen Beziehung mit der Bonner Harfenistin Mechthild Brion. Kurz nach ihrer Geburt wird die Mutter mit dem Futtermeister und Truchsessen Gottfried Trogler verheiratet. Anna Maria wird in einer Klosterschule in Metz erzogen. Durch diplomatische Vermittlung am Wiener Kaiserhof gelingt es ihrem Vater, ihr den Adelstitel einer Reichsgräfin von Löwenfeld zu verschaffen. Frisch geadelt, kann sie mit 15 Jahren ihren Cousin Franz Ludwig Graf von Holnstein, einen nichtehelichen Sohn Karl Albrechts, heiraten.
Lit.: Boenisch 1979, S. 110.

Kat. Nr. XIX.1, S. 84

XIX Das Bild des Fürsten: Die Kunst der Machtdarstellung

Das Zeitalter des Absolutismus, die Epoche zwischen dem Ende des Dreißigjährigen Krieges und der Französischen Revolution, war geprägt von der Auffassung vom Fürsten als absolutem Herrscher von Gottes Gnaden. Vorbild und Ausgangspunkt dieser Entwicklung war der Hof des französischen Königs Ludwig XIV. Ein ausgeklügeltes Zeremoniell wies jedem Mitglied der Gesellschaft seine genau definierte Stellung zu und machte zugleich den Abstand zum Souverän deutlich. Die repräsentative Hofkunst diente dem Glanz und der Überhöhung des Fürsten. Gleichzeitig wirkte sie nach außen, auf die anderen Souveräne, auf den Adel und auf die Untertanen.

Clemens August vereinigte als Kurfürst und Erzbischof von Köln, als Fürstbischof von Münster, Osnabrück, Paderborn und Hildesheim sowie als Hochmeister des Deutschen Ordens eine Reihe höchster Würden des Deutschen Reiches in seiner Person. Als Abkömmling des Hauses Wittelsbach führte er auch den Titel eines Herzogs von Bayern. Diese herausragende Stellung dokumentierte er durch eine prächtige Hofhaltung, durch repräsentative Bauten und die Verpflichtung von Künstlern aus vielen europäischen Ländern. Für Clemens August besaß die Ehre des Hochmeisters des Deutschen Ordens eine besondere ideelle Bedeutung, obwohl der Orden kaum mehr politischen Einfluß ausübte. Er verfügte aber immer noch über große Ländereien und erhebliche Einkünfte im Reich. Clemens August repräsentierte den Orden glänzend nach außen, ließ sich bevorzugt und häufig mit den Insignien seines Amtes porträtieren und ließ das Kreuz des Deutschen Ordens auf vielen Repräsentations- und Gebrauchsgegenständen anbringen. Der Michaelsorden, 1683 von Clemens Augusts Onkel und Vorgänger Joseph Clemens gestiftet, diente dem Kurfürsten vorrangig zur Auszeichnung von Mitgliedern der Hofgesellschaft. Vorbild war auch hier Ludwig XIV., der den Adel mit einem ausgeklügelten System von Ämtern in allen Rangabstufungen und Auszeichnungen an den Hof und die Person des Fürsten band.

Die Garten- und Landschaftsarchitektur zeigte den Fürsten von Gottes Gnaden als neuen Schöpfer. Der Absolutheitsanspruch des Herrschers wurde in die Landschaft und die Natur hineingetragen. Gleichzeitig diente der Garten als Erweiterung der Schloßinnenräume mit ihrer höchst zeremoniellen Raumanordnung. Der Gartenarchitekt Girard, ein Schüler Le Nôtres, wurde dem Kölner Kurfürsten über den Münchner Hof vermittelt. Er vereinigte in den Brühler Gärten Elemente der Anlagen von Versailles, Nymphenburg, Schleißheim und Lustheim. Die Anlage des französischen Gartens bedeutete Klarheit, Ordnung und Verbesserung der Natur. Diese Auffassung stellt keine moderne Interpretation dar, sondern sie beruht auf Aussagen des 17. und 18. Jahrhunderts. Die Kritik an der Gestaltung eines französischen Gartens war von Anfang an mit der Kritik am Absolutismus verbunden. Saint-Simon z. B. hat sich über die Gartenanlagen Ludwigs XIV. in Versailles wie folgt geäußert: *»Es war dort dem König ein Vergnügen, die Natur zu tyrannisieren und sie mit dem Aufgebot von Kunst und Geld zu bändigen.* [...] *man fühlt sich durch den Zwang, der überall der Natur angetan ist, angewidert.«*

Hofstaat und Hofämter waren streng gegliedert und hierarchisch aufgebaut. Aufwarteinstruktionen regelten sehr genau, wer bei den repräsentativen Empfängen und Hoffesten in welchem Raum Aufstellung nehmen durfte. Die Hofhaltung unterlag demselben hierarchischen Prinzip. Während Porträts von Inhabern der oberen Hofämter sich verschiedentlich erhalten haben, können wir die eigentliche Dienerschaft kaum fassen. Die beiden Porträts der Silberdiener Leonhard Gall und Joseph Hölzl aus der Münchner Residenz sind ganz seltene Zeugnisse derjenigen Menschen, die die glänzende Fassade des Hofes durch ihre Arbeit aufrechterhielten. Auch am kurkölnischen Hof gab es mehrere Silberdiener, die dem Obersilberkämmerer unterstanden, von denen jedoch keine Bildnisse überliefert sind.

M.G

Literatur: W. Kordt/W. Bader, *Die Gärten von Brühl*, Köln 1965; Winterling 1986; P.-A. Lablaude, Die Gärten von Versailles, Worms 1995; Zehnder/Schäfke, *Der Riss im Himmel 3*, 1999, Beiträge von U. Kiby, K. Fehn, Chr. Winkler; M. Miersch, Kurfürstliche Selbstdarstellung und kurfürstliche Propaganda – Porträts des Kölner Kurfürsten Clemens August, in: Zehnder/Schäfke, *Der Riss im Himmel 6* (im Druck); B. Löhmann, *Ein Garten für König und Volk. Peter Joseph Lenné und der Brühler Schloßgarten* (im Druck).

XIX.1
Georges Desmarées
Clemens August als Kurfürst mit dem Pagen von Weichs, um 1746
Öl auf Leinwand,
290 x 178 cm
Schloß Augustusburg, Brühl

Georges Desmarées (1697–1776), Münchner Hofmaler, arbeitete in den Jahren 1745–1749 und 1752–1753 am Bonner Hof. Das Porträt zeigt Clemens August mit allen Insignien seiner Herrschaft, als weltlichen und geistlichen Würdenträger. Er trägt den hermelinbesetzten Kurmantel, auf der Brust das bischöfliche Pektorale. Auf dem Tisch liegt der Kurhut auf einem Kissen; dahinter erscheint die Bischofsmitra. Malerisch drapiert fällt der weiße Mantel mit dem schwarzgoldenen Kreuz des Hochmeisters des Deutschen Ordens auf die Erde. Mit der rechten Hand weist Clemens August auf das 1731 erbaute Schloß Falkenlust.
Lit.: Kat. *Kurfürst Clemens August* 1961, Kat. Nr.7; Hansmann 1977, S. 94, Abb. 440; M. Miersch, Kurfürstliche Selbstdarstellung und kurfürstliche Propaganda-Porträts des Kölner Kurfürsten Clemens August, in: Zehnder/Schäfke, *Der Riss im Himmel 6* (im Druck); L. Koch OSB, Georges Desmarées, *Neue Deutsche Biographie,* Bd. XVI, S.143–145. Abb. S. 82.

XIX.9

XIX.2
Sponton mit Wappen des Kurfürsten Clemens August, nach 1733 und vor 1761
Eisen, Holz, L. 220 cm
Kölnisches Stadtmuseum, Inv. Nr. W 777
Lit.: *Köln – Westfalen 1180–1980*, Ausstellungskatalog Westfälisches Landesmuseum Münster, hrsg. v. P. Berghaus u. S. Kessemeier, Münster 1980, Bd. 1, S. 272 (Abb.), Bd. 2, S. 51, Kat. Nr. 146.

XIX.3
Kurkölnische Hellebarde, 1741
Holz, Eisen, L. 174 cm
Kölnisches Stadtmuseum, Inv. Nr. W 783

XIX.4
Potsdam, kgl.-preuß. Glashütte am Hakendamm (?), um 1723/25
Tafelglas-Garnitur mit kurkölnischem Wappen
Mundglas für Weißwein, H. 17,5 cm;
für Rotwein, H. 14,8 cm;
Sektflöte (ohne Wappenschnitt), H. 20,3 cm
Emslandmuseum Schloß Clemenswerth, Sögel, Inv. Nr. 1994/12 a-c
(Leihgabe der Stiftung Niedersachsen)

Laut *Inventarium Castellum Bonnensis* von 1761 handelt es sich um einen Teil aus dem unter Nr. 51 aufgeführten »*offertum Prussiale*«, wohl dem preußischen Geschenk Friedrich Wilhelms I., bestehend aus »*35 Spitzgläsern und variable Gläser mit Wappen*«. Nach der Wahl Clemens Augusts zum Kölner Erzbischof bemühte sich Friedrich Wilhelm I. von Preußen um gutnachbarliche Beziehungen am Rhein. Beide trafen erstmals am 15. Juli 1726 in der preußischen Garnison zu Wesel zusammen, ein weiteres Mal am 10. August 1729. Bei diesem Treffen gedachte der Soldatenkönig, den kurfürstlichen Rat für die Abstrafung des preußischen Kronprinzen einzuholen. Mit der Wahl Clemens Augusts zum Hochmeister des Deutschen Ordens 1732 und seinen neuformulierten Forderungen gegenüber Preußen, den alten Ordensstaat betreffend, neigte sich die fast unbekannte Freundschaft zweier völlig ungleicher Charaktere dem Ende zu. E. W.
Lit.: Jochen Klepper, *Der Vater – Roman des Soldatenkönigs*, Stuttgart 1937 (Ausgabe Stuttgart 1991, S. 630ff.); R. Ahnert, *Friedrich und Katte. Der Kronprinzenprozeß*, Friedberg 1982, S. 88–92.

XIX.5
Johann Caspar Winkhler
Schreibtisch des Hochmeisters Clemens August, um 1741
Palisander mit Bronzebeschlägen, Marketerien aus Nußbaumfurnier, Bandintarsien aus Rosenholz,
H. 103 cm, B. 130 cm, T. 72 cm
Schloß Augustusburg, Brühl

Bei dem Sekretär handelt es sich um eines von zwei ähnlichen Stücken, die um 1741 von dem Mergentheimer Hofschreiner Johann Caspar Winkhler für Clemens August angefertigt wurden. Auf der schrägen Pultfläche ist das Hochmeisterkreuz in Satinholz eingelegt. Im Inneren befinden sich zwei offene Fächer, mehrere Schubladen sowie Geheimfächer. Der Schreibkasten ist vom Unterteil abtrennbar, so daß der Schreibtisch bequem auf Reisen transportiert werden konnte.
Lit.: Kat. *Kurfürst Clemens August* 1961, S. 196, Kat. Nr. 193; W. Hansmann, Clemens Augusts Pultschreibtisch, *Denkmalpflege im Rheinland,* 1990, H. 4, S. 1f.

XIX.6
Stock des Hochmeisters Clemens August, nach 1732
Spanisches Rohr mit Silberbeschlag,
L. 109 cm
Amt des Hochmeisters des Deutschen Ordens, Wien

Auf dem Knopf in Email die Namenschiffre von Clemens August unter dem Kurfürstenhut.
Lit.: Kat. *Kurfürst Clemens August* 1961, S. 191, Kat. Nr. 172.

XIX.7
Franz Andreas Schega
Medaille des Kurfürsten Clemens August, 1750
Silber, vergoldet, Dm. 6,2 cm
Rheinisches Landesmuseum Bonn

Clemens August ist als Hochmeister des Deutschen Ordens dargestellt. Die Umschrift lautet: »CLEMENS AUGUSTUS D[ei] G[ratiae] ARCHIEP[iscopus] COL[oniensis] ET S[acri] I[mperii] R[omani] EL[ector] BAV[ariae] DUX O[rdinis] T[eutonicorum] MAG[ister].«
Lit.: Kat. *Kurfürst Clemens August* 1961, S. 351, Nr. 684, Tf. 169.

XIX.8
Rheinland, um 1732
Tabatière mit Bildnis des Kurfürsten Clemens August als Hochmeister des Deutschen Ordens
Perlmuttplättchen in vergoldeter Silberblechrahmung, 4 x 7,5 x 5,6 cm
Schnütgen-Museum, Köln, Inv. Nr. B 142

Auf dem Deckel ist Clemens August im Mantel des Deutschen Ordens dargestellt, auf den Seiten befinden sich Jagdszenen. Derartige kostbare Tabaksdosen waren genau wie die Wappengläser (s. u. Kat. Nr. XIX.9) beliebte Geschenke, mit denen der Fürst treue Dienste belohnte oder hohe Gäste auszeichnete. Es ist überliefert, daß etwa 1728 Graf Plettenberg eine solche für seine Verdienste um die Wahl Clemens Augusts zum Bischof von Osnabrück und 1760 Casanova bei seinem Besuch in Brühl ebenfalls eine Tabatière mit dem Bildnis Clemens Augusts erhielten.
Lit.: M. Miersch, Kurfürstliche Selbstdarstellung und kurfürstliche Propaganda-Porträts des Kölner Kurfürsten Clemens August, in: Zehnder/Schäfke, *Der Riss im Himmel 6* (im Druck); *800 Jahre Deutscher Orden,* Ausstellungskatalog Nürnberg 1990, S. 227, Kat. Nr. III.8.20; J. M. Plotzek, Zu einer Perlmutter-Tabatière im Schnütgen-Museum, *Museen in Köln*, 10, 1971, S. 914–918.

XIX.9
Glasdeckelpokal mit Wappen des Kurfürsten Clemens August, um 1740
Farbloses Glas, teilweise vergoldet,
H. 21 cm
Privatbesitz

Auf der Vorderseite der Kuppawandung befindet sich das Wappen des Kurfürsten Clemens August in Matt- und Blankschnitt, das von einem von zwei Löwen gehaltenen und vom Kurhut bekrönten Wappenmantel umhüllt wird. Lippenrand, Fußrand und der mehrfach facettierte Knauf sind vergoldet.

XIX.10
Kette des Großmeisters des Michaelsordens
Bayerisches Nationalmuseum München

Nach dem Tode seines Onkels Joseph Clemens 1723 wurde Clemens August auch die Würde des Großmeisters des Michaelsordens zuteil. Die Insignien des Großmeisters waren ein Kreuz – wie es auf dem Gemälde Clemens August als Falkenjäger (vgl. Kat. Nr. XXIVb.16) zu sehen ist –, das normalerweise wie ein Orden an das Gewand angesteckt wurde, und die Kette, an der man das Kreuz bei feierlichen Anlässen trug. Sie bestand aus 20 Gliedern in Form gerauteter Ovalschilde, aus 16 Gliedern in Form von Waffentrophäen und aus vier emaillierten Schilden mit den Ordenstugenden »Pietas« (Frömmigkeit), »Perseverantia« (Ausdauer), »Fidelitas« (Treue) und »Fortitudo« (Tapferkeit).
Die Kette ist nur unvollständig erhalten. Das Großmeisterkreuz und mehrere Glieder fehlen.
Lit.: Kat. *Kurfürst Clemens August* 1961, S. 200, Kat. Nr. 197; W. D. Penning, *Obristkämmerer und Kommandeur des St. Michaelsordens* (im Druck).

XIX.11
Ordenspatent des Michaelsordens, ausgestellt durch seinen Großmeister, den Kurfürsten Clemens August von Köln
(Bonn, 7. September 1760)
Halbfolio, 28 x 20,5 cm
Emslandmuseum Schloß Clemenswerth, Sögel, Inv. Nr. 1998/1

Zwölfseitige Urkunde aus Ziegenleder-Pergament, im Bug von farbiger Wollkordel gefaßt und mit Bütten- und marmorierten Vorsatzpapieren eingestellt in roten, goldpunzierten Maroquin-Ledereinband (28,6 x 22 cm). Vierseitige Ernennungsurkunde in ornamentaler Schönschrift (Seite 1) und Kanzleischrift und mit aquarelliertem Wappen für Anton Graf von Camerata zu Mazzoleni, Lehngraf zu Mustiola, Edler zu Bergamo und Ancona (gest. 1815), zum weltlichen Ritter, Commendatore und Großkreuzherrn *»des Hoch-Adligen Ritter-Ordens der Beschützer der Göttlichen Ehr unter dem Schutz des Heiligen Ertz-Engels Michaelis«*, ausgestellt zu Bonn, am 7. September 1760, im 67. Jahr der Ordensstiftung, durch *»Clemens August Churfürst und Großmeister«*.
Einziges heute bekanntes Ordenspatent des St. Michaelsordens – der 1837 durch König Ludwig I. in einen bayerischen Verdienstorden umgewandelt wurde – nach den alten Satzungen von 1693 und 1723. Wie bei anderen geistlich-weltlichen Ritterorden auch, fielen Ordenspatent und in der Investitur verliehene Insignien nach Ableben des Inhabers an das Ordensarchiv zurück, das, in der Münchner Maxburg beheimatet, 1944 ausgebombt wurde. E. W.
Lit.: J. B. Kranzmayr, *Wappenkalender des Kgl. Bayer. Ritter-Haus-Ordens vom heiligen Michael*, München 1831, S. 86; L. Trost, *Die Geschichte des St. Michaels-Ordens in Bayern.* München/Leipzig 1888, S. 55–68. E. Schalkhausser, Clemens August als Großmeister des Michaelsordens, in: Kat. *Kurfürst Clemens August* 1961, S. 197–201.

XIX.12

XIX.12
Georges Desmarées
Clemens August als Hochmeister des Deutschen Ordens, um 1746
Öl auf Leinwand, 145 x 113,5 cm
Privatbesitz

Das Gemälde zeigt Clemens August in Halbfigur, angetan mit einem Feldküraß und den Insignien der Hochmeisterwürde (Ordenskreuz, Ritterhelm, weißer Mantel mit schwarzem Kreuz). In der Hand hält er den Kommandostab, neben ihm liegt der Kurhut. Im Hintergrund erscheint die Festung Zons. Auf dem Originalrahmen befindet sich eine Wappenkartusche mit dem Monogramm CA, dem Hochmeisterhelm sowie Mitra und Kurhut. Dieser Porträttypus existiert in einer großen Anzahl von Repliken und Variationen, unter denen diese Fassung, die hier zum ersten Mal im Rheinland gezeigt wird, sicher eine der qualitätvollsten ist. Clemens August läßt sich hier in der Tradition seines Vaters Max Emanuel als Feldherr darstellen, der er in Wirklichkeit nie gewesen ist. Porträts des Herrschers dienten als repräsentative Geschenke an andere Fürsten oder als Belohnung für besondere Dienste. So gelangte auch dieses Gemälde in die Familie des Besitzers.

Lit.: *800 Jahre Deutscher Orden,* Ausstellungskatalog Nürnberg 1990, S. 226, Kat. Nr. III.8.16 (mit Farbtaf.).

XIX.13
Jacob Wangner nach Claudi Sarron
Schloß Nymphenburg von der Stadtseite aus gesehen, 1726
Kupferstich, 66,7 x 46,2 cm
Münchner Stadtmuseum, Inv. Nr. P 715

Nymphenburg wurde von Clemens Augusts Vater, dem bayerischen Kurfürsten Max Emanuel, umgebaut und erweitert. Max Emanuel holte für die Anlage der Gärten im Stile von Versailles zunächst den Le Nôtre Schüler Charles Carbonet und dann Dominique Girard, der später auch den Gartenplan für Brühl schuf. So entstand ein französischer Garten mit Gartenparterre, Boskettzonen, Nutzgärten, Park, Springbrunnen, Kanälen und Skulpturen.

XIX.14
Plan der Brühler Gärten (sog. Dycker Plan), um 1805
Zeichnung, farbig laviert
47,5 x 43 cm
Bez.: »Plan général du Château de Brülh, Dept. de la Roer, Chef-lieu de la 4ième Cohorte de la Légion d'Honneur«
Archiv Metternich, Adelebsen

XIX.15
Plan: Park von Brühl mit Spiegelweiher und Fontänen
Zeichnung, farbig laviert, 34,5 x 43 cm
Archiv Metternich, Adelebsen

Der Originalplan für die Gestaltung der Brühler Gärten von Dominique Girard aus dem Jahre 1728 ist zwar in Schloß Augustusburg erhalten, kann aber wegen seiner Größe und seines fragilen Zustandes hier nicht gezeigt werden. Außerdem wurde er nicht in allen Teilen realisiert. Die ersten Pläne, die ein authentisches Bild von Park und Gärten bieten, sind die hier ausgestellten beiden Pläne (Kat. Nrn. XIX,14–15) aus der Zeit, als das Schloß von Napoleon zwischen 1803 und 1809 dem Besitz der Ehrenlegion zugewiesen worden war. Deutlich sind die drei Komponenten eines französischen Gartens nach Versailler Vorbild zu erkennen: direkt vor dem Südflügel das Gartenparterre mit Fontänen und Wasserbassin, flankiert von Laubengängen; anschließend die dreieckigen Boskettzonen und dann die Park- oder Tiergartenzone als Übergang in die freie Natur. Das Indianische Haus und der verbindende Kanal zum Schneckenhaus erscheinen im linken unteren Viertel. Die auf dem Plan schräg in die linke untere Ecke verlaufende Bahn ist die Falkenluster Allee.

Lit.: B. Löhmann, *Ein Garten für König und Volk. Peter Joseph Lenné und der Brühler Schloßgarten* (im Druck); ders. *»Denkmal von Deutschlands Fürsten« – Die Wiederbelebung der Brühler Schloßanlage im 19. Jh. und die Gartenplanung Lennés* (im Druck).

XIX.16
Lehrzeugnis für den Hof- und Lustgärtner Johann Carl Triffter, 1763
44 x 54 cm
Kölnisches Stadtmuseum, Inv. Nr. 1897/39

Carl Triffter wurde in Herten geboren. Sein Vater war Gärtner in der Propstei St. Gereon in Köln. Von 1760–1763 erlernte er in Schloß Augustusburg in Brühl bei dem kurfürstlichen Hof- und Lustgärtner Franz Thomas Wezel das Gärtnerhandwerk.

XIX.17
Bildnis des kurkölnischen Majors Joseph Ignatz Defournai, um 1760
Öl auf Leinwand, 87,5 x 68,5 cm
Kölnisches Stadtmuseum,
Inv. Nr. RM 1936/1328

Joseph Ignatz Defournai (1729–1809), der aus einer Kurkölner Offiziersfamilie stammte, wurde 1745 Fähnrich im kurfürstlichen Leibregiment (Infanteriereg. Nr. 2), 1756 Oberleutnant und 1790 Major.

Lit.: H. E. Gottberg, Stammlisten der kurkölnischen Armee im 18. Jh., *Mitteilungen der West-*

XIX.14

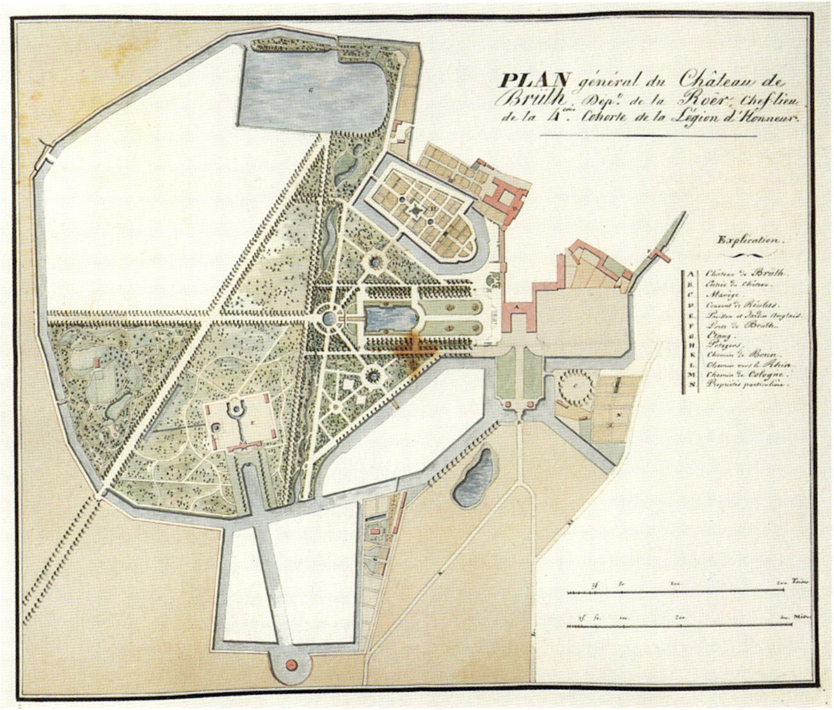

XIX.19

deutschen Gesellschaft für Familienkunde, 1914, S. 50–56, 90–96, Nr. 141.

XIX.18
»Chur-Cöllnischer Hof-Staabs-Kalender für das Jahr 1723«
Kupferstich,
147 x 74 cm
Rheinisches Landesmuseum Bonn,
Inv. Nr. 67. 261
Lit.: Gisela Keil, Zwei kurkölnische Hofkalender, *Das Rheinische Landesmuseum Bonn,* 4, 1967, S. 108–109.

XIX.19
Peter Jacob Horemans
Bildnis des Silberdieners Leonhard Gall, 1772
Öl auf Leinwand,
40 x 52 cm
Residenz München, Inv. Nr. G 183, Leihgabe der Bayerischen Staatsgemäldesammlungen, Inv. Nr. 2996

Leonhard Gall war Silberdiener des Münchner Hofes. Zu seinen Aufgaben zählte die ständige Kontrolle des Silberbestandes. Auch zum Hofstaat der Kölner Kurfürsten gehörten mehrere Silberdiener unter Aufsicht des Obersilberkämmerers.

Lit.: R. Baumstark/H. Seling, *Silber und Gold. Augsburger Goldschmiedekunst für die Höfe Europas,* Ausstellungskatalog Bayerisches Nationalmuseum, Bd. 2, München 1994, Nr. G 12, S. 610–611; C. Winkler, Studien zur Versorgung des kurkölnischen Hofes ..., in: Zehnder/Schäfke, *Der Riss im Himmel 3*, 1999, S. 272ff., S.276f.

XIX.20
Kammerherrenschlüssel
Bronze/Messing, feuervergoldet, L. 13,6 cm
StadtMuseum Bonn,
Inv. Nr. SMB KG 315b
Lit.: s. S. 164, Kat. Nr. I.11.

XIX.21
Ehrendegen für den Obristkämmerer und kommandierenden General Maximilian von Nothafft, 1727
Stahl, Messing, L. insgesamt 86 cm
Kölnisches Stadtmuseum, Inv. Nr. W 309

Auf der Klinge befinden sich die Widmungsinschrift »voor den General Leutenant von Nothafft 1727« und die Initialen CA.
Lit.: *Köln – Westfalen 1180–1980*, Ausstellungskatalog Westfälisches Landesmuseum Münster, Münster 1980, Bd. 2, S. 52, Kat. Nr. 148; Winterling 1986, S. 182, Nr. 20.

XIX.22
Andreas Schrodt (?)
Offiziersringkragen mit Hochmeisterkreuz und Wappen des Kurfürsten Clemens August, um 1750
Messing, vergoldet, 16 x 16,5 cm
Kölnisches Stadtmuseum,
Inv. Nr. HM 1927/415

Als Erinnerung an die militärisch nicht mehr zweckmäßigen Brustpanzer trugen Offiziere (bis in unser Jahrhundert hinein die Militärpolizei) Ringkragen. Umgeben von Kanonen und Fahnen, zeigt dieser das Wappen Clemens Augusts nach seiner Erhebung zum Hoch- und Deutschmeister im Jahre 1732. Das Meisterzeichen AS deutet auf den Kölner Goldschmied Andreas Schrodt. W. S.
Lit.: Kat. *Kurfürst Clemens August* 1961, S. 317, Kat. Nr. 558; Kat. *Clemens August – Fürstbischof, Jagdherr, Mäzen* 1987, S. 402, Nr. 198; *800 Jahre Deutscher Orden,* Ausstellungskatalog Nürnberg 1990, S.161, Kat. Nr. III.4.10; *Köln – Westfalen 1180–1980*, Ausstellungskatalog Westfälisches Landesmuseum Münster, Münster 1980, Bd. 1, S. 272 (Abb.).

XIX.23
Julius Bernhard von Rohr: »Einleitung zur Ceremonialwissenschaft der großen Herrn«. Berlin 1729
Universitäts- und Stadtbibliothek Köln,
Sign. WG 119

XIX.24
»Chur-Cöllnischer Hoff-Calender, Auff Das Jahr nach Unseres Erlösers und Seeligmachers Jesu Christi Gnadenreichen Gebuhrt 1743 ...«
Stadtarchiv und Stadthistorische Bibliothek Bonn, Sign. I b 1

XIX.22

Kat. Nr. XXI.1, S. 91

XX Spielball der Mächte: Kurköln in der Mitte Europas
XXI Wechselspiel der Kräfte: Die Verteilung der Macht im Inneren

Hinter der glanzvollen Fassade, die Fürst und Hof nach außen präsentierten, stellte sich die außen- und innenpolitische Realität durchaus differenziert dar. Die Rheinlande des 18. Jahrhunderts werden als »Raum der Nebenländer« charakterisiert. Kleve, Mark und Moers fielen an Preußen, Jülich-Berg an die Pfalz, in Kurköln regierten seit dem Ende des 16. Jahrhunderts Prinzen aus dem bayerischen Herzogshaus.

Der Titel des Raumes »Spielball der Mächte« weist auf die Verflechtung Kurkölns mit der europäischen Politik hin. Von immer noch herausragender strategischer, aber schwindender politischer Bedeutung, taktierte und lavierte der Kurstaat zwischen den Interessen der Großmächte und des Hauses Wittelsbach.

Frankreich und Habsburg rangen seit dem späten Mittelalter um die Vorherrschaft in Europa; Preußen katapultierte sich mit enormen Anstrengungen in die Reihe der Großmächte; Rußlands Aufstieg zur europäischen Großmacht begann zwar schon mit Peter d. Gr., wurde aber erst unter der Regierung Katharinas II. vollendet. England – hier nicht mitdargestellt – wachte von außen über das Gleichgewicht in Mitteleuropa. Bayern versuchte in diesem Konzert zunächst noch mitzuspielen. Der Aufstieg des Hauses Wittelsbach zur kaiserlichen Macht bedeutete aber zugleich den Beginn des Abstiegs. Trotz seiner geringen Größe ermöglichte die ungemindert wichtige geostrategische Lage es Kurköln, für Subsidienverträge Gefolgschaft oder Neutralität zu erkaufen. Gleichzeitig sicherte Clemens August seinen Ländern mit dieser Politik für lange Jahre den Frieden. Erst das Bündnis Frankreichs und Habsburgs gegen Preußen zog auch Kurköln mit in den Siebenjährigen Krieg (1756–1763) hinein.

Die in der Erblandesvereinigung von 1463 festgelegte Mitwirkung der Landstände an der Regierung, die dazu führte, daß sich hier niemals ein absolutistischer Zentralismus wie in Frankreich ausbilden konnte, gehörte zu den Besonderheiten der kurkölnischen Politik.

Die aufgeklärten Zeitgenossen des 18. Jahrhunderts empfanden dieses landständische Element als unmodern, und doch enthielt es viele in zukunftsweisende Komponenten, die in der preußischen Verfassung für die Rheinprovinz und in der Verfassung des Landes Nordrhein-Westfalen wieder aufgenommen wurden und letztlich in den Landschaftsverbänden fortleben.

Der wichtigste Landstand war das Domkapitel, das in Zeiten der Sedisvakanz auch die Geschäfte des Kurfürstentums führte. Es vertrat zugleich die Geistlichkeit insgesamt. Der zweite Stand umfaßte die Vertreter des Adels, nämlich der Grafen und der Ritterschaft, und der dritte die Abgeordneten der kurkölnischen Städte. Der Landtag tagte im Bonner Kapuzinerkloster. In diesem System waren ca. 80 Prozent der Bevölkerung, nämlich die Landbevölkerung, nicht vertreten. Erst die französische Herrschaft (1794–1814) brachte eine völlige Umgestaltung der politischen Verhältnisse.

Die Kölner Kurfürsten – von 1583 bis 1761 stammten sie aus dem bayerischen Herzogshaus der Wittelsbacher – waren zugleich Erzbischöfe der Erzdiözese Köln. Erst nach Clemens Augusts Tod traten mit Max Friedrich von Königsegg-Rothenfels und Max Franz aus dem Hause Habsburg neue Geschlechter auf den Plan. Max Franz, der Sohn Maria Theresias und Bruder des Reformers Joseph II., stand als einziger der Aufklärung nahe, aber seine Reformversuche kamen zu spät. 1794 brach das Kurfürstentum Köln unter dem Ansturm der Revolutionstruppen zusammen.

Neben Herrschern und Landständen bildeten Beamtenschaft und Minister einen dritten Machtblock im innenpolitischen Gefüge des Kurstaates. Die ersten Minister besaßen als engste Berater und Leiter der obersten Behörden maßgeblichen Einfluß auf die Kurfürsten. Max Heinrich z. B. überließ die Gestaltung der Politik weitgehend den Brüdern von Fürstenberg, Max Friedrich seinem Premierminister Caspar Anton von Belderbusch. Clemens August legte bis 1736 die Politik fast ganz in die Hände von Ferdinand von Plettenberg, der von 1722 bis 1733 die Geschicke des Kurstaats lenkte, bis der Herrscher ihm aus persönlichen Gründen seine Gunst entzog. Plettenbergs grandioser Aufstieg und sein tiefer Fall demonstrieren zugleich die Risiken der Stellung eines Ministers. M. G.

Literatur: Zehnder/Schäfke, *Der Riss im Himmel 2*, 1999.

XX Spielball der Mächte: Kurköln in der Mitte Europas

XX.1
Bildnis Ludwigs XV., 2. Viertel des 18. Jahrhunderts
Öl auf Leinwand, 250 x 186 cm
Schloß Augustusburg, Brühl
Lit.: Hansmann 1977, S. 92, Nr. 3, Abb. 423.

XX.2
Antoine Pesne
Bildnis Friedrichs II. von Preußen, um 1750
Öl auf Leinwand, 174 x 114 cm
Schloß Augustusburg, Brühl
Lit.: Hansmann 1977, S. 97f., Nr. 46, Abb. 461.

XX.3
Bildnis Katharinas II. von Rußland, 2. Hälfte des 18. Jahrhunderts
Öl auf Leinwand, 147 x 100 cm
Schloß Augustusburg, Brühl
Lit.: Hansmann 1977, S. 97, Nr. 43.

XX.4
Stil des Martin van Meytens
Bildnis Maria Theresias, Mitte des 18. Jahrhunderts
Öl auf Leinwand, 175 x 117 cm
Schloß Augustusburg, Brühl

Die Kaiserin hält in der Linken das ungarische Krönungsszepter, auf einem Taburett liegen die ungarische Stephanskrone und die böhmische St. Wenzelskrone.
Lit.: Hansmann 1977, S. 96, Nr. 35, Abb. 460.

XX.5
Guillielmus de Grof (?)
Büste des Clemens August von Bayern als Kurfürst von Köln, um 1725/30
Bronze, feuervergoldet, H. 22 cm
Sockel und Postament auf Füßen, Marmor und Bronze, feuervergoldet, H. 38 cm
Stadtmuseum Münster, Inv. Nr. SK-0241-2

Der jugendlich wirkende Clemens August ist in geistlicher Tracht als Kurfürst von Köln dargestellt. Die qualitätvolle, hohl gegossene Büste zeigt den Kurfürsten eher als sensiblen jungen Mann denn als selbstbewußten Herrscher. Sie ruht auf einem runden, profilierten und eingezogenen Sockel aus schwarzem Marmor, der auf einem mehrfach profilierten, hohen, aus schwarzem und grau-weißrotem Marmor gearbeiteten Postament mit feuervergoldeten Löwenfüßen aus Bronze steht.
Die Büste befand sich ursprünglich im Besitz des westfälischen Adeligen Ferdinand von Plettenberg, des damaligen Premierministers von Clemens August. Ob es sich dabei um die 1927 von Edmund Renard erwähnte Bronzebüste des Kurfürsten von dem bayerischen Hofbildhauer Guillielmus de Grof handelt, ließ sich noch nicht klären. Die stilistisch vergleichbaren Büsten bayerischer Herrscher von de Grof im Bayerischen Nationalmuseum legen dies nahe. Archivalisch ist zudem belegt, daß de Grof von Ferdinand von Plettenberg mehrere Aufträge erhalten hat. B. R.
Lit.: Renard 1927, S. 65; P. Volk, *Guillielmus de Grof (1676–1742). Studien zur Plastik am Kurbayerischen Hof im 18. Jh.*, Diss. Frankfurt a. M. 1964; *Johann Conrad Schlaun in Münster*, Ausstellungskatalog Stadtmuseum Münster 1995, S. 13f.

XX.6
Einigung zwischen Erzbischof Joseph Clemens und seinem Neffen Clemens August über die Koadjutorwahl in Köln mit Revers des bayerischen Kurfürsten Max Emanuel, 14. März 1722
Zeitgenössisches Duplikat
Papier, mit Wachssiegeln von Joseph Clemens und Clemens August an blauem Seidenband und Papierreverssiegel von Max Emanuel
Nordrhein-Westfälisches Hauptstaatsarchiv Düsseldorf, Sign. Kurköln VIII, 57, f. 17–24

XX.1

XX.2

XX.7
Allianzvertrag zwischen Frankreich und Kurköln mit geheimen Zusatzartikeln, 10. Januar 1734
Papier, gesiegelt von dem Bevollmächtigten Frankreichs, Germain Louis Chauvelin, und Kurkölns, dem Prinzen von Grimbergen
Nordrhein-Westfälisches Hauptstaatsarchiv Düsseldorf, Sign. Kurköln Urk. 5541

Das erste Faszikel, überschrieben *Traité avec Monsieur l'Electeur de Cologne*, enthält den eigentlichen Vertrag, in dem Clemens August sich gegenüber Ludwig XV. von Frankreich verpflichtet, die französischen Interessen im Reich zu vertreten und im Falle eines Krieges nur das einfache Kontingent dem Reich zu stellen. Das zweite Faszikel, überschrieben *Articles séparés et secrètes*, enthält die Vereinbarung, Clemens August dafür jährlich Subsidien in Höhe von 750 000 Livres zu gewähren, zahlbar in Raten alle drei Monate in Paris oder durch einen Wechsel in Amsterdam. Die zunächst eingesetzte Anweisung, in deutschem Geld zu zahlen, ist durchgestrichen. Statt dessen soll in französischer Währung zum Tageskurs gezahlt werden.

XX.4

XX.8
Johann Heinrich Gottlob von Justi: »Hippolithi a Lapide: Abriß der Staats-Verfassung, Staats-Verhältniß, und Bedürfniß des Römischen-Reichs Deutscher Nation: Nebst einer Anzeige der Mittel zur Wiederherstellung der Grund-Einrichtung und alten Freiheit nach dem bisherigen Verfall. Aus Bogislav Philipp von Chemnitz vollständiger lateinischer Urschrift, mit Anmerkungen, welche die gegenwärtigen Umstände im Reich betreffen.« Mainz/Koblenz 1761.
Bayerische Staatsbibliothek, München, Sign. J. publ.gl. 423 f-1

Die Arbeit von Justi ist angeblich eine Übersetzung der erstmals 1640 erschienenen, bekanntesten antikaiserlichen Streitschrift des Deutschen Reiches. Tatsächlich aber handelt es sich um eine Neufassung. Justi versah sie darüber hinaus mit einem tausendseitigen Kommentar und propagierte dabei die Kriegsziele Friedrichs d. Gr. im Siebenjährigen Krieg und verlangte auch die Säkularisation der geistlichen Staaten, wobei ihm Clemens August als besonders einleuchtendes Beispiel für die Notwendigkeit einer Reform diente.
Lit.: W. Burgdorf, »Der Kurfürst von Köln solle für eine weltllichen Kurfürsten erklärt, verheiratet, und die Kur auf seine Deszendenten festgestellt werden, …« Clemens August, der Siebenjährige Krieg und die Folgen, in: Zehnder/Schäfke, *Der Riss im Himmel 2*, 1999, S. 23–42.

XX.9
Bestätigung Maria Theresias für die dem Kurfürsten Clemens August gegen Preußen erteilten Garantien, 13. und 18. März 1741
Pergament, Siegelkapsel aus Holz mit Wachssiegel, 35 x 55 cm, Dm. Siegel 11 cm
Nordrhein-Westfälisches Hauptstaatsarchiv Düsseldorf, Sign. Kurköln Urk. 5587

Der österreichische Minister Colloredo hatte Clemens August weitgehende Garantien zugesagt, da dieser die Pragmatische Sanktion, d. h. die Nachfolge Maria Theresias in alle Rechte ihres Vaters Kaiser Karls VI., anerkannt hatte. Clemens August unterstützte die Ansprüche seines Bruders Karl Albrecht auf die Kaiserkrone erst, nachdem dieser mit einem bayerisch-französischen Heer Ende 1741 die österreichische Grenze überschritten hatte, bis Prag vorgedrungen war und sich zum König von Böhmen hatte krönen lassen.
Lit.: T. Güß, Clemens August und sein Bruder Karl Albrecht (im Druck).

XXI Wechselspiel der Kräfte: Die Verteilung der Macht im Inneren

XXI.1
Joseph Vivien
Ferdinand Freiherr von Plettenberg-Nordkirchen, 1721/22
Öl auf Leinwand, 85 x 70,5 cm
Westfälisches Landesmuseum für Kunst- und Kulturgeschichte, Münster, Inv. Nr. 2085 LM

Ferdinand von Plettenberg (1688–1737) gehörte einer der reichsten Familien

Westfalens an. Sein persönlicher und politischer Ehrgeiz führte ihn in den Dienst der Wittelsbacher, für die er zunächst die westfälischen Bistümer Münster und Paderborn sicherte. Clemens August holte ihn als seinen engsten Berater an seinen Hof. Ferdinand von Plettenberg wurde Geheimer Rat, Obristhofmeister, wurde in den Reichsgrafenstand erhoben und mit dem Orden des Goldenen Vlieses ausgezeichnet. Er bestimmte maßgeblich die kurkölnische Politik. So kometenhaft wie sein Aufstieg, so dramatisch war sein Sturz. Als sein Neffe den Komtur von Roll, einen Günstling Clemens Augusts, im Duell tötete, verlor er alle seine Ämter, seine Güter wurden konfisziert. Er starb 1737 in Wien, ohne die Karriere in kaiserlichen Diensten, die er sich erhofft hatte, begonnen zu haben.
Das Porträt zeigt Plettenberg mit Kette und Kreuz des kurkölnischen Michaelsordens. Auf dem roten Mantel wiederholt sich das Kreuz in goldener Stickerei.
Lit.: G. Dethlefs, *Das Kunstwerk des Monats Juni 1998*, hrsg. v. Westfälisches Landesmuseum für Kunst- und Kulturgeschichte, Münster 1998.
Abb. S. 88.

XXI.2
Ernennung Ferdinands von Plettenberg zum Großkreuzherrn des Michaelsordens, 1721
Urkunde, 50,5 x 69,2 cm, mit 2 hölzernen Siegelkapseln (leer), Dm. 10 cm
Westfälisches Archivamt Münster, Sign. Archiv Nordkirchen U 2977

XXI.3
Erhebung Ferdinands von Plettenberg in den Reichsgrafenstand, 1724
Urkunde in roten Samt eingebunden, 35 x 25 cm, mit Siegel Kaiser Karls VI.
Westfälisches Archivamt Münster, Sign. Archiv Nordkirchen U 2981

XXI.4
Bildnis des Domkanonikers Arnold von Schönheim, 1789
Öl auf Leinwand, 81 x 64 cm
Metropolitankapitel der Hohen Domkirche Köln

Arnold von Schönheim war Senior des Kapitels und Offizial des Doms. Er starb

XX.5

1789. Das Bildnis entstand kurz nach seinem Tod.

XXI.5
Erblandesvereinigung, 26. März 1463
Ausfertigung, Pergament, deutsch, dabei 11 Transfixe (späterer Beitritte und Bestätigungen 1473–1515). Insgesamt noch 69 Siegel (von ursprünglich ca. 100?), ca. 62 x 90 cm
Historisches Archiv der Stadt Köln, Sign. Domstift K 1693/1 (weitere Exemplare Domstift 3/1693/2 und Nordrhein-Westf. Hauptstaatsarchiv Düsseldorf, Sign. Kurköln. Urk. 2059)

In der Sedisvakanz nach dem Tod des Kurfürsten Dietrich von Moers (1414–1463), der durch unaufhörliche Kriege das Erzstift in katastrophaler Verschuldung hinterlassen hatte, traten erstmals alle Stände des Erzstifts – das Domstift, die Grafen und Edelherren, die Ritter und die Städte – zusammen, um Einfluß auf die Regierung zu gewinnen sowie grundsätzliche Regelungen ihres Verhältnisses zum Landesherrn und untereinander durchzusetzen, die jeder zukünftige Kurfürst zu beschwören hatte. Er ist im Land zur Friedenssicherung verpflichtet und darf ohne Zustimmung der Stände weder Kriege führen noch Landesteile verpfänden. Wenn der Erzbischof dagegen verstößt, erlischt die Gehorsamspflicht der Stände. Diese *Erblandesvereinigung* blieb bis zum Ende des 18. Jh.s das »Staatsgrundgesetz« des Erzstifts Köln. M. H.
Druck: F. Walter, *Das alte Erzstift und die Reichsstadt Cöln. Die Entwicklung ihrer Verfassung vom 15. Jh. bis zu ihrem Untergang*, Bonn 1866, S. 387–395.
Lit.: M. Fuhs, *Hermann IV. von Hessen. Erzbischof von Köln 1480–1508*, Köln/Weimar/Wien 1995, S. 13–17; G. Droege, *Verfassung und Wirtschaft in Kurköln unter Dietrich von Moers (1414–1463)* (Rheinisches Archiv, 50), Bonn 1957, S. 100–108.

XXI.6
Landtagsausschreibung vom 10. April 1725
Exemplar für die Stadt Unkel, mit Papiersiegel, 30 x 20 cm
Stadtarchiv Unkel, Sign. Akten 5/93, Landtagsausschreibungen 1724–1740

XXI.7
Matthias Frickel
Das Kapuzinerkloster in Bonn, um 1900
Aquarell über Bleistiftzeichnung, 23,6 x 31,2 cm
Stadtarchiv und Stadthistorische Bibliothek Bonn, Graphische Sammlung

Im Kapuzinerkloster tagten bis zu ihrer Auflösung die Landstände.
Es wurde 1897 abgerissen. Die Zeichnung entstand wohl zu dieser Zeit oder wenig später.

XXI.8
Petrus à Gunst
Bildnis des Erzbischofs und Kurfürsten von Köln, Joseph Clemens von Bayern
verlegt bei F. N. Vischer
Kupferstich, 46,1 x 32,1 cm
Kölnisches Stadtmuseum, Graphische Sammlung, Inv. Nr. G 16287

XXI.9

Joseph Clemens, ein Bruder des bayerischen Kurfürsten Max Emanuel, war von 1688 bis 1723 Erzbischof von Köln. 1694 wurde er außerdem Fürstbischof von Lüttich und 1702 von Hildesheim. Da er sich im Spanischen Erbfolgekrieg auf die Seite des späteren Verlierers Frankreich gestellt hatte, wurde er aus seinem Bischofssitz Köln vertrieben und verbrachte die Jahre 1702 bis 1715 im Exil. In dieser Zeit führte das Domkapitel die Regierung.

XXI.9
Jean Audran nach Joseph Vivien
Bildnis des Erzbischofs und Kurfürsten von Köln, Clemens August von Bayern, zwischen 1719 und 1723
Kupferstich,
43,5 x 31,1 cm
Stadtarchiv und Stadthistorische Bibliothek Bonn

Clemens August regierte den Kurstaat von 1723 bis 1761. 1719 war er bereits Bischof von Münster und Paderborn, 1723 erfolgte die Wahl zum Nachfolger seines Onkels Joseph Clemens in Köln, 1724 wurde er Bischof von Hildesheim, 1728 Bischof von Osnabrück.
Das Bild ist dem Freiherrn von Plettenberg, Herrn von Nordkirchen und Vogelsang gewidmet. Plettenberg besaß wesentlichen Anteil an der Wahl Clemens Augusts zum Bischof von Münster und Paderborn.

XXI.10
W. C. Rücker
Bildnis des Erzbischofs und Kurfürsten von Köln, Maximilian Friedrich von Königsegg-Rothenfels
Kupferstich,
48 x 28,2 cm
Kölnisches Stadtmuseum, Graphische Sammlung, Inv. Nr. G 16289

Nach dem Tode von Clemens August wollten weder Papst noch Domkapitel wieder einen Wittelsbacher auf dem Kölner Erzstuhl sehen. So wählte man den politisch recht unbedeutenden Domherrn Maximilian Friedrich von Königsegg-Rothenfels zum Kurfürsten. Bis zu seinem Tod im Jahre 1784 überließ Maximilian Friedrich die politischen Geschäfte fast völlig seinem Minister Caspar Anton Graf Belderbusch (vgl. S. 232ff.).

XXI.11
J. B. Schweyer nach Beer
Bildnis des Erzbischofs und Kurfürsten von Köln, Maximilian Franz von Österreich
Kupferstich, 27,2 x 21 cm
Kölnisches Stadtmuseum, Graphische Sammlung, Inv. Nr. G 16286

Max Franz, der Sohn Maria Theresias, trat 1784 die Nachfolge Max Friedrichs an. Als Bruder Josephs II. war er mit den Gedanken des aufgeklärten Absolutismus vertraut und versuchte, in Kurköln Reformen und Änderungen in vielen Bereichen durchzusetzen. Aber seine Bemühungen waren zu spät und zu schwach. 1794 mußte er vor den französischen Revolutionstruppen fliehen. Er starb 1801 in seiner österreichischen Heimat.

XXI.12
Dokumentenmappe von Clemens August, 1722
Silber, Goldstickerei, 39 x 26 cm
Emslandmuseum Schloß Clemenswerth, Sögel

Grünblauer Samt auf hellblauer Seide. Wappen, Paraphernalien und ornamentale Randleisten als gestickte Applikationen in Anlegearbeit aufgelegt. Materialien: Goldsilberdraht, z.T. spiralig, Goldlahn, goldene Pailletten und Kantillen (Vergoldung stark berieben). Innenfutter in roter Moiréeseide. Kompositwappen von Kurköln, Westfalen und Münster mit bayerischem Herzschild über großem Wappenmantel, von bayerischen Löwen gehalten, vom Kurhut bekrönt und mit Schwert und Bischofsstab hinterlegt. E. W.

XXI.13
Christian Udesheim
Spitze einer Fahnenstange, um 1699
Silber gegossen, graviert und vergoldet,
H. 22 cm
Privatbesitz

Die Fahnenspitze ist eine Arbeit des Bonner Silberschmieds Christian Udesheim aus der Zeit des Erzbischofs und Kurfürsten Joseph Clemens. Eine Seite zeigt den Adler der Stadt Arnsberg, darüber den Kurhut und das Martyrium des Hl. Sebastian. Die andere Seite ziert der Wappenschild von Joseph Clemens, umschlossen von der Kette des Michaelsordens, bekrönt von einem Kurhut und gehalten von der Madonna mit Kind und dem Hl. Michael.

XXI.12

Kat. Nr. XXII.1a, S. 96

XXII Die Gedanken sind frei

Höfische Nachrichten werden im 18. Jahrhundert über interne Kanäle und oft durch zielgerichtete Gerüchte am Hof selbst und an anderen Höfen in Umlauf gebracht. Narrenfreiheit bei der Verbreitung ironisch-bissiger Nachrichten am eigenen Hof hat der Hofnarr. Jenseits des Hofes agiert aber auch der Depeschenträger oder Postillion als Nachrichtenträger nach außen.[1] Öffnet er doch manches Mal die zu befördernde Post und liest diese – nachdem er in sein Posthorn geblasen hat – vor der Poststation laut vor. Trotz verschiedener fürstlicher Erlasse hält sich diese Art der Nachrichtenverbreitung über weite Strecken des 18. Jahrhunderts hinweg.

Ein weiteres Medium der mündlichen Weitergabe von Nachrichten ist der Zeitungssinger. Auf einer kleinen Bühne, die meist an zentraler Stelle auf öffentlichen Stadt- und Dorfplätzen steht, kommentiert er für alle Leseunkundigen singend und in oft bissig-satirischer Weise das aktuelle politische Geschehen. Entscheidend ist dabei auch der Unterhaltungswert der Nachrichten. Deswegen illustriert er seinen Gesang mit einer Fülle von vorgezeigten satirischen Flugblättern und Karikaturen.[2]

Dank verbesserter Bildung und Erziehung entwickelt sich im Verlauf des 18. Jahrhunderts ein wahrer Lesehunger. Dieser bedingt wiederum einen Bücher-, Zeitungs- und Zeitschriftenboom. Weite Teile der Bevölkerung erfaßt ein politisches Interesse, nicht nur das Bildungsbürgertum. Dank des Vorlesers – meist des Pfarrers oder Schulmeisters – ist man auch auf dem Dorf auf dem Laufenden, selbst wenn man nicht lesen kann. Bücher und Zeitschriften sind allerdings oft noch sehr teuer. Daher bilden sich vorzugsweise in den Städten literarische Clubs oder Lesegesellschaften, die ihren Mitgliedern Lektüre gegen Entrichtung einer Gebühr leihweise zur Verfügung stellen. Gelesen wird gemeinsam im Kaffee- und Clubraum. Die politische Diskussion nimmt dabei einen breiten Raum ein, so auch bei der 1787 gegründeten Bonner Lesegesellschaft (eine der wenigen Lesegesellschaften, die bis heute existieren).[3] Utopien der französischen Aufklärer werden ebenso besprochen wie das aktuelle politische Geschehen in der eigenen Region. Viele der Teilnehmer sind Beamte am kurfürstlichen Hof. Oft sind sie sogar selbst literarisch tätig, so daß bisweilen ihre aufklärerischen Reden in Pamphleten oder revolutionären Schriften auch an die Öffentlichkeit dringen.

Selbst 1794 bringen seine aufrührerischen Reden den ehemaligen Franziskanermönch, Bonner Religionsphilosophen und Revolutionär Eulogius Schneider noch auf das Pariser Schafott. Trotz des oft subversiven Gedankenguts, das in diesen kleinen aufklärerischen Zirkeln gepflegt wird, werden diese vom Kölner Erzbischof und Kurfürsten geduldet. Als reformbedachter Herrscher seiner Zeit stellt sich sogar Max Franz, einer der Nachfolger von Clemens August, an die Spitze der Lesegesellschaft von Bonn und erhält deren Ehrenmitgliedschaft.

Manch einer aus den Clubs der Literaten ist auch als Freimaurer aktiv. Diese gehören zu jenen neuen ›Bruderschaften‹ im Geiste der Aufklärung, deren politische und gesellschaftliche Utopien einen religiös-erhabenen, weltformenden Charakter haben. Ihre Gesellschafts- und Lebensentwürfe markieren den Aufbruch in die moderne Gesellschaft.

S. B.

[1] Vgl. A. Gestrich, *Absolutismus und Öffentlichkeit. Politische Kommunikation in Deutschland zu Beginn des 18. Jh.s*, Göttingen 1994, S. 136ff.

[2] Vgl. B. Boge, Clemens August und seine Zeit im Spiegel der Zeitschriften des Kölner Satirikers Heinrich Lindenborn, in: Zehnder/Schäfke, *Der Riss im Himmel 4*, 1999, S. 215ff.

[3] Vgl. D. Maurer/A. E. Maurer, *200 Jahre Lese- und Erholungsgesellschaft Bonn 1787–1987*, Bonn 1987.

XXII.1
a) Hendrik Frans van Lint
Der Hofnarr des Kurfürsten Clemens August, 1725
Öl auf Leinwand, 43 x 36,5 cm
StadtMuseum Bonn, Inv. Nr. SMB 1991/G170
Abb. S. 94.

b) Meissen, 18. Jahrhundert
Figur des Hofnarren Fröhlich
Porzellan
Privatsammlung

Kleinwüchsige Menschen fristeten als lebende Merkwürdigkeit ihr Dasein an den Höfen des Adels. Da man von ihrer Physiognomie auf ihre Persönlichkeit schloß, waren sie auf die Rolle des Spaßmachers festgelegt. Hier hatten sie allerdings Narrenfreiheit und äußerten diese in oft beißender Hofkritik.
Lit.: Kat. Rheinisches Landesmuseum Bonn 1982, S. 138; G. F. Hartlaub, *Der Gartenzwerg und seine Ahnen*, Heidelberg 1962.

LXXV.

GAZETTE DE COLOGNE

AVEC PRIVILEGE DE SA MAJESTÉ IMPERIALE

Du MARDY, 19 SEPTEMBRE 1747.

ITALIE.
De Rome, le 2 Septembre.

L E Comte de *Woronzow*, Vice-Chancellier de *Russie*, ayant eu l'honneur de rendre ses devoirs au Pape à son passage par cette Ville, a crû devoir temoigner à Sa Sainteté le cas, qu'il fait des égards qu'elle a eus pour luy, en rassemblant à son retour à *S. Petersbourg* tout ce qu'il y a trouvé de livres, qu'il a cru pouvoir figurer dans la premiere Bibliotheque de l'Univers. Il en a fait faire quelques caisses, qui sont arrivées ces jours-ci à *Livourne* à bord d'un batiment *Hollandois*, a fait échouer les grands projets, formez par les ennemis d'éxécuter en une seule campagne, ce qu'ils n'ont pû faire en six. Mais ces Troupes seront remplacées par un nombre proportionné d'Infanterie, tant *Allemande* que *Hongroise*.

SILESIE.
De Breslau, le 7 Septembre.

Le Roy, depuis son arrivée dans ce païs, n'est occupé qu'à faire la revuë des Troupes. Après avoir fini celle de nôtre garnison, S. M. partit hier pour *Brieg*, où Elle passera aujourd'huy en revuë les Régimens de *Hautcharmois*, Infanterie, & de *Wartenberg*, Hussards. De *Brieg* le Roy ira à *Neiss*.

FRANCE.
De Paris, le 12 Septembre.

M. le Cardinal de *Tencin* arriva Lundy dernier de retour de son Archevêché de *Lyon*, où il a fait un sejour d'environ trois mois. Les Ministres Etrangers, qui

XXII.4

XXII.2
Heinrich Lindenborn: »Des Diogenes seltsame Erscheinungen in dem Reiche der Narren«, Köln 1743
Universitäts- und Stadtbibliothek Köln, Sign. Rh SM 431

Der Kölner Heinrich Lindenborn zählt zu den literarischen Größen im Rheinland des 18. Jh.s. Der Jurist arbeitete als Redakteur. Seine oft sehr zeitkritischen Berichte brachten ihn immer wieder in Konflikt mit den Zensurbehörden. Berühmt wurde er vor allem als Satiriker einer Wochenschrift, dem *Cöllnischen Diogenes*, der seit 1740 in wöchentlichen Lieferungen bei dem Verleger Gereon Arnold Schauberg erschien. Dabei machte er mit seiner Kritik auch nicht vor dem Kurfürsten Clemens August halt.
Lit.: Boge 1999, S. 221–226.

XXII.3
»Eilfertiger Welt- und Staats-Bothe«, Köln 1738
Historisches Archiv der Stadt Köln, Sign. H 490

Seit 1738 arbeitete Heinrich Lindenborn in der Redaktion des politische Wochenblatts, das von dem Kölner Druckerverleger Balthasar Wilms herausgegeben wurde.
Lit.: Boge 1999, S. 211–226

XXII.4
Gazette de Cologne, 1743–1744
Universitäts- und Stadtbibliothek Köln, Sign. M Ztg 00233

XXII.5
»Le nouvelliste politique d'Allemagne«, [Köln] 1785
Universitäts- und Landesbibliothek Bonn, Sign. Lu 1332/54

XXII.6
»Courier de Bas-Rhin«, Kleve, 1784
Universitäts- und Landesbibliothek Bonn, Sign. Lu 1334/43

XXII.7
Baron de Montesquieu: »Lettres persanes«, Köln, 1744
Universitäts- und Stadtbibliothek Köln, Sign. WA V 357

XXII.8
Daniel Defoe: »The Life and Strange Surprising Adventures of Robinson Crusoe of York«, London 1778
Universitäts- und Stadtbibliothek Köln, Sign. S 32/3443

XXII.9
Friedrich Schiller: »Die Räuber«, Frankfurt/Leipzig 1782
Deutsches Historisches Museum, Berlin, Sign. R 52/5269.2

XXII.8

Das Drama verbindet, was den Geniekult der Sturm- und Drangzeit ausmachte: mächtige Leidenschaften und Widersprüche in den Protagonisten, tragische Konflikte sowie die Verflechtung des persönlichen Schicksals mit dem der Menschheit. Der Wunsch nach Freiheit, die Hoffnung auf menschenwürdige Lebensformen und die Abscheu vor Heuchelei spiegelten die Sehnsucht der Zeit. C. K.

XXII.10
Immanuel Kant: »Die Kritik der reinen Vernunft«, 1781
Deutsches Historisches Museum, Berlin, Sign. R 52/5908

XXII.11
Denis Diderot/Jean Le Rond D'Alembert: »Encyclopédie ou Dictionnaire Raisonné des Sciences, des Arts et des Métiers«, Paris 1751–1777, hier: »Recueil de Planches, sur les Sciences, les Arts Liberaux et les Arts Méchaniques, avec leur explication«, T. VII, 1769
Titelblatt: Druckerwerkstatt
Kölnisches Stadtmuseum, Bibliothek, Sign. D 250

Diderot (1713–1768), einer der einflußreichsten Vertreter der Aufklärung, war als Autor und Herausgeber der

Encyclopédie tätig. Bis 1758 betreute er gemeinsam mit Jean d'Alembert dieses monumentale, mehr als 20 Bände umfassende Kompendium des praktischen Wissens, zu dem zehn weitere Bände mit Kupferstichen gehören. Alle Bereiche sollten erfaßt werden, die den Herausgebern für die Modernisierung Frankreichs als unverzichtbar erschienen. C. K.

XXII.12
Höchst, um 1775
Tête à Tête mit Theaterszenen: Anbietplatte, Kaffeekanne, Teekanne, Milchkännchen, Zuckerdose, zwei Tassen mit Unterschalen
Porzellan, Anbietplatte: L. 33,5 cm, B. 25,5 cm; Kaffeekanne: H. 17,5 cm; Teekanne: H. 10,8 cm; Milchkännchen: H. 8,3 cm; Zuckerdose: H. 8,5 cm; Tassen: H. 4,6 cm, Dm. 5,1 cm; Unterschalen: H. 2,6 cm, Dm. 10,9 cm
Museum für Kunsthandwerk, Frankfurt a. M., Inv. Nr. 5421

Neben ihrer Funktion als Hort politischer Lektüre und Diskussion boten die Lesegesellschaften ihren Mitgliedern auch Unterhaltung und Bequemlichkeit. Vorlage für das Service ist das Singspiel *Rose et Colas* (Text von M. Sedaine, Paris 1764), das 1773 zuerst in Frankfurt aufgeführt wurde.

XXII.11

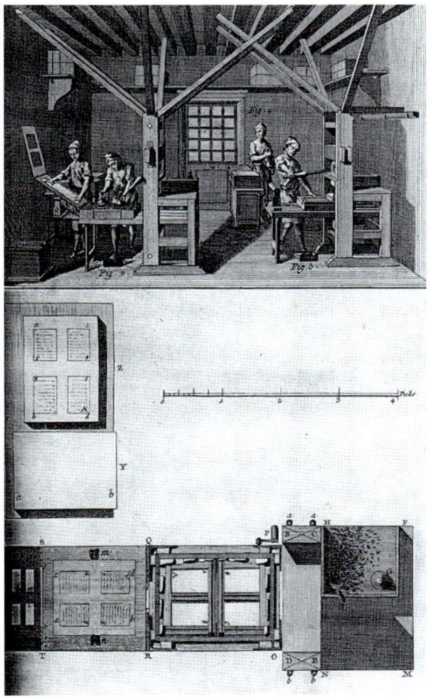

XXII.13
a) Schärpe mit Freimaurersymbolen
Museo Correr e Quadreria Correr, Venedig

b) Freimaurersymbole
Museo Correr e Quadreria Correr, Venedig

c) Johann Joachim Kaendler
Meissen, um 1744
Freimaurer
Porzellan, H. 30 cm
Museum für Angewandte Kunst Köln, Inv. Nr. OV.29

Während der zweiten Phase der Aufklärung gründeten sich zahlreiche Vereinigungen, deren Trägerschaften weit über das Gelehrtenmilieu hinausreichten. Die bekannteste unter ihnen war die der Freimaurer. Die Faszination, die diese ausübten, beruhte auf ihrem geschicktem Verbinden von rationalen mit irrationalen, aufklärerischen mit mystizistischen Elementen sowie einem esoterischen Geheimkult, der immer wieder Anlaß zu Spekulationen gab.
Das Ideal der Freimaurer war der aufgeklärte Mensch, dem es gelingt, seine Leidenschaften der Vernunft unterzuordnen und dem Gemeinwesen zum Besten zu dienen. C. K.
Lit.: R. v. Dülmen, *Die Gesellschaft der Aufklärer. Zur bürgerlichen Emanzipation und aufklärerischen Kultur in Deutschland*, Frankfurt a. M. 1996.

d) Johann Joachim Kaendler
Meissen, um 1744
Dame vom Mopsorden
Porzellan, H. 28 cm
Museum für Angewandte Kunst Köln, Inv. Nr. E 2848

XXII.14
Jean Jacques Rousseau: »Collection Complète des œuvres«, Bd. 3: »Du Contrat Social«, Amsterdam 1763
Universitäts- und Stadtbibliothek Köln, Sign. WH I73-3

Neben Rousseaus (1712–1778) Romanen und pädagogischen Schriften ist seine staatsrechtliche und sozialphilosophische Schrift *Über den Gesellschaftsvertrag* (1762) hervorzuheben. Dem Gottesgnadentum als bisheriger Grundlage des Staates stellt er die freiwillige Verpflichtung der Individuen für die Allgemeinheit gegenüber. C. K.

XXII.13a

XXII.15
a) Jean-Antoine Houdon
Büste des Voltaire, 1778
Marmor, H. 35 cm, B. 20 cm
Deutsches Historisches Museum, Berlin, Inv. Nr. Pl. 95/15

b) Voltaire: »Collection des œuvres complètes«, Bd. 1, Bde. 3–6
Universitäts- und Stadtbibliothek, Köln, Sign. S 23/5856

Voltaire (d. i. François Marie Arouet, 1696–1778), der geistige Führer der Aufklärung, der mit seinem Auftreten und Werk geradezu als die Verkörperung des 18. Jh.s begriffen werden kann, setzte sich leidenschaftlich für Vernunft, Menschenrechte und religiöse Toleranz ein. C. K.
Lit.: G. Holmsten, *Voltaire*, Hamburg 1971.

Kat. Nr. XXIII.7, S. 100

XXIII Die Schattenseiten der Aufklärung: Sozialdisziplin und Justiz

Der frühneuzeitliche Staat fühlte sich zuständig für die Disziplinierung aller Lebensbereiche – Politik, Militär, Erziehung, Bildung, Wissenschaft, Wirtschaft. Der Spielraum von Individuen und Gemeinschaften wurde immer mehr eingeschränkt. Die moderne Bürokratie nimmt im 18. Jahrhundert ihren Anfang.

Die Ursachen des Phänomens Sozialdisziplinierung lagen im Einfluß der protestantischen Ethik mit ihrer Betonung des Wertes der Arbeit und in der Ausformung des modernen Staates, bei dem nicht mehr persönliche Bindungen und Gewohnheitsrecht, sondern Gesetze und Verordnungen das Verhältnis zwischen Obrigkeit und Bevölkerung regeln. Entsprechend entstanden juristische und staatstheoretische Schriften. *»Die policey sorgt vor die Gesundheit, vor die Sicherheyt des Privatvermögens und die guten Sitten der Untertanen ...«*, schrieb J. H. G. von Justi.

Eine weitere Ursache lag im Bevölkerungswachstum nach dem Dreißigjährigen Krieg. Es führte zu einer überproportionalen, noch nicht restlos erklärten Zunahme der besitz- und landlosen Unterschichten, die im letzten Drittel des 18. Jahrhunderts ca. 40 Prozent der Bevölkerung ausmachten. Die Obrigkeit reagierte zunächst mit einer Verschärfung der üblichen Strafen: Geldbußen, Schandstrafen, Landverweise, Körperstrafen – bis hin zu Todesstrafen. Eine neue Idee kam aus dem protestantischen Holland und wurde zunächst in den ebenfalls protestantischen Hansestädten aufgegriffen: das Zuchthaus. Hier verbüßten Delinquenten eine Freiheitsstrafe bei harter Arbeit. Dies sollte sie für ein Leben in der Freiheit erziehen, und gleichzeitig konnte ihre Arbeitskraft jetzt produktiv eingesetzt werden.

1736 gründeten Kurfürst und Landstände das kurkölnische Zuchthaus in Kaiserswerth, das 1772 nach Bonn verlegt wurde. Zum Alltag im Zuchthaus gehörten von Anfang an eine einheitliche Anstaltskleidung und ein differenziertes System von Einschließungen in Ketten, die um so härter ausfielen, je schwerer die zu verbüßende Strafe war. Die Delinquenten waren zunächst jedoch keine Schwerverbrecher, sondern saßen ein wegen Verstößen gegen die Wald- und Jagdordnung, gemeingefährlicher Sachbeschädigung, wiederholter Bettelei oder Landstreicherei.

Unter dem weiteren Einfluß der Aufklärung bemühte sich die Justiz in der zweiten Hälfte des 18. Jahrhunderts um »humaneren« Strafvollzug. Folter, Körper- und Todesstrafen wurden zurückgedrängt zugunsten von Gefängnisstrafen und Zwangsarbeit. Das Zuchthaus wurde 1790 in eine Anstalt für verurteilte Straftäter (Zuchthaus) und eine für Bettler und Vaganten (Polizei-Arbeitshaus) geteilt. Die aufgeklärte Literatur und die Obrigkeit beschäftigten sich ausführlich mit dem Problem von Armut, Bettelei und Vagantentum. Dabei wurden die sozialen und strukturellen Ursachen fast nie erkannt, um so mehr suchte man die Gründe in Müßiggang, Luxus, Spiel, Sittenlosigkeit und Arbeitsunlust der Betroffenen. Man begegnete also jedem Armen zunächst mit einem inhärenten Betrugsverdacht. Jede Gemeinde sollte für ihre eigenen Armen sorgen (Prinzip der Kommunalisierung). Einheimische wurden unterstützt, aber zur Arbeit angehalten (Prinzip der Pädagogisierung). Die Armen wurden kontrolliert und durch Bettelzeichen gekennzeichnet (Prinzip der Rationalisierung). Dazu wurden eigene Verwaltungen ins Leben gerufen (Prinzip der Bürokratisierung).

In Wirklichkeit lebten breite Schichten am Rande des Existenzminimums, und es bedurfte nur einer Änderung der gesellschaftlichen oder persönlichen Umstände – wie Krieg, Mißernte, Verlust der Stellung, Tod des Ernährers –, um in die Armut abzugleiten. Das betraf vor allem auch Frauen. Almosen sollte aber nur erhalten, wer wirklich arbeitsunfähig war. Hier sorgte man z. T. auch für eine kostenlose ärztliche Versorgung. Für die anderen wurde z. B. 1774 in Bonn ein Arbeitshaus eingerichtet, von dem man sich außerdem wirtschaftlichen Nutzen erhoffte. Die Insassen waren in der Textilverarbeitung tätig (Spinnen, Weben). Das Institut war jahrelang im Schloß Herzogsfreude in Röttgen untergebracht, ab 1784 im Poppelsdorfer Schloß. Zeitweise fanden hier über 400 Personen Arbeit. M. G.

Literatur: K. Härter, »... zum Besten und Sicherheit des gemeinen Wesens ...«. Kurkölnische Policeygesetzgebung ..., in: Zehnder/Schäfke, *Der Riss im Himmel 2*, 1999, S. 203ff.; Weinforth 1992; *Schurke oder Held. Historische Räuber und Räuberbande*, Ausstellungskatalog Badisches Landesmuseum Karlsruhe 1996; G. Ohm, *Zur Sozialpolitik in der Residenzstadt Bonn zur Zeit der Kurfürsten Max Friedrich und Max Franz* (Bonner Geschichtsblätter 47/48, 1998).

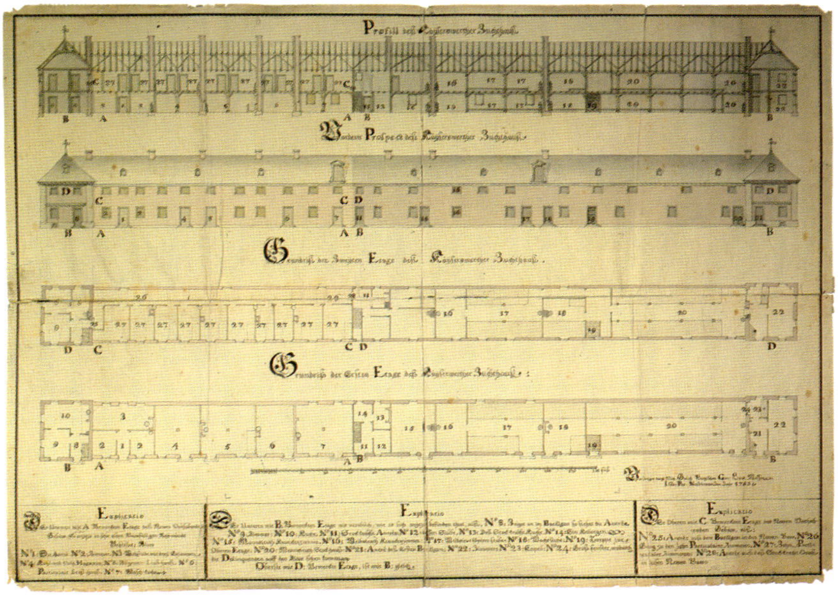

XXIII.2

XXIII.1
Gründung des Zuchthauses Kaiserswerth – Urkunde des Kurfürsten Clemens August vom 6. Oktober 1736
60 x 43 cm
Nordrhein-Westfälisches Hauptstaatsarchiv Düsseldorf, Sign. Kurköln II 3286, f.50
Lit.: Härter 1999, S. 222ff., Weinforth 1992, S. 100–105, Abb. 50.

XXIII.2
Johann Peter Nosthoven
Gesamtplan des Zuchthauses Kaiserswerth, 1763
Kolorierte Zeichnung,
51,7 x 73,3 cm
Nordrhein-Westfälisches Hauptstaatsarchiv Düsseldorf, Karten 3098

Plan für den dann 1771 erfolgten Umbau des Zuchthauses.
Lit.: Härter 1999, S. 222ff., Farbtaf. XVIII; Weinforth 1992, S. 100–105, Abb. 52.

XXIII.3
Zellentür
Eichenholz, Eisen, 191 x 92 cm
Strafvollzugsmuseum Ludwigsburg,
Inv. Nr. 89/372

Die Tür stammt aus dem 1790 erbauten Westflügel des Zucht- und Arbeitshauses Ludwigsburg. Auf der Innenseite haben Gefangene ihre Initialen eingeritzt.
Lit.: Kat. *Schurke oder Held* 1996, S. 344, Kat. Nr.173.

XXIII.4
Prügelbock
Holz, Eisen, Leder,
94 x 63 x 170 cm
Strafvollzugsmuseum Ludwigsburg,
Inv. Nr. 87/1

Dieser Nachbau des 1868 verkauften Originals wurde zwischen 1920 und 1930 im Zuchthaus Ludwigsburg angefertigt. Prügelstrafen gehörten zum Zuchthausalltag.
Lit.: Kat. *Schurke oder Held* 1996, S. 340f., Kat. Nr. 163.

XXIII.5
Leibfessel
Eisen, 47 x 32 x 110 cm
Strafvollzugsmuseum Ludwigsburg,
Inv. Nr. 87/4
Lit. Kat. *Schurke oder Held* 1996, S. 346, Kat. Nr. 180.

XXIII.6
Fußfessel
Eisen, 61 x 12 cm
Strafvollzugsmuseum Ludwigsburg,
Inv. Nr. 85/506
Lit. Kat. *Schurke oder Held* 1996, S. 343, Nr. 170.

XXIII.7
Simon Troger (?)
Bettlerstatuetten, Mitte 18. Jahrhundert
Elfenbein, Holz, Augen aus gefärbter Glasmasse, H. 24 u. 26,2 cm
Schloß Favorite bei Rastatt. Staatliche Schlösser und Gärten, Oberfinanzdirektion Karlsruhe, Inv. Nrn. G 2802, G 2803

Simon Troger (1693–1768) schuf eine Reihe von populär gewordenen Bettler- und Komödiantenfiguren. Aufgrund der Kostbarkeit der Materialien sind Figuren wie diese als Prunkgeschenke anzusehen.
Lit.: Kunstschätze in badischen Schlössern, bearb. v. Dietrich Rentsch (Bildhefte des Badischen Landesmuseums Karlsruhe), Karlsruhe 1972, Nr. 14, Abb.14.
Abb. S. 98

XXIII.8
Erlaß des Kurfürsten Clemens August vom 9. Februar 1743 betr. der Bettelei von Fremden
Druck
Stadtarchiv und Stadthistorische Bibliothek Bonn, Sign. Ku 26/26, Nr. 87

Der Kurfürst verbietet fremden Personen, in Bonn zu betteln. Sie müssen die Stadt verlassen, sonst droht ihnen die Einlieferung in das Zuchthaus Kaiserswerth. Bonner dürfen nur mit vom Rat verliehenen Bettelzeichen, die an der Kleidung angebracht werden, um Almosen bitten.

XXIII.5

XXIII.9
Befragung der Bonner Bettler, 1769
Manuskript
Stadtarchiv und Stadthistorische Bibliothek Bonn, Sign. Ku 26/26, Nr. 91

1769 führte man in Bonn eine Befragung der Bettler durch. 143 Personen machten Angaben zu Namen, Alter, Geburtsort, Beruf, Familienstand, Kinderzahl, Bürgerrecht und Dauer des Aufenthalts in Bonn. Danach wurden sie in drei Kategorien der Bedürftigkeit eingeteilt.
Lit.: Weinforth 1992, S. 106–111; Ohm 1998, S. 204ff.

XXIII.10
Mandat des Kurfürsten für die Behandlung der Bonner Armen, 18. Juni 1787
Druck
Stadtarchiv und Stadthistorische Bibliothek Bonn, Sign. Ku 72/1, Bd. 2, f.44.

Die Behandlung soll auf Kosten der Armenkommission erfolgen, angehängt ist eine Art »Krankenscheinformular«.
Lit.: Ohm 1998, S. 204ff., S. 242.

XXIII.11
a) William Hogarth
Die Buhlerin Molly im Gefängnis, Hanf klopfend. Aus dem Zyklus »The Harlot's Progress«, 1731/32
Kupferstich, 31,5 x 38,7 cm
Niedersächsische Staats- und Universitätsbibliothek Göttingen,
Sign. gr. 2° Art. Plast. VI, 25 (3d) Rara

b) Ernst Ludwig Riepenhausen nach William Hogarth
Die Buhlerin Molly im Gefängnis, Hanf klopfend (The Harlot's Progress IV)
Kupferstich,
25,5 x , 36,5 cm
Niedersächsische Staats- und Universitätsbibliothek Göttingen,
Sign. gr. 2° Art. Plast. VI, 65 (10) Rara

In William Hogarths Geschichte eines leichtsinnigen Mädchens wird als eine der Stationen des unaufhaltsamen Abstiegs der Aufenthalt im Gefängnis in der Londoner Fleet Street gezeigt. Zufolge der Pläne und Beschreibungen kann man sich das Innere der deutschen Zucht- und Arbeitshäuser ganz ähnlich vorstellen.

XXIII.11a

Lit.: H. Guratuzsch, *William Hogarth. Der Kupferstich als moralische Schaubühne*, Stuttgart 1987, S. 54, Nr. 3d.

XXIII.12
Truhe mit Rädern vom Friedensgericht Eitorf, Ende des 18. Jahrhunderts
Holz, Eisen,
57 x 89 x 60 cm
Kölnisches Stadtmuseum,
Inv. Nr. RM 1954/104

Die Gemeinde Eitorf besaß seit dem Mittelalter Marktrechte und einen eigenen Dingstuhl. 1580 ist die Verleihung eines Gerichtssiegels bekannt.

XXIII.13
Johann Heinrich Gottlob von Justi: »Die Grundfeste zu der Macht und Glückseligkeit der Staaten oder ausführliche Vorstellung der gesamten Polizeywissenschaft«, 2 Bde., Königsberg 1761
Universitäts- und Landesbibliothek Düsseldorf,
Sign. St.W.234

XXIII.14
Wilhelm Rotthammer: »Politische Abhandlung von der Einstellung des Bettelns«, München 1773
Universitätsbibliothek München,
Sign. 4 Philos.PR.116 (14)

XXIII.15
Friedrich Wilhelm Wilke: »Entstehung, Behandlung und Erwehrung der Armuth«, Halle 1792
Universitäts- und Landesbibliothek Bonn,
Sign. Ka 356

XXIII.16
Deutschland, 1748
Richtschwert
Klinge: Stahl, Knauf und Parierstange: Messing, vergoldet, Hilze Rochenhaut
L. gesamt: 112 cm, Klinge: 85,5 cm
Deutsches Klingenmuseum Solingen,
Inv. Nr. 1942.W.017

Klinge reich geätzt, auf jeder Seite mit Inschriften versehen. Auch im 18. Jh. erfolgten Hinrichtungen üblicherweise noch mit dem Schwert oder durch den Strang. Gegen Ende des 18. Jh.s bemühte man sich, »humanere« Hinrichtungsmethoden zu erfinden. Dazu gehörte dann schließlich die Guillotine.

XXIII.17
Basel, Ende des 18. Jahrhunderts
Scharfrichtergewand mit Mantel und Hut
Historisches Museum Basel,
Inv. Nrn. 1906.2938, 1975.121

Die Kleidung stammt aus dem Besitz des Baseler Scharfrichters Martin Mengis (gest. 1804). Der Mantel zeigt die Baseler Standesfarben Schwarz und Weiß und trägt zwei Schilde auf der Vorderseite (Richtschwert und Baselstab). Die farbig geteilte Kleidung (Mi-parti) war das auffällige Kennzeichen der Henkergewandung seit dem Spätmittelalter.
Lit.: V. Mertens, Wappenrock und Narrenkleid, *Anzeiger des Germanischen Nationalmuseums*, 1993, S. 189ff., bes. S. 196.

XXIII.16

Kat. Nr. XXIVa.6b, S. 104

Das Höfische Zeitalter – Das Leben als Gesamtkunstwerk

XXIVa Das Ideal der Natur: Pastorale Malerei und Skulptur

Das ideale Arkadien steht als Gegenbild zum zeremoniellen Alltag des Rokoko-Hofes. Bevölkert von dem bocksfüßigen Hirtengott Pan und den Nymphen, verkörpert diese mythologische Traumlandschaft die unzivilisierte, ungezähmte Natur. Neben den bei Ovid gefundenen Motiven spielen auch die Naturvorstellungen der antiken Schriftsteller Theokrit und Vergil eine große Rolle für das Naturverständnis des 18. Jahrhunderts. Postulieren doch beide die ideale Einheit von Natur und Mensch. Insbesondere der Aufklärer Rousseau greift dieses auf. Mit Blick auf die überholten Strukturen des Ancien Régime fordert er die Gesellschaft auf, »zurück zur Natur« zu finden. Maler wie Jean-Antoine Watteau und François Boucher übersetzen diesen Leitsatz in die Malerei des Rokoko. In ihren wildwuchernden Waldlandschaften mit arkadischen Tempelzitaten scheinen Menschen wie Götter unauflöslicher Teil der Natur zu sein, eine Landschaftsauffassung, die richtungweisend wird – nicht nur für die französischen Künstler, sondern für eine Malergeneration in ganz Europa. Von dort aus erobert die Naturidylle auch die Skulptur und die Dekorationskunst dieser Epoche. Plötzlich wird in den Schlössern des 18. Jahrhunderts Arkadien lebendig, kriechen Muscheln, sogenannte Rocaillen, an den Wänden empor. Sie verwandeln Innenräume in lichte Stuckgrotten – und sie geben der Zeit ihren Namen: »rococo«. Frei vom höfischen Korsett genießt der Adel in diesem Rokoko-Ambiente seiner Lustschlösser eine freiere Privatsphäre. Nicht zuletzt deshalb spielen auch die erotischen Phantasien dieser Epoche oft in diesen Naturidyllen. Im pastoralen Hirten- oder Bauernspiel ist erlaubt, was im höfischen Alltag undenkbar ist. Beliebt war dies beim adeligen Laienschauspielerzirkel. Es ist bekannt, daß Clemens August in der Karnevalszeit im kleinen Kreis Bauernhochzeiten veranstaltete. Jeder Teilnehmer erhielt per Losverfahren eine Rolle zugeteilt. Er selbst spielte dabei meist den Wirt. Angeführt vom Kurfürsten zog die Hochzeitsgesellschaft in festlich geschmückten Wagen durch die Stadt Bonn. Im Ballsaal angekommen, schloß sich ein Laienschauspiel oder ein Singspiel an. Tanz, Spiel und Vergnügen jeder Art folgten. Von der tatsächlichen bäuerlichen Realität waren diese Scheinwelten jedoch weit entfernt.

Bisweilen wird Natur im Rokoko aber auch genau »unter die Lupe« genommen und studiert. Auf den Tellern und Tassen des berühmten Kurkölnischen Porzellanservices von Clemens August schwirrt und brummt es, scheinen Schmetterlinge zu flattern oder wirklichkeitsgetreu gemalte Raupen unter den servierten, echten Salatblättern hervorzukriechen. Blumenstilleben dieser Zeit halten oft jedes Detail fest. Manchmal scheinen die Blüten zum Anfassen nahe, als ob sie aus ihren Bildern herauswachsen wollten. S. B.

Literatur: E. Börsch-Supan, *Landschafts- und Paradiesmotive im Innenraum. Eine ikonographische Untersuchung*, Berlin 1967, S. 274–313; R. Böschenstein-Schäfer, *Idylle*, Stuttgart 1967; F. Duvignaud, *Terre mythique, terre fantasmée. L'Arcadie*, L'Armattan 1994; E. Kegel-Brinkgreve, *The echoing woods. Bucolic and Pastoral from Theocritus to Wordsworth*, Amsterdam 1990; Th. Koebner, *Zurück zur Natur. Ideen zur Aufklärung und ihre Nachwirkung*, Heidelberg 1993; Winterling 1986, S. 143.

XXIVa.1

XXIVa.1
Christian Wilhelm Ernst Dietrich
Frauen am Weiher, 1740
Bez. r. u.: »Dietricy. Pinx. Ao: 1740«
Öl auf Leinwand, 53 x 72 cm
Staatliche Kunstsammlungen Dresden – Gemäldegalerie Alte Meister, Gal. Nr. 2108

Zeitgenossen feierten Dietrich (Weimar 1712–1774 Dresden) als einen Künstler, der sich geschickt in die Art großer Meister hineindenken und in ihrem »Geschmack« malen konnte. Bei aller Anlehnung an fremde Muster bleibt Dietrich jedoch unverwechselbar und entwickelt einen eigenen, wenn auch eklektischen Stil.
Im Jahre 1740 entstanden eine Reihe von Gemälden Dietrichs, die zu den frühesten Arbeiten der später von ihm so oft variierten Thematik »Hirtenleben und Nymphen in Landschaft« gehören. Unser Gemälde entfernt sich weit von aller noch so malerischen Realität der Landschaften aus Dresdens Umgebung und versetzt uns nach Arkadien, vor allem durch die Figuren: In den Alltag der Hirtinnen und Hirten treten Wesen göttlicher Art, Nymphen, die an ihrer durch drapierte Tücher kaum verhüllten Nacktheit zu erkennen sind, während andererseits auch die Landleute durch ihre Kleidung unverwechselbar charakterisiert sind. Während jedoch die Hirtinnen von den Nymphen ins Gespräch gezogen werden, ist das den Männern nicht vergönnt. H. M.

Lit.: Michel, 1984; Marx, in: *Zurück in Dresden …*, Ausstellungskatalog Staatl. Kunstsammlungen Dresden, Eurasburg 1998, S. 174, Nr. 16

XXIVa.2
Cornelis van Cleve
Selene und Endymion, um 1700
Bronze, H. 73,4 cm
Staatliche Kunstsammlungen Dresden – Grünes Gewölbe, Inv. Nr. IX 24

XXIVa.3
François de Cuvilliés, Umkreis
Rocaille-Entwurf
Rötelzeichnung, 42,5 x 33,5 cm
Rheinisches Amt für Denkmalpflege, Pulheim-Brauweiler, Sammlung Zengeler, Inv. Nr. 36

XXIVa.4
François de Cuvilliés
Zwei Akanthusblätter, um 1750
Rote Kreide, Pinsel in Schwarz und Blau, laviert, Papier, 32,5 x 23,4 cm
Kunstmuseum Düsseldorf im Ehrenhof (Dauerleihgabe der Staatlichen Kunstakademie), Inv. Nr. FP 11020

Das Akanthusblatt zählt zu den beliebtesten Formen der Rokokoarabeske. Dieses sonst häufig mit anderen Formen einen organischen Zusammenhang bildende Motiv präsentiert Cuvilliés hier als unabhängiges Einzelstück. M. W.
Lit.: Kat. *Facetten des Barock*, 1990, S. 162.

XXIVa.5
Büste eines Satyrn, 18. Jahrhundert
Marmor
H. 49,2 cm,
Sockel, H. 12,1 cm
Stiftung Preußische Schlösser und Gärten Berlin-Brandenburg, Inv. Nr. Skulpturenslg. 2687

XXIVa.6
a) François Boucher
Flußlandschaft mit Brücke und Turmruine, 1762
Öl auf Leinwand, 58,5 x 72 cm
Carmen Thyssen-Bornemisza Collection, Madrid, Inv. Nr. CTB.1997.4.1

b) François Boucher
Flußlandschaft mit antikem Tempel
Öl auf Leinwand, 58,5 x 72 cm
Carmen Thyssen-Bornemisza Collection, Madrid, Inv. Nr. CTB.1997.4.2

Die zu den in der letzten Schaffensperiode entstandenen, kleinformatigen Gemälden zählende Landschaft Bouchers befand sich zusammen mit dem Pendant ursprünglich sehr wahrscheinlich im Besitz seines Künstlerfreundes und Bewunderers Chardin. Den einen souveränen Umgang mit dem Pinsel offenbarenden Darstellungen scheinen – wie den meisten seiner Landschaften – keine Kompositionsstudien zugrunde zu liegen. M. W.
Abb. S. 102.

XXIVa.2

XXIVa.4

XXIVa.7
Meissen, um 1750
Modell eines Hühnerstalles
Porzellan, ca. 30 x 30 cm
Privatsammlung

Bei dem kleinen Bauernhaus handelt es sich um eine fürstliche Tischdekoration. Früher hatten diese aus Zuckerwerk bestanden. Ganze Dörfer und Kirchspiele schmückten die Desserttafeln.
Lit.: M. Kunze-Köllensberger, *Idylle in Porzellan. Kostbare Tischdekoration aus Meissen*, Leipzig 1996, S. 19.

XXIVa.8
Holland (?), um 1740/50
Faltfächer mit Pastoralszenen
Elfenbein, Textil, B. 26,5 cm
Mainfränkisches Museum Würzburg,
Inv. Nr. S. 61361

XXIVa.9
Jeremias Wachsmuth, Augsburg (bei Martin Engelbrecht), um 1740
Guckkasten-Diorama: Bauernfest
7 kolorierte Kupferstiche,
19,0–19,5 x 21,0–21,3 cm, montiert in Kasten, 21,5 x 23,1 x 29,0 cm
Westfälisches Landesmuseum für Kunst und Kulturgeschichte, Münster, Inv. Nr. C-3555 LM

XXIVa.10
Johann Joachim Kaendler/
Johann Friedrich Eberlein
Meissen, 1741/42
Teile aus dem Kurkölnischen Tafelservice von Clemens August:
a) Deckelterrine
Porzellan, H. 26,5 cm, L. 32 cm
Kölnisches Stadtmuseum,
Inv. Nr. RM 1928/1234

b) Servierplatte
Porzellan, L. 30 cm, B. 22 cm
Kölnisches Stadtmuseum,
Inv. Nr. RM 1928/1218

c) Deckelterrine auf Tablett
Porzellan, Terrine: H. 26,8 cm, L. 32,3 cm;
Tablett: 39,5 x 31,5 cm
Germanisches Nationalmuseum Nürnberg,
Inv. Nrn. Ke 571, Ke 2688

d) Deckelterrine mit Unterteller
Porzellan, Terrine: H. 23 cm, Dm. 25 cm;
Unterteller: H. 5 cm, Dm. 30,5 cm
Stadtmuseum Münster, Verein Münster-Museum e.V., Inv. Nr. KG-0297-1

Deckelterrine und zugehöriger Unterteller sind mit schattierte Streublumen und Insekten bemalt und zeigen das ligierte Monogramm CA unter dem Kurhut, umgeben vom Deutschordensband und Hochmeisterkreuz. Clemens August gehörte zu den frühesten Auftraggebern für eines der großen Porzellanservice, die nun zusehends die Tafelgeschirre aus Edelmetall ablösten.
Das Geschirrmodell dieses Auftrags wurde in Meissen auch für das Service des preußischen Ministers Heinrich Graf von Podewils genutzt. B. R.

XXIVa.7

Lit.: Kat. *Clemens August – Fürstbischof, Jagdherr, Mäzen* 1987, S. 464–467.

XXIVa.11
Gertrud Metz
Blumenstilleben mit Wassermelone
Öl auf Leinwand, 98,5 x 110,5 cm
(mit Rahmen)
Rheinisches Landesmuseum Bonn,
Inv. Nr. 85.0211

Aufgewachsen mit der Dekorationsmalerei ihres Vaters Johann Martin Metz, studierte Gertrud Metz an der Düsseldorfer Akademie unter dem Einfluß der niederländischen Stillebenmalerei von Rachel Ruysch. Davon zeugt in diesem Bild die Komposition des Gesteckes auf einer von rechts in den Bildraum ragenden Brüstung vor neutral-dunklem Hintergrund oder der Reflex eines Fensters auf der vorderen Muschel. Die Zartheit und Transparenz der Blütenwiedergabe, die eine genaue Naturstudie voraussetzen läßt, besitzen hohe malerische Qualität. Im deutschen Raum bis heute unbeachtet geblieben, konnte sich Gertrud an der Royal Academy in London seit den 1770er Jahren als Blumenmalerin etablieren. M. Sch.

XXIVa.10a

XXIVa.10d

Kat. Nr. XXIVb.27, S. 111

XXIV b Das Ideal der Natur: Die Jagd

Die adelige Lebensführung wandelte sich im Laufe des 17. und 18. Jahrhunderts vom kriegerischen und ritterlichen zum höfischen Leben, ohne daß das alte Ideal ganz verlorenging.

Als Kriege immer mehr den Berufsmilitärs überlassen und die Duelle von den Fürsten immer strenger unterbunden wurden, bot die Jagd eine der letzten Gelegenheiten, ritterliche und kriegerische Ausbildung, Körperbeherrschung und Waffengebrauch zu demonstrieren. Sie wurde zu einem der beherrschenden (bedeutenden) Elemente des höfischen Lebens. Nicht nur die aktiven Jäger, der gesamte Hofstaat nahm als Zuschauer teil. Man genoß das gesellige Ereignis und die Freude, sich in einer früher gefährlichen, aber jetzt gezähmten Natur »zwanglos« aufzuhalten. Kostbare Picknickutensilien bezeugen, daß man dabei auf den gewohnten Luxus und Komfort nicht verzichten wollte.

Jagdmotive durchziehen sämtliche Bereiche von Kunst und Kunsthandwerk. Wertvolle Porzellane, Gläser, Gemälde, Wandteppiche verherrlichen die Freuden der Jagd. Kostbare Trophäen werden eigens zur Erinnerung an denkwürdige Jagderlebnisse angefertigt. Herausragendes Beispiel ist der von J.J. Kändler modellierte Jagdpokal aus Privatbesitz, der in dieser Ausstellung erstmals gezeigt wird (Kat. Nr. XXIVb.27).

Die Jagd selbst verband sich mit der Freude an Sport und körperlicher Bewegung im Freien. Von Clemens August ist bekannt, daß für ihn das sportliche Vergnügen und weniger die Freude am Töten im Vordergrund stand. Die Wildschweinjagd, bei der die Natur dem Jäger in ihrer ungezähmtesten Form entgegentrat, gehörte dabei noch zu den gefährlichsten Vergnügen.

Clemens August liebte die Parforcejagd, die mit langen und schnellen Geländeritten verbunden war. Sein bevorzugtes Jagdrevier war der Kottenforst bei Bonn. Von seinem Hofmaler François Rousseau ließ er das Geschehen in mehreren Gemälden festhalten. Während der Verbleib eines Ölgemäldes und eines Kupferbildes unbekannt ist, kann hier zum ersten Mal das Bild »Der Hirsch ist gestellt« aus Privatbesitz gezeigt werden (Kat. Nr. XXIVb.6). Für die Parforcejagd kaufte Clemens August Hunde und Pferde in England. Seine Parforcejagd-Equipe übertraf sogar die des sächsischen Kurfürsten August des Starken. Sogenannte Jagdfeste, bei denen eine große Anzahl von Tieren zusammengetrieben wurden, die von der Hofgesellschaft leicht erlegt werden konnten, hielt Clemens August nicht ab.

Als die fürstliche Jagd schlechthin galt seit dem Mittelalter die Falkenjagd. Das Traktat Kaiser Friedrichs II. über die Falkenjagd *De arte venandi cum avibus* wurde auch im 18. Jahrhundert noch rezipiert. Die Aufwendungen für diese Jagdart waren allerdings hoch, nur die großen Höfe leisteten sich in der Mitte des 18. Jahrhunderts noch eine ausgedehnte Falknerei. Wie gerade seine Bauten Augustusburg und besonders Falkenlust zeigen, war Clemens August ein passionierter Falkner. Er bevorzugte die Reiherbeize, bei der die geschlagenen Vögel nur beringt und nicht getötet wurden. Die Ausstattung des Ausstellungsraums zur Jagd weist Motive der Falkenjagd in den Deckenstukkaturen sowie in den Gemälden der Supraporten auf. Für diesen Raum war das Gemälde »Clemens August als Falkenjäger« (Kat. Nr. XXIVb.16) auch urspünglich bestimmt.

Clemens August erließ detaillierte Rechtsbestimmungen, die einerseits natürlich die Privilegien der fürstlichen Jagd erhalten sollten, andererseits aber auch dem Natur- und Landschaftsschutz im heutigen Sinne zugute kamen. Zugleich wurde versucht, die Interessen der Landwirtschaft zu berücksichtigen und die Wildschäden so gering wie möglich zu halten. Trotzdem wurde die herrschaftliche Jagd im Zuge der aufklärerischen Ideen immer stärker kritisiert.

M. G.

Alle anderen Aspekte der Jagd und der Waldnutzung, die Lebensbedingungen der Jäger und Falkner etc., werden in den Nebengebäuden von Schloß Falkenlust in einer separaten Ausstellung gezeigt.

Literatur: Renard 1927; Kat. *Clemens August – Fürstbischof, Jagdherr, Mäzen* 1987; Zehnder/Schäfke, *Der Riss im Himmel 3*, 1999, bes. die Aufsätze von R. Hocker/W. Wessel, A. Beckers.

XXIVb.2

XXIVb.1
Franz Joseph Winter (?)
Karl Albrecht von Bayern als Wildschweinjäger, um 1730
Öl auf Leinwand, 251 x 151 cm
Schloß Augustusburg, Brühl

Karl Albrecht trägt die graue Uniform der bayerischen Wildschweinjäger, auf der Brust den Orden des Goldenen Vlieses. Im Hintergrund ist eine Landschaft mit Sauhatz zu sehen. M. G.
Lit.: Kat. *Kurfürst Clemens August* 1961, S. 163, Kat Nr. 47; Hansmann 1977, S. 95, Nr. 22, Abb. 446.

XXIVb.2
Michael Heckel
Jagdpokal des Kurfüsten Max Emanuel
Silber vergoldet, H. 52 cm
Residenz München,
Inv. Nr. Res. Mü. Sch.k. 777 WAF

Der Pokal ist am Balusterschaft mit einem gebogenen Eberzahn versehen. Die Kuppa ist verziert mit Medaillons, die eingravierte Jagdszenen zeigen. Bekrönt wird der Pokal von einer antiken Kriegergestalt. M. G.
Lit.: Kat. *Kurfürst Max Emanuel* 1976, Kat. Nr. 571.

XXIVb.3
Paul Hannong, Straßburg, um 1760
Gruppe Saujagd
Fayence, H. 18,6 cm
Sammlung Ludwig, Aachen, Dauerleihgabe im Brückenrathaus Bamberg, Inv. Nr. L191, 1–4
Lit.: Kat. *Glanz des Barock* 1995, S. 41, Kat Nr. u. Abb. 28.

XXIVb.4
Hundehalsband
Eisen, mit Stacheln, Dm. 17,3 cm
Museum des Oberbergischen Kreises Schloß Homburg, Nümbrecht

Diese Halsbänder trugen die Hunde speziell für die Wildschweinjagd. M. G.

XXIVb.5
Zwei Sauspieße, 18. Jahrhundert
Holz, Eisen, L. insgesamt 201 cm und 183 cm, Spitze 39 cm
Museum des Oberbergischen Kreises Schloß Homburg, Nümbrecht, Inv. Nr. 56, 57

XXIVb.6
François Rousseau
Parforcejagd im Kottenforst, um 1755
Öl auf Holz, ca. 32 x 25 cm
Privatbesitz

Clemens August ließ die Parforcejagd von seinem Hofmaler François Rousseau in mehreren Gemälden festhalten. Während der Verbleib eines Ölgemäldes und eines Kupferbildes unbekannt ist, kann dieses Werk aus Privatbesitz hier zum ersten Mal gezeigt werden. Im Vordergrund ist der gestürzte Hirsch zu sehen, umringt von der Jagdmeute. Einige Jäger sind abgestiegen und nähern sich mit gezogenem Hirschfänger, ein anderer bläst auf dem Parforcehorn das Halali. Im Hintergrund erscheint eine sog. »welsche chaisse«, eine zweirädrige Kutsche, vom Sattel des Zugpferdes aus gelenkt, in der Zuschauer und Zuschauerinnen der Jagd folgen. M. G.

XXIVb.7
Jeremias Wachsmuth
Augsburg (bei Martin Engelbrecht), um 1740
Guckkastendiorama mit Jagdszenen
5 kolorierte Kupferstiche, H. 16,8–18,4 cm, B. 21,3–21,6 cm, in Kasten, 21 x 24 x 29 cm montiert
Westfälisches Landesmuseum für Kunst- und Kulturgeschichte, Münster, Inv. Nr. C-5777 LM
Lit.: *Johann Conrad Schlaun. Architektur des Spätbarock in Europa*, hrsg. v. Klaus Bußmann u. a., Ausstellungskatalog Münster 1995, S. 68f., Abb. 11.

XXIVb.6

XXIVb.8
Wien, um 1750/55
Dame im Jagdkostüm mit Hund und Gewehr
Porzellan, H. 21 cm
Österreichisches Museum für Angewandte Kunst, Wien, Inv. Nr. Ke 6840
Lit.: *Jagdzeit. Katalog zur 209. Sonderausstellung des Historischen Museums der Stadt Wien*, Wien 1996, S. 252, Kat. Nr. 14.4.

XXIVb.9
Johann Friedrich Lück
Frankenthal, um 1760
Jagdgruppe
Porzellan, H. 27 cm
Badisches Landesmuseum Karlsruhe, Inv. Nr. 67/135
Lit.: *Porzellanfiguren des 18. Jh.s*. Katalog Badisches Landesmuseum Karlsruhe 1977, Kat. Nrn. 32–33.

XXIVb.10
Johann Joachim Kaendler
Meissen, um 1750/60
Sechs Miniaturreiter
Porzellan, H. 10 cm
Sammlung Ludwig, Aachen, Dauerleihgabe im Brückenrathaus Bamberg, Inv. Nr. L65 1–6

Drei Reiter sind als Husaren in sächsischen Diensten, die drei anderen als vornehme Parforcejäger dargestellt. M. G.
Lit.: Kat. *Glanz des Barock* 1995, S. 184, Kat. Nr.181.

XXIVb.11
Frankenthal, um 1770/80
Hirsch und Hund
Porzellan, H. 21,6 cm, B. 15,5 cm, T. 11,5 cm
Landesmuseum Mainz, Inv. Nr. 71/77

XXIVb.12
Waas, Bamberg, um 1730/35
Steinschloß-Stutzen für die Saujagd aus einer höfischen Jagdbüchsen-Suite
Gesamtlänge 70,5 cm, Lauf: 35,5 cm, Mündungsdm.: 1,6 cm
Emslandmuseum Schloß Clemenswerth, Sögel, Inv. Nr. 1988/23.

Achtkantiger, gezogener Lauf mit teilvergoldetem Eisenschnitt an Mündung, Kammer und Schwanzschraubenblatt. Schloßplatte und Schnapphahn in ornamentalem Eisenschnitt. Nußbaumschäftung über ganze Länge mit reicher Ausstattung an messingvergoldeten Beschlägen (Schloßgegenplatte, Kolbenkappe, Kolbenlade, Kolbenwange) mit reiterlichen Jagdszenen auf Rot- und Schwarzwild. Ladestock aus Nußbaumholz. Silbervergoldete Kartusche mit CA-Monogramm unter Kurhut und Suiten-Nr. 12. Auf der Schloßplatte Signatur in Eisenschnitt »WAAS. BAMBERG«. E. W.

XXIVb.13
Hirschfänger, um 1750
Stahl mit Holzauflage und Goldgravierungen, L. 73,8 cm
Kölnisches Stadtmuseum, Inv. Nr. W 615

Die Waffe trägt auf der einen Seite der Klinge das Monogramm des Kurfürsten Clemens August, »CAPJB«, und die Inschrift »operis victoria finis«, auf der anderen Seite das bayerische Kompositionswappen und die Aufschrift »Spes et Patientia vincunt«. M. G.

XXIVb.14
Jagdhetzpeitsche des Kurfürsten Clemens August
Leder, L. 240 cm
StadtMuseum Bonn, Inv. Nr. SMB 1991/KG 573
Lit.: Kat. *Kurfürst Clemens August* 1961, S. 369, Kat. Nr. 762.

XXIVb.15
Parforcehorn, 1701
Messing, Dm. der Windung 43 cm
Staatliche Kunstsammlungen Dresden, Rüstkammer, Inv. Nr. X 1309
Lit.: *Unter einer Krone. Kunst und Kultur der sächsisch-polnischen Union*, Ausstellungskatalog Staatliche Kunstsammlungen Dresden und Königliches Schloß Warschau, Leipzig 1997, S. 369, Kat. Nr. 722.

XXIVb.16
Franz Joseph Winter (?)
Clemens August als Falkenjäger, vor 1732
Öl auf Leinwand, 280 x 149,5 cm
Schloß Augustusburg, Brühl

Clemens August trägt die blausilberne Uniform der Falkenjäger. Auf der Brust sieht man Pektorale und Steckkreuz des Michaelsordens – als einzige Abzeichen der fürstlichen Würde; auf seiner linken Hand sitzt ein Jagdfalken. Jagdporträts dieser Art haben keinen offiziellen Charakter und waren dementsprechend auch für die Privaträume des Herrschers bestimmt. M. G.
Lit.: Kat. *Kurfürst Clemens August* 1961, S. 155, Kat. Nr. 5; Hansmann 1977, S. 94, Nr. 17, Abb. 443; M. Miersch, Kurfürstliche Selbstdarstellung und kurfürstliche Propaganda-Porträts des Kölner Kurfürsten Clemens August, in: Zehnder/Schäfke, *Der Riss im Himmel 6* (im Druck).

XXIVb.3

XXIVb.9

XXIVb.17
Johann Elias Ridinger
Falknerin, 1. Hälfte des 18. Jahrhunderts
Zeichnung, 30,8 x 25,6 cm
Museum des Oberbergischen Kreises Schloß Homburg, Nümbrecht, Inv. Nr. 6016

Johann Elias Ridinger (1698–1767) hat sicher das umfangreichste Œuvre zur

XXIVb.10

Jagd in der bildenden Kunst überhaupt hinterlassen. In Zeichnungen, Gemälden und vor allem über 1600 Druckgraphiken gibt er Tiere und Jäger wieder und schildert detailgetreu alle Techniken der verschiedenen Jagdarten. M. G.

XXIVb.18
Meissen, 1744
Falkner mit Falken
Porzellan, H. 18 cm, ohne Marke
Emslandmuseum Schloß Clemenswerth, Sögel, Inv. Nr. 1995/3
(Leihgabe Niedersächsische Sparkassenstiftung Hannover)

Nach den erhaltenen Arbeitsbüchern in Meissen wurde die Figurine eines höfischen Jägers in weißgrüner Uniform, mit Dreispitz und Reiterstiefeln bekleidet und auf der behandschuhten Faust einen Gerfalken mit Falkenhaube tragend, im Januar/Februar 1744 von Johann Gottlieb Eberlein modelliert. E. W.

Lit.: *Porzellan des 18. Jh.s, Sammlung Pauls-Eisenbeis*, Ausstellungskatalog Museum im Kirschgarten, Basel o. J., S. 552f.

XXIVb.19
Johann Friedrich Eberlein, Meissen, 1746
Falkner und Falknerin
Steinzeug, H. 18 cm, 17 cm
Hetjens-Museum Düsseldorf,
Slg. Schneider, Jägerhof, Inv. Nrn. 96, 95

XXIVb.20
Johann Elias Ridinger
Falknertasche und Luder, 1. Hälfte des 18. Jahrhunderts
Zeichnung, 19,3 x 21,5 cm
Museum des Oberbergischen Kreises Schloß Homburg, Nümbrecht, Inv. Nr. 6015

Mit dem Luder oder Federspiel, das bei der Abrichtung den Beutevogel ersetzte, lernte der Falke, zum Falkner zurückzukehren. M. G.

XXIVb.21
Jagdtasche mit zwei Beuteln, 18. Jahrhundert
Leinen, Eisen, 38 x 40 x 15 cm
Museum des Oberbergischen Kreises Schloß Homburg, Nümbrecht, Inv. Nr. 4124

XXIVb.22
Falkenhaube, 17. Jahrhundert
Leder, Federn, bestickt,
H. 12 cm
Museum des Oberbergischen Kreises Schloß Homburg, Nümbrecht, Inv. Nr. 5059

XXIVb.23
»Des Erz-Stifts und churfürstenthums Cöln Jagd-Büsch- und Fischerey-Ordnung«, Bonn (Ferdinand Rommerskirchen, Churfürstl. Hof-Buchdruckerei und Buchführern) 1759
Privatbesitz

Die Jagd-, Büsch- und Fischereiordnung des Jahres 1759 stellt die Hege und Pflege der Wälder, der Wild- und Fischbestände des Erzstifts und der Waldungen und Gehölze der Untertanen unter eine Regelung, die die »eingeschlichenen Mißbräuche« beheben soll. A. B.

Lit.: R. Hocker/W. Wessel, Die Waldwirtschaft in Kurköln ...,
in: Zehnder/Schäfke, *Der Riss im Himmel 3*, 1999, S. 209ff.

XXIVb.24

Friedrich Ulrich Stisser: »Forst- und Jagd-Historie der Teutschen«, Jena 1737

Titelkupfer: Friedrich Wilhelm I., König in Preußen und Kurfürst
Privatbesitz

Erste deutsche Forst- und Jagdgeschichte mit Darstellung der Forst- und Hoheitsrechte. A. B.

XXIVb.25

Johann Eberhard Pacius: »Friedrich des Zweiten römischen Kaisers Von der Kunst zu Beitzen ...«, Ansbach 1756

Privatbesitz

Pacius übersetzte auf Befehl seines Landesherrn Markgraf Karl Fr.Wilhelm von Ansbach das bedeutende Werk des Staufen. Als Grundlage diente die 1596 von Welser herausgegebene »Editio princeps« der Handschrift König Manfreds. A. B.

XXIVb.26

Heinrich Lindenborn: »Der die Welt beleuchtende Cöllnische Diogenes«. Köln 1740/41, Bd. 1

Historisches Archiv der Stadt Köln, Sign. Ea 7

XXIVb.27

Johann Joachim Kaendler
Meissen, 1741

Jagdpokal für Kurfürst Clemens August, 1741

Porzellan, H. 35 cm
Privatbesitz

Von den vier bekannten Ausformungen des Jagdpokals weist allein diese eine ausgefüllte Wappenkartusche auf (Wappenschild auf Deutschordenskreuz, bekrönt mit dem Kurhut und hinterfangen von Schwert und Krummstab), und nur hier trägt der Piqueur den roten Parforcejagdrock. Bei diesem Pokal handelt es sich um das lange verloren geglaubte, für Clemens August hergestellte Original. Der Anlaß war ein persönliches Jagderlebnis von Clemens August am 27. Oktober 1739 bei einer Parforcejagd im Hümmling: Er war Zeuge, als ein Hirsch auf der Flucht vor der Meute auf das Dach eines Schafstalls sprang. M. G.

Lit.: M. Köllensperger, Der Clemens-August-Jagdpokal. Das entdeckte Original, *Keramos*, 125, Juli 1989, S. 7–10; dies., *Idylle in Porzellan. Kostbare Tischdekorationen aus Meissen*, Leipzig 1996, S. 54, Abb. 27; H. Westhoff-Krummacher, Jagdreportage in Porzellan, *Westfälisches Landesmuseum Münster, Das Kunstwerk des Monats, Juli 1981.*
Abb. S. 106.

XXIVb.28

Böhmen, 2. Viertel des 18. Jahrhunderts

Deckelgoldbecher mit Hasenjagd

Glas, 14,7 cm
Focke-Museum – Bremer Landesmuseum für Kunst- und Kulturgeschichte, Inv. Nr. 68.258
Lit.: *Glaskunst vom Mittelalter bis zum Klassizismus. Sammlung im Bremer Landesmuseum/Focke-Museum*, Bremen 1987, S. 336, Abb. 282.

XXIVb.29

Klappbesteck mit Jagdmotiven, Mitte des 18. Jahrhunderts

Stahl, vergoldet; Messing, vergoldet;
Messer: L. 19,7 cm;
Gabel: L. 17,1 cm;
Löffel: L. 18,9 cm
Museum des Oberbergischen Kreises Schloß Homburg, Nümbrecht, Inv. Nr. 4094
Lit.: *Höfische Jagd im 17. und 18. Jh.*, Ausstellungskatalog Museum des Oberbergischen Landes Schloß Homburg 1976, S. 29.

XXIVb.28

XXIVb.29

XXIVb.30

Jagdbesteck, 17. Jahrhundert

Lederscheide mit Messer und zwei Gabeln
Eisen, Leder, Silber, Horn, L. gesamt 24,3 cm
Museum des Oberbergischen Kreises Schloß Homburg, Nümbrecht, Inv. Nr. 4054
Lit.: *Höfische Jagd im 17. und 18. Jh.*, Ausstellungskatalog Museum des Oberbergischen Landes Schloß Homburg 1976, S. 29.

XXIVb.31

Böhmen, um 1750

Fünfteiliger Bechersatz mit Etui

Glas, Hirschlederetui
H. 10,5 cm, 9,6 cm, 9 cm, 8,5 cm, 7,7 cm
Museum für Kunsthandwerk, Frankfurt a. M., Inv. Nr. 8061/4772

Farbloses Glas mit Goldmalerei. Auf der Wandung kleine Figuren und Bäume. Am Rand der Hülle der Name »FRIED. REICHENBACH«. M. G.

Lit.: *Europäisches und außereuropäisches Glas. Museum für Kunsthandwerk Frankfurt am Main*, bearb. v. M. Bauer und G. Gabbert, Frankfurt a. M. 1980^2, S. 211, Nr. 458.

Kat. Nr. XXV.7, S. 114

XXV Das Ideal der Schönheit: Die Gemäldesammlung von Clemens August

Als repräsentatives und ästhetisches, als belehrendes und unterhaltsames Vergnügen spiegelte das Kunstsammeln Wissen, Geschmack, Weltläufigkeit und war an den Höfen sowie in den Häusern reicher Bürger gegenwärtig. Seine Tradition, die bis weit in die Antike zurückreicht, lebte vor allem seit dem 16. Jahrhundert in neuer Blüte auf. Dem Beispiel der Medici in Florenz, der Gonzaga in Mantua, der Königin Isabella von Kastilien oder Margareta von Österreich wollten es viele gleichtun, denen der aufwertende Zusammenhang von Kultur und Herrschaft bewußt war. Aber auch in bürgerlichen Kreisen wurden seit der Renaissance Antiken- und Kunstsammlungen zusammengetragen, die zum Teil überregionale Bedeutung erlangten, etwa die Gemäldesammlungen der Kölner Imstenraedt oder Jabach.

Clemens August fügt sich mit seinen Ansprüchen an Hofkultur und Ästhetik, mit seiner Auswahl von Künstlern für Ausstattungsaufgaben und mit seiner Sammelleidenschaft schlüssig in dieses Bild des 18. Jahrhunderts ein. Die von ihm berufenen italienischen, französischen, niederländischen und deutschen Künstler sorgten in der eher konservativen rheinischen Kunst für frische und zeitgenössische Impulse, die den Anschluß an neue Entwicklungen herstellten. Anspruchsvoll waren seine Sammlungen von ostasiatischem und Meissner Porzellan, die er im Indianischen Haus präsentierte, und die mit Pretiosen gut gefüllte Schatzkammer der Residenz. Die Gemäldesammlung, deren Bestand wir aus der Versteigerungsliste von 1762/1764 kennen, umfaßte 715 zum Teil mehrfach besetzte Nummern. Zusammen mit einer fortlaufend numerierten Ergänzungsliste von 1764, die mit der Nummer 781 schließt, wird der Bestand etwa 800 Bilder umfaßt haben. Die Versteigerung war von Clemens August testamentarisch verfügt worden, um mit dem Erlös »*zu Bezahlung deren vorhandenen Schulden*« beizutragen. Obwohl auch das Versteigerungsprotokoll mit Käufernamen – meist Agenten – und den erzielten Preisen erhalten ist, kann eine Identifikation von Werken kaum erfolgen. Zu allgemein und ungenau sind die Angaben zu den Gemälden, zu willkürlich wohl oft auch ihre Zuschreibung. Vor allem Niederländer sind vertreten. Unter den Rembrandt-Bildern befand sich als Nr. 770 »Der verlorene Sohn«, heute in der Eremitage zu St. Petersburg, und vielleicht »Der Mann mit dem Goldhelm« in der Berliner Gemäldegalerie. Es fällt auf, daß in der Liste zahlreiche weniger bedeutende Meister vertreten sind – Horst Vey spricht von »mittlere[n] Kabinettbilder[n] mittlerer niederländischer Meister« – und wichtige Namen wie Momper, Ruysdael oder De Hooch für die Niederländer, Boucher, Lancret oder Poussin für die Franzosen gänzlich fehlen. Die Sammlung besaß – von Rembrandt einmal abgesehen – wenig strahlende Höhepunkte. Sie weist bislang nicht identifizierte Einzelwerke von Abraham Bloemaert, Paul Bril, Albrecht Dürer, Adam Elsheimer, Martin Schongauer und Antoine Watteau sowie drei Bilder von Hans Holbein aus. Dagegen vermißt man die in anderen Sammlungen der Zeit so geschätzten klassischen Italiener von Raffael bis Reni, für deren Erwerb freilich auch zu Clemens Augusts Zeiten schon viel Geld ausgegeben werden mußte. Sehr auffallend ist auch das überwiegende Fehlen der eigenen Hofmaler, die ja nicht nur mit Ausstattungsaufgaben beschäftigt waren.

Die Gemäldesammlung von Clemens August war offensichtlich nicht unter den üblichen klassischen Gesichtspunkten für Sammlungen zusammengetragen worden, sondern richtete sich nach einem sehr persönlichen Geschmack und umfaßte vor allem Landschaften, Tier- und Jagdszenen, Stilleben und Gemälde religiösen Inhalts. Es liegt die Vermutung nahe, daß nicht ein europaweiter Überblick über die wichtigsten Leistungen der Malerei beabsichtigt war, sondern eine gewisse Beliebigkeit eher auf unzureichende Kenntnisse über die Entwicklung, über Qualitäten und den Markt hinweist. Aus der Aufbewahrung der Gemälde in unterschiedlichen Schlössern – so befanden sich 136 Bilder im Krönungssaal des Poppelsdofer Schlosses – läßt sich schließen, daß sie in die große Ausstattungsidee, in die Gestaltung eines anspruchsvollen höfischen Ambientes integriert waren.

Die vom 14. Mai bis zum 19. Juni 1764 veranstaltete Versteigerung der Gemälde erreichte in der Regel nicht die Schätzpreise und brachte lediglich einen Gesamterlös von 24 746 Talern und 14 Stübern gegenüber einer erwarteten Summe von 126 955 Talern.

F. G. Z.

Literatur: Depel 1961, S. 103–105; Vey 1963, S. 193–226.

XXV.1

XXV.1
Philipp Ferdinand de Hamilton
Stilleben mit totem Hasen, Wildente und Singvögeln
Öl auf Leinwand, 93,5 x 80 cm
Statens Museum for Kunst, Kopenhagen, Inv. Nr. Sp 330

XXV.2
Nikolaus Knüpfer
Die Qualen des Hl. Laurentius
Öl auf Holz, 82 x 69 cm (mit Rahmen)
Schloß Augustusburg, Brühl

XXV.3
Antonio Pomarancio
(eigentlich Circignani) (?)
Christus in Emmaus
Öl auf Leinwand, 159,3 x 203,3 cm
Statens Museum for Kunst, Kopenhagen, Inv. Nr. 1181

XXV.4
Philipp Ferdinand de Hamilton
Stilleben mit totem Hasen und Vögeln
Öl auf Leinwand, 93,5 x 80 cm
Statens Museum for Kunst, Kopenhagen, Inv. Nr. Sp 331

XXV.5
Adriaen von Ostade
Bauernversammlung mit Kindern und Hund, 1636
Öl auf Leinwand, 28 x 35,5 cm
Statens Museum for Kunst, Kopenhagen, Inv. Nr. Sp 752

Das kleine »Kabinettstück« verbindet in typischer Manier eine Gruppe von derben Bauern vor dem Kamin mit einer Schar Kinder, die mit einem Hund spielen bzw. diesem das Tanzen beibringen. Charakteristisch für die frühen Bilder des Malers ist, daß ein grelles Licht die Szene in einem ärmlichen Innenraum effektvoll beleuchtet. Adriaen von Ostade (Haarlem 1610–1685), der bei Frans Hals und Adriaen Brouwer lernte, aber später auch von Rembrandt beeinflußt wurde, war schon mit 21 Jahren selbständiger Meister.
Das Bild wurde auf der Versteigerung 1674 als Nr. 690 zusammen mit sieben weiteren von den Brüdern Herstatt für den dänischen König und dessen Kunstkammer erworben.
Lit.: *Royal Museums of Fine Arts. Catalogue of Old Foreign Paintings*, Copenhagen 1951, Nr. 522; Vey 1963, S. 222.

XXV.6
Kopie nach Jusepe de Ribera
Hl. Onofrius (Onuphrius der Große)
Öl auf Holz, 91 x 70,5 cm
Statens Museum for Kunst, Kopenhagen, Inv. Nr. Sp 52

Nach jüngerer Meinung zeigt das Bild den Hl. Onofrius, vor ihm ein Szepter und eine Königskrone. Der Heilige lebte als Asket 60 Jahre in der Einsamkeit und gehört zu den wenigen Wüstenvätern, die im Westen einen Kult besitzen.
Das Bild ist für die barocke Auffassung typisch: als alter Mann mit langem Bart ist der Hl. Onofrius kniend und büßend dargestellt. Bildtypus und Darstellung berühren sich mit denen des Hl. Hieronymus und wirken wie ein männliches Gegenbild zur Ikonographie der Hl. Magdalena.
Frühere Bezeichnungen als König Manasses oder als Nebukadnezar gelten als überholt. Das Bild ist eine Kopie des Werkes in Dublin, welches auf das Original Riberas von 1637 in der Eremitage in St. Petersburg zurückgeht. Es wurde 1764 als Nr. 632 versteigert.
Lit.: *Royal Museum of Fine Arts. Catalogue of Old Foreign Paintings*, Copenhagen 1951, S. 257, Nr. 579; Vey 1963, S. 222.

XXV.7
Jacob Jordaens
Isaak segnet Jakob, 1660
Öl auf Leinwand, 135 x 179 cm
Musée des Beaux-Arts, Lille, Inv. Nr. P 109

Nach Gen. 27.1–29 segnet Isaak seinen jüngeren Sohn Jakob statt seines älteren Sohnes Esau.

XXV.5

XXV.6

Jakob hatte den blinden Vater getäuscht und sich den Segen auf Anraten der Mutter Rebecca erschlichen. Der Segen endet mit dem Spruch: »Verflucht sei, wer dich verflucht, und gesegnet sei, wer dich segnet«. Jordaens (Antwerpen 1593–1678), ein italienisch beeinflußter Hauptmeister des flämischen Genrebildes, gibt dieser Szene einen charismatischen Charakter. Zugleich lebt das Bild aus seiner malerischen Kraft und lebendigen Erzählfreude.
Clemens August erwarb das Gemälde 1725 aus dem Besitz des Domherrn von Twickel. Es wurde 1762 als Nr. 276 versteigert.

Lit.: J. Giesen, Der Domherr von Twickel – ein Kölner Kunstsammler, *Jahrbuch des Kölnischen Geschichtsvereins*, 20, 1938, S. 261f.; Renard 1927, S. 92; Vey 1963, S. 222.
Abb. S. 112.

XXV.8
Giovanni Antonio Pellegrini
Allegorie des Herbstes: Bacchus, Ceres und Cupido, um 1705
Öl auf Leinwand, 90 x 73 cm
Kunstmuseum Düsseldorf im Ehrenhof, Inv. Nr. 2306

Der nackte Bacchus, Gott des Weines, lehnt sich trunken in sein Löwenfell zurück. Die ährengeschmückte Ceres mit entblößter Brust, Göttin des Ackerbaus und der Fruchtbarkeit, greift in dessen Haar und schaut ihn an. Der Amorknabe Cupido greift nach Bacchus, als wolle er auch seinen Kopf berühren. Die Halbfigurengruppe ist von deutlichen erotischen Untertönen getragen. Solche Bilder erfreuten sich wegen ihres Antikenbezugs und der Zweideutigkeit sehr großer Beliebtheit. Pellegrini (Venedig 1675–1741) war ein gefragter Maler und Freskant mit internationaler Reputation und Beschäftigung. Von 1713 bis 1716 arbeitete er für Kurfürst Johann Wilhelm in Düsseldorf. Seine lockeren, ausgewogenen Kompositionen mit ihrer südländischen Farbkultur verkörpern auf einprägsame Art den aktuellen Stil des europäischen Rokokos.

Lit.: Vey 1963, S. 214, Nr. 659; *Himmel, Ruhm und Herrlichkeit. Italienische Künstler an rheinischen Höfen des Barock*, Ausstellungskatalog, hrsg. v. H. M. Schmidt, Köln 1989, S. 314, Kat. Nr. 77.

XXV.9
Adriaen van der Werff, Schule
Hl. Magdalena
Öl auf Leinwand, 46 x 30 cm
Berlin, Staatliche Museen zu Berlin – Preußischer Kulturbesitz, Gemäldegalerie, Kat. Nr. 1931

Im Versteigerungskatalog 1764 wird das Bild (Nr. 38) als Hl. Margarete verzeichnet. Die typischen Attribute Kreuz für das Heil und Totenschädel als Symbol der Vergänglichkeit alles Irdischen sowie der Figurentypus der Heiligen lassen eher an die Hl. Magdalena, die Büßerin in der Wüste, denken. Dieser Bildtypus zählt zu den Andachtsbildern des Barock. Trotz der dargestellten asketischen Situation ist die Szene nicht ohne Eleganz. Das Bild ist eine Kopie nach einem Werk de Riberas von 1711 in der Dresdner Gemäldegalerie und wurde auf der Versteigerung 1764 von Clever für Friedrich d. Gr. erworben.

Lit.: Vey 1963, S. 201, S. 222, Nr. 38; P. Seidel, Friedrich der Große als Sammler, *Jahrbuch der Preussischen Kunstsammlungen*, 15, 1894, S. 54.

XXV.8

XXV.9

Kat. Nr. XXVI.9, S. 118

XXVI Die Lust des Lebens: Die Kunst der Verführung

Techniken und Spielarten der Verführung stehen im 18. Jahrhundert im Mittelpunkt höfischen Alltagslebens. Langeweile, Übersättigung und Selbstverliebtheit des Adels fordern immer neue Reize. Gefühle werden künstlich aufgetragen wie Puder, um dank kühler Eroberungsstrategien auf dem Spielfeld höfischer Genüsse zu gewinnen. Verführung wird vom Leistungsprinzip dominiert. Der jeweilige Partner ist austauschbar. Im Spiel überläßt man nichts dem Zufall. Schon Erziehungsbücher und Memoiren unterweisen junge Mädchen in der komplizierten erotischen Zeichensprache des Fächers.[1] Andere erläutern die symbolhafte, richtige Positionierung der dunklen Schönheitspflästerchen im hell gepuderten Gesicht. Vor dem Spiegel erproben Mann und Frau das Mienenspiel, um ihrer Gefühle Herr zu werden. Selbst das schamhafte Erröten junger Mädchen ist oft künstlichen Tinkturen zu verdanken, mit denen Taschentücher getränkt sind. Männern wird besonders die Kunst der Galanterie abverlangt: geistvolle Unterhaltsamkeit, Charme, gespickt mit Zitaten und einem Bündel aufgetischter Lebensmärchen.[2] Gekrönt wird das Ganze von blumigen Liebesbriefen und zerbrechlichen Liebesgeschenken aus Porzellan. Als Beute ihrer Eroberung erhalten sie im Gegenzug Strumpfbänder der Dame. Auf beiden Seiten wird mit Lust betrogen – solange es nur verdeckt geschieht und nicht in der Öffentlichkeit zur Schau gestellt wird. Da Ehen meist arrangiert und nicht aus Liebe geschlossen werden, fühlen sich oft weder Mann noch Frau dem Partner gegenüber verantwortlich. Geheiratet wird lediglich zwecks materieller Absicherung der eigenen Existenz. Das Zentrum der erotischen Genüsse ist das Boudoir. Hier lädt man sich zunächst unverbindlich morgens zum Kaffee ein: Der Gastgeber erscheint leger im Morgenrock, die Frau empfängt ohne Reifrock im körperbetonten Negligé. Beide genießen den Kaffee, dem man erotisierende Wirkung nachsagt.[3] Sie plaudern im belanglosen Ton miteinander, vielleicht zunächst in Gegenwart anderer Gäste, später dann allein. Der intime Rahmen dieser Szene wird genauestens vorbereitet und inszeniert. Sie findet zwischen Perückenständern und Pudertisch, zwischen Nachttöpfen und Flohfallen statt.

Mit der Kunst der Verführung geht auch die ›Kunst am eigenen Körper‹ einher. Im 18. Jahrhundert ist ein sehr blasser Hauttyp gefragt, der nach dem damaligen Verständnis Ausdruck von Vornehmheit ist. Um dies zu garantieren, pudern sich Frauen wie Männer das Gesicht mit dem giftigen Bleiweiß – ein Prozeß, der nicht zu Unrecht als »Eingipsen« bezeichnet wurde.[4] Auf diese Grundierung werden harte Kontraste von Rouge und Lippenrot gesetzt – dies gilt als vornehm und weist Träger und Trägerin als Angehörige der Oberschicht aus. Komplettiert wird diese Maske durch Schönheitspflästerchen aus Satin oder Samt, die mit Gummi am Gesicht festgeklebt werden. Über dem Ganzen thront die Perücke oder das Eigenhaar, über und über mit weißem Mehlstaub bedeckt – eine Notlösung, die das Haar vor dem Einfetten schützen und es trotz fehlender Wäsche locker wirken lassen soll.[5] Wasser gilt in dieser Epoche gemeinhin als gefährlich, heißt es doch, daß es die Poren für alle möglichen Keime öffne, den Körper schwäche und ihn für alle Krankheiten anfälliger mache.[6] Daher dosiert man es auf ein Mindestmaß, reinigt sich lieber mit einem trockenen Tuch und wechselt täglich die Wäsche. Unvermeidliche Flöhe werden durch kleine Fallen gefangen, kleine hohle Behälter, an deren innerem klebrigen Stempel das Ungeziefer hängen bleibt.

Das Boudoir ist Nistplatz – für die höfische Liebe und für die ungebetenen Gäste in ihrem Troß. S. B.

1 Zum Beispiel in Büchern wie dem *Livre de Quatre Couleurs*, 1757, siehe auch E. Fuchs, *Illustrierte Sittengeschichte*, Bd. 4, Frankfurt a. M. 1985, S. 37ff.
2 Siehe hierzu C. Wiedemann, *Der galante Stil 1680–1730*, Tübingen 1969.
3 Siehe hierzu auch: Kat. *Coffeum* 1998.
4 M. Jedding-Gesterling, Weiß, Rot und Schwarz, in: Kat. *Sehnsucht nach Vollkommenheit* 1995, S. 55ff.
5 Dies., Haarpuder und Perücke, in: ebd., S. 99ff.
6 Vigarello 1988, S. 37ff.; U. Kiby, Clemens August und die Badekultur seiner Zeit, in: Zehnder/Schäfke, *Der Riss im Himmel 3*, 1999, S. 143ff.

XXVI.1
Johann Joachim Kaendler
Meissen, 1737
Handkußgruppe
Porzellan, H. 19,2 cm, B. 24,5 cm
Hetjens-Museum, Düsseldorf, Sammlung Schneider, Jägerhof, Inv. Nr. 98

XXVI.2
Chelsea, um 1760
Dose für Schönheitspflästerchen als Mädchengesicht mit Maske
Porzellan, 4,7 x 3,6 x 3 cm
Museum für Kunst und Gewerbe, Hamburg, (Leihgabe von Ernesto und Emily Blohm)
Lit.: Kat. *Porzellan aus der Sammlung Blohm* 1968, Kat. Nr. 52; E. Fuchs, *Illustrierte Sittengeschichte*, Bd. 4, Frankfurt a. M. 1985, S. 40ff.

XXVI.3
a) Faltfächer mit galantem Paar unter Bäumen, 18. Jahrhundert
Elfenbein, Metallfolienauflage, Marienglas, L. 27,5 cm

b) Faltfächer mit amourösen Allegorien der Luft und des Wassers, 18. Jahrhundert
Holz, Eisen, L. 28,3 cm
Mainfränkisches Museum Würzburg, Inv. Nrn. S.61375 und 61343

XXVI.4
Januarius Zick
Der Liebesbrief
Öl auf Leinwand, 51 x 60 x 5,5 cm (mit Rahmen)
Kunstmuseum Düsseldorf im Ehrenhof, Inv. Nr. 217

XXVI.5
Johann Joachim Kaendler
Meissen, 18. Jahrhundert
Kavalier mit Liebesbrief
Porzellan, H. 14,2 cm
Reiss-Museum, Mannheim

XXVI.6
a) Chelsea, um 1755–1760
Siegel mit Cupido und Armbrust
Porzellan, Kupfer, H. 3 cm

b) Chelsea, um 1755–1760
Siegel mit Cupido und Vogelkäfig
Porzellan, Kupfer, H. 2,7 cm
Museum für Kunst und Gewerbe Hamburg (Leihgaben von Ernesto und Emily Blohm)
Lit.: Kat. *Porzellan aus der Sammlung Blohm* 1968, Kat. Nrn. 92 und 88.

Siegel der gezeigten Art wurden oft zum Versiegeln von Liebesbriefen verwendet.

XXVI.7
a) Fürstenberg, um 1760–1770
Pfeifenstopfer in Form eines Spargels
Porzellan, L. 7,9 cm

b) Meissen, um 1760
Flohbein (Pfeifenstopfer)
Porzellan, L. 6,4 cm

c) Kelsterbach, um 1763
Zahnstocheretui mit Pfeife (Frauenarm)
Porzellan, Silberfassung, L. 7,8 cm
Museum für Kunst und Gewerbe, Hamburg (Leihgaben von Ernesto und Emily Blohm)

Galanterien aus Porzellan – wie Spargel, Flohbein oder Frauenarm – sind beliebte Liebesgeschenke des Rokoko.
Lit.: Kat. *Porzellan aus der Sammlung Blohm* 1968, Kat. Nrn. 106, 107 u. 95.

XXVI.8
a) Frankreich, Mitte des 18. Jahrhunderts
Nadeletui mit Venusdarstellung
Holz, Schwarzlackbeschichtung, 15,5 x 4,8 cm

b) Frankreich, Mitte des 18. Jahrhunderts
Bonbonniere
Holz, Schwarzlackbeschichtung, 4,2 x 9,1 cm
Museum für Lackkunst, Münster, Inv. Nrn. EU-F-d-9 u. EU-F-b-21

Sieht man auf dem Nadeletui das erotische Motiv des Raubes der Europa, zeigt die Dose eine von Teufeln getragene,

XXVI.7b

XXVI.8b

verführerische Frau, bei der es sich wahrscheinlich um Pandora handelt.
Lit.: M. Kopplin, *Europäische Lackkunst*, Münster 1998, S. 106.

XXVI.9
Johann Joachim Kaendler
Meissen, 18. Jahrhundert
Der entdeckte Liebhaber
Porzellan, 12,9 x 17,5 x 11 cm; 5,1 x 10,5 cm (Liebhaber)
Sammlung Ludwig, Aachen, Dauerleihgabe im Brückenrathaus Bamberg, Inv. Nr. L69
Abb. S. 116.

XXVI.10
Brisèfächer: Der betrogene Ehemann im Schlafzimmer, Ende des 18. Jahrhunderts
Holz, Messing, B. 27 cm
Mainfränkisches Museum Würzburg, Inv. Nr. 6114

XXVI.11
Marquis d'Argens: »Thérèse Philosophe«, London 1782
Universitätsbibliothek Magdeburg, Sign. 97.01309 (Bd. 1)

Dieser Entwicklungsroman schildert die Erlebnisse der jungen Thérèse, die über ihre sexuellen Erfahrungen zur gefragten Philosophin wird.
Lit.: J. M. Goulemot, *Gefährliche Bücher*, Hamburg 1993.

XXVI.12
Giovanni Antonio Pellegrini
Venus und Amor

XXVI.13

Öl auf Leinwand,
104,7 x 87,9 x 8–9 cm (mit Rahmen)
Rheinisches Landesmuseum, Bonn,
Inv. Nr. 66.105

XXVI.13
Paul Herrmann
Liegende Venus, um 1720
Marmor,
L. 84 cm, H. 18,5 cm, B. 28 cm
Staatliche Kunstsammlungen Dresden,
Skulpturensammlung, Inv. Nr. ZV3607
Lit.: *Verborgene Schätze der Skulpturensammlung,* Ausstellungskatalog Dresden 1992, S. 52.

XXVI.14
Kurpfälzische oder Straßburger Werkstatt, um 1775
Poudreuse (Toilettetisch)
Holz, 76 x 35 x 43 cm
Schloß Benrath, Stadtmuseum Düsseldorf,
Inv. Nr. B 148

Der Toilettetisch ist Zentrum des Rokoko-Boudoirs. Hier vollzog sich dank Friseuren, Perückenmachern, Zofen und Kammerdienern die Verwandlung zur Dame oder zum Herrn der Gesellschaft.

XXVI.15
Frankenthal, um 1777
Kaffeekanne, Tasse und Untertasse mit galanten Szenen
Porzellan,
Kanne H. 33,7 cm,
Tasse: Dm. 6,5 cm
Museum für Kunsthandwerk, Frankfurt a. M.,
Inv. Nr. X 22375

XXVI.16
Meissen, 3. Viertel des 18. Jahrhunderts
Lavoir
Porzellan, 5,3 x 28 x 20,5 cm
Museum für Kunsthandwerk, Frankfurt a. M.,
Inv. Nr. X 20512

Die Sauberkeit einer Person mißt sich im 18. Jh. nicht an der Verwendung von Wasser. Mit den Orientmoden um 1750 ändert sich dies. Plötzlich hält das Baden Einzug in die Boudoirs – weniger als Mittel zur Erlangung einer gewissen Sauberkeit als zur Sensibilisierung des Körpers für Genüsse aller Art.
Lit.: Vigarello 1988, S. 117ff.

XXVI.17
a) Perückenkopf, 18. Jahrhundert
Holz (mit Sockel), 32 x 22 x 22 cm

b) Perückenkopf, ca. 1770
Holz, 36 x 19,3 cm

c) Perückenkasten
Holz, 12,1 x 29 x 22 cm
Sammlung Schwarzkopf im Deutschen Hygiene-Museum, Dresden,
Inv. Nrn. SK 811, SK 1426 u. SK 2271

d) Köln, um 1935 im Stil der 2. Hälfte des 18. Jahrhunderts
Zopfperücke
Haar, Stoffband
Kölnisches Stadtmuseum

Die Perücke löste ein drängendes Hygieneproblem des Rokoko. Wollte man die Säuberung der Haare grundsätzlich vermeiden, rasierte man sich den Kopf und setzte eine gepuderte Perücke auf die Glatze.
Lit.: M. Jedding-Gesterling, Haarpuder und Perücke, in: Kat. *Sehnsucht nach Vollkommenheit* 1995, S. 99f.

XXVI.18
Augsburg, 18. Jahrhundert
Puderbesen
Silber, Borsten, L. 16,5 cm
Sammlung Schwarzkopf im Deutschen Hygiene-Museum, Dresden,
Inv. Nr. SK 402

Um das Haar mit Puder zu bestäuben, benutzte man oft einen Puderbesen oder »Puderpuschel«, der mit Pomade eingeschmiert wurde, damit der Puder auf dem Haar besser haftete. Der Puderbesen garantierte – im Gegensatz zum Blasebalg –, daß so wenig Puder wie möglich verlorenging.
Lit.: M. Jedding-Gesterling, Haarpuder und Perücke, in: Kat. *Sehnsucht nach Vollkommenheit* 1995, S. 100ff.

XXVI.19
a) Jens Sveistrup, Kopenhagen, 1767
Riechdose
Silber, 8,1 x 4,5 x 2,7 cm

b) Riechdose, 18. Jahrhundert
Silber,
7,8 x 4 x 2,7 cm
Sammlung Schwarzkopf im Deutschen Hygiene-Museum, Dresden,
Inv. Nrn. SK 2255 u. SK 1932

Riechdosen mit wohlduftenden Parfumessenzen oder Kräutern sollten starke Körpergerüche übertünchen.
Lit.: M. Jedding-Gesterling, Wohlgerüche, in: Kat. *Sehnsucht nach Vollkommenheit* 1995, S. 158ff.

XXVI.20
Zwei Flohfallen, 18. Jahrhundert
Elfenbein
Kölnisches Stadtmuseum,
Inv. Nrn. RM 1929/429, RM 1934/352

XXVI.21
Joseph Hannong
Nachttopf, sog. Bourdalou, 18. Jahrhundert
Porzellan,
H. 12,2 cm, B. 20,5 cm
Emslandmuseum Schloß Clemenswerth, Sögel,
Inv. Nr. 1991/20

Eine öffentliche Kanalisation gab es im Rokoko so gut wie gar nicht. Man benutzte den Nachttopf oder Nachtstuhl mit Deckel. Dabei unterschied man zwischen männlichen und weiblichen Nachttöpfen, den sog. Bourdalous, deren Formen sich dem weiblichen Körper stärker anpaßten.

XXVI.20

Kat. Nr. XXVII.12, S. 123

XXVII Exotische Idyllen

Dank der phantastischen Berichte der Entdeckungsreisenden des 17. Jahrhunderts gelten der Orient und Ostasien im barocken Europa als Länder des ewigen Frühlings. Hier lebt man scheinbar sorgenfrei und in Luxus, ungetrübt vom Zeremoniell höfischer Zwänge. Um diese Träume »Realität« werden zu lassen, wandelten zeitgenössische Architekten und Ausstatter besonders die privaten Bereiche europäischer Schlösser in exotische Scheinwelten um.[1] Alltagsszenen im chinesischen Gewand bedecken Möbel und Porzellan, Wände und Decken. Für den Kölner Erzbischof und Kurfürsten Clemens August baut François de Cuvilliés ein phantastisch anmutendes Lustschloß im Park von Brühl: Das Indianische Haus umfaßt mit seinen 60 Metern Länge drei Pavillons, die eine herausragende Porzellansammlung beherbergen, Orangerien mit exotischen Zitruspflanzen und Volieren mit Singvögeln – all dies ist eingebettet in eine asiatisch anmutende Landschaft mit schlangenartig gewundenen Pfaden und kleinen, chinesischen Brücken.[2] Hier ist der Kurfürst privat, genießt seine Schokolade oder seinen Tee unter Dächern, die mit kleinen Glöckchen gesäumt sind und auf denen vergoldete Drachen und Affen hocken. Hier betrachtet er das in Schränken und Schaubuffets aufgestellte exquisite Porzellan, das er mit Blick auf sein sächsisches Vorbild, August den Starken, eigens in Meissen bestellt hat. Wegen seiner Zerbrechlichkeit und Seltenheit ist es im 18. Jahrhundert noch sehr teuer, so rangiert es in den fürstlichen Kunstkammern als Statusobjekt vor dem althergebrachten Silber, das zunehmend aus der Mode gerät.

Gleichzeitig gewinnt der Orient im Rokoko märchenhafte Dimensionen. Vergessen sind die Kriege und Belagerungen vergangener Jahrhunderte. Während Max Emanuel, der Vater von Clemens August, noch gegen die Türken kämpfte, schlüpft sein Sohn bereits in ein orientalisches Gewand, um in die exotische Welt von *Tausendundeiner Nacht* zu flüchten, in eine Idylle schrankenlosen Genusses und unermeßlichen Reichtums. Auslöser dieser Phantasien sind die engen Kontakte europäischer Fürstenhäuser zu der Hohen Pforte. Insbesondere Frankreich ist Schauplatz aufsehenerregender Einzüge türkischer Gesandter (z. B. Mehemet Riza Bey, 1714).[3] Die daraus entstehenden Impulse werden sofort in Malerei, Skulptur und Literatur umgesetzt. Der Orient ist in dieser Zeit sehr präsent und beherrschend. Im Gegensatz zu der Chinoiserie, die den Lebensraum verwandelt, wirken sich die orientalischen Moden auf den Menschen selbst aus. So zeigt das private Fürstenporträt des Rokoko den Herrscher oder die Herrscherin nicht mehr wie früher im antiken Götterkostüm als Jupiter oder Diana, sondern im Sultans- oder Haremsgewand.[4] Selbst in der Musik des Rokoko hinterläßt der Orient Spuren, ob nun in den Militärmärschen oder in der Kunstmusik bei Mozart. Vor allem türkische Schlaginstrumente bestimmen hier den Alla Turca-Stil.[5] Im Theater sind es oft farbenprächtige Märchenspiele und Maskeraden, die von Laienschauspielern, allen voran Clemens August, aufgeführt werden. Manche entstammen geradewegs den Geschichten aus *Tausendundeiner Nacht*, die 1704–1711 erstmals in Europa veröffentlicht werden. Andere werden Expeditionsberichten entnommen. Von diesen fernen exotischen Welten bezieht die Aufklärung wichtige Impulse, die den Toleranzgedanken eines Montesquieu, Rousseau, Voltaire oder Herder prägen.[6] Das Bild Europas relativiert sich im Blick auf das Fremde. S. B.

[1] Vgl. W. Hansmann, Die indianischen Lustbauten des Kurfürsten Clemens August im Brühler Schloßpark, in: *Beiträge zur rheinischen Kunstgeschichte und Denkmalpflege II* (Die Kunstdenkmälder des Rheinlandes, Beiheft 20), Düsseldorf 1974, S. 191ff.; S. Koppelkamm, *Exotische Architekturen im 18. und 19. Jh.*, Ausstellungskatalog Landesgewerbeamt Baden-Würtemberg, Institut für Auslandsbeziehungen, Stuttgart 1987.

[2] Vgl. U. Kiby, Exotismus – Die Faszination fremder Welten, in: Zehnder/Schäfke, *Der Riss im Himmel 6* (im Druck).

[3] Vgl. M. Kopplin, »Amoenitates exoticae«. Exotische Köstlichkeiten im Zeitalter des Barock, in: *Exotische Welten. Europäische Phantasien*, Ausstellungskatalog Institut für Auslandsbeziehungen, Stuttgart 1987, S. 318ff.

[4] Vgl. M. Kopplin, Turcica und Turquerien. Zur Entwicklung des Türkenbildes und Rezeption osmanischer Motive vom 16. bis 18. Jh., in: ebd., S. 150ff.; M. E. Pape, Turquerie im 18. Jh. und der Recueil Ferriol, in: Kat. *Europa und der Orient* 1989, S. 305ff.

[5] Vgl. G. Joppig, Alla Turca. Orientalismen in der europäischen Kunstmusik vom 17. bis zum 19. Jh., in: Kat. *Europa und der Orient* 1989 [Anm. 4], S.295ff.

[6] Vgl. K. U. Syndram, Der erfundene Orient in der europäischen Literatur vom 18. bis zum Beginn des 20. Jh.s, in: ebd., S. 324ff.

XXVII.1
a) Joseph-Marie Vien
La Sultane reine
(Der Maler Louis le Lorrain), 1748
Öl auf Papier,
29,5 x 22,5 cm
Musée du Petit Palais, Paris

b) Joseph-Marie Vien
La Sultane noire
(Der Architekt Jean Moreau), 1748
Öl auf Papier,
26 x 20 cm
Musée du Petit Palais, Paris

Orientalische Maskeraden waren im 18. Jh. sehr beliebt. Die wohl berühmteste ihrer Art war die »Karawane des Sultans von Mekka«, die 1748 von der französischen Künstlerkolonie während des Karnevals in Rom veranstaltet wurde.
Lit.: Kat. *Europa und der Orient* 1989, S. 771ff.

XXVII.2
Alf laila wa-laila: »Die Tausendundeine Nacht ... Teil 1/2«, Leipzig 1711
Titelseite mit Frontispiz (Liegender Pascha, umgeben von zwei Frauen)
Staatsbibliothek zu Berlin – Preußischer Kulturbesitz, Inv. Nr. Yv1096R

XXVII.3
»Letters of the Right Honourable Lady M-y-w-y, M-y: Written during her

XXVII.4a–d

Travels in Europe, Asia and Africa ...«, Berlin 1790
Titelseite mit Frontispiz von Daniel Chodowiecki (Lady Montague im Türkischen Bad)
Staatsbibliothek zu Berlin – Preußischer Kulturbesitz, Inv. Nr. Ui6281

Lady Montague (gest. 1762), die Ehefrau des englischen Botschafters in Konstantinopel, war eine der ersten Europäerinnen, der es gelang, Einblick in ein orientalisches Serail und hier besonders in den Harem zu erhalten.

XXVII.4
a) Schellenbaum mit Pferdeschwänzen, 1. Hälfte des 19. Jahrhunderts
Metall, Pferdehaar,
H. 195 cm, Dm. 39 cm
Musikinstrumentenmuseum im Münchner Stadtmuseum, Inv. Nr. 61-105

b) Schellenbaum mit Holzstange, um 1800
Metall, Holz, H. 140 cm, Dm. 31 cm
Musikinstrumentenmuseum im Münchner Stadtmuseum, Inv. Nr. 43-181

c) Orientalische Trommel, 19. Jahrhundert
Holz, Fell, Hanfschnur,
H. 65 cm, Dm. 37 cm
Musikinstrumentenmuseum im Münchner Stadtmuseum, Inv. Nr. 78-10

d) Orientalisches Tamburin, 19. Jahrhundert
Holz, Messing, Eisen, Fell,
H. 11 cm, Dm 42 cm
Musikinstrumentenmuseum im Münchner Stadtmuseum, Inv. Nr. 43-105

e) Höchst, 18. Jahrhundert
Türkischer Triangelspieler
Porzellan, H. 17 cm
Sammlung Dr. Joppig, Grafing

f) Höchst, 18. Jahrhundert
Türkischer Oboist
Porzellan, H. 17 cm
Sammlung Dr. Joppig, Grafing

XXVII.5
a) Wolfgang Amadeus Mozart: »Die Entführung aus dem Serail«, Bonn (Simrock) 1799
(KV 384) Klavierauszug mit deutschem und französischem Text

XXVII.1b

Staatsbibliothek zu Berlin – Preußischer Kulturbesitz, Inv. Nr. N. Mus. 4339

Türkische Stilelemente bestimmen die Ouvertüre der *Entführung aus dem Serail* von Mozart.
Lit.: G. Joppig, Alla Turca. Orientalismen in der europäischen Kunstmusik vom 17. bis zum 19. Jahrhundert, in: Kat. *Europa und der Orient* 1989, S. 301 u. S. 779f.

b) François-Marie Arouet, gen. Voltaire: »Zaire oder die rasende Eifersucht eines Türken«, Amsterdam 1738
Staatsbibliothek zu Berlin – Preußischer Kulturbesitz, Inv. Nr. Ai1809 R-3

Zaire oder die rasende Eifersucht eines Türken festigte den Ruf Voltaires als Tragödienautor. Titelfigur ist eine Europäerin, die als Gefangene in einem orientalischen Serail aufwächst. Ihre Liebe zu dem Sultan Orosmane endet damit, daß dieser sie aus grundloser Eifersucht tötet. Das Stück wurde mehrfach in Bonn aufgeführt – oft unter Mitwirkung von Laienschauspielern wie Clemens August.
Lit.: Kat. *Europa und der Orient* 1989, S.787f.

XXVII.6
Holland, Anfang des 18. Jahrhunderts
Teetisch mit hochklappbarer Platte
Holz mit Schwarzlackbeschichtung,
H. 163,8 cm
Museum für Lackkunst, Münster,
Inv. Nr. EU-E-a-21

XXVII.7
Johann Gregorius Höroldt, Meissen
Teile aus dem Tee-, Kaffee- und Schokoladengeschirr für Kurfürst Clemens August
a) Zwei Köppchen und zwei Henkeltassen mit Untertassen
Porzellan, Dm. 12,7,
Henkeltassen: Dm. 6,9 cm, H. 6,3 cm
Sammlung Ludwig, Aachen, Dauerleihgabe im Brückenrathaus Bamberg, Inv. Nr. L 271, Inv. Nr. L 272

b) Anbietplatte, Zuckerdose, zwei Köppchen und eine Schokoladentasse mit Untertassen
Porzellan,
Platte: 29,6 x 22 cm;
Dose: H. 8,5 cm;
Schokoladentasse: H. 6,1 cm,
Untertasse: Dm. 12,8 cm;
Köppchen: H. 4,4 cm, Dm. 7,8 cm,
Untertasse: Dm. 12,8 cm
Bernisches Historisches Museum, Inv. Nrn. 28042, 27954, 27956.a/b, 27957.a/b, 27955.a/b

Mehrere Meissner Porzellanmaler – allen voran der berühmte Johann Gregorius Höroldt – arbeiteten auf Bestellung europäischer Fürstenhäuser an den dünnwandigen Tee-, Kaffee- und Schokoladenservicen.
Sie bemalten die weißgrundigen Flächen mit europäischen Alltagsszenen im asiatischen Gewand.

XXVII.8
Johann Gregorius Höroldt
Zwei Musterblätter für Höroldt-Chinoiserien aus der Malstube der Königl. Porzellanmanufaktur Meissen (Schulz Codex), um 1725/30
Aquarellierte Zeichnungen,
je 51,4 x 61,3 x 2,5 cm (mit Rahmen)
Museum für Kunsthandwerk/Grassimuseum Leipzig, Inv. Nrn. B.60.66.9 Beh13 und B.60.66.16 Beh14

XXVII.9
a) Deutschland, um 1720
Große Deckelvase
Keramik, Lackfassung, 89 x 20,8 cm
Museum für Lackkunst, Münster,
Inv. Nr. EU-D-k-9

b) Meissen, um 1720
Sitzender Goldchinese
Porzellan, H. 9,5 cm
Hetjens-Museum, Düsseldorf,
Inv.-Nr. 1940-152

c) Deutschland, um 1720
Wackelpagode: Glücksgott Hotei
Lindenholz, farbige Lackfassung,
24,5 x 32,4 x 28,4 cm
Museum für Lackkunst, Münster,
Inv. Nr. EU-D-z-33
Lit.: M. Kopplin, *Europäische Lackkunst*, Münster 1998, S. 180ff.

d) F. A. Bustelli
Nymphenburg, um 1760
Zwei musizierende Chinesen
Porzellan, H. 17 cm
Museum für Kunsthandwerk, Frankfurt a. M.,
Inv. Nrn. B125, 3234

Das als Statussymbol angesehene Porzellan beherrschte die Kunstkammern des 18. Jh.s. Über und über bedeckte es die Regalwände über dem Kamin oder stand enggedrängt auf Konsoltischen.
Nicht eine ausgesuchte Auswahl einzelner erlesener Gegenstände, sondern eine möglichst vielfältige und reichhaltige Gesamtschau wurde gesucht. Effektvoll leuchtete diese hell schimmernde Porzellanmasse vor den dunklen Wänden der Lackkabinette – so auch bei Clemens August, der seine Sammlung im Indianischen Haus im Park von Brühl aufbewahrte.
Lit.: U. Kiby, Exotismus – Die Faszination fremder Welten, in: Zehnder/Schäfke, *Der Riss im Himmel 6* (im Druck).

XXVII.10
François Rousseau
Das Indianische Haus, Ostansicht mit Zufahrtskanal, um 1760
Öl auf Leinwand,
53 x 75 cm (ohne Rahmen), 60 x 80 cm (mit Rahmen)
Schloß Augustusburg, Brühl

XXVII.11
Japanischer Schlafrock oder Hausmantel, 17. Jahrhundert
Baumwolle aus Indien,
Rijksmuseum, Amsterdam,
Inv. Nr. BK-NM-8247

In der Regel werden Hausmäntel im privaten Ambiente der Lackkabinette beim Genuß von Tee, Schokolade und Kaffee getragen – etwa auch von Clemens August, der sich mit dem Teeköppchen in der Hand im Morgenrock mit orientalisierender Kopfbedeckung porträtieren ließ.

XXVII.12
Belgien (Spa), wohl 1750er Jahre
Schreibschränkchen aus Lack aus dem Besitz von Clemens August
Holz, Lackarbeit,
47 x 44 x 38 cm
Museum für Lackkunst, Münster,
Inv. Nr. 1998-1

Der kleine Schreibschrank stammt aus dem viel gerühmten, exotischen, rotlackierten Kabinett von Clemens August im Indianischen Haus in Brühl. Das chinoise Dekor ist nach Vorlagen des französischen Malers François Boucher gearbeitet.
Lit.: M. Kopplin, *Europäische Lackkunst,* Münster 1998, S. 142ff.
Abb. S. 120.

XXVII.9c

XXVII.13
Zwei Briséfächer aus Lack mit Chinoiserien
Elfenbein mit Gouache,
18,7 x 34 cm und 21,3 x 38 cm
Museum für Lackkunst, Münster,
Inv. Nrn. EU-F-d-20, EU-F-d-21

XXVII.14
Johann Joachim Kaendler
Meissen, um 1735
Blauer Papagei
Porzellan,
H. 33 cm, W. 12 cm, L. 19 cm
Rijksmuseum, Amsterdam, Inv. Nr. BK-17493

Kat. Nr. XXIX.1 S. 126

XXVIII–XXIX Der Luxus des Geschmacks: Ästhetik des Essens

Entscheidenden Anteil an den Tafelfreuden hatten die Köche, die an der Spitze des Küchenpersonals standen: Der kurfürstliche Haushalt umfaßte im Jahre 1734 insgesamt 68 Personen, darunter sechs kurfürstliche Mundköche, zwei Bäckereiköche, zwei Bratenmeister sowie weitere Unterköche; das Personal des Hofkellers unterstand dem Kellermeister; der Sommellerie stand der Mundschenk, Sommelier genannt, vor. Die teuren Luxusgetränke Tee, Kaffee oder die von Clemens August besonders geschätzte Schokolade durften nur dem Kurfürsten und Gästen, denen derlei Getränke vom Rang her zustanden, serviert werden. Eine eigene Abteilung bildete die Zuckerbäckerei.

Neben exotischen Getränken schätzte man seit dem Barock auch zunehmend den Eigengeschmack der Speisen, die nun einzeln aus erlesenen Zutaten gekocht und entsprechend auch separat bei Tisch serviert wurden. Das hochwertige Fleisch, dessen Qualität man an der Farbe erkannte, wurde – ebenso wie das Gemüse – häufig nur angegart und halbroh serviert, wobei man bewußt auf Saucen und orientalische Gewürze verzichtete. Jetzt wurden nur wenige, ausgesuchte Gewürze benutzt, die den Speisen ihren Eigengeschmack ließen. Man bevorzugte einheimische Gewürze und Aromen wie Petersilie, Kerbel, Estragon, Basilikum, Thymian, Lorbeer und Schnittlauch sowie Kapern, Oliven, Zitronen, Pommeranzen (Bitterorangen) aus südlicheren Gefilden, dazu auch Trüffel und Pilze aller Art.

Auch am Hofe von Kurfürst Clemens August fanden diese von Frankreich ausgehenden Erneuerungen ihren Niederschlag: Die von Clemens August am 25. April 1740 erlassene Verordnung für den Mittags- und Abendtisch im »*kurfürstlichen Hoflager zu Augustusburg*« sah u. a. pro Gang 19 Schüsseln mit gebratenem Fleisch, Suppe, Spargel und Salat vor. Der am kurkölnischen Hof übliche ›Service à la française‹ bot drei Hauptgänge: Der erste umfaßte die Suppen; im zweiten Auftrag kamen Braten und Gemüse auf die Tafel. Der Dessertgang reichte von Früchten über Süßspeisen bis hin zu Eis und wurde häufig auf einem eigenen Buffet abgestellt, um so eine Bedienung entbehrlich zu machen und dadurch eine größere Intimität der Tafelrunde zu ermöglichen. Der Kurfürst besaß – um einer Vergiftungsgefahr vorzubeugen – ein eigenes Besteck, das sog. Mundzeug, das auch einen Eierbecher und eine Gewürzdose enthielt. Sein Platz war immer an einer der Breitseiten der symmetrisch eingedeckten Tafel mit dem besten ›Zugriff‹ auf Speisen und Gewürze. Getafelt wurde zumeist im Sommerspeisesaal oder hier im ›kurfürstlichen Speisezimmer‹ des Gelben Appartements, der Privatwohnung von Clemens August. Dazu konnten die Speisen direkt von der Küche über eine Nebentreppe in die Anrichte hinter der Wand mit den Wandbrunnen gebracht werden. Letztere dienten zum Kühlen der Getränke und Gläser und deuten zusammen mit den Weinmotiven und Wildstilleben in der 1728/30 nach Entwürfen von François de Cuvilliés gefertigten Dekoration auf die Funktion des Raumes.

Bereits vor dem Erscheinen des Kurfürsten wurde unter Pauken- und Trompetenschall der erste Gang aufgetragen. Danach wurden ihm die noch abgedeckten Speisen angekündigt, und er nahm nach der Handwaschung und dem Verrichten des Tischgebetes an der Tafel Platz. Das Reichen des Lavabos und die Bedienung bis zum ersten Mundtrunk erfolgten durch die Inhaber der höchsten Hofämter, die sich daraufhin zur eigenen Tafel entfernten. Die weitere Bedienung vollzogen der Vorschneider, der Sommelier und die Hofkavaliere. Clemens August, kein großer Freund von Zeremonien, bediente sich jedoch auch häufig selbst. Ebenso liebte er es, sich über die Hofetikette hinwegzusetzen, z. B. indem er die Sitzplätze an der Tafel auslosen ließ. Nur bei größeren Festbanketten oder öffentlichen ›Ausspeisungen‹ zu Neujahr und an besonderen Feiertagen galt weiterhin die von seinem Onkel und Vorgänger Joseph Clemens erlassene ›Paradetafelordnung‹, bei der nach spanisch-französischem Vorbild auch ›ehrbare Bürger‹ als Zuschauer zugelassen waren. Für sie standen in den großen Speisesälen in Bonn und Brühl umlaufende Galerien zur Verfügung. Begleitet von der Musik der Hofkapelle, bot sich den Untertanen ein Schauspiel fürstlicher Prachtentfaltung in Form der symbolisch überhöhten Nahrungsaufnahme des Kurfürsten. H. K.

Literatur: C. Winkler, Studien zur Versorgung des kurkölnischen Hofes zur Zeit des Kurfürsten Clemens August, in: Zehnder/Schäfke, *Der Riss im Himmel 3*, 1999, S. 273–288. H. Kempkens, Die zeremonielle und künstlerische Inszenierung der höfischen Tafel unter den Kölner Kurfürsten Joseph Clemens und Clemens August, in: Zehnder/Schäfke, *Der Riss im Himmel 6* (im Druck).

XXVIII.4

XXVIII Der Luxus des Geschmacks

XXVIII.1
Jakob Manskirsch
Früchtestilleben, 1758
Öl auf Leinwand,
64,3 x 57,2 cm
Rheinisches Landesmuseum, Bonn,
Inv. Nr. 69. 0170

XXVIII.2
Kochbuch der Mundköchin von Clemens August
Abschrift, frühes 19. Jahrhundert
Papier, ca. 20,5 x 18 cm
Kölnisches Stadtmuseum, Bibliothek

XXVIII.3
Spargelbündel-Dose, 18. Jahrhundert
Fayence, L. 17 cm
Hetjens-Museum, Düsseldorf

XXVIII.4
Paul Anton Hannong
Straßburg, um 1748–1754
Drei Deckelgefäße in Form von Artischocken
Fayence, Aufglasurtechnik, H. je 10 cm
Sammlung Ludwig, Aachen, Dauerleihgabe im Brückenrathaus Bamberg, Inv. Nr. L 203

Der Satz von drei naturalistisch gestalteten Gefäßen in Artischockenform, deren Realitätsgrad noch durch eine bläulichgrüne Glasur gesteigert wird, gehört zu den im 18. Jh. besonders beliebten Naturnachahmungen, die die Fruchtbarkeit und den Überfluß der sich regenerierenden Natur symbolisieren sollten. Auch im Clemenswerther Service von Clemens August gab es unter den in Form von Früchten gestalteten Gefäßen »*10 aerschocken*«, ebenso im Brühler Fayenceservice »*sieben butterdooßen in form einer arteschott*«. H. K.
Lit.: Kat. *Glanz des Barock* 1995, S. 57, Kat. Nr. 48.

XXVIII.5
Paul Anton Hannong
Straßburg, um 1754–1762
Schüssel mit Oliven
Fayence, Aufglasurtechnik,
Dm. 25 cm, H. 5 cm
Sammlung Ludwig, Aachen, Dauerleihgabe im Brückenrathaus Bamberg, Inv. Nr. L 206

Der Boden dieser Schüssel mit europäischem Blumendekor in Fleur-Fines-Malerei ist mit einer Ansammlung äußerst naturalistisch gestalteter Oliven bedeckt, die die Schüssel zu einem typischen Schaugericht, das zwischen den Hauptgängen serviert wurde, machen. Oliven wurden aber auch in realer Form gereicht und besonders bei großem Alkoholverzehr empfohlen, da sie der Trunkenheit »widerstünden«. Auch im Brühler Fayenceservice von Clemens August gab es »*ein*[*en*] *teller mit falschen oliven*« (Inventar von 1761). H. K.
Lit.: Kat. *Glanz des Barock* 1995, S. 60, Kat. Nr. 51.

XXVIII.6
Höchst
Hummerterrine
Fayence, H. 9,5 cm, B. 29 cm
Hetjens-Museum, Düsseldorf,
Inv. Nr. 1938/114

XXVIII.5

XXIX Die Fürstliche Tafel

XXIX.1
Venezianische Schule
(Schule des Pietro Longhi)
Kurfürst Clemens August bei einem Festmahl im Palazzo Nanni in Venedig 1755
Öl auf Leinwand, 132 x 99 cm (mit Rahmen)
Museo di Ca'Rezzonico, Venedig

Von August bis September 1755 unternahm Clemens August eine größere Italienreise, bei der er sich auch zwei Wochen in der von ihm besonders geliebten Lagunenstadt Venedig aufhielt. Dort gab man ihm zu Ehren im Palazzo Nanni ein festliches Bankett, das in diesem Gemälde festgehalten wurde. Es zeigt die in Italien bevorzugte U-förmige Tafel, an deren Scheitelpunkt der Kölner Kurfürst als Ehrengast plaziert ist. Ihm schließen sich an den Außenseiten der Tafel die Damen, an den Innenseiten die

Herren der vornehmen venezianischen Gesellschaft an, die eng nebeneinander sitzen. Dies und die schmale Tischform ermöglichten ein intensives Tischgespräch. Darüber hinaus sind auch die Diener dargestellt, die Speisen auftragen und auf Kredenztellern Getränke servieren, die sie vom rechts gelegenen Schanktisch holen. Im Hintergrund erkennt man zudem ein Schaubuffet und in den Wandöffnungen darüber Zuschauer, die das Festessen beobachten. H. K.

Lit.: B. M. Andressen, *Barocke Tafelfreuden an Europas Höfen*, Stuttgart/Zürich 1996, S. 86. Abb. S. 124.

XXIX.2
Paul Anton Hannong
Straßburg, um 1750
Clemenswerther Jagdservice

Um 1750 bestellte Clemens August in der Straßburger Manufaktur des Paul Anton Hannong ein Fayenceservice, das vermutlich 1751 nach Schloß Clemenswerth im Niederstift Münster gebracht wurde. Dort hatte sich das aus ungefähr 220 Teilen bestehende Service bis 1942 fast unverändert erhalten, wurde dann aber in den Kunsthandel gegeben, aus dem in den letzten Jahren ein Teil für Clemenswerth zurückerworben werden konnte.
Auch in Schloß Augustusburg gab es ein vergleichbares Fayenceservice für den Gebrauch bei kleineren Tischgesellschaften, wie dem Inventar von 1761 zu entnehmen ist. Sein weiterer Verbleib ist jedoch unbekannt. H. K.

a) Suppenterrine
Fayence, Aufglasurtechnik
H. 26,5 cm, L. 36,5 cm, B. 25,5 cm
Emslandmuseum Schloß Clemenswerth, Sögel, Inv. Nr. 1982/34

Die Deckelterrine ist – wie alle Teile des Clemenswerther Jagdservices – mit farbenprächtiger Muffelmalerei versehen, hier vornehmlich in Purpur, Grün, Gelb und Blau.
Die Farben unterstreichen die plastischen Verzierungen aus Rocaillen, die den reich bewegten, auf vier Volutenfüßen ruhenden Gefäßkörper überziehen. Der geschwungene Gefäßaufbau gipfelt in der bekrönenden, schneckenartigen Deckelhebe.

XXIX.2a

Erst ab ca. 1740, als neben der Pot d'oille auch andere Suppen und Ragouts in Mode kamen, prägten Deckelschüsseln das Bild der Tafeldekoration mit nun einheitlich gestalteten Services. H. K.

Lit.: Kat. *Clemens August – Fürstbischof, Jagdherr, Mäzen* 1987, S. 484, Kat. Nr. 276.22, Taf. 65.

b) Salatkopfterrine
Fayence, Aufglasurtechnik,
H. 16 cm, Dm. 35 cm
Badisches Landesmuseum, Karlsruhe,
Inv. Nr. 1964/46

Die reich bewegten Terrinen mit Rocailledekor und die tiergestaltigen Terrinen des Clemenswerther Jagdservices wurden noch ergänzt durch eine Reihe von Gefäßen in Form von Gemüsesorten und Früchten wie diese Salatkopfterrine. Ihre sich kraus wellenden, naturalistisch bemalten Blätter geben in ihrer Mitte das Salatherz frei, das als Deckel abnehmbar ist. H. K.

Lit.: Kat. *Clemens August – Fürstbischof, Jagdherr, Mäzen* 1987, S. 481, Kat. Nr. 276.16.

c) Große Kohlkopfterrine
Fayence, Aufglasurtechnik,
H. 26,5 cm, Dm. 36,5 cm
Emslandmuseum Schloß Clemenswerth, Sögel,
Inv. Nr. 1982/32.

Terrine mit Deckel in Form eines großen »elsässischen« Weißkohlkopfes. Plastische Durchgestaltung von Außen- und Füllblättern, Blatträndern und -rippen unter Einbindung partieller Naturabformungen. Zusammen mit der Muffelmalerei in differenzierten Grüntönen war ein Realismus mit hohem Trompe-l'oeil-Effekt angestrebt.
Das Clemenswerther Jagdservice umfaßte ursprünglich mehr als 120, meist nach Vorbildern des heimischen Wildes und der jagdlichen Vogelwelt figürlich gestaltete Terrinen, zahlenmäßig gefolgt von Deckelgefäßen in Form von Gemüse- und Obstsorten. Zu seinem bis 1942 in Clemenswerth bewahrten Bestand zählten zwei Kohlkopfterrinen gleicher Größe, von denen das hier gezeigte Exemplar (mit alter Klammerreparatur) zurückerworben werden konnte. E. W.

Lit.: *Clemens August – Fürstbischof, Jagdherr, Mäzen* 1987, S. 475ff., S. 481, Kat. Nr. 276.14, Taf. 63; T. Rudi, *Augenlust und Gaumenfreude. Fayencegeschirre des 18. Jh.s.*, Katalog Museum für Kunst und Gewerbe, Hamburg 1998, S. 98.

d) Zwei Schildkrötenterrinen
Fayence, Aufglasurtechnik,
L. je 35 cm
Badisches Landesmuseum, Karlsruhe,
Inv. Nrn. 64/39, 64/40

XXIX.2c

Die beiden Terrinen in Form einer Schildkröte sind sorgfältig plastisch durchgestaltet und in typischer gelbbrauner Fleckenmanier bemalt, die ihre naturalistische Wirkung vervollkommnet. Der obere Teil des Rückenpanzers ist als Deckel abnehmbar, als Deckelhebe dient eine kriechende Weinbergschnecke. Die beiden Karlsruher Exemplare gehörten zu einem Satz von insgesamt »*vier schildtkrotten*« (Inventar von 1761). H. K.
Lit.: Kat. *Clemens August – Fürstbischof, Jagdherr, Mäzen* 1987, S. 480, Kat. Nrn. 276.9–10.

e) Schüssel
Fayence, Aufglasurtechnik, H. 7 cm, L. 33 cm, B. 26 cm
Emslandmuseum Schloß Clemenswerth, Sögel, Inv. Nr. 1982/37
Lit.: Kat. *Clemens August – Fürstbischof, Jagdherr, Mäzen* 1987, S. 487, Kat. Nr. 276.37, Taf. 64.

f) Sechs Teller
Fayence, Aufglasurtechnik,
Dm. je 25 cm
Emslandmuseum Schloß Clemenswerth, Sögel, Inv. Nrn. 1984/30, 1986/4, 1992/32, 1982/16, 1992/31, 1981/23
Lit.: Kat. *Clemens August – Fürstbischof, Jagdherr, Mäzen* 1987, S. 493, 494, Kat. Nrn. 276.56; 276.60; 276.61; 276.62; 276.64, Taf. 66.

g) Drei Senftöpfe
Fayence, Aufglasurtechnik, H. je 10,5 cm
Emslandmuseum Schloß Clemenswerth, Sögel, Inv. Nrn. 1983/10, 1984/25, 1984/28
Lit.: *Clemens August – Fürstbischof, Jagdherr, Mäzen* 1987, S. 485, Kat. Nr. 276.28, Taf. 64.

h) Butterdose
Fayence, Aufglasurtechnik,
H. 11 cm, L. 24 cm, B. 19,5 cm
Emslandmuseum Schloß Clemenswerth, Sögel, Inv. Nr. 1982/17
Lit.: *Clemens August – Fürstbischof, Jagdherr, Mäzen* 1987, S. 486, Kat. Nr. 276.31, Taf. 64.

i) Zwei Kerzenstöcke
Fayence, Aufglasurtechnik,
H. 19,5 cm, Dm. Fuß: 14,5 cm
Emslandmuseum Schloß Clemenswerth, Sögel, Inv. Nr. 1982/35 und 1982/36
Lit.: *Clemens August – Fürstbischof, Jagdherr, Mäzen* 1987, S. 486, Kat. Nr. 276.33, Taf. 64.

XXIX.3
Jacques-François Micaud
Sèvres, 1765
Jardinière mit Porzellanblumen
Frittenporzellan, Bemalung mit Schmelzfarben, Stiele und Blätter aus Draht und Blech, H. 29,1 cm
Sammlung Ludwig, Aachen, Dauerleihgabe im Brückenrathaus Bamberg, Inv. Nr. L 163

Für den dekorativen Mittelakzent wurde hier als Tafelaufsatz eine Jardinière verwendet, ein wannenförmiges, mit Lorbeerkränzen und Festons an Bändern bemaltes Gefäß, das mit einem originalen Strauß fragiler Porzellanblumen gefüllt ist. Das in Sèvres verwendete Frittenporzellan verlieh den Emailfarben eine besondere Leuchtkraft, so daß insbesondere dekorative Arbeiten zu einem der Markenzeichen der Manufaktur wur-

XXIX.2d

XXIX.3

den, allen voran die Porzellanblumen. Sie wurden gegenüber echten Blumen bevorzugt, da sie unvergänglich waren. Zudem bewunderte man die hohe Kunstfertigkeit der perfekten Naturnachahmung. H. K.

Lit.: Kat. *Glanz des Barock* 1995, S. 260f., Kat. Nr. 246.

XXIX.4
Johann Engelbrecht
Silbernes Mundzeug
Silber, gegossen, getrieben, ziseliert, vergoldet
Kassette: H. 12,5 cm, B. 29,2 cm, T. 22,7 cm
Bayerisches Nationalmuseum, München, Inv. Nr. R7082

Das persönliche silberne Mundzeug des Kurfürsten bestand aus dem Besteck, das Messer, Gabel, Suppen- und Marklöffel umfaßte, sowie einem Eierbecher, Mundbecher, einer Gewürzdose, Senfkanne, einem schifförmigen Behälter zur Aufbewahrung der zwischen Duftkissen angefeuchteten Servietten (dem sog. Nef) und einem Brotteller (Cadenas). Der Oberhofmeister im grünen Jagdrock nahm dem Kurfürsten Hut und Handschuhe ab, um Gießbecken und Serviette zum Händewaschen auf einem Kredenzteller zu präsentieren. Er rückte den Stuhl des Kurfürsten zurecht und reichte ihm den ersten Trunk.
Die gleiche Prozedur vollzog sich in umgekehrter Reihenfolge am Ende der Mahlzeit. S. B.

XXIX.5
Solingen, 1768
Bestecksatz für zehn Personen
Stahl, Silber, Knochen, Gabeln: 18,6 cm, Messer: L. 22,4 cm
Deutsches Klingenmuseum, Solingen, Inv. Nr. 1967.B.022

Klingen mit geätzten Ornamenten (Engel, Reiter, Vogel etc.) auf der einen Seite und einem Spruch auf der anderen Seite. Jede Klinge ist unterschiedlich dekoriert. Die Griffe aus Knochen mit Einlagen aus Silber. S. B.

XXIX.6
Claude Ballin d. J.
Schwenkkessel, 1712–1713
Silber, gegossen und getrieben
H. 18 cm, B. (ohne Griffe) 49,5 cm, T. 34 cm
Residenz München, Silberkammer, Inv. Nr. SK 1267

Das ovale, wannenförmige Gefäß ruht auf vier Klauenfüßen auf, zwei seitliche Handhaben dienen dem leichteren Transport. Die glatte Wandung ist oben und unten eingefaßt von einem Wogenband bzw. einem Bandwerkfries mit eingefügten Rosetten. Auf den Langseiten ist mittig das vom Kurhut bekrönte ›Niederländische Wappen‹ von Kurfürst Max Emanuel von Bayern, dem Vater von Clemens August, angebracht. Er hatte den Schwenkkessel und weitere Silberarbeiten, von denen sich ein zugehöriger ›Mundkeller‹ zum Auftragen der Weinflaschen erhalten hat, während seines französischen Exils bei dem Pariser Silberschmied Claude Ballin d. J. in Auftrag gegeben. Der Schwenkkessel wurde zum Kühlen der Weinflaschen mit Eisstücken oder kaltem Wasser gefüllt. Er und der Mundkeller sind Zeugnisse für den verstärkten Einfluß der französischen Tafelsitten auf die Hofhaltung Max Emanuels. Auch sein Sohn Clemens August erwarb 1749 in Paris ein 560 Kilo schweres Silberservice, von dem sich aber kein Stück erhalten hat, da es offenbar nach seinem Tod eingeschmolzen wurde. H. K.

Literatur: Kat. *Kurfürst Max Emanuel* 1976, Bd. 2, S. 322, Kat. Nr. 734; H. Stierhof, Das Tafelsilber Max Emanuels, in: ebd., Bd. 1, S. 274ff.

XXIX.7
Anonym, um 1740
Konfektschale mit Landschaften und Blumen
Glas, H. 12,8 cm
Focke-Museum – Bremer Landesmuseum für Kunst- und Kulturgeschichte, Inv. Nr. 68.222

XXIX.6

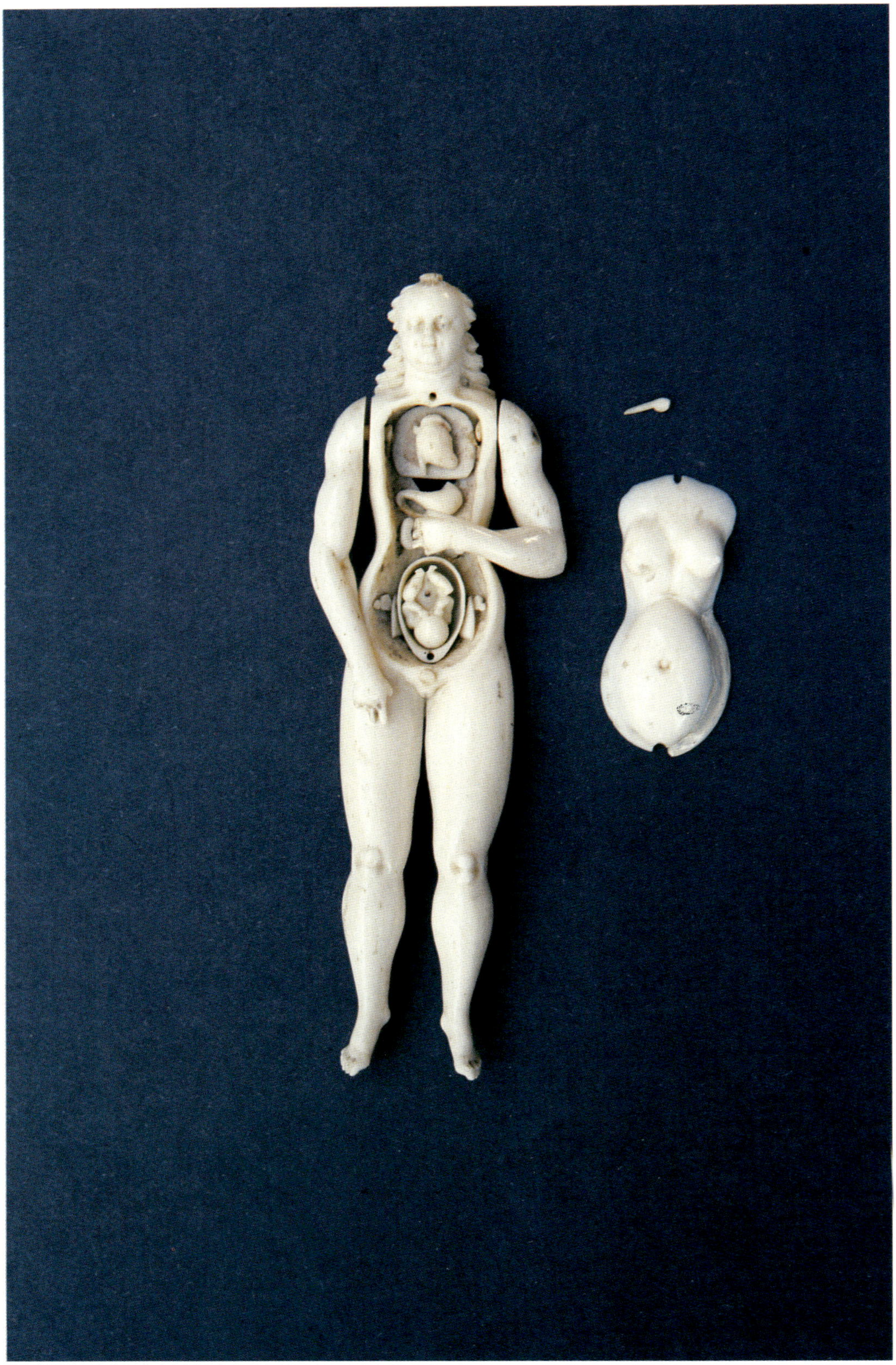

Kat. Nr. XXX.3, S. 132

Aufbruch in eine neue Zeit
XXX Geburt und Tod

Im 18. Jahrhundert liegen Geburt und Tod oft nahe beieinander. Operative Eingriffe wie der Kaiserschnitt oder Hilfsmittel wie die Geburtszange töten öfter, als daß sie retten.[1] Und ist die Geburt überstanden, drohen der Mutter zahlreiche Gefahren, darunter das gefürchtete Kindbettfieber. Grund ist manches Mal die fehlende Hygiene. Gilt doch Wasser zu dieser Zeit noch gemeinhin als schädlich, so daß weder Instrumente noch behandelnder Geburtshelfer die notwendige Sauberkeit aufweisen. In der Regel findet die Geburt zu Hause statt. Kurz zuvor zieht sich die werdende Mutter in ihre Wochenstube zurück. Dort wird sie von mehreren weiblichen Angehörigen betreut. Erfahrene Hebammen übernehmen die Regie. Bis in die 20er Jahre des 18. Jahrhunderts bleibt der Geburtsvorgang Frauensache. Dies ändert sich mit der Entwicklung der modernen wissenschaftlichen Frauenheilkunde. Nun wird die Betreuung der Schwangeren und Wöchnerinnen in die Hände von Ärzten und Chirurgen gelegt. Durfte ein angehender Arzt bis zu diesem Zeitpunkt die weibliche Anatomie nur an sezierten Leichen oder am kleinen Phantommodell kennenlernen, praktiziert er nun erstmals am lebenden Körper. Dies geschieht in den sogenannten Accouchieranstalten oder Entbindungshäusern. Diskret und unentgeltlich können ledige Mütter hier ihre Kinder zur Welt bringen. Im Gegenzug dienen sie der Frauenheilkunde als erste Versuchsobjekte.[2]

Wie die Geburt ist auch der Tod in der ersten Hälfte des 18. Jahrhunderts eine öffentliche Angelegenheit. Er geht alle etwas an. Verwandte und Nachbarn versammeln sich um das Bett des Sterbenden. In der großen Gemeinschaft halten sie die Totenwache (aus Sorge um das Wohl des Toten und um sich selbst, weil sie Wiederkehrer fürchten) und begleiten den Toten in die Kirche zur Totenmesse. Oft wird die Leiche lediglich mit einem schwarzen und einem weißen Tuch umwickelt und ins Grab gelegt. Särge gibt es selten – und wenn, dann nur für wenige.[3]

In der zweiten Hälfte des 18. Jahrhunderts kommt es zu gundsätzlichen Veränderungen im Verständnis von Geburt und Tod – nicht zuletzt durch den Einfluß der Aufklärung. Einerseits erfährt das Neugeborene als Individuum – und damit die Mutter als seine Ernähererin – nun durch die Rousseauschen Schriften besondere Beachtung, andererseits wird der Sterbende jetzt nicht mehr als Teil der Gemeinschaft begriffen, sondern in seiner Besonderheit isoliert. Der Raum um den Toten leert sich. Nur noch die engsten Angehörigen stehen ihm bei.[4] Und was erwartet ihn nach dem Tod? Mit dem Verlust der traditionellen religiösen Werte, mit der Verneinung von Himmel und Hölle geht die Sinnsuche vieler Aufklärer einher. Mendelssohns populäre Seelenwanderungslehre steht dem Materialismus der französischen Aufklärer gegenüber, die jegliches Nachleben verneinen und ein stoisch-ruhevolles Sterben in den Mittelpunkt ihres Interesses rücken.[5] Die Ruhestätten der ehrenvollen Toten befinden sich nun außerhalb der engen, althergebrachten Friedhöfe in der meditativen Einsamkeit einer Gartenanlage.[6] Doch dieser Ruhm im Tod gebührt nur wenigen: den neuen Heiligen der Aufklärung, den Philosophen und Denkern. Die Masse der Toten liegt nach wie vor in gedrängter Gemeinschaft in den Beinhäusern der Friedhöfe. S. B.

[1] Beim Kaiserschnitt starben damals 79–100 Prozent der Mütter, weil die Gebärmutter nach dem Eingriff nicht genäht wurde. Jedes vierte Kind wurde bei einer Zangengeburt getötet. Die bei Todgeburten übliche Perforation, d. h. Zerkleinerung des Kindes im Mutterleib, führte dazu, daß auch hier jede zweite Mutter starb; siehe auch: S. Schmidt/A. Vackiner, Künstliche Hilfe: Instrumente und Operationen, in: M. Metz-Becker (Hrsg.), *Hebammenkunst gestern und heute. Zur Kultur des Gebärens durch die Jahrhunderte.* Ausstellungskatalog, Marburg 1999, S. 50ff.

[2] Der Geburtshelfer Friedrich Benjamin Osiander betrachtete die Frauen, die in die neu eingerichtete Göttinger Frauenklinik kamen, »als lebendige Fantome«, siehe A. Gengnagel/U. Hasse, Die Geburt der Klinik, in: ebd., S. 33.

[3] Vgl. P. Löffler, *Studien zum Totenbrauchtum*, Münster 1975.

[4] Vgl. Ph. Aries, *Bilder zur Geschichte des Todes*, München/Wien 1984, S. 109ff.

[5] Vgl. J. Choron, *Der Tod im abendländischen Denken*, Stuttgart 1967, S. 138ff.

[6] Vgl. z. B. die Grabstätte von Rousseau im Park von Ermenonville, siehe auch Schuchard 1995, S. 28ff.

XXX.4

XXX.1
a) Peter Jacob Horemans
Vor der Geburt, 1734
Öl auf Leinwand, 92 x 109,5 cm (mit Rahmen)
Deutsches Historisches Museum, Berlin,
Inv. Nr. Gm 95/62

b) Peter Jacob Horemans
Nach der Geburt, 1734
Öl auf Leinwand, 92 x 109,5 cm (mit Rahmen)
Deutsches Historisches Museum, Berlin,
Inv. Nr. Gm 95/63

Die Gemälde zeigen Szenen einer Niederkunft in einem bürgerlichen Haushalt des 18. Jh.s, die allerdings in allen Gesellschaftsschichten ähnlich ablief. Ausschließlich Frauen aus der Familie und der Nachbarschaft standen der Schwangeren bei und betreuten nach der Geburt Frau und Kind. Sie stützten die Gebärende und hielten warmes Wasser und Tücher für das Neugeborene bereit. Die Hebamme, die erst zur Entbindung erschien, überwachte und unterstützte mit Handgriffen oder einfachen Instrumenten den Eintritt des Kindes in die Welt und besorgte die Nachgeburt. Wenn die Geburt glücklich überstanden war – denn die Gefahr, dabei z. B. am Blutverlust oder durch Fehllage des Kindes zu sterben, war für Mutter und Kind groß –, kam die Hebamme auch in den Tagen danach noch ins Haus, um nach beiden zu sehen. Hoher Blutverlust, Nachblutungen, Brustentzündung oder Mangelernährung, seltener das gefürchtete Kindbettfieber, bedrohten auch dann das Leben der Mutter. Die Grundversorgung in der Wochenstube wurde wiederum von den Frauen geleistet, wie auf dem zweiten Bild zu sehen ist. M. B. R.-R.

XXX.2
Gebärstuhl (Nachbau)
Holz
Niederrheinisches Freilichtmuseum, Grefrath

Der Gebärstuhl des 18. Jh.s steht am Übergang von der sitzenden zur liegenden Geburtshaltung. Hinter einer Sitzfläche mit einer runden Ausbuchtung für die Hebamme und für das herauskommende Kind befand sich eine nach hinten geneigte Rückenlehne. Arm- und Fußstützen boten der Kreißenden Halt. Aus leichtem Material und zerlegbar, konnte der Stuhl von der Hebamme zur Geburt mitgenommen werden. Berühmt war die Konstruktion des Marburger Arztes Georg Wilhelm Stein d. Ä., der sog. Steinsche Stuhl. M. B. R.-R.
Lit.: M. Metz-Becker (Hrsg.), *Hebammenkunst gestern und heute. Zur Kultur des Gebärens durch die Jahrhunderte*, Ausstellungskatalog, Marburg 1999, S. 57–64.

XXX.3
Stephan Zick
Nürnberg, 18. Jahrhundert
Elfenbeinmodell einer liegenden Schwangeren zerlegbar, im Inneren Fötus mit Nabelschnur
Elfenbein, L. 20 cm
Städtisches Museum Schloß Rheydt,
Mönchengladbach

Hausgeburten waren im 18. Jh. die Regel. Die Bildung der Hebammen beruhte auf Erfahrungswissen. Stationäre Geburten und die Entwicklung von Geburtshilfeinstrumenten und -techniken (z. B. der Kaiserschnitt) kamen erst im Laufe des 18. Jh.s mit der Verbreitung von sog. Accouchirhäusern auf. Nun wurde auch der theoretischen und praktischen Ausbildung mehr Bedeutung zugemessen. An Phantomen und Modellen wurde in Kursen an der Universität erprobt und geübt. Im Zuge dieser Ausbildungsverstärkung drangen mit den Geburtshelfern nun auch Männer in den Bereich der Geburtshilfe vor. M. B. R.-R.
Lit.: W. Kuhn / U. Tröhler (Hrsg.), *Armamentarium obstetricium Gottingense. Eine historische Sammlung zur Geburtsmedizin* (Göttinger Universitätsschriften, Reihe C, 1) Göttingen 1987; E. Bennion, *Alte medizinische Instrumente*, Köln 1996, S. 111–136.
Abb. S. 130.

XXX.4
Kasten mit Anschauungsmaterial für den Geburtshilfeunterricht mit Becken (Pelviarium) und Modellen verschiedener Stadien der Öffnung des Muttermundes (Hysteroplasmata)
Holz, 6,1 x 22 x 17,5 cm
Ethik und Geschichte der Medizin, Georg-August-Universität, Göttingen, Inv. Nr. 861 (alt 688)

XXX.5
Kinderköpfe aus Holz (Phantome)
Holz, bemalt, 16,4 x 8,5 x 11,5 cm
Ethik und Geschichte der Medizin, Georg-August-Universität, Göttingen, Inv. Nrn. 1402 (alt 213), 1403 (alt 726)

XXX.6
Geburtshilfeinstrumente
(auch von Hebammen verwendet)
a) Geburtszange nach Palfyn
Stahl, Holz, L. 32 cm
Ethik und Geschichte der Medizin, Georg-August-Universität, Göttingen, Inv. Nr. neu 1

Das Prinzip der Geburtszangen waren getrennte Löffel, die erst nach der Einführung in die Gebärmutter und dem Anlegen an den Kopf des Kindes zusammengesetzt wurden.

b) Zwei Wendestäbchen zur Drehung des Kindes in Geburtslage (Fußlage)
Holz, 49,7 x 0,8 cm
Ethik und Geschichte der Medizin, Georg-August-Universität, Göttingen,
Inv. Nr. 447, 379, 430 (alt 398)

XXX.7
Wehenfläschchen mit Reliquien (des Hl. Johannes Nepomuk, Staub der Heiligen Grabstätte)
Bleikristall, Messing, Goldlahnspitze, Seidenband, 10,1 x 5 x 2 cm
Reliquiensammlung Louis Peters

Wehenfläschchen wurden zum Schutz der Gebärenden und des Kindes – für

XXX.6a

einen unkomplizierten Geburtsverlauf und eine glückliche, d. h. lebend überstandene Niederkunft – eingesetzt. Vorne abgeflachter, in einen runden Hals auslaufender und mit einem verzierten Messingkopf verschlossener Reliquienbehälter. M. B. R.-R.

XXX.8
Bettpfanne
Metall, Dm. 31cm (mit Deckel 34 cm)
Stiftung Scheibler-Museum Rotes Haus
Monschau, Inv. Nr. E65

XXX.9
Wöchnerinnenschüssel, 1749
Fayence, 5,9 x 10,2 x 12,4 cm
Museum für Kunsthandwerk, Frankfurt a. M.,
Inv. Nr. E5139/Ex3122

In der Regel verbrachte die Frau sechs Wochen im Kindbett. Die Isolation sollte sie primär vor Infektionen schützen, doch schwang auch abergläubische Furcht mit – denn der Aberglaube schrieb der Wöchnerin schädigende Einflüsse auf ihre Mitbewohner zu. Zur Stärkung nach der Geburt erhielt sie nahrhafte Suppen in speziell dazu angefertigtem Geschirr, den Wöchnerinnenschüsseln. Diese wurden von weiblichen Verwandten oder Nachbarinnen bei ihrem ersten Besuch am Kindbett als Geschenk mitgebracht. S. B.

XXX.10
a) Carl Gottlieb Lück
Frankenthal, 1770
Die gute Mutter
Porzellan, B. 20 cm, Sockel 30 cm
Museum für Kunsthandwerk, Frankfurt a. M.,
Inv. Nr. 3261

b) Säuglingsflasche, um 1740
Glas, Metall, H. 18,5 cm
Deutsches Historisches Museum, Berlin

Aufklärer und Erzieher wie Rousseau betonen die Bedeutung einer engen Mutter-Kind-Bindung in den ersten Lebensjahren. Eine gesunde Entwicklung des Kleinkindes verlangt stetige Fürsorge und eine gesunde Ernährung durch die eigene Mutter. Bis zum 18. Jh. war es im Adel und im Bürgertum üblich gewesen, die Kinder zu einer Amme zu geben. Die aufgeklärten Pädagogen lehnten dies jedoch ab. S. B.

XXX.10a

Lit.: J. J. Rousseau, *Emile oder über die Erziehung.* Vollständige Ausgabe in neuer deutscher Fassung, Paderborn 1995[12], S. 16ff.

XXX.11
Sarg, 18. Jahrhundert
Holz, 216,5 x 72 x 77,5 cm
Museum für Sepulkralkultur, Kassel,
Inv. Nr. M1979/67

XXX.12
Bernhard Picart
Leichenzug, 1724
Kupferstich, 33,7 x 42,6 cm
Museum für Sepulkralkultur, Kassel,
Inv. Nr. GS 1983/34

Auf erschreckende Todesdarstellungen wird bei den Särgen aus der zweiten Hälfte des 18. Jh.s verzichtet. An die Stelle des ›Gevatter Tod‹ tritt im Sinne der Aufklärung der blühende Rosenstrauch – Symbol der Wiedergeburt in der Natur. S. B.
Lit.: *Vom Totenbaum zum Designersarg*, Ausstellungskatalog Museum für Sepulkralkultur, Kassel 1993, S. 144.

XXX.13
a) England, 1724
Totengedenkring mit umlaufender Skelettdarstellung
Gold, Email

b) England, 1739
Totengedenkring mit Haareinlage
Gold, Email, Haare, Bergkristall

c) England, um 1700
Totengedenkring mit Skelettminiatur auf Haar
Gold, Silber, Diamanten, Email, Haar, Bergkristall
Schmuckmuseum Pforzheim,
Inv. Nrn. 1954/98, 99, 95

Die Totengedenkringe sind ein Beleg für die in der zweiten Jahrhunderthälfte auftretende Individualisierung des Todes. Anders als im Mittelalter und in der Renaissance verlangt das Andenken an den geliebten Menschen jetzt mehr als nur sein Porträt oder die von ihm hinterlassenen persönlichen Gegenstände. Seine körperliche Anwesenheit wird gefordert. Man schneidet ihm noch zu Lebzeiten ein Haarbüschel ab und läßt dieses in einen Gedenkring einschließen, den man stetig bei sich trägt. S. B.
Lit.: Schuchard, Schmuck des ›empfindsamen Zeitalters‹. Sepulkrale Motive auf Ringen, Broschen und Anhängern des 18. Jh.s, in: ›*... mit schwarzem Schmucke oder mit Perlen. Trauerschmuck vom Barock bis zum Art Déco*, Ausstellungskatalog Museum für Sepulkralkultur, Kassel 1995, S. 28ff.

XXX.13c

XXX.14
Robertson
Gerippe mit Dreispitz, Ende des 18. Jahrhunderts
Glas, 11 x 24 cm
Sammlung »S«, Wuppertal

Gegen Ende des 18. Jh.s nutzten Künstler der Laterna Magica die verbreitete Angst vor dem Tod und vor Gespenstern, um dramatische Auftritte zu inszenieren. Durch die ausgefeilten Techniken dieser frühen Vorläufer von Film- und Fotoapparaten tauchten schemenhaft Gestalten an den Wänden auf, wurden größer und schienen geradezu auf die Zuschauer zuzugehen. S. B.
Lit.: *Laterna Magica. Vergnügen, Belehrung, Unterhaltung*, Ausstellungskatalog Historisches Museum Frankfurt am Main, Frankfurt a. M. 1981, S. 42f.

Kat. Nr. XXXI.2, S. 136

XXXI Bürgerliche Lebensideale

Seit der Mitte des 18. Jahrhunderts wendet sich die bürgerliche Literatur neuen Lebens- und Liebesentwürfen zu. Die höfische Kunst der Verführung, ihre raffinierten Galanterien, die spielerisch-lustvollen Betrugsszenarien adeliger Alltagswelten werden als gekünstelte, naturferne Lebensentwürfe begriffen. Nicht zuletzt ist diese Entwicklung der Rousseauschen Devise »Zurück zur Natur« zu verdanken, die sich zu dieser Zeit auch auf die Geschlechterbeziehungen auswirkt. Ziel ist es nun, den von der Natur bestimmten Partner, den Seelenverwandten, durch Intuition und Gefühl zu finden. Leidenschaft wird nicht mehr wie bei Hofe von der Ehe abgekoppelt und in kurzfristigen Beziehungen gelebt. Seelenverwandtschaft garantiert langfristige Freundschaft und erfüllte Sexualität.[1] Die daraus resultierende Familiengemeinschaft wird von der gegenseitigen Liebe und Verantwortung zwischen Eltern und Kindern getragen – eine Vorstellung, die sich im Bildnis dieser Zeit widerspiegelt: Mann und Frau werden hier nicht mehr in zwei getrennten Porträts vorgeführt. Statt dessen fixiert der Maler einen Moment intimer Zweisamkeit, in dem beide beieinander sitzend ihren Kaffee genießen. Das höfische Boudoir mit den sinnlichen Genüssen exotischer Getränke ist verschwunden. An seine Stelle tritt ein Salon mit stabilem bürgerlichen Eßtisch; mattglänzendes Zinngeschirr ersetzt zerbrechliches Porzellan. Alltägliche Situationen werden von den Künstlern der Zeit festgehalten: die familiäre Lektüre am Eßtisch, die liebevolle elterliche Erziehung, der Stolz einer jungen Familie, die ihr erstes Kind auf dem Schoß hält. Oft wird dabei das Zusammenleben durch die Zusammenarbeit gefördert. Wirkt die Frau nach innen – und garantiert den Zusammenhalt der Familie – kommt dem Mann Vermittlerfunktion nach außen zu. Das Stehpult des Kaufmanns ist »gedanklicher Umschlagplatz« seines Handels und Handelns, während der Nähtisch einen der vielen Arbeitsbereiche der Frau absteckt. Daneben fungiert sie auch, insbesondere für die kleinen Kinder, als Erzieherin. Neben der alltäglichen Arbeit in der Familiengemeinschaft werden dem einzelnen jedoch auch zunehmend Freiräume zugestanden.[2] Diese verbringen Mann und Frau am Kamin – im neumodisch-bequemen Ohrensessel, einem speziell für das Lesen konstruierten Möbel. Dank verbesserter Bildung entwickelt die bürgerliche Leserschaft dieser Zeit eine regelrechte Lesewut.[3] Dies wundert nicht, ist doch das Buch Impulsgeber ihrer Lebenswelt, die in Romanen und Theaterstücken beispielgebend vorgestellt wird. S. B.

1 Zum Beispiel im autobiographisch getönten Roman *Lucinde* von Friedrich Schlegel, siehe hierzu: G. Saße, *Die Ordnung der Gefühle*, Darmstadt 1996, S. 48ff.; Ch. Diemel, *Adelige Frauen im bürgerlichen Jahrhundert*, Frankfurt a. M. 1998, S. 47ff.

2 Vgl. Ph. Ariès/G. Duby (Hrsg.), *Geschichte des privaten Lebens. Von der Renaissance zur Aufklärung*, Bd. 3, Frankfurt a. M. 1991, S. 147ff.

3 Vgl. E.-M. Hanebutt-Benz, *Die Kunst des Lesens*, Ausstellungskatalog Museum für Kunsthandwerk Frankfurt a. M. 1985, S. 103ff.

XXXI.1

XXXI.1
Deutsch, um 1780
Wilhelm Scheibler mit seiner Gemahlin Theresia Elisabeth geb. Böcking, Kaffee trinkend
Öl auf Leinwand, 30 x 21 cm
Stiftung Scheibler-Museum Rotes Haus Monschau

Die Familie Scheibler gehört zu den erfolgreichsten Tuchmacherfamilien im Rheinland des 18. Jh.s. Wilhelm Scheibler (1737–1797) führte das Monschauer Unternehmen, das sein Vater Johann Heinrich (1705–1765) gegründet hatte, erfolgreich fort.
Lit.: *Das Rote Haus in Monschau*, hrsg v. der Scheibler Stiftung Rotes Haus Monschau, Köln 1994, S. 97ff.

XXXI.2
Carl Gottlieb Lück
Frankenthal, um 1765–1770
Die Eintracht in der Ehe
Porzellan, H. 15,5 cm
Badisches Landesmuseum, Karlsruhe, Inv. Nrn. 64/95

Die bürgerliche Literatur der Aufklärung betont den Selbstzweck der Ehe. Nicht mehr die Gründung einer Familie, die Zeugung und Erziehung von Kindern stehen im Vordergrund, sondern die Sorge der Ehegatten füreinander, ihre Fähigkeit, sich gegenseitig Glück zu schenken. Die Eintracht soll dadurch gewährleistet werden, daß man dank eigener Entscheidungsfähigkeit den charakterlich passenden Partner erkennt. Als wichtigstes Merkmal für eine dauerhafte Paarbeziehung wird die Freundschaft gewertet.
Lit.: G. Saße, *Die Ordnung der Gefühle. Das Drama der Liebesheirat im 18. Jh.*, Darmstadt 1996, S. 31ff.
Abb. S. 134

XXXI.3
Hochzeitspokal, um 1750
Glas, H. 18,5 cm
Focke-Museum – Bremer Landesmuseum für Kunst und Kulturgeschichte, Inv. Nr. 68.252

XXXI.4
Frankenthal, um 1765/70
Kaufmann und Kaufmannsfrau
Porzellan, H. 21,1 cm
Reiss-Museum, Mannheim

XXXI.5
Johann Wolfgang Goethe: »Die Leiden des jungen Werther«, Leipzig 1775
Mit Illustrationen von Daniel Chodowiecki
Universitäts- und Landesbibliothek, Düsseldorf, Sign. DLIT [1816]

Ausgangspunkt neuer bürgerlicher Lebensideale und -werte ist die Literatur. Das Konzept der Liebesheirat ist eng verknüpft mit den Vorstellungen der Aufklärung, die das Verhältnis des einzelnen zur Gemeinschaft neu definiert. Je mehr die Entwicklung des Menschen unabhängig von Geburt und Familie gesehen wird, um so mehr löst sich auch seine individuelle Glückserfüllung von den Strukturen der Gemeinschaft. Die Entscheidung für den Lebenspartner wird aus eigenem Ermessen und subjektiv gefällt. In der Literatur der Empfindsamkeit wird dieses neue Liebeskonzept z. B. bei Fichte und Schlegel durch die leidenschaftliche, vernunftferne, romantische Liebe erweitert. Sie entwickelt wie bei Goethes *Werther* eine Eigengesetzlichkeit, die bis zu Selbstverlust und Tod führen kann.
Lit.: G. Saße, *Die Ordnung der Gefühle. Das Drama der Liebesheirat im 18. Jh.*, Darmstadt 1996, S. 22ff.

XXXI.6
a) Deidesheim, um 1780
Caracokleid
Seide, Futterstoff: Leinen, L. ca. 170 cm
Historisches Museum der Pfalz, Speyer (Leihgabe aus Privatbesitz)

In der zweiten Hälfte des 18. Jh.s wird zunehmend bürgerlicher Einfluß in der

XXXI.4

Mode spürbar. Um sich vom strengen Hofzeremoniell abzusetzen, das den breiten, ausladenden Reifrock vorschreibt, ist das Caracokleid mit schmalem Reifrock auf Tragbarkeit und Bequemlichkeit zugeschnitten.

b) Herrenrock mit Weste, sog. Justeaucorps, um 1785
Seide, Taft, Metallfäden
Historisches Museum der Pfalz, Speyer

Der Justeaucorps, wörtlich »nah am Körper«, liegt eng an und besitzt zwei Rockschöße. Mit der knielangen Hose und der Weste bildet er die typische Herrenbekleidung des 18. Jh.s.
Lit.: *Die Neuzeit*, Führer Historisches Museum der Pfalz, Speyer 1995, S. 88, 89.

c) Knabenrock
Mattgüne Ripsseide mit broschierten Blumen, Tüllstickerei, helle broschierte Seide,
L. 66, B. 51 cm
Kölnisches Stadtmuseum,
Inv. Nr. RM 1935/1290 = T 146

XXXI.7
a) Deutschland, um 1750–1765
Terrine
Zinn, 34 x 34 x 24 cm
Kölnisches Stadtmuseum,
Inv. Nr. KSM 1964/184-185

b) Kaffeekanne, Ende 18. des Jahrhunderts
Zinn, H. 28 cm
Stiftung Scheibler-Museum Rotes Haus Monschau, Inv. Nr. E 4

c) Deutschland, 18. Jahrhundert
Zwei Teller
Zinn, Dm 26,5 cm
Museum für Angewandte Kunst, Köln,
Inv. Nrn. J 538 und J 539

XXXI.8
Besteck: Vier Messer und Gabeln
Porzellan, Stahl,
L. der Messer: 28,5 cm,
L. der Gabeln: 23,5 cm
Stiftung Scheibler-Museum Rotes Haus Monschau, Inv. Nr. D 33.1-17

XXXI.9
David Roentgen, Neuwied
Nähtisch, um 1770

XXXI.10

Holz,
70 x 36 x 29,5 cm
Museum für Kunstgewerbe, Frankfurt a. M.,
Inv. Nr. 7373

XXXI.10
Charles Hutin
Lesendes Mädchen, 1769
Öl auf Leinwand,
85,5 x 56 cm
Staatliche Kunstsammlungen Dresden – Gemäldegalerie Alte Meister, Gal. Nr. 791

Ein Bürgermeistermädchen in grauer, pelzgefütterter Kleidung, mit einem Briefe so hat G. Parthey das Bild 1863 beschrieben (*Deutscher Bildersaal*, Bd. 1, Berlin 1863, S. 632). Die Dargestellte scheint mehr sich selbst als einem anderen zu erklären, was sie gelesen hat. Der Brief war früher vielleicht deutlich geschrieben; heute sind nur mit Mühe einzelne Worte zu entziffern. Das Motiv des Brieflesens oder zumindest des Briefvorweisens war in der Malerei seit der Renaissance beliebt (mit sich wandelndem Aussagewert) und blühte im 17. und 18. Jh.
In Dresden hat etwas später auch Johann Eleazar Zeissig, genannt Schenau, Bilder mit lesenden jungen Frauen gemalt, doch wie Hutin so zeigt auch Schenau nicht wirklich den Vorgang des Lesens, sondern das Nachdenken über den Inhalt eines Briefes. Ganz im Sinne der Aufklärung könnte Hutin (1715–1776) in Bildern wie diesem, bei Betonung von Empfindsamkeit und weiblicher Bildung, Schilderungen des Menschen als eines denkenden und empfindenden Wesens gemeint haben. Man spürt das neue bürgerliche Zeitalter: Gefühlsbetonte Genrebilder lösten die pompöse Historie und die große Dekoration ab oder stellten sich zumindest gleichberechtigt neben sie. Der Alltag kam, wenn auch verklärt und vereinfacht, in die Malerei. Man erkennt in Hutin den Zeitgenossen von Chardin und Greuze. H. M.
Lit.: Marx, in: *Zurück in Dresden ...*, Ausstellungskatalog Staatl. Kunstsammlungen Dresden, Eurasburg 1998, S. 174, Nr. 26; Marx, in: *Dresden in the Age of Splendor and Enlightenment ...*, Ausstellungskatalog Columbus Museum of Art 1999, Nr. 23.

XXXI.11
a) Taschenkalender aus Göttingen
Mit Illustrationen von Daniel Chodowiecki
10,2 x 6 cm
Museum für Kunsthandwerk, Frankfurt a. M., Linel Sammlung

b) Taschenkalender, 1790
Mit Illustrationen von Daniel Chodowiecki
22,4 x 14,3 cm
Museum für Kunsthandwerk, Frankfurt a. M.,
Inv. Nr. L. 87

c) Taschenkalender, 1771
Mit Illustrationen von Hubert Gravelot
22,4 x 14,3 cm
Museum für Kunsthandwerk, Frankfurt a. M.,
Inv. Nr. L.B. 574

Die in der zweiten Hälfte des 18. Jh.s beliebten Taschenkalender, Wochenschriften und Journale möchten die neuen bürgerlichen Ideale, Werte und Moralvorstellungen einem breiten Publikum vermitteln. Sie sind Motor für den Aufbau eines eigenen sozialen Selbstverständnisses, und sie wollen erziehen. Oft richten sie sich an bestimmte Zielgruppen, besonders an bürgerliche Leserinnen. Mehr denn je steht die weibliche Bildung im Zentrum des öffentlichen Interesses. Namhafte Schriftsteller wie Schlegel, Lessing oder Klopstock schreiben für die regelmäßig erscheinenden Blätter. Der Aktualitätsbezug ist dabei sehr gering. Allgemeingültige Werte stehen im Vordergrund – oftmals unterstützt von emotional ansprechenden Bildern, die von berühmten Illustratoren wie Chodowiecki angefertigt werden.

Kat. Nr. XXXIII.5, S. 141

XXXII–XXXIII Die Macht des protestantischen Geldes

Von einer merkantilistischen Wirtschaftspolitik im strengen Sinne kann im Rheinland nicht die Rede sein. Trotzdem – oder gerade deshalb – entwickeln sich vornehmlich in den protestantischen Territorien florierende, außerstädtisch und unzünftig organisierte Unternehmen und Manufakturen. Dazu gehört auch die Herstellung von Luxusgütern wie beispielsweise von kostbaren Möbeln durch die Firma Roentgen in Neuwied, die hierbei durch die Verwendung von vorgefertigten und standardisierten Einzelteilen bereits den Schritt in Richtung Manufaktur vollzieht. In der Ausstellung sind einige Beispiele aus dieser Produktion zu sehen (Kat. Nrn. XXX.9 und XXXII.6). Vor allem aber gab es Betriebe in der Tuch- und Eisenverarbeitung, im Bergbau- und Hüttenwesen oder in der Zucker- und Tabakverarbeitung, auf die der Begriff Prä- oder Protoindustrialisierung angewendet werden kann. Dieser innovative und zukunftsweisende Wirtschaftssektor wird am Beispiel der Tuchindustrie exemplarisch dargestellt.

Es werden drei bzw. vier Zentren behandelt: die Wolltuchindustrie in Monschau, vorzüglich dargestellt am Beispiel der bekannten Firma Scheibler, die Seiden- und Samtmanufaktur in Krefeld und – als Ausblick auf die eigentliche Industrialisierung am Ende des 18. Jahrhunderts – die Cromfordsche Spinnerei in Ratingen. In dem von der Universität Trier erarbeiteten Multimediaprogramm steht die Textilregion Aachen-Burtscheid im Mittelpunkt.

Sowohl die technischen Neuerungen als auch die Übernahme der protestantisch geprägten, bürgerlichen Arbeitsethik verändern die Arbeitsbedingungen der Menschen im vorindustriellen und industriellen Zeitalter. Die Verbreitung des bürgerlich-protestantischen Leistungsgedankens machen zwei Graphiken aus dem Zyklus »Industry and Idleness« von William Hogarth deutlich, in dem die Lebensläufe zweier Zeugweberlehrlinge, des Faulen und des Fleißigen, dargestellt und jeweils mit entsprechenden Stellen aus der Bibel kommentiert werden.

In den Tuchgewerbezentren des Rheinlandes fanden nur bestimmte Arbeitsgänge im Haus des Fabrikanten statt. Spinnen und Weben wurden im Verlagssystem von den Arbeitern in Heimarbeit durchgeführt. Die Firma Scheibler beschäftigte in ihrer Blütezeit ca. 6000 Arbeiter, die Firmengruppe von der Leyen in Krefeld ca. 1500.

Während das Weben Männeraufgabe war, wurden die vorbereitenden Arbeiten an Haspel und Spulrad von Frauen und vor allem von Kindern besorgt. Das Gemälde »De Lakenbereiding« (Kat. Nr. XXXIII.5) erläutert in einzigartiger Weise die Arbeitsschritte der Wolltuchproduktion. Die Entwicklung verlief dabei hin zu einer Spezialisierung auf einzelne Arbeitsgänge in eigenen Produktionseinrichtungen, wie das Beispiel der Färberei Rehrmann in Eupen beweist, für die das Baubüro von Johann Conrad Schlaun die Pläne lieferte (Kat. Nr. XXXIII.6). Die Firma Scheibler verfügte über Färbeeinrichtungen im Keller des Roten Hauses in Monschau, wo bereits die Wolle und nicht die fertigen Tuche gefärbt wurden, was zu einer deutlich höheren Farbqualität führte.

Das Streckwerk aus der Cromfordschen Spinnerei symbolisiert den Durchbruch zur Industrialisierung am Ende des 18. Jahrhunderts. Dieses Maschinenteil wurde für die Streckung der Fasern bei der Vorbereitung der Baumwolle zum Spinnen und in der eigentlichen Feinspinnmaschine »Water-frame« eingesetzt, die 1769 von Richard Arkwright zum Patent angemeldet worden war. Dessen Maschinen bildeten die Grundlage der modernen Spinnerei von Brügelmann in Ratingen. Hier fanden zum ersten Mal alle Arbeitsgänge der Garnherstellung an mit Wasserkraft getriebenen Maschinen unter einem Dach statt. Es handelte sich um die erste wirkliche Fabrik im Rheinland.

Ähnlich wie die positiven Aspekte der Industrialisierung waren auch die negativen Begleiterscheinungen hier schon vorgebildet: Die Möglichkeit, auch ungelernte Arbeitskräfte zu beschäftigen, führte dazu, daß eine große Zahl von Kindern in den Fabriken arbeiteten. Bemühungen um die Verbesserung der sozialen Bedingungen und das Verbot der Kinderarbeit begleiteten den Industrialisierungsprozeß bis in das 20. Jahrhundert. M. G.

Literatur: *Das Rote Haus in Monschau*, hrsg v. der Scheibler Stiftung Rotes Haus Monschau, Köln 1994; Textilarbeit (*Rheinisches Jahrbuch für Volkskunde*, 27, 1987/88); Die erste Fabrik, Ratingen-Cromford, Köln 1996; A. Stockmann, *Fabrikkinder in Cromford. Ein Beispiel für Kinderarbeit in der Frühzeit der Industrialisierung* (Landschaftsverband Rheinland. Rheinisches Industriemuseum – Außenstelle Ratingen. Kleine Reihe, 5), Köln 1991; Zehnder/Schäfke, *Der Riss im Himmel 8* (im Druck).

XXXII.4

XXXII Kontor

XXXII.1
William Hogarth
a) Industry and Idleness I
(Die beiden Lehrjungen an ihren Webstühlen), 1747
b) Industry and Idleness IV
(Der fleißige Lehrbursche als Vertrauter seines Herrn), 1747
Kupferstiche,
je 26,3 x 34,6 cm
Niedersächsische Staats- und Universitätsbibliothek Göttingen, Sign. gr. 2° Art. Plast VI, 25 (27a, d) Rara

Hogarth wollte mit diesem Zyklus die Jugend und die Lehrlinge der unteren Mittelklasse ansprechen. Gezeigt wird der Werdegang zweier Weberlehrlinge. Während der eine den bürgerlichen Lebensidealen perfekt entspricht und zu höchstem öffentlichen Ruhm gelangt, endet der andere am Galgen.
Lit.: H. Guratuzsch, *William Hogarth. Der Kupferstich als moralische Schaubühne*, Stuttgart 1987, S. 142, Nr. 27a.

XXXII.2
C. C. Böhme nach Hogarth
a) Fleiß und Faulheit I
(Die beiden Lehrjungen an ihren Webstühlen)
b) Fleiß und Faulheit IV
(Der fleißige Lehrbursche ist Liebling und Vertrauter seines Herrn)
Radierungen, je 20 x 26 cm
Kölnisches Stadtmuseum, Graphische Sammlung, Inv. Nrn. RM 1940/675 u. 676

XXXII.3
Stehpult, Anfang 19. Jahrhundert
Holz, H. 130 cm, B. 101 cm, T. 69 cm
Rheinisches Industriemuseum, Engelskirchen

XXXII.4
Rollmusterbuch der Firma Scheibler, 1813
30 x 20 cm
Stiftung Scheibler-Museum Rotes Haus Monschau
Lit.: *Das Rote Haus in Monschau*, hrsg v. der Scheibler Stiftung Rotes Haus Monschau, Köln 1994, S. 122, Farbabb. S. 119.

XXXII.5
Stoffmusterbuch der Firma Friedrich & Heinrich von der Leyen, 1807–1809
42 x 27 cm, Rücken 6 cm
Museum Burg Linn, Krefeld

Die mennonitische Familie mußte ihre Heimat, Radevormwalde, im 17. Jh. verlassen. Sie siedelte nach Krefeld über. Zunächst handelte sie mit Seidenwaren und Rohseide und ging dann zur Produktion von Seide und Samt über. Die Firmen der Familie von der Leyen nahmen im 18. Jh. einen beispiellosen Aufstieg. Die größte unter ihnen, die Firma Friedrich & Heinrich von der Leyen, kam 1756 auf eine Bilanzsumme von über 500 000 Reichstalern.
Lit.: P. Kriedte, »Denen Holländern nach und nach … abgelernet und abgejaget«. Der Aufstieg des Krefelder Seidengewerbes im 18. Jh., in: Zehnder/Schäfke, *Der Riss im Himmel 8* (im Druck).

XXXII.6
Abraham Roentgen
Schatulle, um 1750/55
Eichenholz mit Padoukfurnier, innen Buche, Beschläge Messing,
H. 14 cm, B. 25 cm, T. 15,5 cm
Kreismuseum Neuwied
Lit.: B. Willscheid, Roentgen-Schatulle für das Kreismuseum Neuwied, *Heimatjahrbuch des Landkreises Neuwied*, 1995, S. 89–91, Abb. S. 90.

XXXII.7
Schreibgarnitur, 18. Jahrhundert
Messing,
H. 11 cm. L. 17 cm, B.12,5 cm
Museum Burg Linn, Krefeld

XXXII.8
Christoph Rösel
Vergleichsmaß verschiedener Ellenmaße, 1747
Messing, Leder
L. mit Griff 84 cm, L. der Scheide 71 cm
Vergleichsmaß verschiedener Ellenmaße: Kölnische, Brabanter, Lütticher Elle, Pariser und holländischer Fuß.
Kölnisches Stadtmuseum,
Inv. Nr. HM 1888/172A

XXXII.9
Jacob Grevenberg, Köln
Münzwaage, 1749
Holz, Messing, Eisen
L. 19,8 cm, B. 10,1 cm, H. 2,9 cm
Kölnisches Stadtmuseum, Inv. Nr. D 181

XXXII.10
Schreiblade, 18. Jahrhundert
Holz,
H. 21 cm, B. 36,5 cm, T. 31,2 cm
Kölnisches Stadtmuseum,
Inv. Nr. RM 1927/3426

XXXII.11
Geldkassette, 17. Jahrhundert
Eisenblech bemalt
H. 10 cm, B. 20 cm, T. 9,7 cm
Kölnisches Stadtmuseum,
Inv. Nr. RM 1937/670

XXXII.12
Briefkasten, 18. Jahrhundert
Holz,
H. 20 cm (geschlossen),
35 cm (geöffnet), B. 30 cm, T. 15 cm
Rheinisches Industriemuseum –
Museum für Industrie- und Sozialgeschichte, Außenstelle Ratingen, Inv. Nr. Ra 88/8

XXXII.13
Geschäftsbücher aus einer Kaufmannsbibliothek
Rheinisches Industriemuseum – Museum für Industrie- und Sozialgeschichte, Außenstelle Ratingen

XXXIII Produktion

XXXIII.1
Johann Wilhelm Meil d. J.
Der Zeugweber, um 1761
Radierung, 13,1 x 13,2 cm
Stiftung Stadtmuseum Berlin,
Inv. Nr. GDR 69/15.4

Johann Wilhelm Meil (1733–1805) gab 1761 die erste Lieferung seines *Spectaculum Naturae & Artium* heraus, in dem er Szenen aus dem Arbeitsleben der einfachen Bevölkerung darstellte. Die Einzelheiten der Weberstube sind realistisch wiedergegeben.
Lit.: *Das weltliche Ereignisbild in Berlin und Brandenburg-Preußen im 18. Jh.*, Ausstellungskatalog Staatliche Museen zu Berlin, Gemäldegalerie, Berlin 1987, S. 89, Nr. 66.

XXXIII.2
Leinwandwebstuhl, 18. Jahrhundert
Eichenholz, H. 189 cm, B. 160 cm, T. 163 cm
Kölnisches Stadtmuseum, Inv. Nr. 1983/245

XXXIII.3
Kett-Spulrad, 1864
Ahorn, H. 85 cm, B. 84 cm, T. 51 cm
Kölnisches Stadtmuseum, Inv. Nr. 1975/498
Lit.: *Von der Faser zum Stoff*, Ausstellungskatalog Kölnisches Stadtmuseum 1975/76, Köln 1975, S. 34, Kat. Nr. 25.

XXXII.5

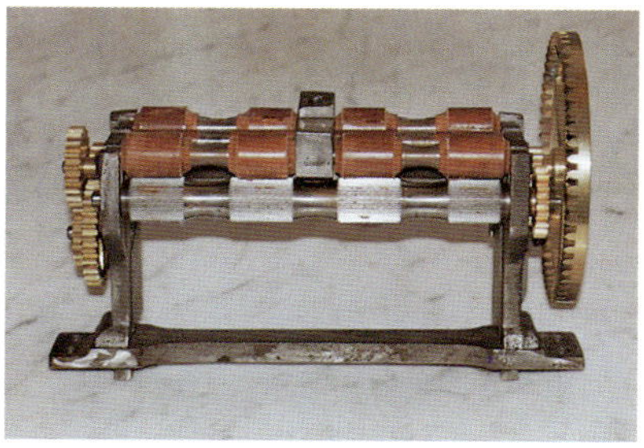

XXXIII.7

XXXIII.4
Rheinisch, 19. Jahrhundert
Haspel
Eiche, H. 78,5 cm, Dm. 57 cm
Kölnisches Stadtmuseum,
Inv. Nr. RM 1925/206

Sechsarmiger Knackhaspel mit Drehgriff und Zifferblättern, deren Zeiger die Umdrehungen anzeigen; im Fuß ein Spulenkasten.
Lit.: *Von der Faser zum Stoff*, Ausstellungskatalog Kölnisches Stadtmuseum 1975/76, Köln 1975, S. 34, Kat. Nr. 22.

XXXIII.5
De Lakenbereiding, um 1760
Öl auf Leinwand, 151 x 104 cm
Centraal Museum Utrecht, Inv. Nr. 2292

Oberste Reihe von links nach rechts: Waschen, Färben, Lockern, Zupfen
2. Reihe: Kardieren, Spinnen, Spulen, Weben
3. Reihe: Noppen, Walken, Rauhen, Scheren
Unterste Reihe: Spannen und Bürsten, Stopfen, Falten, Pressen
Lit.: B. Kerkhoff-Hader, Die Tuchmacherreliefs im Roten Haus in Monschau, *Rheinisches Jahrbuch für Volkskunde*, 27, 1987/88, bes. S. 169–180.
Abb. S. 138.

XXXIII.6
Anton Joseph Thelen
Entwurf für Fabrikationsgebäude und Wohnhaus der Färberei Rehrmann in Eupen, 1749
lavierte Federzeichnung, 63,3 x 53,5 cm
Westfälisches Landesmuseum für Kunst- und Kulturgeschichte, Münster,
Inv. Nr. Schl. Bd. 134

Anton Joseph Thelen (1718–1770) war Schlauns Neffe und sein Bauinspektor in Clemenswerth. Er durchlief eine militärische Karriere bis zum Obristleutnant der Artillerie, fertigte aber immer noch Vermessungen und Zeichnungen für Schlaun, u. a. diesen Entwurf für Schlauns Schwager Rehrmann.
Lit.: G. Dethlefs, Das Baubüro von Johann Conrad Schlaun, *Westfalen*, 74, 1996, S. 25–35.

XXXIII.7
Streckwerk
Rheinisches Industriemuseum – Museum für Industrie- und Sozialgeschichte, Außenstelle Ratingen

Der Erfinder und Unternehmer Richard Arkwright (1732–1792) baute 1771 in Cromford in Derbyshire die erste Spinnfabrik Englands auf – mit Maschinen, die er selbst konstruiert und zum Patent angemeldet hatte und die vollständig mit Wasserkraft betrieben wurden. Das Streckwerk ist ein Maschinenteil, das die Baumwolle gleichmäßig und dünn auszog und sowohl in den vorbereitenden Maschinen, in denen die Baumwolle gestreckt wurde, als auch in den eigentlichen Spinnmaschinen Verwendung fand. Der Kaufmann Johann Gottfried Brügelmann (1750–1802) aus Elberfeld verschaffte sich mittels Industriespionage und gezielter Abwerbung genaue Kenntnisse von Arkwrights Baumwollspinnerei und errichtete 1783/84 seine eigene Fabrik bei Ratingen: Cromford.
Lit.: *Die erste Fabrik, Ratingen-Cromford*, Köln 1996.

XXXIII.8
Verzeichnis der Arbeiter und Kinder bei Cromford zwischen 1797 und 1798
Handschrift, 32 x 20 cm
Nordrhein-Westfälisches Hauptstaatsarchiv Düsseldorf, Best. FA Brügelmann 119

Der Einsatz von Maschinen in der gewerblichen Produktion hatte zur Folge, daß ungelernte Kräfte angestellt werden konnten, so auch Frauen und Kinder. Die physischen und psychischen Probleme der Kinder wurden erst sehr langsam erkannt. Zunächst begrüßte man die Möglichkeit, ärmeren Bevölkerungsschichten zusätzliche Verdienstmöglichkeiten zu verschaffen. Auch Brügelmann arbeitete von Anfang an mit Kindern.
Lit.: *Die erste Fabrik, Ratingen-Cromford*, Köln 1996.

Kat. Nr. XXXIV.4, S. 144

XXXIV Von der Natur des Kindes

In der agrarisch geprägten Gesellschaft des 18. Jahrhunderts spielt sich der Unterricht für den größten Teil der Bevölkerung in der guten Stube des Pfarrers oder Küsters ab, der gleichzeitig auch Lehrer ist. Eng gedrängt und ohne Alterstrennung sitzen die Schüler an seinem Eßtisch. Im Zentrum steht ihre religiöse Erziehung. Es wird viel gelesen, selten geschrieben. Einprägsame Reime und kleine Rätselsprüche werden in der Gruppe auswendig gelernt, im Chor aufgesagt und stetig wiederholt. Der Lesestoff soll in Fleisch und Blut übergehen, erklärt wird er jedoch nie. Die Erziehung dieser Zeit besteht in erster Linie aus Kinderzucht, Rohrstock und Peitsche werden häufig gebraucht. Einen regelmäßigen Schulbesuch gibt es noch nicht. Oft erteilt man den Unterricht nur im Winter, wenn die Kinder nicht auf dem Feld gebraucht werden. Dementsprechend gering ist der Bildungserfolg dieser kleinen Dorfschulen. Viele Schüler verlernen später wieder das Lesen, das Schreiben haben sie ohnehin nie richtig erlernt. Im reformiert-protestantischen Bereich ändert sich dies, nicht zuletzt dank der Bedeutung, die der individuellen Lektüre der Bibel beigemessen wird. Schon im Rheinland des 17. Jahrhunderts kommt es zu einem gezielten Ausbau des evangelischen Bildungssystems. So hat die Mehrzahl der reformierten Gemeinden schon zu Beginn des 18. Jahrhunderts ihren eigenen Schulmeister. Das höhere katholische Schulwesen liegt vorwiegend in der Hand geistlicher Orden wie der Jesuiten.

Aufgeklärte Philosophen und Pädagogen schenken auch der Erziehung neue Aufmerksamkeit. Die Entwicklung des Menschen vom Kind zum mündigen Mitglied der Gemeinschaft liegt im Mittelpunkt des allgemeinen Interesses. Dies erstrebt man mit bestmöglicher Förderung, mit kindgerechter Erziehung. Im Sinne ihres Wahlspruchs »Zurück zur Natur« fordern Rousseau oder die deutschen ›Philantropisten‹, die natürlichen Kräfte, die Bedürfnisse des Kindes zu erkennen: ob nun im Spiel, das den gleichen Stellenwert erhält wie der Unterricht, oder in der Schulung besonderer Talente. Die Aufklärung macht das Kind erstmals zum Subjekt und nicht zum Objekt der Erziehung. Dabei führt der Entwicklungs- und Fortschrittsglauben dieser Zeit zu großen Veränderungen an den Schulen. So steht nun nicht mehr die Religion im Mittelpunkt des höheren Unterrichts. An ihre Stelle treten die Naturwissenschaften (Geographie, Naturkunde) und moderne Sprachen. Ein praxisorientiertes Lernen soll auf den späteren Lebensweg zugeschnitten sein. Doch keine Bildung ohne gebildete Lehrer! Unter den letzten beiden Kölner Kurfürsten Maximilian Friedrich und Maximilian Franz werden seit den 1770er Jahren Lehrerseminare eingerichtet. Anstellungsprüfungen und spätere Kontrollbesuche an den Schulen schließen sich an.

Am Ende des 18. Jahrhunderts ist Deutschland das Land mit den meisten Universitäten (50 Hochschulen im Vergleich zu 22 in Frankreich und zweien in England). Führend sind die evangelischen Universitäten Halle und Göttingen. Die Studentenzahlen sind jedoch rückläufig, nicht zuletzt dank der Bemühungen der Pädagogen (z. B. von Campe), die praxisorientierte Fachschulen forderten. Spezialakademien für Kunst, Bergbau, Ingenieurwesen etc. werden gegründet. Wie die Schulen erleben auch die Universitäten eine durchgreifende Reform. Auch Status und Besoldung des Professors werden gesichert. Gleichzeitig verpflichtet er sich jedoch auch dazu, die Forschung – und damit den Fortschritt – voranzutreiben. Wissenschaftliche Publikationen, Symposien unter Fachkollegen und die Habilitation werden zu einem Muß. Zu den klassischen Studienfächern gehören immer noch Jura und Medizin; doch erhalten die Naturwissenschaften ein immer stärkeres Gewicht. Dabei ist die Universitätsbildung nicht mehr ausschließlich eine Angelegenheit des reichen Bürgertums: Stipendien bieten Bildungschancen für viele. Diese Gelder reichen jedoch meistens nicht aus, um den Lebensunterhalt zu bestreiten, so daß viele einem Nebenerwerb nachgehen – als Lehrer, Bibliothekare oder Vorleser. S. B.

Literatur: Ph. Ariès/G. Duby (Hrsg.), *Geschichte des privaten Lebens: Von der Renaissance zur Aufklärung*, Bd. 3, Frankfurt a. M. 1991, S. 123f; D. Höroldt, Das rheinische Hochschulwesen der Frühen Neuzeit, in: Zehnder/Schäfke, *Der Riss im Himmel 3*, S. 109ff; J. Kistenich, Schule im Rheinland zwischen Reformation und Revolution, in: Zehnder/Schäfke, *Der Riss im Himmel 3*, 1999, S. 40ff.

XXXIV.1

XXXIV.1
Heinrich Freudweiler nach Anton Graff
Die Söhne des Malers Anton Graff, 1780, Kopie von 1784
Öl auf Holz, 23 x 21 cm
Staatliche Kunstsammlungen Dresden – Gemäldegalerie Alte Meister, Inv. Nr. 82/40

Dargestellt sind die Graffschen Söhne Karl Anton und Georg (geb. 1777) beim Spiel mit Seifenblasen. Das unbeschwerte Spiel seiner Knaben mag Graff bewogen haben, dieses sehr augenblicksbezogene, sehr persönliche Bild zu malen.
Über den Symbolgehalt dagegen, den Seifenblasen in älterer Malerei hatten, dürfte er hinweggegangen sein: Seifenblasen als Hinweis auf die Vergänglichkeit alles Irdischen und besonders des Menschenlebens. Im 18. Jh. machte sich überall in der europäischen Kunst eine gewisse Symbolmüdigkeit bemerkbar. Anton Graffs gemalte Seifenblasen sind keine Symbole, sondern Darstellungen eines glücklichen Augenblicks kindlichen Spiels. H. M.
Lit.: Marx, in: Dresdener Kunstblätter, 6, 1986, S. 173ff.; M. Bircher/G. Lammel, *Helvetien in Deutschland. Schweizer Kunst aus Residenzen deutscher Klassik 1770–1830*, Ausstellungskatalog Zürich 1990.

XXXIV.2
a) Bildnis des Jean-Jacques Rousseau, nach 1766
Öl auf Leinwand, 94 x 82 cm (mit Rahmen)
Deutsches Historisches Museum Berlin, Inv. Nr. Gm 96/42

b) Jean-Jacques Rousseau: »Emile oder über die Erziehung«, Amsterdam 1763
Universitäts- und Landesbibliothek Bonn, Sign. PGB 4265 (Bd. 1–2)

Jean-Jacques Rousseau (1712–1778) prägte besonders in Deutschland durch seine pädagogisch aufklärerischen Schriften den Erziehungsgedanken. In seinem Roman *Emile* vertritt er das Konzept einer natürlichen Erziehung. So wächst das Kind zunächst in einer utopischen »Robinson-Welt« auf, in der es sich dank eigener Erfahrungen in und mit der Natur entfaltet. Rousseaus *Emile* dokumentiert eine neue Einstellung zum Kind, das nun als eigenständige Person betrachtet wird. St. R.
Lit.: Reble 1999, S. 155f.

XXXIV.3
Joachim H. Campe: »Robinson der Jüngere, zur angenehmen und nützlichen Unterhaltung für Kinder«, Hamburg 1779/80
Bilderbuchmuseum Troisdorf

J. H. Campe, ein Anhänger des Philanthropismus, gilt u. a. durch seine kindgerechte Bearbeitung von Daniel Defoes Roman *Robinson Crusoe* als Pionier der Jugendliteratur. *Robinson der Jüngere* wurde als Kinderschrift sehr populär und beispielhaft. St. R.
Lit.: Reble 1999, S. 160–167.

XXXIV.4
Januarius Zick
Der Hüttenbesitzer Gottfried Peter de Requilé belehrt seine Söhne, 1771
Öl auf Leinwand, 96,7 x 83 cm
Rheinisches Landesmuseum, Bonn, Inv. Nr. 19866/7

Die aufgeklärte Pädagogik zieht auch die Eltern als Erzieher verstärkt in die Verantwortung. So wird eine positive Entwicklung des Kindes von deren liebender Fürsorge abhängig gemacht.
Lit.: U. Herrmann, *Aufklärung und Erziehung*, Weinheim 1993, S. 43ff.
Abb. S. 142.

XXXIV.5
Wilhelm Scheibler und seine Gemahlin Theresia Elisabeth geb. Böcking mit der Tochter Marie Henriette, um 1768
Öl auf Leinwand, 148 x 128 cm (mit Rahmen)
Stiftung Scheibler-Museum Rotes Haus Monschau

XXXIV.6
Ludwigsburg, um 1750
Mutter mit Kind am Gängelband
Porzellan, H. 21,1 cm
Sammlung Ludwig, Aachen, Dauerleihgabe im Brückenrathaus Bamberg

XXXIV.7
Kreisel, 18. Jahrhundert
Holz, H. 8,5 cm, Dm: 4,5 cm
Germanisches Nationalmuseum, Nürnberg

XXXIV.8
Englische Maid, um 1700
Holz, Textil, H. 33 cm
Hessisches Puppenmuseum, Hanau

XXXIV.9
Puppe, 1. Hälfte des 18. Jahrhunderts
Holz, Textil
Kölnisches Stadtmuseum

XXXIV.10
Deutsch (?), 1750
Spielzeugkutsche
Holz, H. 33 cm, B. 24 cm, L. 82 cm
Germanisches Nationalmuseum, Nürnberg, Inv. Nr. HG 2498

XXXIV.11
Miniaturkaufladen, 18. Jahrhundert
Holz, ca. 15 x 10 cm
Stadtgeschichtliches Museum, Leipzig

XXXIV.12
Quiringh Gerritsz. van Brekelenkam
Der Wanderschulmeister, 1666
Öl auf Holz, 41 x 33,2 cm
Rheinisches Landesmuseum, Bonn, Inv. Nr. G. K. 29

XXXIV.13
a) Formblatt für Schreibübungen, Buchstaben, Wörter und Zahlen
Kupferstich, 25 x 38 cm

b) Schönschreibübungsblatt
Kupferstich, 17 x 21 cm
Kölnisches Stadtmuseum, Graphische Sammlung, Inv. Nrn. KSM 1966/7, RM 1936/1421a

XXXIV.14
Melchior Mattsperger: »Geistliche Herzens-Einbildungen«, Th. 1. 2., Augsburg 1684/92
Kupferstiche von Hannß G. Bodenehr
Bilderbuchmuseum Troisdorf

Diese sog. hieroglyphische Bilderbibel ist ein charakterstisches Beispiel für ein Dorfschulbuch des 18. Jh.s. Sie enthält 500 biblische Sprüche, die in Form von Bilderrätseln dargestellt sind. St. R.
Lit.: Kat. Bilderbuchmuseum Troisdorf, S. 24.

XXXIV.15
a) Jean La Fontaine: »Fables Choisies ...«, Paris 1668–1669
Bilderbuchmuseum Troisdorf

b) »Aesop: Samuel Richardsons Sittenlehre für die Jugend ...«, Leipzig 1757
Bilderbuchmuseum Troisdorf

Derartige Volksbücher gehörten zu den Lesestoffen, die von den Pädagogen des 18. Jh.s besonders für kleine Kinder empfohlen wurden. Vermitteln doch die einprägsamen, kurzen Geschichten biblische oder moralische Inhalte viel besser als Bibel oder Schulbuch – so das Urteil des englischen Staatstheoretikers und Pädagogen John Locke (1632–1704). Die Bedeutung, die Fabeln im 18. Jh. zugemessen wurde, zeigt sich auch an der Qualität ihrer Übersetzer: Bei Samuel Richardson war es Gotthold E. Lessing. St. R.
Lit.: Kat. Bilderbuchmuseum Troisdorf, S. 29.

XXXIV.16
Friedrich Justi Bertuch: »Bilderbuch für Kinder ...«, Weimar und Gotha 1790/95
Bilderbuchmuseum Troisdorf

Bertuchs einflußreiches, enzyklopädisches Buch vermittelt Naturkunde über hundert kolorierte Kupferstiche. St. R.
Lit.: Kat. Bilderbuchmuseum Troisdorf, S. 19.

XXXIV.17
Johann Peter Melchior
Lesender Knabe und lesendes Mädchen, 1775
Porzellan,
H. 15,1–15,2 cm
Landesmuseum Mainz, Inv. Nrn. 60/62 und 63

XXXIV.18
a) Philippe Laurent Roland
Büste des Denis Diderot, um 1780
Bronze, H. 42 cm
Deutsches Historisches Museum, Berlin, Inv. Nr. Pl 95/4

b) Denis Diderot/Jean Le Rond D'Alembert: »Encyclopédie ou Dictionnaire Raisonné des Sciences, des Arts et des Métiers«, Paris 1751–1777, hier: »Recueil de Planches, sur les Sciences, les Arts Liberaux et les Arts Méchaniques, avec leur explication«, Bd. VI, 1768
Kölnisches Stadtmuseum, Bibliothek, Sign. D 250

XXXIV.19
Philipp Jakob Leidenhoffer
Academicus Coloniensis – Student der Kölner Universität, um 1700
Kupferstich, ca. 25 x 16 cm
Kölnisches Stadtmuseum, Graphische Sammlung

XXXIV.20
Joachim H. Campe: »Väterlicher Rath für meine Tochter ...«, Frankfurt/M. und Leipzig 1789
Bilderbuchmuseum Troisdorf

XXXIV.6

Das Werk bildet das weibliche Pendant zu Campes *Erfahrenen Ratgeber für die unerfahrene Jugend.* St. R.
Lit.: Kat. Bilderbuchmuseum Troisdorf, S. 36.

XXXIV.21
Kupferstich von Daniel Chodowiecki zu
Johann B. Basedows Elementarbuch, 1770/74
17,5 x 12 cm
Bilderbuchmuseum Troisdorf

Das Elementarwerk Basedows gehört zu den wichtigsten enzyklopädischen Erziehungsbüchern des 18. Jh.s. St. R.
Lit.: Kat. Bilderbuchmuseum Troisdorf, S. 31f.

XXXIV. 22
Joh. Lud. Andreae, Nürnberg 1717
Himmelsglobus
Pappe, Papier, Holz, Dm. 30 cm
Kölnisches Stadtmuseum

XXXIV.23
Johann Jakob Scheuchzer: »Kupfer-Bibel in welcher die Physica Sacra, oder Geheiligte Natur-Wissenschafft ... deutlich erklärt und bewährt«, Augsburg und Ulm 1731–1735
Universitäts- u. Stadtbibliothek Köln, Sign. N 1/105 (Bd. 1)

Die großformatige und aufwendige Bibelausgabe ist vom universal gelehrten Schweizer Naturforscher, Arzt und Professor für Mathematik und Physik Johann Jakob Scheuchzer (1672–1733) herausgegeben. Auf gelehrsame Weise gehen in ihr Bibeltext und Historienbild mit naturwissenschaftlicher Erläuterung und Abbildung eine enge Verbindung ein. U. W.
Lit.: I. Müsch, *Geheiligte Naturwissenschaft. Die Kupfer-Bibel des J. J. Scheuchzer* (Rekonstruktion der Künste, 4), Göttingen 2000.

XXXIV.24
Sonnenuhr
Dm. 14 cm, H. 35 cm
Kölnisches Stadtmuseum, Inv. Nr. L 225

XXXIV.25
Handfernrohr
Holz, Horn, L. 77,8 cm
Kölnisches Stadtmuseum, Inv. Nr. L 263

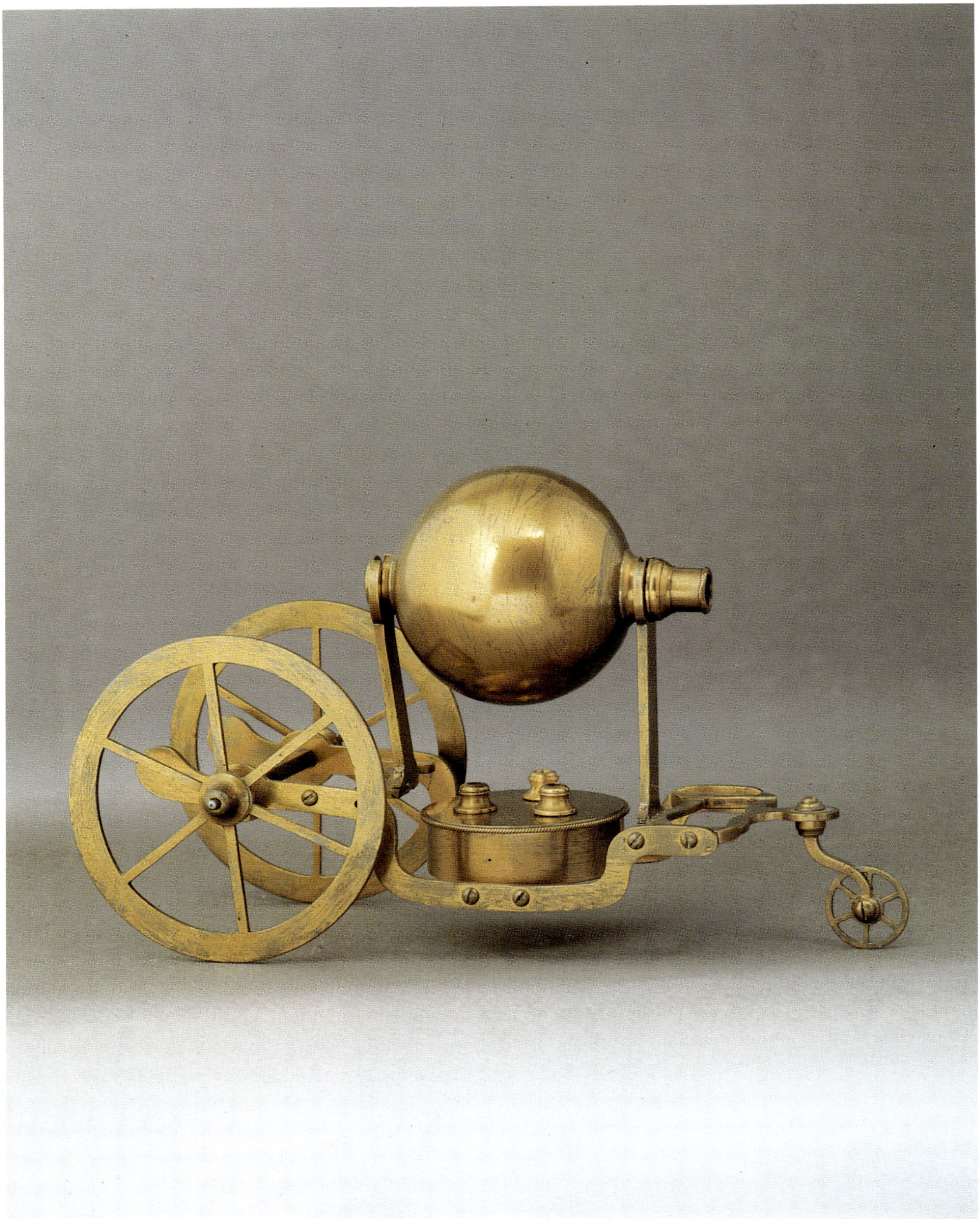

Kat. Nr. XXXV.11, S. 149

XXXV Im Licht der Aufklärung: Die Naturwissenschaften

Das 18. Jahrhundert ist fasziniert von der Wissenschaft. Damit eng verbunden ist der Glaube an den Fortschritt, an die Entdeckung der Bausteine von Natur und Mensch – ein Glaube, der die Religion zunehmend ablöst.

Der schwedische Mediziner und Botaniker Carl von Linné war einer der führenden Köpfe seiner Zeit. In seinem Hauptwerk, der *Systema Natura,* unternahm er es, ein monumentales Einteilungssystem für Pflanzen und Tiere aufzustellen. Ein anderer Botaniker, der Franzose Georges-Louis Leclerc de Buffon, Intendant des Königlichen Gartens von Paris, untersuchte die Entstehung der Pflanzen und Tierarten. Entwicklung stellte er sich nach dem Ausleseprinzip vor. Seinen Untersuchungen zufolge war der Mensch ähnlich gebaut wie das Tier und ein naher Verwandter des Affen.

Nicht nur die Natur, auch der Himmel wurde einer genauen Analyse unterzogen. Der in England lebende deutsche Musiker und Astronom William Herrschel entdeckte den Planeten Uranus und baute riesige Fernrohre, mit denen er zu entferntesten Sternennebeln vorzudringen versuchte. Andere, wie Pierre Simon Laplace, versuchten alle Erscheinungen des Weltraums auf mathematische Gleichungen zurückzuführen.

Die Physiker des 18. Jahrhunderts standen förmlich unter elektrischer Spannung. Reibungselektrizität kannte man bereits. Blitze und Himmelserscheinungen wie das Nordlicht wurden unter die Lupe genommen. Man experimentierte am lebenden Objekt – mit teilweise tödlichen Folgen. Um zu beweisen, daß der Blitz eine elektrische Erscheinung ist, schickte Benjamin Franklin einen Drachen mit einem 30 cm langen Draht direkt in das Zentrum des Blitzes. Er sollte den Blitz herausziehen, die Elektrizität weiterleiten. Das Resultat der Bemühung war die Entdeckung des Blitzableiters. Doch Franklin ging noch weiter. Seiner Meinung nach enthielten alle Körper fließende elektrische Ladungen, eine These, die Galvani durch tierische Experimente belegte. Im letzten Jahr des 18. Jahrhunderts wurde dann endlich die erste elektrische Stromquelle, die Voltasche Säule, von Alessandro Volta aus Pavia erfunden. Sie bestand aus mehreren Schichten von jeweils einer positiv und einer negativ aufgeladenen Metallplatte, die eng miteinander verbunden waren. Dazwischen befand sich eine Schicht aus feuchtem Papier oder Holz als Leiter.

Die Chemie war auf der Suche nach den kleinsten Elementen der Natur. Der schwedische Chemiker Karl Wilhelm Scheele und der englische Prediger Priestley entdeckten fast gleichzeitig das Element Sauerstoff. Als radikaler Anhänger der Revolution emigrierte der Aufklärer Priestley mit 61 Jahren in die Vereinigten Staaten, wo er die Zusammensetzung von Kohlenmonoxyd herausfand. Der Franzose Antoine Lavoisier verwandelte die Chemie in eine quantitativ meßbare Wissenschaft. Er entwickelte eine Systematik und erfaßte 32 chemische Elemente (heute 105) in einer Tabelle. In seiner Funktion als Generalsteuerpächter wurde er 1791 auf der Guillotine hingerichtet.

Die Entdeckung des Bauplans der Erde ist zentrales Thema der aufgeklärten Forschung des 18. Jahrhunderts. Die Suche nach ihren Ursprüngen stößt religiöse Tabus über Bord. Versteinerungen werden nun nicht mehr mit der Sintflut erklärt, sondern durch empirische Forschungen verschiedenen Erdentwicklungsstufen zugeordnet. Der französische Botaniker Buffon systematisiert die Entstehung der Welt: von ihrer Entstehung aus einem Fragment der Sonne und ihrer Abkühlung über die Ausbreitung des Weltozeans bis hin zu seinem Rückgang und dem Auftauchen von Pflanzen und Tieren auf dem Festland. Andere Forscher des 18. Jahrhunderts setzen alles daran, die Erde zu vermessen. Große Entdeckungsreisende wie Cook, Bougainville oder Forster waren auch Geographen, die penibel kartographierten, was sie erforschten. Durch die Erfindung des Sextanten (durch den Uhrmacher John Harrison 1728) wurden ihre Weltreisen erheblich erleichtert, da man nun die exakte Position des Schiffes bestimmen konnte. Die Vermessung der Erde erfolgte bald nach einem neuen, weltweit anerkannten Maßsystem, das bis heute Gültigkeit besitzt. Ein Ausschuß, bestehend aus den führenden Mathematikern der Zeit (Lagrange, Lavoisier und Laplace), wählte 1791 als Längeneinheit ein Viertel des Erdumfangs und nannte den zehnmillionsten Teil einen Meter. Auf diese Weise beruhen sämtliche Maße und Gewichte auf der gleichen Einheit und auf der Zahl Zehn. S. B.

XXXV.1

XXXV.1
James Cook: »Voyage dans l'hémisphère austral, et autour du monde«, Paris 1794, Tafelbd. 1
Universitäts- und Stadtbibliothek, Köln, Sign. GG 12/3790

Sechs Text- und zwei Tafelbände dokumentieren James Cooks (1728–1779) dritte und letzte Expeditionsfahrt 1776–1780 in den nordpazifischen Raum, in deren Verlauf er auf Hawaii ums Leben kam. Das Ziel der Reise, die Entdeckung einer nördlichen Passage zum Atlantik, konnte nicht erreicht werden; über die ethnographischen und naturwissenschaftlichen Untersuchungen geben u. a. die Kupfertafeln anschaulich Auskunft. U. W.
Lit.: L. Withey, *Voyages of Discovery: Captain Cook and the Exploration of the Pacific*, New York 1987.

XXXV.2
Schrittzähler
Messing, 1,5 x 6,7 cm
Stasatliche Kunstsammlungen Dresden – Mathematisch-Physikaler Salon

In einem schützenden Übergehäuse aus Birnbaumholz mit einem Überzug aus Chagrinleder befindet sich in einem zylindrischen Gehäuse ein Zählwerk mit einer Anzeige der Schrittzahl auf einem Zifferblatt. Der Meßbereich umfaßt 10 000 Doppelschritte. Die Rückseite der Grundplatte ist mit zwei Haken zur Befestigung an einem Gürtel versehen. Die Auslösung des Schaltwerks erfolgt bei Bewegung des Oberschenkels durch Zug an einer zwischen ihm und dem Auslösehebel vorhandenen Verbindungsschnur.
Lit.: *Unter einer Krone. Kunst und Kultur der sächsisch-polnischen Union*, Ausstellungskatalog der Staatlichen Kunstsammlung Dresden und des Königlichen Schlosses Warschau, Leipzig 1997, S. 156; Kat. Nr. 202.

XXXV.3
Oktant, Anfang des 19. Jahrhunderts
Mahagoni mit Messing
Museum für Hamburgische Geschichte

Der Oktant wird 1730 von John Hadley erfunden. 1757 entwickelt er daraus den Sextanten. Bei beiden Geräten handelt es sich um Spiegelfernrohre, die dem Seemann erlauben, gleichzeitig den Horizont und die Sonne oder einen anderen Stern zu sehen, um damit die exakte geographische Breite zu messen. Mit der Erfindung des Marinechronometers kommt dann auch die Messung der geographischen Länge hinzu. Dank dieser Geräte wurde die Seefahrt zu einer exakten Wissenschaft.
Lit.: G. Jaaks/C. Prange, *Zeremoniell und Freiheit. Europa im 18. Jh. Die Welt des Johann Adolf Hasse*, Museum für Hamburgische Geschichte, 1999, S. 120; Durant 1982, S. 298.

XXXV.4
Holländischer Schiffskompaß
Messing, H. 13,5 cm
Kölnisches Stadtmuseum, Inv. Nr. 1348

XXXV.5
a) François Martin
Büste von Carl von Linné, um 1785
66 x 45 cm
Deutsches Historisches Museum, Berlin, Inv. Nr. Pl. 95/16

Der schwedische Pfarrerssohn Carl von Linné (1707–1778) zählt zu den wichtigsten Botanikern seiner Zeit. Sein Verdienst besteht darin, ein möglichst lückenloses System und eine Nomenklatur aller bestehenden Pflanzen erstellt zu haben. Carl von Linnés Hauptwerk ist die *Systema naturae* von 1735. Die für seine Forschungen notwendigen empirischen Untersuchungen finanzierte er zunächst über seine Tätigkeit als Arzt. Die Nomenklatur von Linné hat sich z. T. bis heute bewährt. S. B. u. U. W.
Lit.: Durant 1982, S. 320ff.

b) Carl von Linné: »Flora Lapponica eschibens plantas per Lapponiam crescentes«, Amsterdam 1737
Universitäts- und Stadtbibliothek, Köln, Sign. N 10/50

Bei der *Flora Lapponica* handelt es sich um einen Bericht von einer Forschungsreise nach Lappland im Jahre 1732. Gegenstand der Untersuchung sind neben einer Aufnahme von Flora, Fauna und Mineralogie auch volkskundliche Aspekte, die in diesem Buch in eine umfassende zeitgenössische Reisedarstellung eingebunden werden. U. W.
Lit.: K. Mägdefrau, *Geschichte der Botanik*, Stuttgart et al. 1992, S. 61–77.

XXXV.6
Mikroskop
Holz etc., 34,5 x 16,5 x 16,5 cm (auf Sockel montiert)
Deutsches Historisches Museum, Berlin, Inv. Nr. AK 96/255

XXXV.7
a) Elektrisiermaschine
(Nachbau)
50 x 20 x 43 cm

b) Elektrisiermaschine
(Nachbau)
50 x 20 x 43 cm

Auch das Jesuitenkabinett in Köln enthielt mehrere Elektrisierapparate, die die Faszination dieses neuen Wissenschaftszweiges in der zweiten Hälfte des 18. Jh.s demonstrieren.
Lit.: Quarg 1996, S. 128.

c) Kußmaschine
(Nachbau)
50 x 20 x 43 cm
Kunst- und Ausstellungshalle der Bundesrepublik Deutschland, Bonn

XXXV.8
Köln, 2. Hälfte des 18. Jahrhunderts
Tisch des Physikalischen Kabinetts der Jesuitensammlung Köln
Holz, 249 x 120,5 x 82 cm
Kölnisches Stadtmuseum, Inv. Nr. L 273

Das von Jesuiten geführte Gymnasium Tricoronatum in der Marzellenstraße bildete das Zentrum naturwissenschaftlicher Aufklärung in Köln. Seine Ausstattung hatte universitäres Niveau.
Ein anderes umfassendes Kabinett, das nach den Vorstellungen des Jesuiten Athanasius Kircher in Rom entstanden war, beherbergte ebenfalls eine Fülle physikalischer, astronomischer und optischer Instrumente.

XXXV.2

Die Jesuiten wollten damit die Naturwissenschaften nicht nur – wie sonst vielfach noch an Schulen üblich – in der Theorie, sondern durch anschauliche Experimente lehren.

XXXV.9
Jean-Antoine Nollet: »Leçons de Physique expérimentale«, Paris 1771, Bd. 1
Universitäts- und Stadtbibliothek, Köln,
Sign. N 5/127

Das erstmals 1743–1745 in drei Bänden erschienene Lehrbuch der Experimentalphysik von Jean-Antoine Nollet (1700–1770) gründet auf dessen Experimentalvorträgen, die in Paris reges Interesse hervorriefen und zum Gesprächsthema in den Salons wurden. Das Titelkupfer stellt eine Gesellschaft bei der Vorführung eines physikalischen Experiments dar. Auffallend ist die Anwesenheit von Frauen. Der Lehrer demonstriert gerade den Versuch mit einer Senkwaage (Aräometer), die zum Messen der Dichte verschiedener Flüssigkeiten dient. U. W.
Lit.: A. Kleinert, Mathematik und anorganische Naturwissenschaften, in: R. Vierhaus (Hg.), *Wissenschaft im Zeitalter der Aufklärung*, Göttingen 1985, S. 218–248.

XXXV.10
Köln, 18. Jahrhundert
Donnerhäuschen aus dem Physikalischen Kabinett
Holz usw., 34 x 24 x 15,5 cm
Kölnisches Stadtmuseum, Inv. Nr. L 203

Das Donnerhäuschen demonstriert die Elektrizitätslehre von Benjamin Franklin. Bei elektrostatischer Aufladung springt ein Funke auf die im Schornstein angebrachte Kugel und wird über den neben der Tür plazierten gebogenen Draht, den neu erfundenen Blitzableiter Franklins, zum Boden geführt. Wird diese Erdung unterbrochen, springt ein Klötzchen über der Tür aus dem Mauerwerk heraus (fehlt heute). So werden anschaulich die Gefahren des Blitzschlags vorgeführt.
Lit.: Kat. *Lust und Verlust*, 1995, S. 523.

XXXV.11
Köln, 18. Jahrhundert
Rückstoßwagen aus dem Physikalischen Kabinett
Kupfer, Messing, Eisen usw., L. 21 cm
Kölnisches Stadtmuseum, Inv. Nr. L 190

Das Modell dient der Demonstration der Dampfkraft. Es zeigt eine Entwicklung, die für die moderne Technik im 19. Jh. richtungweisend sein sollte – man denke nur an die Dampfschiffahrt oder an die frühen Eisenbahnen. Wird die mit Wasser gefüllte, kupferne Kugel durch den unter ihr befindlichen Spiritusbrenner erhitzt, strömt der Dampf durch die verengte Öffnung der Kugel, und der Wagen beginnt sich durch den Rückstoß in Gegenrichtung zu bewegen.
Lit.: Kat. *Lust und Verlust*, 1995, S. 521.
Abb. S. 146.

XXXV.12
Köln, 18. Jahrhundert
Rückstoßrad aus dem Physikalischen Kabinett
H. 25 cm,
Kugel Dm. 7 cm
Kölnisches Stadtmuseum, Inv. Nr. L 189

Auch dieses Instrument demonstriert die Dampfkraft. Der sogenannte Aeolusball wird schon in der Antike beschrieben: Die mit Wasser gefüllte Kugel wird erhitzt. Dabei tritt der sich ausdehnende Dampf mit Überdruck aus den Rohren aus und versetzt die Kugel in Schwingungen.

XXXV.13
Apparat zur Darstellung des Brechungskoeffizienten von Flüssigkeiten aus dem Physikalischen Kabinett
H. 25 cm, Boden 14 x 13 cm
Kölnisches Stadtmuseum, Inv. Nr. L 251

XXXV.14
Glaskolben, 18. Jahrhundert
Deutsches Museum, München

Bis heute gehören Glaskolben dieser Art zu dem typischen Arsenal eines chemischen Laboratoriums. Dank dieser Apparaturen wurden im 18. Jh. Sauerstoff und Stickstoff von Scheele und Priestley entdeckt.
Lit.: Durant 1982, S. 286f.

XXXV.15
Willem Jacob van Gravesande: »Physices elementa mathematica«, Leiden 1742
Universitäts- und Landesbibliothek Bonn,
Sign. O 313 (Leidae 1742)

XXXV.16
Brennlinse aus dem Physikalischen Kabinett
Glas, Holz,
Dm. 16 cm
Kölnisches Stadtmuseum

Optische Untersuchungen nahmen im Jesuitenkolleg sehr breiten Raum ein. Daneben lernten die Schüler auch deren praktische Umsetzung, indem sie optische Linsen für Fernrohre und Mikroskope anfertigten.
Mit Hilfe der Brennlinse wurden optische Experimente vorgeführt. So sollte hier der Strahlengang durch eine Lupe gezeigt werden.
Lit.: Kat. *Lust und Verlust*, 1995, S. 521;
Quarg 1996, S. 129.

XXXV.17
Sonnenmikroskop
Holz etc., 47,5 x 30 x 29 cm
Deutsches Historisches Museum, Berlin,
Inv. Nr. HI 72/161 (MfDG)

Durch geschickte Lenkung der Sonnenstrahlen konnten kleine Gegenstände, Tiere oder Pflanzen über das Mikroskop vergrößert an die Wand geworfen werden.
Dies erleichterte den botanischen oder zoologischen Unterricht, da mehrere Schüler gleichzeitig bei der Vorführung zuschauen konnten.
Lit.: Quarg 1996, S. 131.

XXXV.18
Laterna Magica, um 1820
Metall, 40 x 15 x 28 cm
Sammlung »S«, Wuppertal

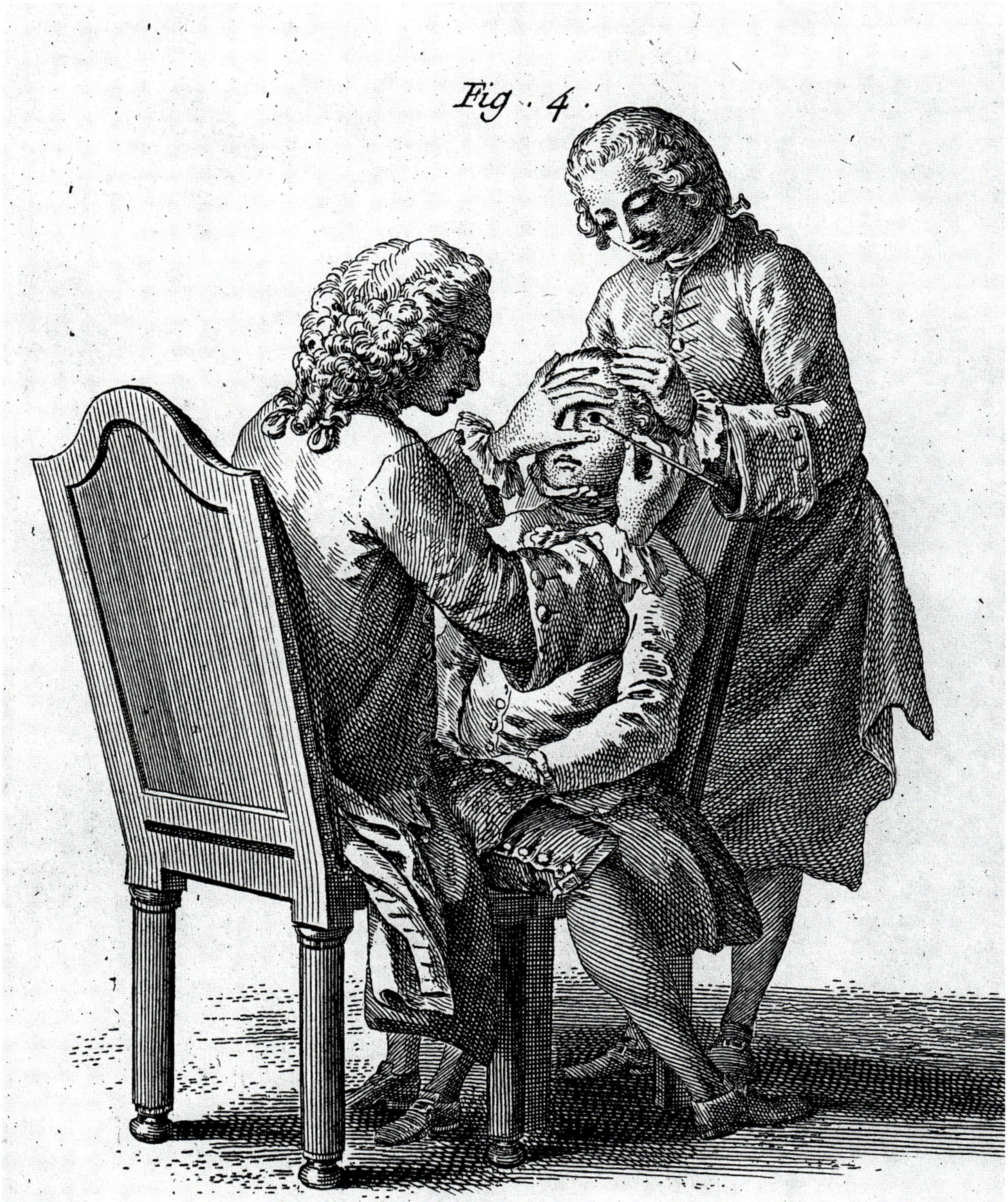

Kat. Nr. XXXVI.19, S. 153

XXXVI–XXXVIII Die Behandlung von Leib und Seele: Medizin und Apothekenwesen

Risse sind es zwar nicht gewesen, die die Medizin im 18. Jahrhundert in den Rheinlanden durchzogen, aber Veränderungen bahnten sich in der Zeit Clemens Augusts an, die sich nachfolgend entfalteten. Sie betrafen vor allem das medizinische Personal, Ärzte, Chirurgen und Wundärzte, Barbiere und Hebammen. Hatte bisher die handwerkliche Ausbildung mit Lehr- und Gesellenzeit sowie Erfahrung und Tradition den Werdegang eines Chirurgen geprägt und war die Erlaubnis zum Praktizieren von der Bindung an die Zunft abhängig gewesen, so traten jetzt die städtischen Behörden auf den Plan. Über Lehrzeugnisse und mit Approbationsvorschriften kontrollierten sie die Ausbildung. Wer praktizieren wollte, mußte ein Erlaubnisgesuch an den Magistrat richten. Das betraf vor allem kurzzeitig am Ort praktizierende Heiler. Daß die Stadtregierungen so verfuhren, entsprach ihrer obrigkeitlichen Aufsichts- und Schutzfunktion über das Gesundheitswesen. Nicht zuletzt bewirkten die medizinische Fakultät durch ihre Persönlichkeiten, z. B. Thomas Steinhaus (Professor bis 1737), Johann Georg Menn (1730–1781), Johann Reiner Dhame (1726–1771) und Ferdinand Franz Wallraf (1748–1824), und deren wissenschaftliche und pädagogische Tätigkeit eine zunehmende Verwissenschaftlichung und »Akademisierung« der medizinischen Ausbildung, die in Köln in der Studienreform im Jahre 1776 und in Bonn in der Gründung der Universität im Jahre 1786 gipfelten. Betroffen waren vor allem die Anatomie und die Geburtshilfe. Am Ende des 18. und im Laufe des 19. Jahrhunderts verschwanden allmählich die traditionellen Heilberufe des Wundarztes, Chirurgen und Barbiers zugunsten der »Klinik«. Durch den Aufschwung der medizinischen und Naturwissenschaften gewannen dagegen die gelehrten Ärzte an Bedeutung.

Der medizinische Alltag blieb jedoch noch während des ganzen Jahrhunderts weitgehend dem Traditionellen verhaftet. Für eine ausreichende medizinische Grundversorgung in den Städten und auf dem Land sorgten Chirurgen und Wundärzte, die für alle äußerlich sichtbaren Krankheiten und Verletzungen, wie Knochenbrüche, Entzündungen, Geschwüre und Fieber, zuständig waren, Verbände und Salbenpflaster legten, Medikamente zur Wund- und Schmerzbehandlung verabreichten, für die sie oft eigene Rezeptbücher angelegt hatten, und Operationen durchführten. Standardtherapien der damaligen Zeit, vor allem Aderlaß und Schröpfen, sowie das Anlegen einfacher Verbände nahmen auch die Barbiere in den Barbierstuben vor. Spezielle Behandlungen, z. B. von Leistenbrüchen, Steinleiden, Zahnschmerzen oder dem »Grauen Star«, besorgten zumeist sog. fahrende Spezialisten. Hier war die Nähe zur Quacksalberei groß, aber nicht zwangsläufig. Den studierten Ärzten oblag die Therapierung innerer und psychischer Krankheiten, wie Schlaganfälle, Herzkrankheiten, Epilepsie und Depressionen (»Melancholie«). Dabei waren Hausbesuche die Regel, Arztpraxen im heutigen Sinne gab es noch nicht. Auskünfte über Diagnosen, Therapien und deren Kosten geben Atteste, Rezepte und Rechnungen, die in den Quellen zu finden sind. Eine eigene medizinische Versorgung hatten der Kurfürst und der kurfürstliche Hof mit hierfür angestellten Leib- und Hofärzten, z. B. dem jüdischen Arzt Moses Abraham Wolff, den Medizinern Thomas Bergrath, Daniel Mayer und Johann Georg Zartmann, die z. T. auch für das Militär zuständig waren.

In den Apotheken, von denen es in Köln allein 31 und in Bonn vier gab, die meisten davon traditionsreiche Familienbetriebe, wurden die Materialien für die Arzneien bereitgehalten (darunter für das Allheilmittel Theriak) und die Rezepturen ausgeführt. Daneben konnten auch chemische Bedarfsartikel, etwa zum Färben und Malen, erworben werden. Desungeachtet genoß in der Bevölkerung die Laienheilkunde weiterhin großes Ansehen. Hausmittel und Naturrezepte waren auch in der Pharmazie anerkannt. Darüber hinaus gehörten religiöses Bewußtsein und der Glaube an göttlichen Schutz und göttliche Hilfe zum medizinischen Alltag. Gebete gegen Krankheiten und im Krankheitsfall sowie Wallfahrten zu Schutzheiligen waren daher selbstverständlich. Gebetszettel, Devotionalien, wie Votivgaben und Anrührbildchen, und Reliquien in vielen Formen und Ausstattungen zeugen noch davon. M. B. R.-R.

Literatur: R. Jütte, Medizin im Rheinland zur Zeit des Kurfürsten Clemens August, in: Zehnder/Schäfke, *Der Riss im Himmel 3*, 1999, S. 126–142; M. B. Rößner-Richarz, Krankheit in der Kommunikation einer frühneuzeitlichen Stadt am Beispiel Kölns, in: *Der Riss im Himmel 4*, Köln 1999, S. 337–364 (mit weiterer Literatur).

XXXVI Medizin in Wissenschaft und Praxis

XXXVI.1
Georges Desmarées
Bildnis des Dr. Moses Abraham Wolff Kurfürstlicher Leibarzt seit 1746
Öl auf Leinwand, 133 x 92 cm
Muzeum Narodowe w Warszawie, Warschau,
Inv. Nr. 158037

XXXVI.2
Dekret für Dr. Wolff zur Annahme als Leibmedicus von Clemens August, 4. Mai 1746
32,5 x 21 cm
Nordrhein-Westfälisches Hauptstaatsarchiv Düsseldorf, Sign. KK II491, F. 55

XXXVI.3
Zahlungsanweisung für den Leibarzt Dr. Wolff über ein Gehalt von 400 Reichstalern
32,5 x 21 cm
Nordrhein-Westfälisches Hauptstaatsarchiv Düsseldorf, Sign. KK II491, F56

XXXVI.4
P. de Charpentier
Bildnis eines jungen Mediziners, 1759
Aquarell auf Elfenbein, 6 x 8 cm
Museum für Hamburgische Geschichte, Hamburg
Lit.: G. Jaaks/C. Prange, *Zeremoniell und Freiheit*, Ausstellungskatalog Museum für Hamburgische Geschichte, 1999, S. 116, Kat. Nr. 36.

XXXVI.5
Johann Caris, 1781
Bildnis des Ferdinand Franz Wallraf, Naturwissenschaftler, Mediziner und Kunstsammler (1748–1824)
Öl auf Leinwand, 112 x 85,5 cm
Kölnisches Stadtmuseum,
Inv. Nr. WRM 2364 = HM 1940/231
Lit.: Kat. *Lust und Verlust*, 1995, S. 638, Kat. Nr. 311.

XXXVI.6
Medizinische Dissertation des Franz Stephan Schuirmann: »De signis vitae et mortis in foetu« (Wie erkennt man, ob ein Embryo lebt oder tod ist), 1779
Historisches Archiv der Stadt Köln,
Sign. Univ. A 434

XXXVI.8

XXXVI.7
Erlaubnisschein zur Ausübung der Arztpraxis im Erzbistum Köln für Otto Heinrich Dinckelberg vom 2. Oktober 1770
Papier, 20 x 32 cm
Kreisarchiv Viersen, Stadtarchiv Kempen,
Nachlaß Dinckelberg, Nr. 4
Lit.: Hermes 1982, S. 82.

XXXVI.8
Johann Jacob Schmitz (?)
Bildnis des Arztes Johann Reiner Dhame, um 1765
Öl auf Leinwand, auf Holz, 88,5 x 74 cm
Kölnisches Stadtmuseum,
Inv. Nr. RM 1934/183

Der Kölner Mediziner Dhame (1726–1771) repräsentiert den Typ des Universalgelehrten. Neben seinem Beruf als Mediziner übernahm der Kanoniker 1758 von seinem Onkel Johann Jacob Dhame den Lehrstuhl für Botanik. M. B. R.-R.
Lit.: Quarg 1996, S. 186–204, R. Wagner, *Kölnischer Bildersaal. Die Gemälde im Bestand des Kölnischen Stadtmuseums* (in Vorbereitung).

XXXVI.9
Semester-Eröffnungsrede für das Wintersemester 1776 an der Universität Köln
Historisches Archiv der Stadt Köln,
Sign. Univ. A 472A

XXXVI.10
Vorlesungsankündigung der Universität Köln, 1776
19 x 16 cm
Kölnisches Stadtmuseum, Bibliothek,
Sign. D 603

Beide Texte stammen aus der Zeit der Universitätsreform, die gerade für die Medizinerausbildung entscheidende Neuerungen brachte. Sie spiegeln die zunehmende Wissenschaftlichkeit in der Medizin, zu der auch der Anschauungsunterricht in der Anatomie gehörte, wider. M. B. R.-R.

Von Wundärzten und Chirurgen

XXXVI.11
Schädelmodell
Elfenbein,
10 x 13,5 cm
Stiftssammlungen Benediktinerstift Kremsmünster

XXXVI.12
Modell eines Gebisses
5,9 x 8 cm
Deutsches Historisches Museum, Berlin,
Inv. Nr. KG 94/23

XXXVI.13
a) Modell eines menschlichen Auges, Mitte des 18. Jahrhunderts
Buchsbaum, Elfenbein, Glas, H. 17 cm
Museum für Hamburgische Geschichte, Hamburg

b) Stephan Zick
Modell eines menschlichen Auges mit Behältnis, um 1700
Buchsbaum, Elfenbein, Glas
Deutsches Historisches Museum, Berlin,
Inv. Nr. 1991/2641

XXXVI.14
Brenneisen für Augenoperationen zur Verätzung
Eisen und Holz, 14 cm
Wilhelm-Fabry-Museum, Hilden,
Inv. Nr. Mg 0530

XXXVI.15
Augenmesser
Metall, 12,5 cm
Wilhelm-Fabry-Museum, Hilden,
Inv. Nr. Mg 0538

XXXVI.16
Deutsch, nach 1760
Spritze mit Holzgriff und Kanüle
Messing, Holz, 18 x 1,7 cm
Wilhelm-Fabry-Museum, Hilden,
Inv. Nr. Mg 0496

XXXVI.17
Amputationssäge, um 1730
Metall, 35 x 13 x 49 cm
Wilhelm-Fabry-Museum, Hilden,
Inv. Nr. Mg 0487

XXXVI.18
Johann Christian Schambach
Niederrhein, 18. Jahrhundert
Rezeptbuch eines Chirurgen
Leder, Papier, 23 x 15 x 7 cm
Städtisches Museum Schloß Rheydt,
Mönchengladbach, Inv. Nr. VII 24

XXXVI.19
Einzelblatt: Anleitung zu einer Augenoperation, aus: Denis Diderot/Jean Le Rond D'Alembert: »Encyclopédie ou Dictionnaire Raisonné des Sciences, des Arts et des Métiers«, Paris 1751–1777, hier: »Recueil de Planches, sur les Sciences, les Arts Liberaux et les Arts Méchaniques, avec leur explication«, T. III, 1763, Pl. XXIV (Chirurgie)
Kupferstich, Papier, 34,8 x 22,5 cm
Wilhelm-Fabry-Museum, Hilden,
Inv. Nr. Mg 0685

Die Behandlung von Verletzungen und Augenkrankheiten zählte zu den Hauptaufgaben der Chirurgen. Das Instrumentarium war vielfältig und zeichnete sich durch besondere Feinheit aus. Hierzu gehörten kleine Skalpelle, feine Sonden und Spritzen, Pinzette, Löffel, Augenlidzange, Augenspiegel. Bekannt ist vor allem die Operation des »Grauen Stars« durch den Starstich. M. B. R.-R.
Abb. S. 150.

XXXVI.20
Einzelblatt: Über das Legen von Verbänden, aus: Denis Diderot/Jean Le Rond D'Alembert: »Encyclopédie ...«, hier: »Recueil de Planches ...«, T. III, 1763, Pl. XXVII (Chirurgie)
Kupferstich, Papier, 34,8 x 22,5 cm
Wilhelm-Fabry-Museum, Hilden,
Inv. Nr. Mg. 0688

XXXVI.21
Rechnung eines Kölner Arztes für eine Urinschau, 1755
Papier 11,5 x 22 cm
Historisches Archiv der Stadt Köln,
Sign. Best. Jesuiten A 328, f. 690

XXXVI.22
Chirurgische Instrumente zur Behandlung von Organen und zur Durchführung von Operationen

a) Deutsch, 2. Hälfte des 18. Jahrhunderts
Stieltupfer mit Schwamm
Elfenbein, Schwamm, 11 cm
Wilhelm-Fabry-Museum, Hilden,
Inv. Nr. Mg 0511

b) Deutsch, 2. Hälfte des 18. Jahrhunderts
Steinzange
Eisen, L. 20 cm
Wilhelm-Fabry-Museum, Hilden,
Inv. Nr. Mg 0534

Die gekrümmte Form dient zur Einführung in den Harngang bei der Entfernung von Blasensteinen. M. B. R.-R.

c) Deutsch, 2. Hälfte des 18. Jahrhunderts
Steinzieher in Hakenform
Eisen und Holz, 18,5 cm
Wilhelm-Fabry-Museum, Hilden,
Inv. Nr. Mg 0535

d) Deutsch, 2. Hälfte des 18. Jahrhunderts
Steinzieher in gebogener Form (nach dem Erfinder »Episcopus« gen.)
Eisen, 16,5 cm
Wilhelm-Fabry-Museum, Hilden,
Inv. Nr. Mg 0544

e) Deutsch, 2. Hälfte des 18. Jahrhunderts
Gehörgangsonde mit Bohrer
Eisen, 4 x 5,3 x 8,3 cm
Wilhelm-Fabry-Museum, Hilden,
Inv. Nr. Mg 0539

f) Französisch, um 1800
Ohrenspritze
Zinn, L. 13 cm, B. 2,4 cm, Dm.1,8 cm
Wilhelm-Fabry-Museum, Hilden,
Inv. Nr. Mg 0496

g) Deutsch, 2. Hälfte des 18. Jahrhunderts
Trepanationsbohrer zur Schädelöffnung
Eisen, 40 cm
Wilhelm-Fabry-Museum, Hilden

XXXVI.23
Verbandschere
Metall, L. 24 cm
Kölnisches Stadtmuseum

XXXVI.24
Deutsch (Nürnberg?), nach 1760
Instrumententasche eines Arztes für Hausbesuche mit 15 Instrumenten
Leder, Metall, Holz, 10 x 18 cm (geschlossen)
Wilhelm-Fabry-Museum, Hilden,
Inv. Nr. Mg 0497

In der Barbierstube

XXXVI.25
Klistierspritze für Einläufe zur Regulierung der Darmfunktion,

XXXVI.13b

18. Jahrhundert
Silber, L. 39 cm, Dm. 5,9 cm
Sammlung Schwarzkopf im Deutschen Hygiene-Museum, Dresden, Inv. Nr. SK716

XXXVI.26
a) Deutsch, 18. Jahrhundert
Aderlaßmesser im Etui
Stahl, Messing, Leder, Etui: 5,5 x 7 cm, Messer: L. 4,5 cm
Deutsches Klingenmuseum Solingen, Inv. Nr. 1959.B.102a–c

b) **Blutschale für den Aderlaß, 18. Jahrhundert**
Messing, Dm. 28 cm, H. 9 cm
Deutsches Klingenmuseum Solingen, Inv. Nr. 1986.V.003

c) Deutsch, 18. Jahrhundert
Aderlaßschnepper mit Federzug (sog. Skarifiziermesser)
Messing, 3 x 3,5 x 3,5 cm
Wilhelm-Fabry-Museum, Hilden, Inv. Nr. Mg 0484

d) Deutsch, 19. Jahrhundert
Aderlaßgerät im Etui mit Schröpfköpfen und Messern sowie Aderlaßschnepper
Glas, Messing, Stahl, Leder, Holz, H. 6,8 cm, B. 22 cm, T. 17 cm (geschlossen)
Sammlung Schwarzkopf im Deutschen Hygiene-Museum, Dresden, Inv. Nr. SK2213

Aderlaß und Schröpfen wurden als Allheilmittel in allen Gesellschaftsschichten und auch bei Tieren angewendet. Sie dienten zur Reinigung der Körpersäfte. M. B. R.-R.

XXXVI.26d

XXXVII Apothekenwesen

XXXVII.1
Adler-Apotheke in Opladen, um 1820
Holz, Metall, Glas, Fayence
Museum Schloß Burg, Solingen

XXXVII.2
Hl. Cosmas und Hl. Damian, 18. Jahrhundert
Holzskulpturen, H. ca. 100 cm
Medizinhistorisches Institut und Museum der Universität Zürich

Die christlichen Märtyrer Cosmas und Damian galten als Schutzpatrone der Ärzte und Apotheker, deshalb waren sie besonders in den Handels- und Hansestädten wegen der dortigen Epidemiegefahren beliebt. M. B. R.-R.

XXXVII.3
Rezeptbuch des Otto Heinrich Dinkelberg, 1784
Leder, Papier, 10 x 33 x 3 cm
Kreisarchiv Viersen, Stadtarchiv Kempen, Nachlaß Dinckelberg, Nr. 14
Lit.: Hermes 1982, S. 85.

XXXVIII Alternative Medizinen

In den Apotheken und in der Selbstbehandlung auf dem Lande wurden im 18. Jh. viele natürliche pflanzliche, tierische und mineralische Stoffe verwendet. Als bewährte Hausmittel kamen sie denen zugute, die sich keinen Arzt und teure Medikamente leisten konnten. Ausgestellt sind Beispiele heimischer Pflanzen, die in Kräutergärten angepflanzt oder auf dem Feld, im Wald und auf Wiesen gesammelt werden konnten, sowie exotische Gewächse. M. B. R.-R.
Lit.: W. Schneider, *Geschichte der Pharmazie* (Wörterbuch der Pharmazie, 4), Stuttgart 1985.

XXXVIII.1
a) **Lindenblüten (Flores Tiliae)**
Glas, Bakelit, Papier, Blätter und Blüten, ca. 16,5 x 7,5 x 7,5 cm
Institut für Geschichte der Medizin der Robert-Bosch-Stiftung (Homöopathische Abt.), Stuttgart, Inv. Nr. 86 (53) [im folgenden: IGM]

Schweiß- und harntreibend, bei Epilepsie, Schwinde, Schlagfluß, Katarrhen verwendet.

b) **Holunderblüten (Flores Sambuci) und -beeren (Fructus S.), Rinde (Cortex S.)**
Glas, Bakelit, Papier, Radix Ebuli, ca. 16,5 x 7,3 cm
IGM, Stuttgart, Inv. Nr. 168 (168)

Schweiß- und harntreibend, daher gegen Wasser- und Gelbsucht, Diarrhöe geeignet und als Bestandteil von Abführtees, für Kräuterkuren und zum Gurgeln.

c) **Hirtentäschelkraut (Capsella bursa-pastoris)**
Glas, Bakelit, Papier, ca. 16,5 x 7,5 x 7,5 cm
IGM, Stuttgart, Inv. Nr. 141 (114)

Zur Blutstillung verwendet.

XXXVIII.2
a) **Flieder (Cassia Sennae), Blätter (Folia S.) und Früchte bzw. Mark (Pulpa Cassiae)**
Glas, Bakelit, Papier, Pflanze, ca. 16,5 x 7,5 x 7,5 cm
IGM, Stuttgart, Inv. Nr. 158 (71)

Abführmittel.

b) **Jalape (Radix Jalapae, »Fremde Purgierwurzel« od. Exogonium purga)**
Glas, Bakelit, Papier, ca. 16,5 x 7,5 x 7,5 cm
IGM, Stuttgart, Inv. Nr. 74 (239)

Es kam von Mexiko im 17. Jh. nach Europa (Radix Mechoacannae nigra); Abführmittel; stärkere Wirkung hat das Harz (Resina Jalapae).

c) **Chrysanthemum od. Rainfarn**
Glas, Bakelit, Papier, ca. 16,5 x 7,5 x 7,5 cm
IGM, Stuttgart, Inv. Nr. 149 (52)

Blüten (*Flores Tanaceti*), Blätter (*Folia T.*) und bis zum 17. Jh. auch Samen (*Tanacetum, C. vulgare*) verwendet; Wurmmittel und Uterinum (»Mutterkraut«).

XXXVIII.3
a) **Thymian (Thymus vulgaris)**

Glas, Bakelit, Papier, Pflanze,
ca. 16,7 x 7,3 x 7,3 cm
IGM, Stuttgart, Inv. Nr. 95 (135)

Verwendet wurde das Kraut (Herba Thymi, H. Serphylli), seltener die Samen, (Semen T.) gegen Kopf-, Brust-, Magen- und Nervenleiden, für Kräuterbäder.

b) Rauwolfia (Radix Rauwolfiae serpentinae, »Schlangenwurzel«)
Glas, Bakelit, Papier, Radix, ca. 12,3 x 5,8
IGM, Stuttgart, Inv. Nr. 127 (183)

Verwendet vor allem auf dem indischen, afrikanischen und südamerikanischen Kontinent; aus der Wurzel gewann man wichtige Drogen gegen Fieber und Schlangenbisse.

c) Guajakholz (Lignum Guajaci)
Glas, Bakelit, Papier, ca. 16,5 x 7,5 x 7,5 cm
bzw. 12,3 x 5,8 cm
IGM, Stuttgart, Inv. Nr. 99 (146)

Aus Mittelamerika von den Spaniern nach Europa gebracht; vor allem als Mittel gegen Syphilis verwendet (»Franzosenholz«); auch Rinde (Cortex G.) und Harz (Resina G.); Destillat aus dem Harz (Guajacol) später als Mittel gegen Tuberkulose und bei Husten eingesetzt. M. B. R.-R.

Wunder der Heilung

Für die Menschen in der Barockzeit war es selbstverständlich, bei sowie gegen Krankheiten und Nöte Zuflucht im Glauben zu nehmen. Selbst die Heiler hatten Schutzheilige, von denen sie Sicherheit und Hilfe für ihr Tun erhofften. Vielfältige Relikte aus dieser Zeit bezeugen diese Volksfrömmigkeit. M. B. R.-R.

XXXVIII.4
Verschiedene Votivgaben
Silber
Crescentiakloster Kaufbeuren

XXXVIII.5
a) Rheinland, 18. Jahrhundert
Anrührzettel mit der Anbetung der Heiligen Drei Könige, um 1750
Kupferstich, 18,7 x 9,4 cm
Kölnisches Stadtmuseum, Graphische Sammlung, Inv. Nr. A I 2/100

XXXVII.2

XXXVII.2

Von den Wallfahrten brachte man Erinnerungsstücke wie Gebetszettel, Medaillons und Anrührzettel (gedruckt auf Papier oder Seide) mit, so auch vom Schrein der Heiligen Drei Könige in Köln. Ihre Berührung sollte Heilwirkung über- und weitertragen. M. B. R.-R.

b) Drei Breverl, 18. Jahrhundert
Kölnisches Stadtmuseum, Inv. Nrn.
RM 1925/646, RM 1942/75,
KSM 1983/252

c) Süddeutschland, Ende des 18. Jahrhunderts
»Breverl« in zwei Stoffhüllen
Seide, Papier, Posamenten, Silberkantillen, Pailletten, Flitter, Metallperlen; Kupferstich auf Seide, 10 x 7,5 cm
Reliquiensammlung Louis Peters

(Breve, lat. = kurzer Text). Schutzreliquie gegen Krankheiten, Unglück und andere Unwägbarkeiten mit Amulett- und Medikamentencharakter. M. B. R.-R.
Lit.: Kat. *Reliquien, Verehrung und Verklärung* 1989, Kat. Nr. 441/443.

d) Köln, 18. Jahrhundert
Walpurgisöl in Glasfläschchen
Glas, Ölreste, 2,7 x 2,2 cm
Kölnisches Stadtmuseum, Inv. Nr. 1982/229

Flüssiger Niederschlag am Schrein der Hl. Walburga in Eichstätt, Heilwirkung gegen Augenleiden und für Wöchnerinnen. M. B. R.-R.

e) Neidfeige, 18. Jahrhundert
Deutsches Historisches Museum, Berlin,
Inv. Nr. AK 93/6672

Amulett, das an Halsbändern und Rosenkränzen getragen wurde und die Fruchtbarkeit fördern sollte. S. B.

XXXVIII.6
Südtirol, 2. Hälfte des 18. Jahrhunderts
Reliquienbild mit Agnus Dei (Wettersegen)
Holzrahmen, gefaßt, Karton, Agnus Dei, Krüll, Seide, Spiegel, Glassteine, Perlen, Bouillonspitze, 20,5 x 2,3 cm
Reliquiensammlung Louis Peters

Wettersegen sind wie die »Breverl« Schutzreliquien, die Feld und Flur gegen Naturkatastrophen und Tiere vor Viehseuchen bewahren sollten.
M. B. R.-R.
Lit.: Kat. *Reliquien, Verehrung und Verklärung* 1989, Kat. Nr. 444.

XXXVIII.7
Bayern, Mitte des 18. Jahrhunderts
Wettersegen
Holzrahmen, Glas, Papier, Samt, Drahtarbeit (Silberborte, Pailletten, Gold- u. Silberlahn), Seide, Wachs,
26,5 x 3,3 cm
Reliquiensammlung Louis Peters
Lit.: Kat. *Reliquien, Verehrung und Verklärung* 1989, Kat. Nr. 445.

Schloß Falkenlust

Schloß Falkenlust, eine der intimsten Bauschöpfungen des frühen Rokoko in Deutschland, diente der fürstlichsten aller Arten zu jagen: der Beiz- oder Falkenjagd. Kurfürst Clemens August betrieb sie mit Leidenschaft. Das flache Land zwischen Brühl und Wesseling bot für dieses Vergnügen ideale Bedingungen. Im Mittelpunkt des Jagdgeschehens stand der Kampf der abgetragenen Falken mit fliegenden Reihern. Wollten sie ihre Nahrungsgründe im Altrheingebiet bei Wesseling erreichen, so mußten sie die Ebene um Falkenlust überqueren, wo sie durch die Falken, die Clemens August und seine Helfer hatten aufsteigen lassen, zu Boden gezwungen wurden. Die Falkner folgten den in den Lüften miteinander kämpfenden Vögeln zu Pferde, um sie rasch zu trennen, wenn sie niedergegangen waren. Vom Belvedere des Schlosses Falkenlust aus beobachteten die Damen und Herren des Hofes gespannt den Ausgang des Kampfes zwischen Jagd- und Beutevögeln.

Für den Bau des Schlosses gab es praktische Erwägungen. Unterzubringen war der Falkenhof mit den Jagdvögeln, die ständig von erfahrenen Falknern gepflegt werden mußten. Für etwa 20 Pferde waren Ställe zu schaffen. Schließlich bedurfte es eines Gebäudes als Schauplatz für den gesellschaftlichen Rahmen um die Falkenjagd. François de Cuvilliés entwarf die Pläne. Die örtliche Bauleitung übernahm Michael Leveilly. 1729 legte Clemens August den Grundstein. Spätestens 1731 wurde mit der künstlerischen Raumausstattung begonnen, und schon in den ersten Maitagen 1733 konnte der Kurfürst im Schloß ein Diner geben.

Neben der Funktion als Refugium der Jagdgesellschaft diente Falkenlust als Ort für politische Geheimverhandlungen, denn dank der umgitterten Höfe vor den Hauptfronten des Schlosses war die Anlage gut zu bewachen. Gelegentlich bat Clemens August Favoritinnen zu intimen Soupers in das Lusthaus.

Falkenlust blieb in seiner künstlerischen Substanz im wesentlichen so erhalten, wie es im 18. Jahrhundert konzipiert und ausgeführt worden ist. Dies ist nicht zuletzt der Familie Giesler zu verdanken, die das Schloß ab 1832 fast 130 Jahre lang bewohnte. 1960 ging Falkenlust einschließlich seines Waldgeländes und einiger weiterer Liegenschaften in den Besitz des Landes Nordrhein-Westfalen über. Nach umfangreicher Restaurierung wurde das Schloß zu ausschließlich musealer Nutzung bestimmt. Eine neuerliche Restaurierung wird vorbereitet.

Schon die Lage des Schlosses ist wohlüberlegt. Cuvilliés errichtete es am Ostrand des Falkenlustbusches, so daß ein möglichst rasches Ausreiten ins Jagdgelände möglich war. Vom Brühler Schloßpark führt eine Allee auf Schloß Falkenlust zu. Vor dem zweigeschossigen Hauptgebäude begrenzen zwei eingeschossige, rechtwinklige Nebengebäude mit hochummauerten Wirtschaftshöfen den Eingangshof. In der Gesamtanlage heben sie das Haus des Kurfürsten hervor und rücken es – von der Allee aus betrachtet – in hoheitsvolle Distanz. Auch farblich waren die Baulichkeiten differenziert: die Nebengebäude sind in zartem Ocker gehalten, das Hauptgebäude in Weiß mit zartgrauen Rahmen- und Gliederungselementen.

Falkenlust vertritt einen in Frankreich entwickelten Gebäudetypus in knappster, reinster Form: die »maison de plaisance«. Sie ist streng vom Grundriß her zu definieren; ›Klarheit‹ und ›Bequemlichkeit‹ sind ihre Prinzipien. Obwohl der intime Charakter des Gebäudes im Grundriß zum Ausdruck kommen mußte, gelang es Cuvilliés doch, den Haupträumen eine gewisse Großzügigkeit zu geben. W. H.

Literatur: A. Beckers, Die kurkölnische Falknerei unter Clemens August, in: Zehnder/Schäfke, *Der Riss im Himmel 3*, 1999, S. 247ff.; Hansmann/Knopp 1997; W. Hansmann/W. Joliet, Die Bildfliesen im Treppenhaus von Schloß Falkenlust zu Brühl, *Jahrbuch der Rheinischen Denkmalpflege*, 37, 1996, S. 77ff.; W. Hansmann, »Falkenjagd vor Schloß Falkenlust«. Ein neuentdecktes Gemälde François Rousseaus, *Jahrbuch der Rheinischen Denkmalpflege*, 38, 1999, S. 31ff.

Schloß Falkenlust, Treppenhaus

Joseph Vivien, Bildnis des Clemens August, Schloß Falkenlust, Brühl

Rundgang durch das Innere und durch die Nebengebäude

Vestibül des Erdgeschosses
Auf Postamenten in Ecknischen stehen lebensgroße Statuen von Nymphen als Falknerinnen und Satyrn als Beschützer der Reiher nach Modellen von Johann Franz van Helmont. Die Stuckdecke von Castelli und Carlo Pietro Morsegno (1732) trägt das Wappen Clemens Augusts. Auf dem Deckenrand begegnen fliegende Reiher und Falken in Stuck.

Unterer Salon
Er war der Versammlungsort der Falkner zur Beizjagd. Die Wände sind in Felder aus Rotterdamer Fliesen mit bayerischen Rauten, Monogrammen des Clemens August, Medaillons mit Falken- und Reiherszenen sowie Régenceornamenten gegliedert. In die Wände sind Ganz- und Halbfigurenporträts von Falknern in der bei Hofe für die Beizjagd vorgeschriebenen blausilbernen Uniform eingelassen. Die großen Wandbilder stellen Mitglieder der Familie Wittelsbach dar: Auf den Eckbildern links über dem Kamin erscheinen Kurfürst Clemens August und ein Vertrauter, wohl Ignazius von Roll, und rechts Herzog Ferdinand Maria von Bayern, der Bruder des Kurfürsten, auf den großen Bildern der Langseiten dessen Söhne: an der Nordwand Herzog Clemens Franz (geb. 1722), an der Südwand Herzog Maximilian Maria Josef (geb. 1720). Auf den Supraporten sind auf der Nordseite der Freiherr von Freiberg, auf der Südseite der General Rechberg dargestellt. Die Stuckdecke, die ganz auf die Falkenjagd bezogen ist, gestaltete Castelli (1731). Die Deckenrosette ist von einem Rahmenfeld mit aufgemalten bayerischen Rauten umgeben. Letztere wirken mit den Rauten der Wandfliesen zusammen und stimmen das Raumbild vollends »wittelsbachisch«.

Speisezimmer
Der Raum, für eine Tafelgesellschaft von etwa 20 Personen gedacht, ist holzverkleidet. Die vermutlich von Johann Adolf Biarelle ca. 1745 bemalten Boiserien sind im Grundton ockergelb, darauf erscheint eine üppige Rocailledekoration in Blau, die Kartuschen mit braun in braun gemalten Landschaftsszenen und Früchtestilleben umschließt. Große, jetzt erneuerte Spiegel in den rundbogig geschlossenen Wandfeldern lösen die Raumgrenzen auf. Die Farbigkeit der Boiserien kehrt in der Kehle der Stuckdecke von Castelli und Carlo Pietro Morsegno (1733) wieder. Sie zeigt, der Bestimmung des Raumes entsprechend, Tafelaufsätze mit Früchten, die teils von Reihern präsentiert werden, und Gehänge mit totem Geflügel. Zur wandfesten Ausstattung gehören auch ein Ganzfigurenporträt des bayerischen Kurfürsten Karl Albrecht (späterer Kaiser Karl VII.) über dem Marmorkamin und ein Halbfigurenporträt des Barons von Nagel über der Türe. Beide präsentieren sich als Falkenjäger.

Schlafzimmer
Außer der neuvergoldeten und gefaßten Stuckdecke sowie einem Marmorkamin hat der Raum, der als Unterkunft für einen hochgestellten Jagdgast diente, keine ursprüngliche Ausstattung mehr. Die Decke, von Castelli und Carlo Pietro Morsegno stuckiert (1733), zeigt in den Ecken Szenen aus dem Leben von Falken und Reihern, mit denen sich Putten beschäftigen. In der Deckenrosette erscheinen zwei fliegende Putten mit einem Falken.

Lackkabinett
Der Betrachter soll sich in die exotische Welt Ostasiens versetzt fühlen. In die weiß-graue Holzvertäfelung sind – eingefaßt von vergoldeten Schnitzrahmen – »indianische« Lackmalereien teilweise europäischer Provenienz eingelassen; farbige, überwiegend in Gold gemalte Chinoiserien auf schwarzem Grund. Als wichtigstes Ausstattungsstück ist das künstlerisch spontanste Porträt Clemens Augusts von Joseph Vivien zu erwähnen. Den reich vergoldeten Deckendekor stuckierte Giuseppe Artario (1733). Auf den Konsölchen des Schnitzwerks und auf dem Kamin standen ursprünglich Figuren und Tiere, insbesondere Vögel, aus Meissner Porzellan, die heute teilweise durch Neuankäufe ersetzt sind.

Garderobe des Erdgeschosses
Die ursprüngliche Ausstattung ist nicht erhalten. An der Nordwand eine neuerworbene Ledertapete mit Golddekor auf hellblauem Grund (um 1745). Noch vorhanden ist die Nische der Toilette.

Treppenhaus
Die Treppe führt in das noch reicher gestaltete Privatappartement des Kurfürsten in der Beletage. Hierhin zog sich Clemens August zu privaten Vergnügungen oder mit einem Kreis von Vertrauten zurück. Einzigartig ist die Wanddekoration des Treppenhauses mit weiß-blauen Fliesen, die vom Boden bis unter die Deckenkehle reichen: Grundmotiv der Flächengliederung ist ein geometrisches Netz mit den Rauten des bayerischen Wappens. Dieses Rautennetz schließt zwei sich ständig wiederholende Gruppen von Bildfliesen ein: einmal die Teilnehmer an der Jagd (Falkoniere zu Pferde, Damen als Zuschauer, Gehilfen der Falkner), zum anderen Falken und Reiher (Reiher an ihrem Horst, an den Fischgründen, im Kampf mit Falken, Falken mit Hauben auf der Stange). Unter Treppenlauf und Podest erscheinen die gleichen Motive gemalt. Die Fliesen, mehr als 10 000 Stück, stammen wie die im unteren Salon aus der Rotterdamer Werkstatt De Bloempot von Jan Aelmis sen. Den Deckenstuck mit Wappen und Initialen des Kurfürsten schufen Castelli und Carlo Pietro Morsegno (1732). Die Deckenmalerei in blauer Grisaille – Falkenjagdszenen vor Landschaftsgründen in einer Rahmendekoration – führte Stephan Laurenz de la Rocque aus (1736). Er entwickelte auch den Entwurf

für die Decke und die Motivvorlagen für die Fliesenmaler.

Vestibül des Obergeschosses
In den Ecknischen stellen Putten (nach Modellen von Johann Franz van Helmont, 1733ff.) die vier Elemente dar. Über den Türen modellierte Giuseppe Artario Stuckreliefs eines Flußgottes und zweier Flußgottheiten, über den Nischen Ornamentfelder aus Stuck mit Satyr- und Nymphenköpfen (1733). Das Deckengemälde – Aurora und die Jagdgöttin Diana als Personifikationen von Morgen und Abend – wird Stephan Laurenz de la Rocque zugeschrieben.

Oberer Salon
Die Längswände sind durch zwei profilgerahmte und ornamentierte Felder in rundbogigen Arkaden mit Scheitelrosetten gegliedert. Die mittleren Zwickel der Längswände zeigen Initial- und Wappenkartuschen des Kurfürsten, die von Putten präsentiert werden. An der Deckenkehle, deren Stukkaturen wie die übrigen des Salons von Carlo Pietro Morsegno (1731/32) stammen, weisen Jagdstilleben, Medaillons mit dem Kopf der Jagdgöttin Diana und Falken auf die Funktion des Schlosses hin.

Cabinet chinois pour le café
Dieses Kabinett diente dem Kurfürsten für den Genuß von Kaffee und Tee, damals sündhaft teuren Luxusgetränken. Erhalten blieben Kaminaufbau und Stuckdecke von Castelli und Carlo Pietro Morsegno (1733). Als Kaminbild dient das Porträt des Kardinals Johann Theodor von Lüttich als Falkenjäger, einem Bruder von Clemens August. Die ursprüngliche Wandbespannung – weiße Seide mit lebensgroß gemalten, ausgeschnittenen und applizierten Chinesen – ist verlorengegangen.

Schlafzimmer des Kurfürsten
Erhalten sind nur der Marmorkamin und die jetzt neu vergoldete und gefaßte Stuckdecke von Castelli und Carlo Pietro Morsegno (1731). Auf die Stunde zwischen Nacht und Tag, in der sich ein Falkner bereits seinen Vögeln widmen muß, wenn die Jagd mit ihnen gelingen soll, spielt die Deckenrosette an. Dargestellt ist die Personifikation der Nacht mit Fledermausflügeln und sternbesetztem Mantel. In den Eckmotiven erscheinen gute und nachlässige Falkner unter Zelten bei ihren Jagdvögeln: Stand man vor dem Bett des Kurfürsten, so erblickte man darüber die guten Falkner; Clemens August wollte als der gute Falkner angesehen werden. Er selbst hatte von seinem Lager aus die nachlässigen Falkner als abschreckende Beispiele vor Augen.

Spiegelkabinett
Neben dem Lackkabinett des Erdgeschosses ist das Spiegelkabinett das Prunkstück der Raumausstattung von Falkenlust. In die blaugefaßte Boiserie sind allseitig Spiegel eingelassen (jetzt erneuert), die von reichem vergoldeten Schnitzwerk eingefaßt werden. Auf dem Marmorkamin und auf den Konsolen der Schnitzrahmen stehen wieder – wie zu Clemens Augusts Zeiten – Figuren und Gefäße aus Porzellan chinesischer Herkunft. Der vergoldete Deckenstuck von Giuseppe Artario (1732) zeigt als Eckmotive Götterbüsten (Mars, Athene, Merkur mit den Porträtzügen des Kurfürsten). Im Zentrum der Deckenrosette erscheint der Kopf des Clemens August als sonnenumstrahlter Apollo.

Garderobe des Obergeschosses
Ursprünglich mit »Tapeten von blaw und weißen Zitz [Chintz]« versehen, ist der Raum heute mit einer Wachstuchtapete von etwa 1730/40 ausgestattet: Blaugrüne Régenceornamente auf schwarzem Grund umspielen Landschaftsszenen, Vögel, Blumen und Früchte.

Die Nebengebäude
Die Gebäude enthielten Pferdeställe, Unterkünfte für Falken und Falkner, Verwalterwohnung, Küchenräume, Zuckerbäckerei und Backkammer. Im nördlichen Nebengebäude ist eine ständige Ausstellung über die Jagd und Falknerei eingerichtet.

Die Muschelkapelle im Park
Der Rohbau war 1733 vollendet. 1740 wurde die Kapelle der heiligen Einsiedlerin Maria Aegyptiaca geweiht. Die Kapelle in der Art einer Eremitengrotte ist ein achtseitiger, weiß und grau gefaßter und mit Grottenwerk geschmückter Zentralbau mit kleiner Sakristei und Mansarddach. Das Äußere gliedern Lisenen. Die skulptierten Kartuschen über der Tür und den Fenstern sind Arbeiten Johann Franz van Helmonts und seiner Bildhauergesellen (1736). Das Innere stattete Peter Laporterie völlig mit Grottenwerk aus. Bei der Restaurierung bis 1979 wurde die Dekoration der 1952 eingestürzten und erneuerten Kuppel rekonstruiert.

François Rousseau, Falkenjagd vor Schloß Falkenlust, Schloß Augustusburg, Brühl

Georges Desmarées, Bildnis des Kölner Kurfürsten Clemens August, um 1746. StadtMuseum Bonn

I Der Kurfürst und sein Bonner Hof

Als der Kölner Kurfürst Ferdinand Bonn im ausgehenden 16. Jahrhundert zu seiner Haupt- und Residenzstadt machte, wurde die Stadt auch zum Sitz der kurkölnischen Zentralbehörden, die sich seit Beginn von Ferdinands Regierungszeit (1595 bzw. 1612–1650) deutlich vom fürstlichen Haushalt zu differenzieren begonnen hatten: Zum Hofrat, der für die innere Verwaltung sowie Polizei und Justizwesen zuständig war, und der Hofkammer als oberster kurkölnischer Finanzbehörde kam im ersten Drittel des 17. Jahrhunderts als dritte Behörde der Geheime Rat mit der Geheimen Kanzlei hinzu, zuständig für die wichtigsten Angelegenheiten des Staates und die auswärtige Politik. Die Behörden hatten ihren Sitz im kurfürstlichen Schloß, das Bonner Kapuzinerkloster war Versammlungsort der kurkölnischen Landstände. Der fürstliche Haushalt bildete einen eigenständigen administrativen Bereich, den Hofstaat, der mit Erlaß der »Hoff-Staabs-Austheilung« von 1717 in sieben Stäbe gegliedert wurde. Den Stäben stand der Obristlandhofmeister vor, der allerdings zeitweilig – u. a. im Falle Plettenbergs (s. Kat. Nr. I.6) – mit dem Leiter des ersten Stabes, dem Obristhofmeister, identisch war. Ihm unterstanden u. a. die Hofgeistlichkeit, das Burgamt, die Jägerei, das Bauamt und auch die Hofkünstler und Hofmusiker, während dem zweiten Stab des Obristkämmerers die Bedienung des Kurfürsten und damit auch die Kontrolle über die diensttuenden adeligen Kämmerer oblag. Zum Stab des Obristkanzlers gehörten die fünf Ratskollegien. Vierter Stab war der des Obristhofmarschalls, zu dessen Aufgabenbereich auch die Fürsorge über die Hofküche und die Aufsicht über die Silberkammer gehörten. Der fünfte Stab, dem u. a. die Betreuung und Ausbildung der am Hofe lebenden Edelknaben oblagen, wurde vom Obriststallmeister geführt, die zwei letzten Stäbe betrafen die Regimenter der kurfürstlichen Leibgarde. Da im Residenzschloß außer dem Kurfürsten nur der diensthabende Kammerherr, ein Kammerdiener, die am Hof erzogenen Edelknaben, Teile der Leibgarde, der Burggraf als Verwalter und ein paar subalterne Beamte übernachten durften, ließen sich die kurfürstlichen Beamten mit ihren Familien in der Stadt nieder und bildeten bald die nach den Gewerbetreibenden zahlenmäßig größte Gruppe unter den Einwohnern Bonns.

Unter Clemens August waren die obersten Hofämter überwiegend von Mitgliedern der erzstiftischen Stände besetzt und wurden häufig innerhalb einer Familie vererbt (vgl. u. a. Kat. Nr. I.11). Damit war aber keineswegs eine Domestizierung des landständischen Adels zugunsten eines fürstlichen Absolutismus verbunden, sondern vielmehr die Durchsetzung ständischer Interessen. Darum war Clemens August auch nicht daran gelegen, zusätzlich weitere Angehörige des landständischen Adels an den Hof zu ziehen, weshalb die Hofgesellschaft, deren personeller Umfang sich nach dem Anlaß des Festes richtete, mehrheitlich nicht der erzstiftischen Nobilität angehörte. Durch die Hofaufwartungsinstruktionen (s. Kat. Nr. I.3) war geregelt, wer bei Hof erscheinen durfte.

Der kurkölnische Hof hatte »letztlich die Funktion [...], fehlende politische Bedeutung durch die Inszenierung einer um den fürstlichen Mittelpunkt aufgebauten höfischen Scheinwelt zu kompensieren. Der Hof mit seinen Festen, Jagden und anderen kunstvoll arrangierten Zerstreuungen diente dem Amusement, der Reputation, der auf Überschätzung ausgehenden Selbstbespiegelung des Fürsten ...«[1] Dazu gehörten auch die Bautätigkeit und die prunkvolle Ausstattung der Schlösser. Angesichts der unter Clemens August angehäuften Schulden wurden die Fest- und Galatage unter seinen Nachfolgern stark reduziert, die Bautätigkeit wurde beinahe eingestellt. Der letzte Kölner Kurfürst, Maximilian Franz von Österreich, fühlte sich darüber hinaus aus eigenem Staatsverständnis inneren Reformen verpflichtet und gab mit dem Umzug in das Mastiaux'sche Haus in der Fischergasse auch die fürstlichen Privatgemächer im Schloß auf. Obwohl die gewerbetreibende Bevölkerung der Residenzstadt von dem Luxusbedürfnis des Hofes nur mittelbar profitierte, weil ein großer Teil der Lieferungen über die jüdischen Hoffaktoren abgewickelt wurde, kam insbesondere der von italienischen Einwanderern bestimmte Kaufmannsstand durch die Versorgung der reichen Adelshöfe und Beamtenhaushalte zu großem Wohlstand, was angesichts des hohen Anteils der Hofbediensteten – 1761 waren es laut Hofkalender 865 Personen – an der Stadtbevölkerung nicht verwundern kann. I. B.

[1] Janssen 1997, S. 225.

I.1
Bernard Vogel nach Johann Georg Berckmüller
Huldigung an Clemens August, 1722
Schabkunstblatt, Augsburg 1722
(Chronogrammdatierung)
27,8 x 38,5 cm
StadtMuseum Bonn

Huldigungsblatt an Clemens August als Fürstbischof von Münster und Paderborn im Jahre der Ernennung zum Koadjutor im Erzstift Köln. Das Bildnis Clemens Augusts erscheint als Medaillon in der Strahlensonne unter den Tierkreiszeichen. Darunter die Allegorien der Bistümer Münster und Paderborn mit Wappenschilden und Bischofsinsignien. Im Vordergrund Abundantia und Ceres als Allegorien der Prosperität, die auf die Weltkugel mit der Karte der Bistümer weisen. Am rechten Bildrand fliehen böse Mächte vor Blitz und Strahlensonne. G. K.

I.2
Anonym, um 1746
Bildnis des Kurfürsten Clemens August als Hochmeister des Deutschen Ordens
Miniatur auf Elfenbein hinter Glas in einem reich geschnitzten vergoldeten Rahmen
Bild: 9,5 x 7 cm; Rahmen: ca. 21,7 x 12,8 cm
Auf der Rückseite handschriftlicher Vermerk: »Coll. Disch. 62 Mark Aufgeld«
StadtMuseum Bonn

I.1

Die Miniatur, die ein Halbfigurenporträt von Clemens August mit leicht nach rechts gedrehtem Kopf zeigt, hat eine signifikante Ähnlichkeit mit dem Ganzkörperbildnis des Kurfürsten als Deutschordensmeister in Schloß Augustusburg von der Hand Georges Desmarées'. Das Gesicht des Kurfürsten ist fein gezeichnet, der Blick lebhaft, und die dunklen Schatten in der unteren Gesichtshälfte und auf der Oberlippe kennzeichnen den Fürsten als Dunkelhaarigen mit starkem Bartwuchs, wie er auch in der Beschreibung des Grafen Lynar wiedergegeben wird, der Clemens August bei einem Empfang im August 1731 am Bonner Hof kennengelernt hat: *»Der Kurfürst war 31 Jahre alt, lang und schmächtig von Person, hatte auch ein langes, hageres Gesicht, eine gekrümmte Nase, einen schwarzen Bart und sein Mund stand etwas offen.«* (Zit. nach A. F. Büsching, *Beyträge zu der Lebensgeschichte denkwürdiger Personen …*, 5 Bde., Halle 1783–1788, Bd. 4, S. 201f.). I. B.

I.3
»Newe Hoff-Aufwartungs-Instruction Gedruckt zu Bonn. Im Jahre 1701«
154 Seiten (paginiert), S. 1–4 fehlen
Stadtarchiv und Stadthistorische Bibliothek Bonn, Sign. Ie 121

Diese noch von Kurfürst Joseph Clemens vor seiner Flucht ins französische Exil veranlaßte Ordnung, deren handschriftliche Entwürfe erhalten geblieben sind (HSTAD Kurköln II 50 II), erfuhr am 7. November 1717 – zwei Jahre nach seiner Rückkehr nach Bonn – eine neue Fassung. Diese Instruktion, die festlegte, wer sich in welchen Räumen des Bonner Schlosses einfinden durfte, um dem Kurfürsten aufzuwarten, wurde in den Hofkalendern von 1719 bis 1724 regelmäßig abgedruckt. Der vorliegenden Instruktion von 1701 ist als Anhang noch ein Dekret beigegeben, das bestimmt, wer bei Ausfahrten mit *»der höchsten Persohn fahren und folgen solle«*. I. B.
Lit.: Winterling 1986, S. 222ff.

I.4
Ballordnung Maximilian Friedrichs von 1776 anläßlich des Besuchs »Sr. Hochfürstl. Durchlaucht des Herrn Prinz-Statthaltern Nassau-Oranien« am 1. Juli 1776 in Bonn
Historisches Archiv der Stadt Köln, Kurköln II 373

Zu den Ballräumen hatten ausschließlich Maskierte Zutritt, wobei außer dem Gefolge des Kurfürsten und dem Bedienungspersonal niemandem gestattet war, die Maske abzunehmen. Schon die regelmäßigen Tanzvergnügen unter Clemens August, die zu seiner Regierungszeit im Winter jede Woche und in der Karnevalssaison täglich unter Beteiligung auch des gehobenen Bürgertums im Theatersaal der 1777 durch Brand stark zerstörten Residenz stattgefunden haben, waren fast immer Maskenbälle, wie sie uns bildlich durch die zwei »Bönnschen Ballstücke« des Bonner Hofmalers Rousseau und schriftlich in den Memoiren Casanovas überliefert sind, dessen Anwesenheit am Bonner Hof durch französische Gesandschaftsberichte belegt ist (vgl. Henseler 1961, S. 98). Spätestens seit 1756 war zu den Bällen und Maskeraden am Hof *»ein jeglicher in Domino zugelassen«* (HSTAD Kurköln II, 168, Bl. 18). Das Maskengebot erlaubte einen zwanglosen Umgang, ohne die üblichen, sonst durch das Hofzeremoniell festgelegten Rangunterschiede beachten zu müssen. I. B.
Lit.: Winterling 1986, S. 141f. bzw. S. 231 (Abdruck der Ballordnung).

I.5
François Rousseau
Maskenball im Bonner Hoftheater, 1754
Öl auf Leinwand, 105,5 x 145 cm
Kölnisches Stadtmuseum (Dauerleihgabe im StadtMuseum Bonn)

Eine von zwei (von ursprünglich vier) erhaltenen Darstellungen, die der Bonner Hofmaler François Rousseau (um 1717–1804) – im Hofkalender von 1759 als *»Peter* [!] *Rousseau«* aufgeführt –, Sohn eines vermutlich unter Kurfürst Joseph Clemens im Gefolge des Architekten Robert de Cotte an den Bonner Hof gekommenen Bildhauers, 1754 von einem Maskenball im erst wenige Jahre vorher fertiggestellten Hoftheater angefertigt hat. Bei den beiden noch vorhandenen Gemälden, die heute allgemein als »Bönnsche Ballstücke« bezeichnet werden, handelt es sich nicht nur um die einzigen überlieferten Bildzeugnisse des prachtvoll in sattem Blaugrün und

mit goldenen Ornamenten dekorierten Theatersaals, dessen Zuschauerraum sich – zur Veranstaltung der Bälle und Redouten – auf das Niveau der um eineinhalb Meter höheren Bühne anheben ließ, sondern – abgesehen von einem Stich der 1777 ausgebrannten alten Hofkapelle – um die einzigen erhaltenen Darstellungen eines Innenraums der kurfürstlichen Residenz überhaupt, ferner auch um die einzigen überlieferten Bildquellen mit Darstellungen der kurfürstlichen Hofkapelle (vgl. S. 168). In der linken Loge des Zuschauerraums des Theaters steht Clemens August – unmaskiert – im polnischen Kostüm zwischen einem ebenfalls unmaskierten Kavalier und einer Dame mit Gesichtsmaske.
In gleicher Kostümierung finden wir den Kurfürsten auch auf dem Brühler Bild, auf dem umgekehrt der Blick aus dem Zuschauerraum auf die Bühne wiedergegeben ist. Hier steht Clemens August in der ersten Reihe, vor ihm ein kleines, ihm ergeben den Kopf zuwendendes Hündchen, das ein blaues Seidenbändchen mit den Initialen CA um den Hals trägt. I. B.

Lit.: C. Felgner, Die ›Bönnschen Ballstücke‹ ..., *WRJb*, LX, 1999, S. 197ff.
Vgl. Abbn. auf S. 66 und S. 168 (Detail).

I.6
Johann Jakob Haid nach Martin van Meytens d. J.
Bildnis des Ferdinand Graf von Plettenberg
Lichtdruck von einem Schabkunstblatt
Bez. u. l.: »Martin de Meitens pinxit«;
bez. u. r.: »Johan Jac. Haid. Exc. A.V.«
22 x 14,5 cm
Stadtarchiv und Stadthistorische Bibliothek Bonn, Graphische Sammlung

Ferdinand Graf von Plettenberg (1690–1737), der aus einer der ältesten und bedeutendsten westfälischen Adelsfamilien stammte, wurde 1724 in den Grafenstand erhoben und im gleichen Jahr zum Obristkämmerer am kurfürstlichen Hof ernannt. Infolge seines Verdienstes, Clemens August in die Stellung des Koadjutors seines zunächst widerstrebenden Onkels und Kölner Kurfürsten Joseph Clemens gebracht und damit dem Hause Wittelsbach den Kölner Kurhut bewahrt zu haben, wurde er zur politisch einflußreichsten Persönlichkeit am Hofe von Clemens August, der ihn

I.8

1731 zu seinem Obristhofmeister und damit gleichzeitig zum Ersten Minister machte. Seine herausragende Stellung und sein bestimmender Einfluß, mit dem er »den Kurfürsten in der kaiserlichen Front« hielt (Braubach, *Kurkölnische Miniaturen*, 1954, S. 115), blieb unangefochten, bis 1733 Johann Baptist Freiherr von Roll, der als Deutschordensminister erst seit kurzem am Bonner Hof weilte, sich in dieser Zeit aber bereits die besondere Gunst des Kurfürsten erwarb, in einem Duell vom Baron von Bevernförde, einem Verwandten Plettenbergs, getötet wurde. Obwohl sein Obristhofmeister nachweislich nicht in die Auseinandersetzung verstrickt war, weil er sich zur Zeit des Duells, das am 5. Mai 1733 in Brühl ausgetragen wurde, in Bonn aufgehalten hatte, fiel er bei Clemens August in Ungnade. Einflüsterungen der zahlreichen Gegner Plettenbergs am Hofe und unter den Gesandten verstärkten beim tief getroffenen Kurfürsten die Überzeugung, daß sein Minister dem Komtur von Roll feindlich gesonnen gewesen war und an seinem Tod Mitschuld trug. Im September 1733 erreichte Ferdinand Graf von Plettenberg in seinem Schloß Nordkirchen ein Handschreiben von Clemens August, das ihn aller Ämter entsetzte. Beschlagnahmt wurde auch das Plettenbergische Palais in Bonn, der spätere »Clemenshof« bzw. Boeselagerhof, dem Ferdinand die aus den Ansichten des 18. und 19. Jh. bekannte Gestalt verliehen hatte. I. B.

I.9

Lit.: M. Leifeld, Macht und Ohnmacht der Kölner Kurfürsten um 1700, in: Zehnder/Schäfke, *Der Riss im Himmel 2*, 1999, S.63ff., S. 73f., S. 86ff.

I.7
Bonn, 3. Viertel des 18. Jahrhunderts
Bildnis des Karl Ferdinand Graf von Hatzfeld
Savonnerie, 105 x 85 cm
Privatbesitz

Karl Ferdinand Graf von Hatzfeld (1712–1766), Herr zu Wildenburg, Schönstein und Merten etc., bekleidete seit 1758 die Stelle eines Obristhofmarschalls am kurkölnischen Hofe, dem die Truchsesse, das Hofküchenamt, das Hofkelleramt und die Silberkammer unterstanden. Zur Zeit von Clemens August waren die altüberlieferten Amtstitel allerdings meist Ehrentitel, die äußerlich den Rang des Inhabers dokumentierten. Die reale politische Bedeutung speiste sich aus dem eigenen finanziellen Reichtum und den Verbindungen zum Kurfürsten bzw. dem regierenden Minister. Der weitverzweigten Familie Hatzfeld gelang vor allem in kaiserlich Habsburgischen Diensten ein bemerkenswerter Aufstieg, der sich nicht auf das Rheinland beschränkte, sondern in Schlesien seinen Schwerpunkt hatte. Dieser von Karl Ferdinands Sohn Franz Ludwig begründete Zweig wurde schließlich in den Fürstenstand aufgenommen.
Auch in Bonn besaß der Graf von Hatz-

I.13

feld, der auch zum Geheimen Rat des Kurfürsten gehörte und »*Groß-Kreutz-Träger* [...] *des Hoch-Adlichen Ritter-Ordens St. Michaelis*« (zit. nach Eintrag im Hofkalender von 1759) gewesen ist, ein Stadtpalais, das aber im 19. Jh. abgerissen wurde. Durch die erst in den letzten Jahren geglückte Wiederauffindung verloren geglaubter Akten in Schlesien kann zumindest ein Eindruck von seiner ehemaligen Ausstattung gewonnen werden. Entwürfe für Wanddekorationen und schmiedeeiserne Treppengeländer haben sich erhalten. Vermutlich gehörte das Savonnerie-Porträt einst zu der Ausstattung des Palais. Die von Kurfürst Joseph Clemens begründete Bonner Savonneriemanufaktur nahe dem Alten Zoll hat neben den großen Ausstattungsstücken für den Hof u. a. auch eine größere Anzahl von Porträts hergestellt, von denen aber nur wenige erhalten geblieben sind (vgl. unten, S. 180). Bis auf eine schwärzlich-braune Verfärbung im Bereich des Himmels ist das Bildnis des Grafen Hatzfeld noch in einem guten Zustand, auch die Farben haben kaum gelitten. Zum Rahmen gehörte oben ursprünglich noch eine große Wappenkartusche (zerstört). M. v. d. B.

Abb. S. 176.

I.8

Anonym, um 1750

Bildnis des Freiherrn von Anstel

Öl auf Leinwand, 82 x 63 cm

StadtMuseum Bonn, Inv. Nr. SMB 1991/363

Das rückseitig als Bildnis des »Freiherrn von Angstel« bezeichnete Bild stellt vermutlich Ernst Freiherr von Siegenhoven gen. Anstel dar, der seit Herbst 1754 als neuer Günstling des Kurfürsten von der Hofgesellschaft wahrgenommen wurde. Er war Clemens August offenbar insbesondere als Jagdgefährte unentbehrlich, seit er ihn zu vielen Aufenthalten auf Schloß Herzogsfreude mitgenommen hatte. Vom kaiserlichen Residenten Hermann Werner von Bossart wird Ernst von Siegenhoven als unbedeutender Mensch von schlechten Manieren und ohne politischen Ehrgeiz geschildert, dem die Zuneigung des Fürsten eher lästig war. Als der Freiherr von Anstel kurz nach seiner Ernennung zum kurfürstlichen Kammerherrn und Oberamtmann von Zülpich am 6. Juni 1755 unter ungeklärten Umständen plötzlich verstarb, glaubte der Kurfürst an eine Vergiftung. Wie schon beim Tod eines früheren Günstlings, des Komturs von Roll, der 1733 im Duell gefallen war, woraufhin die politische Karriere Graf von Plettenbergs am kurkölnischen Hof eines jähes Ende gefunden hatte, sah Clemens August auch dieses Mal die einflußreichsten Männer an seinem Hofe darin verstrickt. Folge war der Sturz von Hermann Werner Freiherr von der Asseburg, seit 1751 Obristhofmeister und Erster Minister, und des Obristkämmerers August Wilhelm Freiherr Wolff Metternich. I. B.

Lit.: M. Braubach, Österreichische Diplomatie am Hofe des Kurfürsten Clemens August von Köln 1740–1756, in: *AHVN*, 114, 1929, S. 124f.; Winterling 1986, S. 116f. u. Anm. 182.

I.9

Anonym, um 1750

Bildnis der Freifrau von Anstel

Öl auf Leinwand, 83 x 64 cm

StadtMuseum Bonn, Inv. Nr. SMB 1991/G 374

Porträt von Georgine Dorothea Freifrau von Siegenhoven gen. von Anstel. Die Gemahlin des Ernst Freiherr von Siegenhoven, eine geborene Scheifart von Merode, überlebte, von Clemens August mit einer jährlichen Pension bedacht (s. Kat. Nr. I.10), ihren Mann um einige Jahre und starb am 3. Dezember 1761. Der einzige Sohn des Paares, Karl, wurde 1765 auf der Jagd erschossen. I. B.

Lit.: E. v. Oidtman, Ein Freund des Kurfürsten Clemens August von Köln, *AHVN*, 126, 1935, S. 158f.

I.10

Dekret von Kurfürst Clemens August für die verwitwete Freifrau von Anstel, 12. Juni 1755

Gesiegelt und mit den Unterschriften von Clemens August und Obristkämmerer Wolff Metternich

StadtMuseum Bonn

Nur wenige Tage nach dem plötzlichen Hinscheiden seines Kammerherrn und besonderen Günstlings Ernst Freiherr von Siegenhoven gen. von Anstel bewilligte der tief betroffene Kurfürst der Witwe eine jährliche Pension in Höhe von 600 Gulden. I. B.

I.11

Zwei Kammerherrenschlüssel, 1. Hälfte des 18. Jahrhunderts

Mit Monogramm des Kölner Kurfürsten Joseph Clemens bzw. von Clemens August

Bronze/Messing, feuervergoldet

L. 14,5 cm bzw. 13,6 cm

StadtMuseum Bonn,

Inv. Nr. SMB 1991/KG 493 und KG 315 a

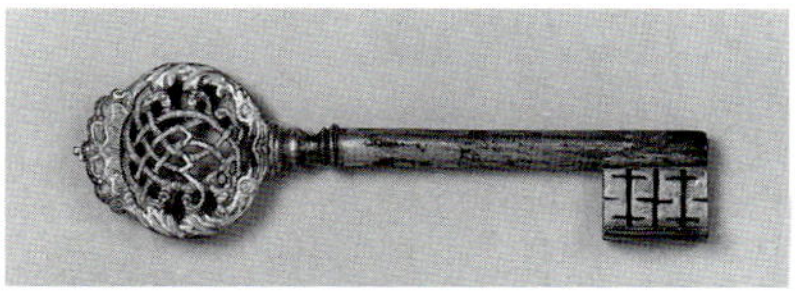

I.11

Das Amt des Kammerherrn ist mittelalterlichen Ursprungs. Es war eines der wichtigsten Hofämter und wurde an hohe Adelige verliehen. Im 18. Jh. ist die ehemalige Bedeutung – Beaufsichtigung der Schatzkammer – kaum noch erkennbar. Zur Zeit von Clemens August wurde der Titel Kammerherr an sehr viele Personen vergeben und verschaffte dem jeweiligen Inhaber Zugang zur engeren Umgebung des Kurfürsten und somit Einflußmöglichkeiten. Die Ernennung des Freiherrn von Anstel zum kurfürstlichen Kammerherrn im Jahr 1755 z. B. war ein spezieller Gunstbeweis von Clemens August für seinen Jagdfreund. Kennzeichen dieser Kammerherren war ein goldener Schlüssel, der wie ein Orden mit Schnur und Quaste an der Kleidung befestigt wurde. Zum realen Auf- und Zuschließen von Schlössern war er nicht gedacht und geeignet, da er aus weicher Bronze oder Messing bestand und mit einer empfindlichen Vergoldung versehen war. Die aufwendige barocke Hofhaltung erforderte eine Trennung von tatsächlich ausgeübten Hofdiensten und bloßen Ehrenämtern. Die Kammerherren waren dem Obristkämmerer zugeordnet, einem der vier höchsten Ämter am Hof des Kölner Kurfürsten. 1760 gab es 285 adelige Kammerherren, von denen die meisten nur den Titel trugen, ohne eine Funktion auszuüben. 111 übten regelmäßig oder zeitweilig das Ehrenamt aus: Sie nahmen am Hofleben in der Nähe des Fürsten teil, leisteten ihm Gesellschaft, übernahmen wichtige Botengänge oder empfingen und betreuten fremde Gesandte. Sie überreichten Empfehlungsschreiben und Bittschriften oder begleiteten Standespersonen zu Audienzen beim Kurfürsten. M. v. d. B.

Lit.: S. Canz, Schlosserkunst, in: *Bayerisches Nationalmuseum. Bildführer 3*, München 1976, S. 32f.; S. Wittwer, Kammerherrenschlüssel im Historischen Museum Basel, *Weltkunst*, H. 12, 15.6.1997, S. 1266ff.

I.12

»Chur-Cölnischer Hof-Kalender für 1759 – Verfaßt vom Kurfürstlichen Rat, Kammerfourier und Burggrafen der kurfürstlichen Residenz zu Bonn Johann Philipp N. M Vogel, gedruckt beim kurfürstlichen Hofbuchdrucker Ferdinand Rommerskirchen, Bonn 1759«

Titelseite mit Frontispiz (Kupferstich mit Büste von Kurfürst Clemens August)
15,6 x 10,2 cm, Lederrücken
Stadtarchiv und Stadthistorische Bibliothek Bonn

Nach dem Kalendarium mit allen wichtigen Festen und Ereignissen am Hofe wird der gesamte Hofstaat vom Obristlandhofmeister – 1759 bekleidete diese Stelle Franz Christoph Anton Graf zu Hohenzollern, Erbkämmerer des Hl. Röm. Reiches, Präsident des kurfürstlichen Kriegsrates etc. – bis zum *»Zimmerputzer in der Churf. Residenz* [*und dem*] *Cammer-Laquay zu Poppelsdorff«* namentlich aufgeführt. Im Nachwort weist der Verfasser auf die Bedeutung des minutiösen Verzeichnisses aller Würdenträger und Beamten zur Vermeidung von Rechts- und Rangstreitigkeiten hin. Zu den ›Beamten‹ zählen natürlich auch die Hofmusiker und Hofkünstler.
Die Intendanz der *»Churfürstl. Cabinets-Capellen- und Hof-Musique«* war 1759 vakant, unter den *»Vokalisten«* sind Ludwig van Beethoven, der aus Flandern eingewanderte Großvater des Komponisten, und sein Sohn Johann zu finden. Unter den Violinisten werden Johann Ries, gleichzeitig *»Hof-Paucker«*, und Joseph Touchemoulin aufgeführt. Als Hofmaler werden 1759 die *»Herren Georg Demarees, Churf.Rath/ N. N. Schild, Wildprett-Mahler/ N. Metz, Früchten-Mahler/ Peter Schmitz/ Wencesl. Roost/ Peter Rousseau/ Joan Manskirch«* genannt, als Hofbuchdrucker der Herausgeber des Hofkalenders *»Herr Ferdinand Rommerskirchen zu Bonn«*. Hofgärtner zu Bonn und Poppelsdorf war *»Joan Cunibert Lenne«*. Die kurfürstliche Savonneriemanufaktur und ihr Leiter Cloos bleiben 1759 unerwähnt. Leiter des Hofbauamtes, Oberbaukommissar und Hofkammerpräsident war Caspar Anton Freiherr von Belderbusch, der ehedem als Edelknabe an den Hof von Clemens August gekommen war. Die Stelle des Oberbaumeisters bekleidete *»Herr Franz Cuvilie, Churfürstl. Truchseß und Rath«*, als Baumeister werden die kurfürstlichen Räte Michael Leveilly (*»Leveille«*) und Heinrich Roth, sowie Stephan Dupuis genannt. I. B.

I.13

Anonym, um 1760

Bildnis eines kurkölnischen Hofbeamten

Öl auf Leinwand, 52 x 41 cm
StadtMuseum Bonn

Möglicherweise handelt es sich um einen Angehörigen der Familie von Weichs im Kostüm der »Deutschen Jagd«. Die Freiherren von Weichs von Rösberg, ein ehemals bayerisches Adelsgeschlecht, das mit den Wittelsbachern an den Rhein gekommen war, gehörten zur landständischen rheinischen Ritterschaft und besetzten seit dem 18. Jh. am kurkölnischen Hof erblich die Stelle des Obristjägermeisters. Zur Zeit von Clemens August war das Ferdinand Joseph Freiherr von Weichs zu Rösberg, der auch die Amtmannstelle in Bonn bekleidete. I. B.

Lit.: Kat. *Kurfürst Clemens August* 1961, S. 184, Kat. Nr. 149; R. Hocker/W. Wessel, Die Jagd in Kurköln zur Zeit von Clemens August, in: Zehnder/Schäfke, *Der Riss im Himmel 3*, 1999, S. 226ff., S. 228f.

I.14

Anonym. Mitte des 18. Jahrhunderts

Bildnis eines Unbekannten in Hoftracht und Perücke

Öl auf Leinwand, 84 x 61 cm
StadtMuseum Bonn

I.15

J. Georg Bergmüller/Johann Jakob Haid nach einem Gemälde von Georges Desmarées

Bildnis des Hofmalers Johann Adam Schöpf, um 1750

Schabkunstblatt, 41 x 27,6 cm
Bez. l. u.: »J. Georg Bergmüller invenit«;
r. u.: »J. Jacob Haid scul. et. exc. A.V.«
Stadtarchiv und Stadthistorische Bibliothek Bonn, Graphische Sammlung

Von Johann Adam Schöpf (1702–1772), seit ca. 1750 kurkölnischer Hofmaler, stammen bzw. stammten in Bonn u. a. die Deckenfresken der Heiligen Stiege und des Gardensaals über der Eingangshalle des Bonner Residenzschlosses. Im Hofkalender von 1759 ist er nicht mehr unter den Hofmalern aufgeführt. I. B.

I.16

Johann Jacob Haid nach Georges Desmarées

Selbstbildnis des Malers Georges Desmarées, um 1750

Schabkunstblatt, 42,3 x 29,7 cm

I.15

Bez. u. r.: »J. Jac. Haid sculps. Et excud. Aug. Vind.; untertitelt: GEORGIUS DE MAREES SVECUS. Reverendissimi Serenissimi Principis Clementis Augusti Electoris Coloniensis etc: etc: etc: Consiliarius et Respective ejusdem aulae pictor hanc sui effigiem Virtuosissima manu ipse pinxit.«
Stadtarchiv und Stadthistorische Bibliothek Bonn, Graphische Sammlung

Desmarées (1697–1776), schon seit 1730 Hofmaler in München, seit den vierziger Jahren auch Hofmaler und kurfürstlicher Rat am kurkölnischen Hof in Bonn, schuf im Auftrage von Clemens August zahlreiche glanzvolle Bildnisse des Kurfürsten und dessen Wittelsbacher Verwandten. I. B.

I.17
Johann Martin Metz
Stilleben mit Weintrauben und Melone, 1773
Öl auf Leinwand, 78 x 58 cm
Bez. M. u.: »J. M. Metz pinx. 1773«
StadtMuseum Bonn

Ein kunstvoll arrangiertes Bukett aus schon stark aufgeblühten Blumen, deren Leuchtkraft sich effektvoll vom dunklen Hintergrund abhebt, einem einzelnen Zweig mit zwei gefüllten weiß-rosa getönten Rosen davor und einem Melonenstück mit blauen Trauben zeigt die Meisterschaft des kurkölnischen Hofmalers Johann Martin Metz, die ihn zu einem gefragten und vielfach beschäftigten Künstler werden ließ.
Metz, 1717 in Bonn geboren, seit den vierziger Jahren im Dienst von Clemens August, wird zum ersten Mal 1759 im Kurkölnischen Hofkalender als Hofmaler geführt, benannt als »*Früchten-Mahler*«. Metz war allerdings weitaus vielseitiger, wie auch seine private Lehrtätigkeit in Köln von 1761 bis 1781 beweist, wo er Unterricht in »Figuren, Landschaften, Blumen und Früchten, auch Bordieren und Sticken« (vgl. Dreczko 1978, S. 26ff.) gegeben hat. Die dem Künstler von Clemens August entgegengebrachte Wertschätzung beweisen die vielen an ihn ergangenen Aufträge, u. a. für die Dekoration des Buen Retiro im Bonner Residenzschloß, für die er seit 1753 erhebliche Zahlungen erhielt. Einfallsreichtum und Hingabe ans Detail zeichneten auch seine vielen Entwürfe für die kurfürstliche Savonneriemanufaktur aus. Von ihm stammten nicht nur die Vorlagen für die vielen Blumenbilder aus der Manufaktur, sondern auch diejenigen für die heute noch im Neuen Schloß in Baden-Baden erhaltenen Wandbehänge, die ursprünglich für Schloß Augustusburg bestimmt gewesen sind. (Vgl. Kap. III.) Das Werk des Bonner Hofmalers ist Thema einer Bonner Magisterarbeit von Monika Schwingeler, die kurz vor dem Abschluß steht. I. B.

I.22

I.18
Johann Martin Metz
Stilleben mit Blumen und einer Silberbüste, 1782
Öl auf Leinwand, 67 x 86,5 cm
Sign. u. dat. unten Mitte:
»J:M:Metz pinx./ 1782«
Privatbesitz

Auf einer bildparallelen, zurückspringenden Steinbalustrade steht eine dekorierte weibliche Silberbüste, umgeben u. a. von Blumen, Muscheln, einer Kanne, einem Pokal, Spezereien und einem jungen Vogel. Der Blick geht in eine Parklandschaft. Das Thema greift Stilleben früherer Epochen auf. Die hier gezeigte, dramatisch beleuchtete Darstellung ist von barocker Fülle und der Stilistik des Rokoko angepaßt. Althergebrachte Würdeformeln, wie z. B. die gebauschte Draperie, werden übernommen. Die stillebenhaft angeordneten Gegenstände versinnbildlichen Reichtum und Luxus. Einzelne Blumen sind mehr als Symbole, denn als rein botanische Darstellungen zu verstehen. Wenn auch die einzelnen Gegenstände als Bedeutungsträger ihre Funktion weitgehend eingebüßt haben, so bleibt dennoch über das Abbildhafte und Dekorative hinaus der Sinnbildcharakter bestehen.

I.19
Art des Johann Martin Metz, um 1760
Stilleben mit Hase und Hund
Öl auf Leinwand, 146 x 183 cm
StadtMuseum Bonn

I.20
Art des Johann Martin Metz, um 1760
Stilleben mit Truthahn und Hund
Öl auf Leinwand, 146 x 183 cm
StadtMuseum Bonn

I.21
Maria Joseph Clement Kaukol
»Christlicher Seelen-Schatz Außerlesener Gebetter«. Gebetbuch für Kurfürst Clemens August, 1729
Rotes Maroquin mit vergoldeter Rückenprägung
Oktavformat auf handgeschöftem Bütten; zwei Blätter pro Lage, unpaginiert, gestochen.
»Geben in der Churfürstl. Residenz Statt Bonn den 17. August 1729«
Schloß Augustusburg, Brühl

Das Gebetbuch für Clemens August zählt zu den schönsten und bekanntesten Schreibmeisterwerken des 18. Jh.s und ist nicht nur ein kalligraphisches Meisterstück, sondern auch eine vorzügliche Leistung des Kupferdrucks. Schöpfer des Buches war der kurkölnische Hofkammerrat und Kabinettsekretär Maria Joseph Clement Kaukol. Er widmete es seinem Dienstherrn, dem Kurfürsten Clemens August, der am 17. August 1729 das Imprimatur erteilte. Das Werk, das nur in kleinster Auflage erschien, war vornehmlich für den kurkölnischen Hof bestimmt. Der *Christliche Seelen-Schatz* gehört in die Kategorie barocker Gebetsliteratur zur Pflege der persönlichen Frömmigkeit. Während des Gottesdienstes boten die in deutscher Sprache verfaßten Gebetbücher eine Möglichkeit, nicht völlig passiv zu sein. Der besondere Reiz des

Werkes liegt in der Verbindung von Bild und Schrift: Die vorangestellten Vignetten machen »anschaulich«, was in den Texten ausgesprochen wird. G. K.

I.22
Meissen, Nachformung nach 1973
Modell von J. J. Kaendler,
Mai/Juli 1741
Jagdpokal für Kurfürst Clemens August
StadtMuseum Bonn, Inv. Nr. SMB 1991/95

Der Pokal, dessen lang verschollenen geglaubte Originalausformung in Brühl zu sehen sein wird (vgl. Kat. XXIVb.27, S. 111) war ein Geschenk der westfälischen Landstände an den Kurfürsten. Gegen Falkenlust als ursprünglichen Aufstellungsort des Jagdpokals (vgl. u. a. B. Beaucamp-Markowski, *Europäisches Porzellan*, Köln 1980, S. 190f., Kat.-Nr. 134) spricht der Reisebericht des Lübecker Pastors Heinrich von der Hude aus dem Jahre 1755, der den Jagdpokal mit *»verschiedene[n], zum Theil große[n] und kostbare[n] Gruppen von Meißner Porzellain, die mehrentheils wirkliche Thatsachen vorstellten«*, in Schloß Clemensruhe zu Poppelsdorf gesehen hat, und ihn als ein *»in natürlichen Farben vortrefflich gehaltenes Stück«* beschreibt. I. B.

I.23
Dresdner Hütte (?), um 1740
Glaspokal mit Porträt von Kurfürst Clemens August in einer Kartusche
Kristallglas, geschliffen
H. 17,7 cm, Dm. des Kelches oben: 8 cm
StadtMuseum Bonn

Bei dem Glaspokal mit dem Porträt des Kölner Kurfürsten handelt es sich um ein sog. Gesundheitsglas, mit dem man auch auf höfischen Festen auf das Wohl anwesender wie abwesender Personen trank. Da der Pokal dabei häufig von Hand zu Hand ging, wurde diese (unhygienische) Sitte gelegentlich auch als »ungesundes Gesundtrinken« kritisiert. Die Höfe bestellten die Gläser bei den Glashütten in großer Anzahl, wobei die Pokale häufig mit den Porträts oder Wappen der Auftraggeber dekoriert wurden. Neben dem tatsächlichen Gebrauch waren die schön gestalteten Gläser auch Sammelobjekte. I. B.

Lit.: W. Holzhausen, Gesundheitsgläser, in: Kat. *Kurfürst Clemens August* 1961, S. 318.

I.18

I.24
Dresdner Hütte (?), um 1740
Glaspokal
Kristallglas, geschliffen
H. 18 cm, Dm. des Kelches oben: 7,7 cm
StadtMuseum Bonn

Die facettierte Kuppa des sog. Gesundheitsglases ist mit dem vom Kurhut bekrönten Wappen Clemens Augusts verziert. Dem Wappenschild ist das Ritterkreuz des Deutschen Ordens unterlegt.

I.25
»Liste d'une Partie des Diamans ...«
»Liste d'une Partie des Horloges ...«
»Liste d'une Partie de Peintures ...«
»... à intention de vendre publiquement à Bonn le Lundi 14 May 1764 & jours suivans«
Stadtarchiv und Stadthistorische Bibliothek Bonn

Es handelt sich um drei der verschiedenen gedruckten Auktionsverzeichnisse, die – mit Abweichungen – auf der Grundlage der unmittelbar nach dem Tod von Kurfürst Clemens August zur exakten Nachlaßbestimmung angefertigten Schloßinventare erstellt worden sind. Clemens August selbst hatte testamentarisch bestimmt, daß sein Nachlaß zur Deckung seiner immensen Schuldenlast zu versteigern sei. Wegen des Einspruchs seiner Wittelsbacher Verwandten mußten die Auktionen 1761 nach den Verkäufen des lebenden Inventars – u. a. der Jagdhunde und Reitpferde – und eines Teils der Juwelen gestoppt werden. Sie konnten erst 1764 wieder aufgenommen werden.
Wie die Verkaufsprotokolle bis 1768 zeigen, wurde bei den Verkäufen weit weniger erzielt, als man aufgrund der bei der Inventarisierung vorgenommenen Schätzungen erhoffen durfte. Einiges ging ›bargeldlos‹ an die Gläubiger, die auf diese Weise ihre Schuldscheine einlösten. Neben dem kurkölnischen Hoffaktor Simon Baruch, der bei den Versteigerungen auch Möbel für den neuen Kurfürsten erwarb, waren das vor allem die großen Frankfurter Bankiers, bei denen Clemens August vermutlich schon seit der Kaiserkrönung seines Bruders im Jahre 1742 »stark in der Kreide saß« (Renard 1927, S. 90). Geleitet wurden die Verkaufsauktionen vom Wirklichen Hofkammerrat Johann Baptist Broggia, Sohn des italienischen Einwanderers und späteren Bonner Ratsherrn Nikolaus Broggia, und vom Geheimrat von Kempis, wobei Broggia als Bevollmächtigter nicht wenige Gegenstände für den neuen Kurfürst Maximilian Friedrich ›zurückerwarb‹. I. B.

Kat. Nr. I.5, S. 162

II A Musik am kurfürstlichen Hof zu Bonn

Mit dem Entschluß der ersten Wittelsbacher auf dem Kölner Erzstuhl, Bonn um 1600 zur Haupt- und Residenzstadt ihres Kurfürstentums zu machen, war auch die feste Etablierung einer Hofkapelle verbunden. Deren Pflege und Aufbau ließen sich Ferdinand und sein Nachfolger Maximilian Heinrich einiges kosten, wobei die bevorzugte Einstellung italienischer und niederländischer Musiker den Einfluß des Münchner Hofes verraten bzw. der Tatsache Rechnung tragen, daß fast alle Kölner Kurfürsten aus dem Hause Wittelsbach auch Bischöfe von Lüttich waren. Doch erst Kurfürst Joseph Clemens – Sohn einer italienischen Mutter und jüngerer Bruder des Türkensiegers Kurfürst Maximilian Emanuel von Bayern –, der 1688 zum Kölner Erzbischof gewählt wurde und 1692 die Herrschaft im Kurfürstentum Köln antrat, formte ungeachtet der Beschwernisse seiner von 1702 bis 1715 im Exil verbrachten Regierungsjahre die »Hofkapelle schließlich zu dem leistungsfähigen Instrument kurfürstlicher Musikpflege [...], das die glanzvolle Bonner Musikgeschichte des ganzen 18. Jahrhunderts trug«[1]. Joseph Clemens hat gegen Ende seiner Regierungszeit noch eine Hofmusikordnung für seine Hofkapelle erlassen, die zu diesem Zeitpunkt 38 Musiker umfaßte, zu denen aus dem Personal der übrigen Hofangestellten »noch 15 Trompeter, Pauker und Hoboisten zugezogen werden konnten«[2]. Die Aufgaben der Hofmusiker beschränkten sich nicht nur auf musikalische Darbietungen im Schloß und in der Hofkirche, sondern betrafen alle Gelegenheiten, bei denen der Auftritt des Kurfürsten und des Hofstaats ihre Mitwirkung erforderte. Dazu gehörte auch die Begleitung des Kurfürsten auf Reisen. Gemäß der Hofmusikverordnung von 1719 gab es drei Verantwortungsbereiche: Kirchliche Musik, Weltliche Vokalmusik, Weltliche Instrumentalmusik. In das Repertoire, das traditionsgemäß Kirchenmusik und instrumentale Unterhaltung umfaßte, war vermutlich schon unter Maximilian Heinrich die höfische Oper miteinbezogen worden, die seit den Tagen von Kurfürst Joseph Clemens, der selbst als Komponist dilettierte und auch Opern geschrieben hat, größte Aufmerksamkeit genoß. Nicht weit vom Standort des unter seinem Neffen und Nachfolger Clemens August unter dem Akademiesaal zwischen Großer Galerie und Michaelstor errichteten späteren kurfürstlichen Theaters hatte Joseph Clemens nach seiner Rückkehr aus dem Exil einen »notdürftigen Behelfsbau« errichten lassen[3], der Schauplatz eines regen Theaterlebens mit Gastspielen fremder Opernkompagnien und Aufführungen unter Mitwirkung seiner Hofkapelle wurde. Groß war auch die Neigung des Kurfürsten, selbst als Akteur aufzutreten, wie u. a. durch einen Gesandtenbericht nach Paris belegt ist, der von einer schweren Unpäßlichkeit kündet, die sich der Fürst »bei Einübung von Opern und Komödien zugezogen habe«[4]. 1719 nahm Clemens August bei seinem ersten Bonner Besuch an der Aufführung der Oper *Esther* teil. Komponist dieser Oper, die von einem allegorischen Vorspiel zum Ruhme des Wittelsbachischen Hauses und dem Schlußchor »Viva il Clemente« eingerahmt wurde (siehe Kat. Nr. II.2), war Girolamo Donnini, der mindestens seit diesem Jahr die Stelle als Konzertmeister am Bonner Hof bekleidete. Vermutlich ebenfalls von Donnini, der 1751 in Bonn gestorben ist, stammt die Festkantate *Chi sarà che del Reno*, die 1722 anläßlich des Bonn-Aufenthaltes von Clemens August als neugewähltem Koadjutor seines im Jahr darauf verstorbenen Onkels zur Aufführung kam und im Inventar von 1784 als *Il ritorno in Bonna* verzeichnet ist (s. Kat. Nr. II.3). Clemens August, der am 15. Mai 1724 als neuer Kurfürst feierlich in seiner Residenzstadt Bonn Einzug hielt, mußte also »im Bereich der Hofmusik keine sonderlichen Aufbauleistungen vollbringen oder tiefgreifende Veränderungen vornehmen«, um der wichtigen Rolle der Bonner Hofmusik »im Rahmen der barocken Prachtentfaltung am Bonner Hof«[5] gerecht zu werden. Obwohl Clemens August, der im Gegensatz zu seinem Onkel selbst ein Instrument – die Viola da Gamba – spielte, nach zeitgenössischen Berichten den Komödien und Tragödien von Molière und Voltaire größeres Interesse als Konzerten und Opern entgegenbrachte, gehörten diese dennoch zum festen Bestandteil der üblichen Hofveranstaltungen, ob nun als Gastspiele oder Aufführungen der eigenen Hofmusik. Letztere wird von einem Besucher des musikalischen Schauspiels *Artaxerxes* von Metastasio, das in der Vertonung des kurfürstlichen Vizekapellmeisters Francesco Zoppi im Juli 1748 anläßlich des Poppelsdorfer Kirchweihfestes aufgeführt wurde (s. Kat. Nr. II.6), als »unvergleichlich« gerühmt.[6] Die männliche Titelrolle sang der 1714 in Gelsdorf nahe Ahrweiler geborene Sänger und Bonner Hofmusiker Anton Raaff, der nach seiner Bonner Zeit (1736–1749) zu einem der berühmtesten Tenöre des Jahrhunderts avancieren sollte.

Neben den zwei italienischen Sängerinnen Giovanna della Stella und Rosa Costa, die Clemens August von 1745 bis 1749 bei hohem Gehalt als »Churfürstl. Cammervirtuosinnen« engagierte, wirkte als Angehöriger der kurkölnischen Hofkapelle bei der *Artaxerxes*-Aufführung von 1748 auch Ludwig van Beethoven d. Ä. mit, der seit 1733 als Sänger in kurfürstlichen Diensten stand. Wie Raaff hatte auch der 1712 in Mecheln geborene Beethoven als Gesangssolist zu dem auserwählten kleinen Kreis von Bonner Hofmusikern gehört, die Clemens August 1741/42 zur Kaiserkrönung seines Bruders nach Frankfurt begleitet hatten. Beethoven, der auch seinen 1740 geborenen Sohn Johann als Sänger in der kurfürstlichen Kapelle unterbrachte, hatte sich noch zu Lebzeiten von Clemens August Hoffnungen auf die Kapellmeisterstelle gemacht, als Zudoli im März 1760 gestorben war, doch wurde ihm der seit 1753 als Konzertmeister fungierende Geiger und Komponist Joseph Touchemoulin vorgezogen. Die Stelle als Kapellmeister errang Beethoven erst 1761 unter Maximilian Friedrich, als Touchemoulin wegen des stark gekürzten Jahresgehalts den Bonner Hof verließ. Ein junger Kollege, der im Hofkalender von 1759 ebenso wie Johann Ries – Vater von Franz bzw. Großvater des Beethoven-Schülers und Freundes Ferdinand Ries – unter den »Violinisten« erscheint, war der 1745 in Bonn geborene Johann Peter Salomon, der nach seinem Ausscheiden aus dem kurfürstlichen Dienst 1762 in London als berühmter Geigenvirtuose, Konzertdirigent und Musikagent Karriere machte. Als Organisator der beiden Englandreisen von Joseph Haydn hatte er als Reiseaufenthalt auch den Besuch am Bonner Hof Weihnachten 1790 eingeplant, wo der berühmte Gast mit der Aufführung einer Haydn-Messe durch Salomons Freund Luchesi geehrt und den Bonner Musikern vorgestellt wurde, zu denen auch der seit 1784 als Hofmusiker besoldete, 1770 in Bonn geborene Ludwig van Beethoven (d. J.) gehörte, der Enkel des damals schon lange verstorbenen ehemaligen kurfürstlichen Kapellmeisters.

Obwohl der Tod des von hohen Schulden belasteten Clemens August 1761 einen tiefen Einschnitt bedeutete, war das musikalische Leben am Hofe kaum betroffen. Stark eingeschränkt wurden in den Anfangsjahren von Maximilian Friedrich nur die Veranstaltungen von Theateraufführungen, Maskenbällen und anderen Festen, deren Häufigkeit und Prachtentfaltung zur Zeit von Clemens August auch manchen Gesandten am Bonner Hof in den Ruin zu treiben drohten. »An seiner Hofkapelle ließ selbst ein dem höfischen Leben so abgeneigter Herrscher wie der [letzte] Kölner Kurfürst Maximilian Franz keine Abstriche machen«[7]. Der junge Habsburger, der selbst mehrere Streichinstrumente spielte, übernahm bei Amtsantritt den schon unter Maximilian Friedrich 1774 als Nachfolger Ludwig van Beethoven d. Ä. zum Hofkapellmeister eingesetzten und mit einer Bonnerin verheirateten italienischen Komponisten Andrea Luchesi (1741–1801), der sich ausschließlich der Kirchenmusik gewidmet hat, für die auch der junge Beethoven als Bratschist und Organist fast zehn Jahre lang tätig gewesen ist. Mit der Einsetzung des Cellisten und Komponisten Joseph Reicha zum Konzertdirektor war die Förderung des ›deutschen Stils‹ verbunden. So kamen in den letzten Jahren des Bonner Hofes – bis 1794 – viele Mozart-Opern zur Aufführung, und auch die Wiener Sinfonie wurde gepflegt. Während sich aber die höfische Kultur des 18. Jahrhunderts »in Bauten, Bildern und luxuriösen Interieurs [...] dauerhaft ›materialisiert‹ [hat], [...] wäre ohne die Tatsache, daß Ludwig van Beethoven in seinen jungen Jahren Mitglied der Bonner Hofkapelle gewesen ist, [...] diese Manifestation höfischen Lebens am Rhein längst der Vergessenheit anheimgefallen«[8]. Einen schwachen Widerschein der ehemals glanzvollen Feste am Bonner Hof vermitteln die zwei erhaltenen »Bönnschen Ballstücke« des Hofmalers François Rousseau, die einen Maskenball im Bonner Theater zeigen. Die beiden Gemälde von 1754 sind die einzigen Bildquellen für die kurfürstliche Hofkapelle. Vor den Musikern steht der Ballmeister Jakob Dauber mit der Notenrolle, dem es – gemäß der Verfügung vom 14. Januar 1759 – als einzigem zukam, »den Musikanten zuzumuten, welche Tänze gespielt werden sollen«[9]. I. B.

[1] Valder-Knechtges 1989, S. 458.
[2] Henseler 1961, S. 92.
[3] Ebd., S. 95.
[4] Braubach 1949, S. 456f.
[5] Valder-Knechtges 1989, S. 473f.
[6] Vgl. Braubach 1954, S. 283.
[7] Janssen 1997, S. 244.
[8] Ebd.
[9] Henseler 1961, S. 98.

II B »Viel Fürsten halten ein Musica« Musikensembles fürstlicher Hofhaltungen

»*Viel Fürsten halten ein Musica*«, schrieb Fürst Karl Eusebius von Liechtenstein (1611–1684) in den Instruktionen für seinen einzigen überlebenden Sohn Johann Adam Andreas, »*zu welcher Wir dir weder rathen noch mißrathen wollen, eher aber mißrathen, denn es seind nur Leut so gar viel kosten, wann sie gut seind,* [...] *wann du aber völlig aus deinen Schulden wärest, und die Zeit gar gut, kein Krieg und ander Ungelegenheiten, so kuntest eine halten, von ein zwölf Personen aufs meiste, welche aber gar excellent sein müßten in denen Stimmen und Instrumenten,* [...].«

Seit der Renaissance haben die geistlichen und weltlichen Fürsten in ihren Hofhaltungen den Kaiserhof deutlich nachgeahmt, etwas später andere Adelige, soweit nur möglich, das Vorbild fürstlicher Höfe. Musik und Musikpflege haben bei dieser Nachahmung bzw. Übernahme eine wesentliche Rolle gespielt. Die Entwicklung, der Fürst Karl Eusebius von Liechtenstein in seinen Instruktionen noch etwas ambivalent gegenüberstand, war um 1700 abgeschlossen: Jede fürstliche Hofhaltung hatte ein feststehendes Musikensemble für profane und meist auch kirchliche zeremonielle sowie rituelle Aufgaben, aber auch – neu und entscheidend – als Ausdruck des Lebensstils. Andere Hofhaltungen versuchten, es den fürstlichen gleich zu machen. Auch an der Residenz des Kölner Erzbischofs in Bonn begann die Hofkapelle, die seit dem 16. Jahrhundert belegt werden kann, am Ende des 17. Jahrhunderts merklich aufzublühen, um gegen die Mitte des 18. Jahrhunderts einen Höhepunkt zu erreichen, auf dem sie sich fast bis zur Auflösung des Kurstaates im Jahre 1794 halten konnte.

Das Arbeitsmaterial und Werkzeug dieser Hofkapellen waren die Noten und die Instrumente. Ersteres ist aus der Zeit von Clemens August teilweise erhalten, das Instrumentarium seiner Hofkapelle ist (wie jenes fast aller anderen Hofkapellen der Mitte und zweiten Hälfte des 18. Jahrhunderts) nach ihrer Auflösung zerstreut worden und verloren. Es ist verlockend, im Rahmen einer solchen Ausstellung vorzuführen, wie es ausgesehen haben mag.

Aus verschiedenen Gründen – nicht zuletzt waren auch die unterschiedlichen Stimmtonhöhen dafür ausschlaggebend – spielten Musiker im Dienst immer auf den jeweils dort zur Verfügung gestellten Instrumenten und nicht auf eigenen. Gute Musiker setzten gute Instrumente voraus. Das waren aber nicht Prachtinstrumente, wie sie manchmal in fürstlichen Kunst- und Wunderkammern überliefert sind – also vornehmlich das Auge befriedigen sollten –, sondern im besten Sinn funktionelle Instrumente, die zur bestmöglichen Erfüllung der Aufgaben der Musiker dienten.

Sie waren Werkzeug – und nicht Wertgegenstand – und wurden in den vielfältigen Diensten der Hofkapellen entsprechend strapaziert, nicht zuletzt bei den ständigen Transporten zu und von den verschiedenen Auftrittsorten der Hofkapellen. Selten genug sind alle Finanzunterlagen einer Hofkapelle überliefert. Wo dies aber der Fall ist, staunt man über die laufenden Reparaturarbeiten an Streichinstrumenten und die beschriebenen Beschädigungen. Bemerkenswert ist aber auch, wie rasch Holzblasinstrumente in der Mitte und zweiten Hälfte des 18. Jahrhunderts ersetzt wurden, weil diese Instrumententypen von den Instrumentenbauern relativ rasch weiterentwickelt wurden und sich damit erweiterte Spielmöglichkeiten ergaben. Solche innovativen Neuerungen gab es hingegen bei Blechblasinstrumenten nicht, weshalb bei diesen ältere Instrumente länger im Einsatz bleiben konnten. Das galt auch für Streichinstrumente, die jedoch leichter beschädigt, deshalb öfter repariert und schließlich auch ersetzt werden mußten. Wo wir genaue Unterlagen über das Instrumentarium einer Hofkapelle aus diesem hier behandelten Zeitraum besitzen, sind die Blechblasinstrumente (und Pauken) immer die ältesten, die Holzblasinstrumente die jüngsten und die Streichinstrumente ein ›mixtum compositum‹ von älteren und neueren Exemplaren. Die Tasteninstrumente waren in der Regel Inventar (ob nun der Kirche oder des Schlosses) und nicht im engeren Sinn Bestand der Kapelle.

Dieser Instrumentenbestand der Kapellen ist nach deren Auflösung funktionslos geworden. Das Notenmaterial, das immer relativ rasch erneuert wurde, weil nur neueste Musik interessant und etwas ältere schon unaktuell war, wurde entweder verbrannt bzw. makuliert oder blieb unbeachtet liegen. Das Instrumentarium der Kapellen konnte noch einer Verwendung zugeführt werden, hatte aber am Ort keine Aufgabe mehr, war also mit der Funktionslosigkeit auch nutz- und wertlos geworden. Damit nahm es seine eigenen Wege zu anderen musikalischen Tätigkeiten. Es ist heute praktisch unmöglich, die verschiedenen Stationen solcher Instrumente zu verfolgen. Alte Besitzvermerke lassen manchmal den Ort der ursprünglichen Benutzung erkennen oder erahnen, manchmal geben spätere Besitzvermerke eine Station auf dem Überlieferungsweg bekannt, manchmal lassen aber auch Benutzungsspuren oder Veränderungen an den Instrumenten erkennen, daß sie laufend (oder nicht) in Verwendung standen, auch, ob sie eine pflegliche Behandlung erfahren haben oder das im täglichen Einsatz abgenutzte Werkzeug von Musikanten waren.

Für all das wollen die hier zusammengestellten Instrumente beispielhaft stehen. Die ausgewählten Instrumentengattungen entsprechen jenen Besetzungsmöglichkeiten, die aus den erhaltenen Notenmaterialien der Kapelle von Clemens August erkennbar sind. Wenn vier Violinen ausgestellt sind, so soll das vor Augen führen, daß Streichinstrumente (freilich in kleinem Maße) chorisch besetzt waren. Wegen des kulturgeschichtlichen Aspektes der Ausstellung und der musikalischen wie musiksoziologischen Zielsetzung dieses Abschnittes der Ausstellung wurde auf genaue instrumentenbautechnische Beschreibungen verzichtet, hingegen wurde mit kurzen Bemerkungen nach Möglichkeit die Überlieferungs- und Funktionsgeschichte des Instrumentes skizziert. Für die Violinen und die Viola konnten ausschließlich Instrumente gewählt werden, die ursprünglich in einer fürstlichen oder adeligen Hofhaltung in Verwendung standen. Kurze Angaben zu späteren Veränderungen der Instrumente weisen auf ihre kontinuierliche Benutzung hin. Alte Sprünge und Beschädigungen machen deutlich, wie strapaziert sie ursprünglich waren. Und wenn die Violine von Martin Mathias Fichtl im rechten C-Bügel am Deckenrand völlig abgewetzt ist, so läßt diese typische Beschädigung erkennen, daß das Instrument eine Zeitlang – nachdem es in gräflichem Besitz war – in der volkstümlichen Tanzmusik Verwendung gefunden hat. Die vom Schweiß beschädigten Stellen an der Decke der Violine von Johann Georg Thir müssen so gedeutet werden, daß diese mit dem Kinn nicht nur – wie üblich – links vom Saitenhalter gehalten wurde, sondern eine Zeitlang auch rechts, was wieder nur in der Volksmusik vorkommt; auch dazu ist es erst gekommen, nachdem sie in einer adeligen oder fürstlichen Kapelle als Violine Nr. 14 (so die Zählung auf dem Boden) inventarisiert worden war.

Weniger informationsfreudig sind Blasinstrumente. Das um 1800 entstandene, relativ »altmodische« Fagott steht hier als Hinweis darauf, daß trotz der vielen Innovationen gerade im Holzblasinstrumentenbau doch auch Traditionen fortbestanden, also auch diese Instrumentengattungen nach den meist im Zuge der napoleonischen Kriege erfolgten Auflösungen fürstlicher und adeliger Kapellen ein – freilich bescheideneres – Fort- und Nachleben haben konnten, weil doch nicht jeder die neuesten Entwicklungen mitmachen wollte. Die Flöte war in den Kapellen zu dieser Zeit ein junges Instrument, ja oft ein Mode-Instrument, das meist gar nicht von einem ständig besoldeten Musiker gespielt wurde. Diese Sonderstellung soll dadurch vor Augen geführt werden, daß ein Instrument aus Elfenbein ausgestellt wird, aus einem Werkstoff, der damals in Ländern, wo Elfenbein leicht zur Verfügung stand, mit einer Freude am Absonderlichen gerne dafür gewählt wurde. Die lange Benutzbarkeit älterer Blasinstrumente in den Kapellen dokumentieren hier die beiden Hörner. Das Trompetenpaar, das von den beiden Spielern symmetrisch gehalten sein will, mag uns eine Vorstellung von den Aufgaben der Kapellmitglieder bei Repräsentation und Zeremoniell geben.

II.1k

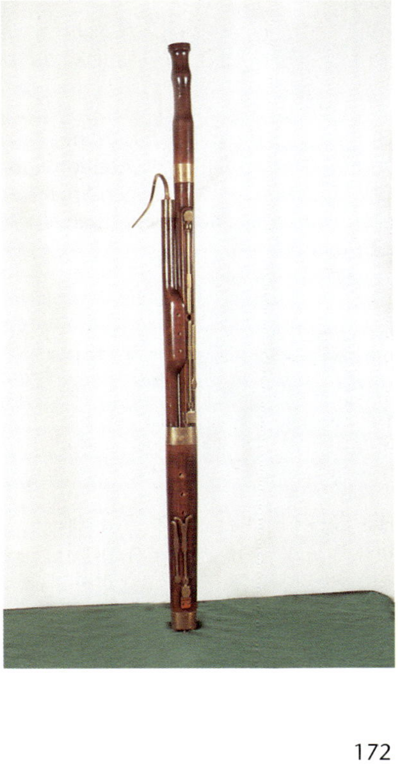

Ergänzt wurde dieses Instrumentarium bei musikalischen Produktionen noch durch ein Tasteninstrument, das an den verschiedenen Aufführungsorten der Hofkapelle in unterschiedlichen Typen und Bauweisen zur Verfügung stand.

O. B.

II.1a

II.1c

II.1d

Das Instrumentarium einer fürstlichen Hofkapelle

II.1a
Daniel Achatzius Stadlmann (1680?–1744)
Violine
Wien, 17?7 (eine im gedruckten Signaturzettel handschriftlich eingesetzte Ziffer unleserlich)
Privatbesitz

Originaler Hals wohl im 19. Jh. neu angesetzt; vermutlich gleichzeitig damit Griffbrett erneuert. Am Boden Spuren einer Eigentumsmarkierung (Brandstempel?). O. B.

II.1b
Johann Georg Thir (1710–1779)
Violine
Wien, 1756
Sammlungen der Gesellschaft der Musikfreunde in Wien, Inv. Nr. 526

Hals und Griffbrett wohl um 1800 erneuert. Am Boden die Nummer 14 und ein völlig undeutlicher Siegelabdruck, was bedeutet, daß dieses Instrument im ursprünglichen Bestand die Violine Nr. 14 war. O. B.

II.1c
Martin Mathias Fichtl (1682?–1768)
Violine
Wien, 1760
Sammlungen der Gesellschaft der Musikfreunde in Wien, Inv. Nr. 528

Originaler Hals wohl im 19. Jh. neu angesetzt; vermutlich gleichzeitig damit Griffbrett erneuert. Am Boden ein nicht identifizierter gräflicher Siegelabdruck. O. B.

II.1d
Michael Ignatius Stadlmann (1756?–1813)
Violine
Wien, 1790
Sammlungen der Gesellschaft der Musikfreunde in Wien, Inv. Nr. 529

Originaler Hals wohl im 19. Jh. nachgearbeitet; vermutlich gleichzeitig Griffbrett erneuert. Am Boden ein nicht identifizierter fürstlicher Siegelabdruck. O. B.

II.1f
Conrad Werl (Wörl, 1696–1771)
Viola
Wien, 1766
Sammlungen der Gesellschaft der Musikfreunde in Wien, Inv. Nr. 527

Das schwer beschädigte Instrument wurde 2000 restauriert. Auf der unteren Zarge Reste eines adeligen Siegelabdrucks. Auf dem Boden Siegelabdruck eines offensichtlich nachfolgenden Besitzers (Josefstädter Kirchenmusikverein). O. B.

II.1g
Christian Franz Partl (1742?–1807)
Violoncello
Wien, 1776
Sammlungen der Gesellschaft der Musikfreunde in Wien, Inv. Nr. 546

Das Instrument wurde wohl um 1800 etwas überarbeitet. O. B.

II.1h
Johann Georg Thir (1710?–1779), Werkstatt
Violone
Wien, 1782
Sammlungen der Gesellschaft der Musikfreunde in Wien, Inv. Nr. 525

Von Johann Georg Thir begonnene bzw. ganz in seinem Stil gebaute Instrumente wurden in der Werkstatt bzw. von seinem Nachfolger Franz Geißenhof, der deren Leitung 1781 übernommen hatte, immer noch mit Johann Georg Thirs Signaturzettel versehen. O. B.

II.1i
Jan van Heerde (1704–1750)
Querflöte
Amsterdam, um 1740/50
Sammlungen der Gesellschaft der Musikfreunde in Wien, Inv. Nr. 550

Das Instrument ist aus Elfenbein gefertigt, einem für Querflöten in dieser Zeit vor allem in Holland und England beliebten Werkstoff. Dort erzeugte Elfenbeinflöten waren in ganz Europa verbreitet. O. B.

II.1j
Kress, frühes 18. Jahrhundert
Zwei Oboen
Buchsbaum
Sign.: Kress
Bayerisches Nationalmuseum München,
Inv. Nrn. Mu 145, 146

II.1k
Caspar Tauber (1785–1831)
Fagott

II.1g

Wien, um 1800
Sammlungen der Gesellschaft der Musikfreunde in Wien, Inv. Nr. 536

Von dem 1799 selbständig gewordenen Meister in bemerkenswert konservativer Bauweise geschaffen. O. B.

II.1l
Johann Leichamschneider (1679–1725)
Zwei Hörner
Wien, 1710
Sammlungen der Gesellschaft der Musikfreunde in Wien, Inv. Nrn. 174, 175

II.1m
Friedrich Ehe (1714–1779)
Zwei Trompeten
Nürnberg, 1747 und 1748
Sammlungen der Gesellschaft der Musikfreunde in Wien, Inv. Nr. 184, 185

Ein Instrument dieses Paares war mit der rechten Hand zu halten, das andere mit der linken. Beide Instrumente mit Zierkordeln und Quasten geschmückt. O. B.

II.1n
Anonym, Mitte des 18. Jahrhunderts
Zwei Pauken
Stadt Museum Bonn

II.1h

Musikalische Aufführungen am Bonner Hof zur Zeit von Kurfürst Clemens August

II.2
Girolamo Donnini (gest. 1751)
Esther
Partitur, 3 Bände, Leder mit Goldprägung, insgesamt 120 Bl.
Biblioteca Estense Modena,
Inv. Nr. Mus. F. 356

Die geistliche Oper *Esther* wurde 1719 zu Ehren des Besuches Clemens Augusts bei seinem kurfürstlichen Onkel Joseph Clemens in Bonn aufgeführt. Der aus Bologna stammende Girolamo Donnini war Joseph Clemens in der ersten Jahreshälfte 1718 vom bayerischen Hof für den Dienst in der Hofkapelle empfohlen worden und traf noch im selben Jahr in Bonn ein. Spätestens seit 1719 diente Donnini dem Kurfürsten als Leiter der weltlichen Vokalmusik; Clemens August ernannte ihn unmittelbar nach seiner Regierungsübernahme zum Kammerkomponisten. 1732 wurde Donnini nach dem Tod G. Trevisanis Hofkapellmeister. – Das vokal und instrumental reich besetzte Werk ist dreiaktig; der vorangestellte Prolog ist eine Huldigung an den jugendlichen Gast. J. R.

II.3
Anonym (Girolamo Donnini?)
Festkantate (»Chi sarà che del Reno«; im Inventar von 1784 als »Il ritorno in Bonna«)
Partitur, Leder, 32 Bl.
Biblioteca Estense Modena,
Inv. Nr. Mus. F. 1580

Das in der Partitur unbetitelte Werk erklang vermutlich im Dezember 1722 anläßlich des Bonn-Besuches des neugewählten Koadjutors Clemens August. Die Allegorien der »Religione« und der »Chiesa di Colonia« huldigen dem Kurfürsten und seinem Neffen. J. R.

II.4
Anonym (Girolamo Donnini?)
Festkantate »Nel solennizzarsi in Bonna sotto il dì 23 novembre la festa del glorioso nome di S.A.S.E. di Colonia 1726« (»Con applausi e suoni ameni«)

Partitur, Leder, II+44 Bl.
Biblioteca Estense Modena,
Inv. Nr. Mus. F. 1582

Aufführungsanlaß des Werkes war der Namenstag Clemens Augusts am 23. November 1726. Die Allegorien der Güte (»Clemenza«; Sopran) und des Ruhmes (»Gloria«; Tenor) huldigen dem Kurfürsten; ein Schlußchor preist seine Tugenden (»Viva il Clemente, viva l'Augusto / Viva il forte, il saggio e viva il giusto«). J. R.

II.5
Anonym (Girolamo Donnini?)
Festkantate »Applausi del Reno per il felice arrivo in Bonna della Serenissima Teresia Gonigonda Elettrice Vedova di Baviera« (»Festeggiate o liete sponde«)
Partitur, Leder mit Goldprägung, 36 Bl.
Biblioteca Estense Modena,
Inv. Nr. Mus. F. 1581

Die Festkomposition kam vermutlich anläßlich des Besuches der Mutter Clemens Augusts, der Kurfürstin Therese Kunigunde, in Bonn Ende November 1726 zur Aufführung. Es singen, von einem Streichorchester begleitet, der personifizierte Rhein (»Reno«), eine Rhein-Nymphe (»Ninfa del Reno«) und ein vierstimmiger Chor. J. R.

II.6
Francesco Zoppi
Artaserse
Partitur, 3 Bde., Leder, insgesamt 185 Bl.
Biblioteca Estense Modena,
Inv. Nr. Mus. F. 1586 (1–3)

Das dreiaktige »dramma per musica« *Artaserse* (Text: P. Metastasio) erklang 1748 in Poppelsdorf auf einer provisorischen Bühne, die man dort anläßlich der Festlichkeiten zur Kirchweih errichtet hatte. Zur Aufführung wurden sowohl ein italienisches als auch ein deutsches Libretto gedruckt.
Unter den Interpreten der Oper waren die beiden Sängerinnen Rosa Costa und Giovanna della Stella. Clemens August hatte sie – ebenso wie den Komponisten Francesco Zoppi – bei einem Gastspiel der Operntruppe des Pietro Mingotti 1744 in Hamburg gehört und engagierte die beiden Sängerinnen und Zoppi an den Bonner Hof. Hier war Zoppi bis 1752 als Vizekapellmeister tätig. Später schloß er sich der Truppe des Impresarios Giovanni Battista Locatellis an und wirkte zunächst in Prag, dann am russischen Kaiserhof in St. Petersburg. J. R.

II.7
»Artaxerxes, Musicalisches Schau-Spiel / Aufgeführet / Auf der Schaubühne zu Poppelsdorf Im Jahre 1748. Auf den Gnädigsten Befehl Ihro Churfürstl. Durchleucht Clement August, [etc.] ... Aus dem Welschen in das Teutsche übersetzt von J. A. C. H. Lindeborne, J. U. L. etc. Bonn bey Bernhard Hilbertz, neben den Capucinessen.«
Textbuch
Stadtarchiv und Stadthistorische Bibliothek Bonn, Sign. Ik 47/2

Das von Heinrich Lindenborn in deutscher Übersetzung vorgelegte Textbuch nennt weder den Librettisten Pietro Metastasio (1698–1782) noch den Komponisten Francesco Zoppi (s. o. II.6). Heinrich Lindenborn, ein Kölner Publizist, der Mitte der vierziger Jahre in die kurkölnische Residenzstadt Bonn übersiedelte und 1747 mit seinem *Auszug europäischer Geschichten* die erste (überlieferte) Bonner Zeitung herausgebracht hat, beschreibt in einer Ausgabe dieser Zeitung die provisorische Bühne und benennt als Komponisten den Hofkapellmeister Zoppi.
(Vgl. Valder-Knechtges 1989, S. 482f. bzw. Kat. *Internationale Künstler* 1984, S. 46f., Kat. Nr. 42.)
Schon als ›Kölnischer Diogenes‹ hatte Lindenborn 1742/44 sein Augenmerk auf die Bonner Hofmusiker gerichtet und ein satirisches Spottlied verfaßt:
»Mir stunde mein Besolden / In der Titulatur; Drum must ich mich vergolden, Und machen ein Figur. Ich klimpert, im zimpert, ich schlimpert zugleich, Daß ich fast für Freuden vermeint, ich wär reich. [...] *Mein Beutel und mein Magen / Nehrt sich mit Lauten-Klang; Und ich kan gar wohl sagen / Die Freude währt so lang / Mit klimpern, mit zimpern, und schlimpern forthin, Biß das ich für Freuden gestorben jez bin.«*
(= Strophe 1 und 7, zit. aus: H. Lindenborn, *Der die Welt Beleuchtende Diogenes*, 2. Jg., Köln 1742/44). I. B.

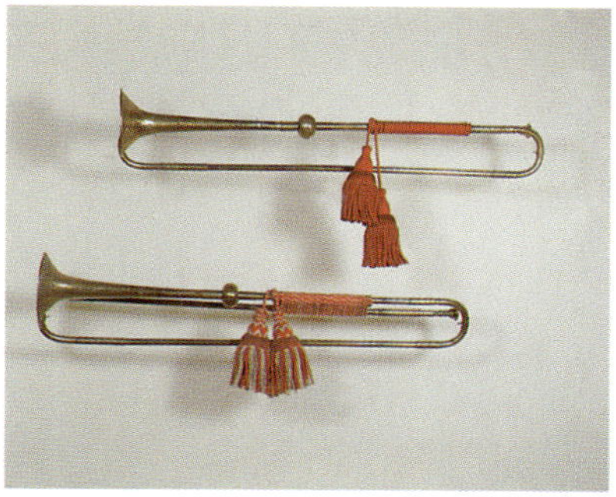
II.1m

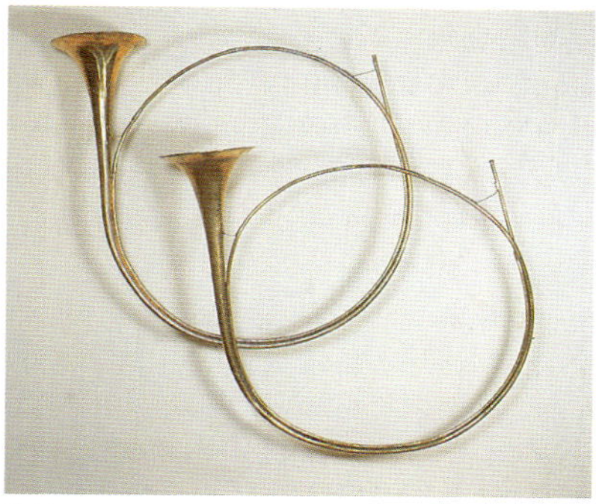
II.1l

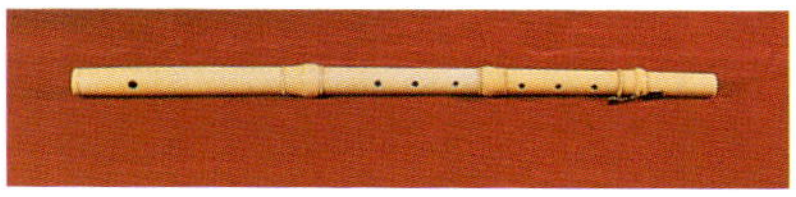
II.1i

Kat. Nr. I.7, S. 163

III Bonner Savonnerie

Die Bonner Savonneriemanufaktur ist vermutlich von Kurfürst Joseph Clemens nach seiner Rückkehr aus dem Pariser Exil um 1715 gegründet worden. Als erster Savonneriemeister wird ein gewisser N. Rossignol genannt, der offenbar – wie der Hofarchitekt des Kurfürsten, Robert de Cotte, sowie andere Künstler und Handwerker am kurkölnischen Hofe – aus Frankreich stammte. In der Leitung der Manufaktur folgte Rossignol ein gewisser Duvarlet, der seit 1727 in Bonn nachweisbar ist, und 1728 für ein – heute nicht mehr nachweisbares – Porträt von Kurfürst Clemens August bezahlt wurde. Spätestens ab 1746 war die Manufaktur in einem Gebäude am Alten Zoll untergebracht, wo sie laut Ausweis der Landrentmeistereirechnungen bis mindestens 1764 verblieb. Der Mietvertrag von 1746 zwischen dem Kurfürsten und dem Eigentümer des Hauses, Cocy, belegt, daß der Kurfürst nicht nur die Miete übernahm, sondern auch etwaige Umbauten bzw. auch alle Arbeitsgeräte, u. a. die Knüpfstühle, stellte. Der Savonneriemeister – nach dem Tod Duvarlets im Jahre 1755 war das Ferdinand Gloss – erhielt eine vierteljährliche Besoldung bzw. vierteljährliche Abschlagszahlungen, die mit der gelieferten Ware zu verrechnen waren.

Außer dem Inventar von Schloß Herzogsfreude von 1761, das Sitzmöbel »*von poppelsdorfer Arbeit*« erwähnt, gibt es keinerlei Hinweise auf einen Poppelsdorfer Standort. Da sich die Fabrik 1761 außerdem nachweislich am Alten Zoll befand, könnte in Poppelsdorf höchstens ein Filialbetrieb bestanden haben, wobei der Standort völlig unklar bleibt. In den Hofkalendern finden seit den späten 1750er Jahren eine »*Mad. Clooß*« als Burggräfin und ein »*Clement Cloß*« als Burggraf zu Schloß Poppelsdorf Erwähnung. Vielleicht handelt es sich bei ihnen um ›im Betrieb mitarbeitende‹ Verwandte des Savonneriemeisters, der als »*Ferdinand Cloos/Cloß*« bis 1786 in den Hofkalendern als »*Intendant von der Savonerie-Fabrique*« mit einem oder mehreren Gehilfen erscheint und 1777 seinen Wohnsitz in der Bonngasse hatte.

Gemäß den Rechnungsbüchern, der Abrechnung von 1761 und den Schloßinventaren befanden sich in der Bonner Residenz und den übrigen Schlössern eine große Anzahl von Savonnerien, die vermutlich vorwiegend aus Bonn stammten, denn es ist kaum anzunehmen, »daß Clemens August seine Savonnerien z. B. in Frankreich kauft und gleichzeitig eine eigene Hofmanufaktur unterhält«[1]. Am prächtigsten mit Savonnerien ausgestattet war das Buen Retiro des Bonner Residenzschlosses. Die Auflistung des Schloßinventars von 1761 weist eine große Anzahl von Savonnerien in der Garde Meuble der Bonner Residenz nach, darunter auch die heute noch im Neuen Schloß von Baden-Baden erhaltenen Chinoiseriebehänge und in Schloß Bruchsal befindliche, dazugehörige Möbelbezüge, die wohl alle für die heutige Bibliothek des Großen Neuen Appartements in Schloß Augustusburg bestimmt waren. Neben diesen großen Wandbehängen und Möbelbezügen – fast ausschließlich Auftragsarbeiten des Hofes – stellte die Bonner Manufaktur auch eine große Anzahl Bilder her, deren Vorlagen häufig Gemälde aus der Sammlung von Clemens August oder Porträts der Auftraggeber gewesen sind. Dazu gehören u. a. zwei überlieferte bzw. bekannte Porträts der Kurfürsten Clemens August und Maximilian Friedrich[2] und ein Bildnis des kurkölnischen Obristhofmarschalls und Geheimen Rates Karl Ferdinand Graf von Hatzfeld (S. 163, Kat. Nr. I.7), dessen Bildnis wohl zur Ausstattung seines Bonner Stadtpalais gehörte. Da die Quadratmeterpreise für die Savonnerien sehr hoch waren, erschlossen sich der Manufaktur mit der Herstellung kleinerer Formate, wie beispielsweise den recht kleinformatigen Blumenstücken nach Vorlagen von J. M. Metz, weitere Käuferschichten, auch aus den bürgerlichen Schichten. Dies allein konnte allerdings die Existenz der Manufaktur nicht sichern, und als Kurfürst und Hof Bonn angesichts der anrückenden französischen Armee 1794 verlassen mußten, ging damit auch das Ende der Savonneriefabrik einher. I. B.

1 Dreczko 1978, S. 65.
2 Vgl. ebd., S. 23 bzw. S. 113f., Kat. Nr. 20.

Kat. Nr. IV.1, S. 181

IV Die Poppelsdorfer Fayencemanufaktur

Als Kurfürst Clemens August im Jahre 1755 Johann Jakob Kaisin mit der Einrichtung einer *»porzelan-Fabrick«*[1] betraute, erwarb Kaisins Schwager, der geistliche Konferenzrat Ferdinand von Stockhausen, zu diesem Zweck aus der Hand des Freiherrn August von Wolff-Metternich die nahe Schloß Clemensruhe in Poppelsdorf gelegene »Katzenburg«, ein von einem Fischweiher umgebenes Lustschlößchen. Als sich Kaisin der Aufgabe, eine florierende Porzellanmanufaktur aufzubauen, nicht gewachsen zeigte – ob ein Rosenkranz aus Porzellanperlen, 1886 in der »Ausstellung von Bonner Alterthümern« als ›Poppelsdorfer Porzellan‹ gekennzeichnet und ausgestellt[2], zu den Versuchsobjekten der Anfangszeit gehörte, bleibt ungeklärt –, ließ Clemens August die finanziellen Zuweisungen seitens seines Schatzamtes einstellen. Kaisin betrieb fortan die Manufaktur, die er auf die Erzeugung von Fayencen umstellte, in Eigenverantwortung. Er lieferte offenbar auch an den Hof, da in den Inventaren der Bonner Residenz und von Schloß Augustusburg neben »Proben« noch weitere Erzeugnisse *»von Poppelsdorffer pfeiffen Erd«* bzw. *»Poppelsdorfer Gebäcks«* aufgeführt werden – alle waren übrigens Geschirrteile. Der wirtschaftliche Erfolg blieb trotz des 1763 erteilten Produktionsmonopols aus, so daß die Fabrikanlagen 1768 per Versteigerung an die Hauptgläubiger der Unternehmer kamen, wobei Kaisin aber weiterhin die Geschäftsführung oblag. Auch ein kurfürstliches Edikt vom 2. April 1770 mit Weisung an Bürgermeister, Rat und Schöffen der Stadt Bonn, den Verkauf auswärtiger Fayencewaren zum Schutz des Poppelsdorfer Betriebes zu verbieten, konnte Kaisins Bankrott letztlich nicht verhindern. Der Eigentümer der Fabrikanlagen, Freiherr von Bongart, schloß 1773 unter Ausschluß Kaisins mit dem Kölner Bankier Engelbert Opladen einen neuen Pachtvertrag auf zwölf Jahre. Als die Eheleute Opladen 1776 ebenfalls in Liquiditätsschwierigkeiten gerieten und zur Befriedigung der Gläubiger die Lagerbestände – laut Anzeige im Bönnschen Intellegenz-Blatt vom 20. August 1776 eine *»sehr ansehnliche Parthie von Fayence-Waaren«* – versteigern lassen mußten, übernahm der Freiherr von Bongart als Gebäudeeigentümer zeitweilig auch den Betrieb der Manufaktur, gleichfalls mit wenig Fortune. Nach weiteren Betreiberwechseln und einem kurzen Zwischenhoch während der Franzosenzeit durch die hohen Einfuhrzölle für ausländische Waren begann der eigentliche Aufschwung der Bonner Fayence- und Steingutherstellung erst mit dem Einstieg der Bonner Kaufleute Franz Anton Mehlem und Ludwig Wessel. Der Standort Poppelsdorf verblieb bei der Firma Wessel, da Paul Josef und Everhard Josef Mehlem die alte Fabrikanlage, die 1836 ihrem Vater als Hauptgläubiger zugefallen war, 1840 an Ludwig Wessel veräußerten, der somit seine benachbarte Fabrik vergrößern konnte. Beide Firmen, Ludwig Wessel in Poppelsdorf und F. A. Mehlem mit dem neuen Fabrikstandort am Bonner Rheinufer (Ecke Zweite Fährgasse) etablierten sich bis zum Ersten Weltkrieg als die größten Bonner Firmen und Arbeitgeber.

Von den Erzeugnissen des 18. Jahrhunderts sind einige im Bestand des StadtMuseums Bonn nachweisbar; diese sind sämtlich ungemarkt.[3] Hierzu zählen auch einige Teller, die in Ausführung und Bemalung (›deutsche Blumen‹) an das von Kurfürst Clemens August in Straßburg bestellte ›Clemenswerther Service‹ erinnern, aber in (der viel dickeren) Glasur und in der Stilisierung der Blumen erkennbare Abweichungen zeigen. Immerhin haben 1756 der Hanauer C. G. Kuntze und ab 1758 G. Dannhöfer aus Höchst in Poppelsdorf gearbeitet, zwei bekannte Porzellanmaler, »die offensichtlich mit den stilistischen Strömungen ihrer Zeit vertraut waren«[4].

Traditionsgemäß werden die beiden Fayenceöfen, deren 1927 noch vorhandene Aufsätze mittlerweile allerdings abhanden gekommen sind[5], den frühen Jahren der Poppelsdorfer Manufaktur zugewiesen. Scherben- und Glasurvergleich bestätigen diese Zuordnung. Leider lassen sich die ebenfalls im Bestand des StadtMuseums vorhandenen ›Bönnschen‹ Faßreiter, nicht – wie es ihre Kleidung nahelegte[6] – ins 18. Jahrhundert datieren, sondern sind, wie sich anhand der vereinzelt vorhandenen Stempel nachweisen läßt, Erzeugnisse des 19. Jahrhunderts.[7] Ungeklärt blieb bisher auch die Herkunft eines Kruzifixus aus dem Bestand »Alt-Bonn«, der in den Altakten ebenfalls als Poppelsdorfer Produkt bezeichnet wird, wofür sich aber keine weiteren Belege beibringen lassen.[8] I. B.

III.3

III Bonner Savonnerie

III.1
Duvarlet (gest. 1755) / Ferdinand Gloss, evtl. nach einem Gemälde von P. P. Rubens
Madonna mit Kind, um 1755
Savonnerie, 83 x 68 cm
StadtMuseum Bonn,
Inv. Nr. SMB 1991/KG 291

Die aus dem Bestand Alt-Bonn (AB 419a) herrührende, gut erhaltene Savonnerie zeigt die Muttergottes als Halbfigur mit dem Jesuskind, das unbekleidet auf ihrem rechten Arm sitzt. Vermutlich war ein Gemälde von Peter Paul Rubens, das zur Gemäldesammlung von Kurfürst Clemens August gehörte und 1762 verkauft wurde (vgl. Versteigerungskatalog der Gemälde Clemens Augusts: HStAD, Kurköln II 258), die Vorlage.
Lit.: Dreczko 1978, S. 105f., Kat. Nr. 12.

III.2
Durvarlet/Gloss, nach einem Gemälde von Peter Boel
Jagdstilleben mit totem Hasen, vor 1755
Savonnerie, 83 x 68 cm
Bez. auf dem Sockel der Säule:
»VL GL F« [Varlet Gloss Fecit]
StadtMuseum Bonn,
Inv. Nr. SMB 1991/KG 294

Das gleichzeitig mit der Savonnerie ›Madonna mit Kind‹ vom Verein Alt-Bonn erworbene Jagdstilleben (AB 419b) ähnelt diesem auch verblüffend in Material und Feinheit der Knüpfung (pro 10 cm ca. 50 Knotenreihen und 120 Knoten) und hat zudem exakt die gleichen Maße. Die sehr gut erhaltene, auch später nie beschnittene Savonnerie zeigt die Darstellung eines toten Hasen, der an seinem linken Hinterlauf aufgehängt ist. Daneben und hinter ihm totes Geflügel, links der Kopf eines Hundes, während im Hintergrund der untere Teil einer Säule mit hohem Sockel und Stoffdraperie zu sehen ist.
Die Datierung erschließt sich aus der Doppelsignatur, da Duvarlet 1755 gestorben ist und Ferdinand Gloss als sein späterer Nachfolger zu diesem Zeitpunkt noch nicht lange in der Manufaktur beschäftigt war. Vorlage ist ein Gemälde des Niederländers Peter Boel (1622–1674), von dem ein (seitenverkehrter) Kupferstich von Wenzel Hollar erhalten ist. Das heute nicht mehr nachweisbare Gemälde aus dem Gemäldebestand von Kurfürst Clemens August (vgl. Nr. 667 im Versteigerungskatalog von 1762: HStAD, Kurköln, 258) war mit den Maßen 82 x 63 cm unwesentlich schmaler als die Savonnerie, der deshalb etwa 5 cm an der rechten Seite hinzugefügt wurden.
Lit.: Dreczko 1978, S. 114f., Kat. Nr. 21.

III.3
Ferdinand Gloss nach einem Entwurf von Johann Martin Metz
Blumensträuße mit blauen Schleifen, 2. Hälfte des 18. Jahrhunderts
Zwei Savonnerien, je 42 x 30 cm
StadtMuseum Bonn,
Inv. Nrn. SMB 1991/KG 292, 293

Ebenfalls aus der Sammlung Alt-Bonn (AB 419c, AB 419a) stammen die beiden Savonneriebilder mit Darstellungen von zwei einander sehr ähnelnden Blumensträußen mit je einer Rose, einer Nelke und zwei Tulpen, von denen sich die untere auf dem einen Bild nach rechts, auf dem Gegenstück nach links neigt. Nur die einzelne Blütenrispe, die auf beiden Bildern vorkommt, gehört einer jeweils anderen Gattung an. Von diesen Blumenbildern, die wohl alle auf Entwürfe des Hofmalers Metz zurückgehen, sind heute insgesamt noch zehn in öffentlichem und privatem Besitz nachweisbar. Alle Sträuße werden von Schleifen gehalten.
Lit.: Dreczko 1978, S. 129f., Kat. Nrn. 38–39, S. 41.

III.4
Als Verlust unter den ehemals im Bestand Alt-Bonn vorhandenen Savonnerien ist ein Porträt von Kurfürst Maximilian Friedrich zu verzeichnen, eine Arbeit von Ferdinand Gloss aus den Jahren 1761–1784, das die Maße 58 x 46 cm hatte. Sie könnte mit der Savonnerie identisch sein, die sich 1978 in Kölner Privatbesitz befand.
Lit.: Dreczko 1978, S. 113f., Kat. Nr. 20.

III.5
Ferdinand Gloss nach einem Gemälde von Herman de Mijn
Ungleiches Paar, 1759–1761
Savonnerie, 90 x 74 cm
Museum für Angewandte Kunst, Köln,
Inv. Nr. 1268

Das 1928 aus rheinischem Privatbesitz angekaufte Savonneriebild, Nr. 30 im Versteigerungskatalog von 1765 (HStAD Kurköln II, Fasz. 277), zeigt eine junge Frau mit einem älteren Mann, der sie mit einem Arm umfaßt, mit der anderen einen Geldbeutel hält. Diese Savonnerie findet in der Abrechnung von Ferdinand Gloss mit der Hofkammer 1761 Erwähnung: *»Den 26 february habe ein cabinet stück fertig gemacht, presentiret ein alter Man, der einem jungen Mädgen ein beudel mit gelt darreicht, welches mir vor zweyen Jahren von weyland Ihrer Churf. Durchl. hochtseliges andenken ist angeschafft worden, wofür auch 100 pistolen habe empfangen sollen welche untertänigst pretendire. Ferdinand Gloss, Tapeten fabrique meister.«* Vorlage war ein heute zum Bestand des Westfälischen Landesmuseums zählendes Gemälde von Herman van den Mijn (1684–1741). Das Bild aus der kurfürstlichen Gemäldesammlung,

III.2

IV.2

IV.3

IV.4

Nr. 678 im Versteigerungskatalog von 1762, befand sich noch in der Savonneriemanufaktur, als Clemens August 1761 verstarb: *»erstens ein Stück von van der mijn gemahlt presentiret ein alter Man mit einem gelt beutel in der Hant umarmet ein junges Mätgen«*.(HStAD Kurköln II 1744g, fol. 30).
Lit.: Dreczko 1978, S. 118f., Kat. Nr. 25.

IV Poppelsdorfer Fayencerie

IV.1
Poppelsdorfer Fayencemanufaktur,
3. Viertel des 18. Jahrhunderts
Zwei tragbare Öfen
[ohne verschollene Aufsätze] H. je ca. 58 cm
StadtMuseum Bonn,
Inv. Nr. SMB 1991/KG 257 a/b

IV.2
Poppelsdorfer Fayencemanufaktur,
3. Viertel des 18. Jahrhunderts
Deckelterrine
H. 22 cm
StadtMuseum Bonn,
Inv. Nr. SMB 1991/KG 247

Auf der Rückseite und Deckel Rosenbukett, auf den Schmalseiten Streublumen und Blätter. Der gewölbte Hohldeckel hat einen Griff in Birnenform.

IV.3
Poppelsdorfer Fayencemanufaktur,
3. Viertel des 18. Jahrhunderts
Deckelterrine
H. 20,5 cm
StadtMuseum Bonn,
Inv. Nr. SMB 1991/KG 600

Terrine und Deckel bemalt mit Blumenbuketts, bestehend aus Rose, Tulpen und kleineren Blümchen in Rot, Gelb und Grün; Henkelknauf in Gestalt eines Apfels auf Blättern.

IV.4
Poppelsdorfer Fayencemanufaktur,
3. Viertel des 18. Jahrhunderts
Deckelterrine
H. 20 cm
StadtMuseum Bonn,
Inv. Nr. SMB 1991/KG 243

Auf der Vorder- und Rückseite dekoriert mit einem handgemalten Feldblumenbukett in Dunkelrot, Blau, Goldgelb und Grün; Henkelgriff in Form einer vollplastische Zitrone auf Blättern.

IV.5
Poppelsdorfer Fayencemanufaktur,
3. Viertel des 18. Jahrhunderts
Sauciere
H. 13 cm
StadtMuseum Bonn,
Inv. Nr. SMB 1991/KG 601

Vorderseite von Gefäß und Deckel bemalt mit einem roten Hahn inmitten roter und blauer Blümchen; auf der Rückseite Blumenarrangement; Deckelgriff in Form einer Birne mit Blättern und Zweig.

IV.6
Poppelsdorfer Fayencemanufaktur,
3. Viertel des 18. Jahrhunderts
Teller
Dm. 26 cm
StadtMuseum Bonn,
Inv. Nr. SMB 1991/KG 217

Im Spiegel Vogel auf kleinem Bäumchen, darunter verteilt ein Käfer und fallende Blättchen. Auf der Fahne finden sich stilisierte Wiesenblumen und schmetterlingartige Insekten.

IV.7
Poppelsdorfer Fayencemanufaktur,
3. Viertel des 18. Jahrhunderts
Teller
Dm. 28 cm
StadtMuseum Bonn, Inv. Nr. SMB 1991/604

Im Spiegel Bukett stilisierter Blumen in Rot und Gelb, auf der Fahne verteilt rot-grüne Blütenzweige und fallende Blättchen.

IV.8
Poppelsdorfer Fayencemanufaktur,
3. Viertel des 18. Jahrhunderts
Drei Teller
Dm. je ca. 24,5 cm
StadtMuseum Bonn, Inv. Nrn. SMB 226a/b/c

Im Spiegel jeweils (unterschiedliche) Blumen, auf der Fahne jeweils verteilt diverse Blümchen und Blütenzweige. Die Teller wurden wegen ihrer Nähe zum Clemenswerther Service von Clemens August immer als Erzeugnisse der Straßburger Manufaktur betrachtet. Jedoch lassen die Unterschiede in der Glasur – »sehr dick und unterseits vertropft« – und die Tatsache, daß die Teller im Gegensatz zu den Clemenswerthern nicht nur mit natürlichen, sondern auch mit stilisierten Blumen bemalt sind, vermuten, daß sie schon der Poppelsdorfer Manufaktur zuzuweisen sind.
Lit.: *Bonner Keramik*, hrsg. v. I. Bodsch, (Bestandskatalog des StadtMuseums Bonn, 3), Bonn 1999, S. 76, Kat. Nrn. 8–10.

IV.9
Poppelsdorfer Fayencemanufaktur,
3. Viertel des 18. Jahrhunderts
Teller
Dm. 22,3 cm
StadtMuseum Bonn,
Inv. Nr. SMB 1991/KG 216

Im Spiegel ein fein gezeichneter Nelkenzweig, auf der Fahne stilisierte Blütenzweige in Lachsrosa, Hellgrün, Blau und Gelb.

IV.10
Poppelsdorfer Fayencemanufaktur,
um 1790
Réchaud
H. 17,8 cm
StadtMuseum Bonn,
Inv. Nr. SMB 1991/KG 606

Beidseitig der oben geschweiften Feueröffnung zwei dieser zugewandte, auf Bäumchen sitzende, singende Vögel.

IV.11
Poppelsdorfer Fayencemanufaktur,
um 1790
Zwei ovale Platten
40,5 x 31 cm
StadtMuseum Bonn,
Inv. Nrn. SMB 1991/KG 605a/b

Bemalt mit grüner Muffelfarbe und schwarzer Binnenzeichnung; im Spiegel Vogel auf Blätterzweig, auf der Fahne verteilt Blumenarrangements und Streublättchen.

IV.12
Poppelsdorfer Fayencemanufaktur,
Ende 18. Jahrhundert
Deckelterrine
H. 21 cm
StadtMuseum Bonn,
Inv. Nr. SMB 1991/KG 244a

Cremefarbene Glasur mit reliefierten Girlanden aus Blumen und Gräsern. Griff in Gestalt eines Pinienzapfens auf gekreuzten Blättern.

IV.5

IV.12

IV.9

IV.11

IV.13
Poppelsdorfer Fayencemanufaktur,
Ende 18. Jahrhundert
Ovale Platte
34 x 23,5 cm
StadtMuseum Bonn,
Inv. Nr. SMB 1991/KG 244b

Cremefarbene Glasur mit reliefierter Girlande aus Blumen und Gräsern.

IV.6

IV.7

[1] Zu den urkundlichen Nachrichten und sonstigen Schriftquellen vgl. M. Weisser (Bearb.), *Poppelsdorfer Faience Fabrique betr. Quellensammlung zur Geschichte der Feinkeramik (1755–1840),* hrsg. vom Archiv des Rhein-Sieg-Kreises, Bonn 1975.
[2] Kat. *Bonner Alterthümer* 1886, Nr. 169.
[3] Vgl. *Bonner Keramik*, hrsg. von I. Bodsch, bearb. von C. Haunhorst … (Bestandskatalog des StadtMuseums Bonn, 3), Bonn 1999, S. 73ff., Kat. Nrn. 1–14.
[4] Vgl. ebd., bes. S. 13ff., hier S. 16f. und Kat. Nrn. 8–10.
[5] Vgl. Renard 1927, S. 86, Abb. 93.
[6] Vgl. Kat. *Kurfürst Clemens August* 1961, S. 346.
[7] Vgl. Kat. *Bonner Keramik* [Anm. 3], S. 18 und S. 79ff., Kat. Nrn. 16–25).
[8] Vgl. ebd., S. 199f., Kat. Nr. 224.

Kat. Nr. VII.31, S. 204

V Bürgerliche Selbstverwaltung in der Residenzstadt Bonn

Die Selbstverwaltung der Stadt Bonn im 18. Jahrhundert wurde durch eine Verfassung geregelt, die sog. »Polizeiordnung« von 1585, die in der fast wortgleichen Fassung von 1698 (s. Kat. V.1) bis zum Ende der Kurfürstenzeit 1794 galt. Hier wurden die Kompetenzen von Rat und Bürgermeister und ihr Verhältnis zum kurkölnischen Staat sowie zu den Zünften geregelt. Die Verwaltung der Stadt wurde von zwei Rats- und zwei Schöffenbürgermeistern geleitet, je einer führte die Amtsgeschäfte. Sie waren die Bevollmächtigten des Rates, der sich aus Vertretern der Bürgerschaft und der Zwölfter zusammensetzte. Die Zwölfter waren ursprünglich die Vertretung der gemeinen Bürgerschaft, in der Polizeiordnung von 1698 wurden sie enger den zwölf Bonner Zünften zugeordnet. Ihr wichtigstes Recht war die Kontrolle der durch Bürgermeister und Rat verwalteten städtischen Finanzen. Sowohl Ratsmitglieder als auch Zwölfter wurden auf Lebenszeit gewählt. Starb ein Mitglied, wählten die verbleibenden ein neues hinzu, weshalb alle einflußreichen Stellen in der Hand der vermögenden Bonner Oberschicht blieben. Damit diese oligarchische Herrschaft nicht zur Dominanz einzelner, besonders vermögender Familien führte, verbot die Polizeiordnung die Aufnahme von Verschwägerten oder Verwandten in den Rat. Als Beamte standen dem Rat die Stadtoffizianten zur Seite. Der Stadtschreiber war der einzig hauptamtlich tätige Beamte, daneben gab es Kommandanten der Bürgerwehr und Steuereinnehmer, die für den Rat tätig waren. Haupteinnahmequelle der Stadt war die Akzise, eine Art Umsatzsteuer auf alle gehandelten Waren. Über die Zwölfter stand der Rat mit den Zünften (s. u. Kap. VI) in Verbindung. Doch waren die Zwölfter keine demokratisch gewählte Vertretung der Zünfte, so daß die Gegnerschaft von protektionistischem Zunfthandwerk und einem auf freien Handel und Gewerbe ausgerichteten Rat bestehen blieb.

Die wesentlichen Veränderungen im 18. Jahrhundert beruhen in Bonn auf der Tatsache, daß aufgrund der Anwesenheit des Hofes auch die Vertreter der staatlichen Obrigkeit in der Residenzstadt lebten und stärker als bei anderen Städten in die bürgerliche Selbstverwaltung eingriffen. Kernpunkt der Konflikte waren die immer größeren Geldsummen, die Kurfürst Clemens August für seine Bauten und seine Hofhaltung benötigte. Er versuchte, die städtische Akzise der Stadt zu entziehen und dem Kurstaat zu unterstellen, konnte dies nach Protesten der Stadt aber zunächst nicht verwirklichen. Diese Maßnahme, für die es auch eine gewisse Rechtsgrundlage gab, hätte die Finanzhoheit der Stadt in ihren Grundfesten erschüttert. Die Stadt fand Verbündete für ihren Abwehrkampf bei den adeligen Landständen, die den staatlichen Haushalt des Kurfürsten zu billigen hatten. Der jahrelange und ruinöse passive Widerstand der Stadt führte zum spektakulären Höhepunkt der gewaltsamen Besetzung des Bonner Rathauses durch den Kurfürsten im Jahr 1746. Juristisch kam es erst 1753 zu einer für die Stadt günstigen Einigung.

Nach Clemens Augusts Tod griff die neue Regierung unter Kurfürst Maximilian Friedrich erneut nach den städtischen Finanzen. Der Minister Belderbusch leitete den Sparkurs zur Tilgung der unter Clemens August gestiegenen Schulden mit harter Hand. Auch die Überprüfung der städtischen Finanzen enthüllte eine besorgniserregende Mißwirtschaft, weshalb dem städtischen Akzisebeamten zur Ausgabenkontrolle ein landesherrlicher Kontrolleur zur Seite gestellt wurde. Die Umsetzung der neuen kaiserlichen Reichszunftordnung von 1772 führte zu Eingriffen in die städtische Gewerbeaufsicht und beschränkte die Zunftautonomie.

Im Zusammenhang betrachtet, läßt die Entwicklung der städtischen Selbstverwaltung in Bonn neben einigen auch für andere kurkölnische Städte typischen Entwicklungen andere aus der Residenzstadtfunktion herrührende Besonderheiten erkennen. Bekanntlich gelang es den Kölner Kurfürsten nie, einen Absolutismus nach französischem Vorbild zu errichten, da sie sich in der Finanzverwaltung zu keinem Zeitpunkt aus der Abhängigkeit der Landstände lösen konnten. Dagegen war die Dominanz über die Städte seit dem 16. Jahrhundert längst gesichert. Bonn hat als Residenzstadt niemals volle Autonomie genossen und war den Zugriffen des Landesherrn noch unmittelbarer ausgesetzt. Die Bemühungen, sich durch die Beschlagnahmung städtischer Finanzen neue Geldquellen zu erschließen, waren typisch dafür. In ihrer Schärfe waren die Vorgänge um die Bonner Akzise in Kurköln außergewöhnlich. Bis zur Französischen Revolution blieben diese Spannungen in Bonn bestehen, die neue französische Zentralverwaltung fegte dann sowohl den absolutistischen Staat als auch die Reste kommunaler Autonomie hinweg. M. v. d. B.

V.4

V.1

»POLICEY-ORDNUNG der Stadt BONN. Ernewert und bestättigt im Jahr 1698. Gedruck in der Churfürstl: Residentz-Stadt Bonn Bey HENRICO TILMANNO JANSENIO Hoff-Buchtrucker«

81 Seiten mit Titelkupfer und Index
27,8 cm x 18 cm
Stadtarchiv und Stadthistorische Bibliothek Bonn, Sign. 1 d 1

Der Begriff ›Polizei‹ umfaßte damals die gesamte Verwaltungstätigkeit. Um Bürger der Stadt Bonn zu werden, mußte ein Aufnahmeantrag gestellt werden, über den der Rat entschied. Neben der Zahlung nicht unerheblicher Aufnahmegebühren und der Gewährleistung, für seinen und seiner Familie Unterhalt sorgen zu können, mußte der Antragsteller u. a. auch seine persönliche Freiheit nachweisen, seine Zugehörigheit zur römisch-katholischen Religion geloben und einen Eid leisten, der Stadt und dem Landesherrn untertänig und gehorsam zu sein. Innerhalb von zwei Wochen mußte der Neubürger, der damit gleichzeitig Mitglied der Bürgerwehr wurde, *»ein gut Seiten-Gewehr* [*und*] *ein gut Zielrohr mit seinem Zubehör«* erwerben und sich in eine Gaffel einschreiben lassen. Verändert gegenüber der Ordnung von 1585 wurde die Zahl der Zünfte, die auf zwölf angehoben wurde. Jede Zunft wurde zur Wahl eines Zwölfters aus ihren Reihen verpflichtet, um einen Ausgleich zwischen Rat und Zünften zu schaffen. Wegen des Widerstands des Rates, die von kurfürstlichen Beamten ohne Verhandlungen mit der Stadt eingesetzte Polizeiordnung anzuerkennen, dauerte es fast ein Jahr, bis diese rechtliche Gültigkeit erlangte.
Die Haupteinnahmequelle der Stadt, die Akzise, wurde bestätigt, ihr Charakter als landesherrliches Regal allerdings betont. Dies führte unter Clemens August zu einer zeitweiligen Aneignung der Akzise durch den kurfürstlichen Landesherrn, wodurch die Stadt Bonn ihrer zunehmenden Schulden wegen in immer stärkere Abhängigkeit geriet. Die »einschneidendste Bestimmung« der Polizeiordnung von 1698 war die mit »den besonderen Verhältnissen der Residenzstadt zusammenhängende Ersetzung der landesherrlichen Lokalbeamten ausschließlich des Amtmanns durch Vertreter der Zentralbehörden« (vgl. Niessen 1924, S. 65ff.). I. B.

V.2

Dresdner Hütte, um 1740

»DER WILL KOMM« der Stadt Bonn

Glas, H. 38,5 cm
StadtMuseum Bonn

Bei dem großen Glaspokal handelt es sich um ein sog. Gesundheitsglas, mit dem bei Festen auf das Wohl anwesender und abwesender Personen angestoßen wurde, wobei der Pokal von Hand zu Hand ging. Der »Willkomm«-Pokal wurde vom Rat der Stadt Bonn im Zusammenhang mit der Fertigstellung des neuen Rathauses (s. u. Kap. VII, Kat. Nr. 24) 1741 beim Glashändler Johann Zernij laut Rechnung ausdrücklich als »Gesundheitsglas« erworben. Die Kuppa des großen, aus zwei Teilen bestehenden und kunstvoll geschnittenen Pokals ist auf der Vorderseite mit »Der Will Komm« bezeichnet, darüber das von einer schmuckvollen Kartusche eingefaßte Bonner Stadtwappen; auf ihrer Rückseite steht zu lesen: »Ebibe aut da pauperibus« (Trink aus oder gib es den Armen). I. B.

V.3

Kurfürstliches Edikt zur Regelung der Bonner Marktschiffahrt, 1746

Stadtarchiv und Stadthistorische Bibliothek Bonn, Sign. Ku 3/1

Erneuerung eines schon von Kurfürst Joseph Clemens 1700 erteilten Ediktes *»zu Abschaffung vielfältiger / bey altäglicher Ab- und Auffahrt hiesiger Bönnischer Marck-Schiffen / untergelauffener Unordnungen und Missbräuchen / denen Commercien und reysenden Persohnen zum Besten / eine gedeyliche Verordnung in offenen Druck verfassen ...«*
Da die Umladung aller von Bonn kommenden bzw. für Bonn bestimmten Güter aufgrund des Kölner Stapelrechts in Köln erfolgte und auch alle beförderten Personen in Köln umsteigen mußten, war die Bonn-Kölner Marktschiffahrt für die Bonner Schiffer, die zunftmäßig organisiert waren, existenzbestimmend. Die Kurfürsten konnten aufgrund ihres Stromregals regelnd in die Schiffahrtsverhältnisse eingreifen, weshalb Joseph Clemens am 1. März 1700 auch die Zahl der Zunftmitglieder auf zwölf festsetzen und bestimmen konnte, daß jeder künftige Bewerber im Besitz eines guten Schiffes sein und die präzis vorgegebenen Abfahrtszeiten einhalten müsse. Um diesen Bestimmungen Geltung zu verschaffen und auch andere Mißstände wie mangelnde Sauberkeit oder schlechte Unterbringung von Passagieren abzustellen, wurde das Edikt unter Clemens August erneuert. Nachdrücklich wird darauf hingewiesen, auf die Pünktlichkeit der Abfahrtstermine zu achten *»ohne jemand / wes Stands und hoher Bedienungen er immer seyn möge / zu erwarthen / widrigenfals der Schiffsmann jedesmahl in die Straff eines Goltguldens ohnnachläßig verfallen seyn.«*
Die Verordnung – schon vom Format her offensichtlich auch für den öffentlichen Aushang gedacht – listet die Einzelpreise für den Personen- und Frachtverkehr (nach Spezifikation der Ladung) genau auf, wobei die »Bergfahrt« teurer war als die Fahrt rheinabwärts. Die Ladungen reichten von Wein, Branntwein und Bier über spanische Seifen oder Zitronen, von Heringen über jede Menge Gewürzwaren bis zu Blei, Gemüse, Ziegel, Pfannen, Grabsteine, Geschirr etc. I. B.

V.4

Bildnis des Nicolaus Broggia

Lichtdruck von ca. 1900 nach einem zeitgenössischen Gemälde von ca. 1750
15,2 x 11,3 cm
Stadtarchiv und Stadthistorische Bibliothek Bonn, Bildsammlung

Der aus Loveno (Comer See) stammende Nicolaus Broggia (1689–1761) gehörte zu den vielen italienischen Einwanderern, die sich im 17. und 18. Jh. in den rheinischen Städten als Händler niedergelassen haben. (Vgl. Höroldt/ van Rey, *Geschichte der Stadt Bonn 3*, 1989, S. 579ff.) Schon 1719 erwarb er das Bürgerrecht in Bonn; u. a. als Lieferant bei den kurfürstlichen Bauten kam er rasch zu Wohlstand und war 1731 bzw. von 1736 bis zu seinem Tod im Jahre 1761 Bonner Ratsherr. Sein Sohn Johann Baptist Broggia aus seiner Ehe mit der Tochter eines Einwanderers, Maria Katharina Lallemand, trat in kurfürstliche Dienste und wurde 1759 Wirklicher Hofkammerrat und 1767 Kriegskommissar. Johann Broggia, als letzter männlicher Nachkomme der Familie 1787 gestorben, leitete zusammen mit dem Geheimrat von Kempis die Verkaufsauktionen nach dem Tod von Clemens August, bei denen er für den neuen Kurfürsten Maximilian Friedrich nicht wenige Objekte ›zurückerwarb‹ (s. o. Kat. Nr. I.25). Die Schwester Johanns, Maria Katharina, vermählte sich mit dem Wirklichen Hofkammerrat und Registrator der Geheimen Kanzlei Claudius Maria Kaukol, dem Sohn des Kabinettsekretärs von Clemens August und Herausgebers des dem Kurfürsten gewidmeten *Christlichen Seelenschatzes*, Maria Joseph Kaukol (s. o. Kat. Nr. I.21). Die Karriere des Sohnes und die Ehe der Tochter mit einem kurfürstlichen Beamten sind beispielhaft für die engen Verflechtungen des wohlhabenden und gebildeten Bonner Bürgertums mit den kurfürstlichen Beamtenfamilien, die in Bonn ansässig und ganz mit der Residenzstadt verwachsen waren. I. B.

V.5

Erneuerung eines Edikts von Kurfürst Joseph Clemens für die Juden im Erzstift Köln durch Kurfürst Clemens August, 20. Oktober 1750

Stadtarchiv und Stadthistorische Bibliothek Bonn, Sign. Ku 3/1

Offenbar aus gegebenem Anlaß bestätigte Kurfürst Clemens August ein Edikt von 1700 mit der ausdrücklichen Bestimmung, daß es in jüdischen Diensten stehendem, christlichem Personal erlaubt sei, am Sabbat in den jüdischen Haushalten Licht anzuzünden und Feuer zu machen, – ob der Sabbat auf einen christlichen Feiertag fiele oder nicht. Gleichzeitig wird bei Strafandrohung wiederholt, daß die unter erzbischöflichem Schutz stehenden Juden nicht beleidigt und geschmäht werden dürften, ihnen leerstehende Häuser und Wohnungen vermietet werden müßten und sie in den von ihm erteilten Handelsprivilegien ungestört zu lassen seien. Dieses Edikt *»wegen der verglaideten Judenschafft in Unserem Ertz-Stiftt dies- und jenseits Rheins«* sollte zur Kenntnisnahme eines jeden öffentlich von der Kanzel verkündet und auch an allen üblichen Orten ausgehangen werden.
Im Gegensatz zur Stadt Köln, aus der die Juden 1424 verwiesen worden waren, standen sie in den kurkölnischen Städten unter landesherrlichem Schutz, der ihnen in Form von kostenpflichtigen und befristeten Geleitbriefen erteilt wurde. Obwohl sie keine Bürger werden konnten, durften die Städte sie nicht an der dauerhaften Niederlassung hindern.
Da ihnen nach den Judenordnungen kaum ein Handwerk offenstand, lag ihre Betätigung vor allem im Handel sowie in der Geld- und Pfandleihe. In Bonn sind für die erste Hälfte des 17. Jh.s nur sechs jüdische Haushalte nachweisbar, doch bald nahm ihre Zahl nicht unerheblich zu, was in unmittelbarem Zusammenhang mit dem Bonner Hof und seinem ungeheuren Bedarf an Geld und Luxusgütern stand. Unter den Hoffaktoren, die »seit Joseph Clemens zum festen Personalbestand des Hofes« gehörten, nahmen Moyses Kauffmann, der sich zur Zeit von Clemens August fast alle größeren Lieferungen für Hof und Heer gesichert hatte, und Baruch Simon eine besondere Stellung ein. (Vgl. B. Klein/ R. Ries, Zu Struktur und Funktion der jüdischen Oberschicht in Bonn ..., in: Zehnder/Schäfke, *Der Riss im Himmel 3*, 1999, S. 289ff., S. 298ff., S. 307.) I. B.

V.6

Urkunde der Metzgerzunft mit Ansicht der Stadt Bonn von der Rheinseite, 1785

Mit rotem Siegel, unterschrieben vom Zunftmeister Johannes (Joes) Keim und einem anderen Meister.
33 x 40 cm
Stadtarchiv und Stadthistorische Bibliothek Bonn, Graphische Sammlung

Auf einem ›Vordruck‹, auf dem nur noch die spezifischen Daten, u. a. Namen und Datum, handschriftlich eingetragen wurden, bestätigen *»sämmtliche Meister«* der Metzgerzunft, vertreten durch Zunftmeister J. Keim und einen anderen Meister, einem abgangswilligen Metzgerknecht seine allzeit gute Führung und daß man ihm nichts anderes *»als alles Liebs und Guts nachsagen könne«*. *»Geben in der Churfürstl. Residenzstadt Bonn den 27ten august 1785«*. Die Metzgerzunft gehörte, da sie auch am Viehhandel verdiente, zu den wohlhabenderen Gewerbezweigen in Bonn. Sie bildete hier eine der zwölf Zünfte, aus denen seit 1698 auch die sog. Zwölfter – ursprünglich Vertreter der gesamten Bürgerschaft – benannt wurden. Die Hauptaufgabe der bis an ihr Lebensende gewählten Zwölfter, deren Benennung entgegen den Bestimmungen hin und wieder auch durch eine kurfürstliche Kommission erfolgte, war die Überprüfung des städtischen Haushalts. Bei der Wahl der Ratsmitglieder – in der Polizeiordnung von 1698 auf 15 festgesetzt – mußten drei aus den Schöffen des hohen weltlichen Gerichts zu Bonn und zwölf aus den Zwölftern oder aus der Bürgerschaft gewählt werden. Da man bei der Ernennung neuer Ratsmitglieder (durch den Rat) insbesondere im 18. Jh. die Zwölfter regelmäßig unberücksichtigt ließ, versuchten diese dagegen beim Kurfürsten zu intervenieren, womit der sehr eingeschränkten städtischen Selbstverwaltung weiterer Boden entzogen wurde I. B.

V. 2

VI Die Zünfte in Bonn

Das Bonner Handwerk war, wie allgemein üblich, in Zünften organisiert, deren Ursprung im Mittelalter liegt. Mit dem Wachstum der Städte im Hochmittelalter differenzierten sich die Handwerksberufe aus, es entstanden Berufsgruppen mit einer immer spezialisierteren Produktpalette. Ihr Zusammenschluß zu Zünften hatte verschiedene Gründe: Zum einen sollten die heimischen Handwerker gegen auswärtige Konkurrenz geschützt werden, zum anderen die Verhältnisse der zünftischen Handwerker untereinander geregelt werden, und schließlich waren die Zünfte die Interessenvertretung der Handwerker gegen die anderen gesellschaftlichen Gruppen der Stadt wie Adel, Patriziat, Kaufmannschaft und Tagelöhner. Der politische Einfluß der Zünfte wuchs im Spätmittelalter an, ihr Erfolg im Machtkampf mit dem Patriziat war aber von Stadt zu Stadt sehr unterschiedlich. In vielen Städten erreichten sie eine Beteiligung an der Regierung, in manchen übernahmen sie ganz die Macht.

Über die Entstehung der Bonner Zünfte sind wir nur lückenhaft unterrichtet. Grundsätzlich gilt aber, daß das gesamte Bonner Handwerk eher auf die Deckung des städtischen Eigenbedarfs ausgerichtet war. Viele Spezialhandwerker, die es in Köln gab, waren in Bonn nicht vorhanden. Manche Berufe wurden nur durch ein oder zwei Meister vertreten. Deshalb organisierten sich völlig unterschiedliche Berufsgruppen in Sammelzünften, etwa die Silberschmiede bei den Glasarbeitern.

Ein exportorientiertes Gewerbe gab es in Bonn nicht. So konnten es die Bonner Handwerker auch nur zu mäßigem Wohlstand bringen. Trotzdem gab es auch unter den Handwerkern eine beträchtliche soziale Spannweite. Einzelne Mitglieder etablierter Handwerkerfamilien waren sogar ratsfähig, andere Kleinhandwerker gehörten der Schicht der städtischen Armen an. Am wohlhabendsten waren die im Lebensmittelgewerbe arbeitenden Zünfte wie Brauer und Metzger. Am unteren Ende standen Leinenweber, Schuhmacher und Perückenmacher.

Diesem Druck eines durch Angebot und Nachfrage geregelten Marktes stemmten sich die Zünfte entgegen. Die Bonner Zünfte, die sich nach hiesigem Sprachgebrauch »Ämter« nannten, versuchten alles, um die Zahl der Meister zu beschränken und jedem Meister ein gleichmäßiges Einkommen zu verschaffen. So mußte eine genau geregelte Lehr- und Gesellenzeit absolviert werden und ferner eine hohe Gebühr bei der Aufnahme in die Zunft bezahlt werden. Söhne von Bonner Meistern wurden bevorzugt. Auswärtige mußten sehr viel mehr bezahlen oder aber die Witwe eines Bonner Meisters heiraten. Immer wieder wurden Vorschriften erlassen, die das Anbieten auswärtiger Waren in Bonn ganz verboten oder auf den einmaligen Jahrmarkt beschränkten. Gegen Hausierer, fliegende Händler und Handwerker wurden Edikte erwirkt, die drakonische Strafen androhten. Offensichtlich war der Bedarf an preisgünstigen Waren und Dienstleistungen wie auch an speziellen, in Bonn nicht hergestellten Gütern so groß, daß von weiten Kreisen der Bevölkerung ständig dagegen verstoßen wurde. Hierbei traten Kurfürst und Stadtrat zunehmend als Fürsprecher der Handelsfreiheit auf und klagten das von »Eigennutz« bestimmte Handeln der Zünfte an.

Die Zünfte sind nicht nur als wirtschaftliche Interessenverbände zu verstehen. Sie übten daneben eine Schiedsgerichtsbarkeit aus, durch die Streitigkeiten zwischen den Zunfthandwerkern geregelt wurden. Die religiöse Fundamentierung gehörte substantiell zum Wesen der Zünfte. Man stiftete Messen und Kerzen, der Zunftheilige genoß besondere Verehrung. Auch untereinander hatten die Zunftbrüder religiöse Pflichten: Beim Begräbnis eines der ihren waren alle Meister zum Geleit und zur Totenehrung verpflichtet. Gemeinsam wurden von den Zunftmitgliedern auch Prozessionen und Wallfahrten veranstaltet. Die religiösen Pflichten gingen in die gesellschaftlichen über: Zu vielen Anlässen, sei es zum Namenstag des Zunftheiligen, sei es zur Freisprechung der Lehrlinge oder zum großen Meistermahl anläßlich der Aufnahme eines neuen Meisters, traf man zusammen. Kurz gesagt, die Zünfte durchdrangen die gesamte Lebenswelt der Handwerker, ihre Vorschriften, Sitten und Gebräuche strukturierten deren Alltag.

Obwohl sich die Bedeutung der einzelnen Handwerkszweige änderte, manche überkommene Form im Laufe der Zeit den geänderten Realitäten angepaßt wurde, hat sich diese in letzter Konsequenz noch mittelalterliche Ordnung bis zum Einmarsch der französischen Revolutionsarmee und der Flucht des letzten Kurfürsten Max Franz im Jahr 1794 erhalten. Nun aber wurde mit einem Schlag das starre System der Zünfte aufgehoben. M. v. d. B.

VI A Bonner Zinn

Die Quellen zur Geschichte der Bonner Zinngießerei sind spärlich. Dies ist zum größeren Teil ein allgemeines Problem der Bonner Stadtgeschichte, da bei der Belagerung von 1689 das Ratsarchiv zerstört wurde. Die erhaltenen Akten der Zinngießerzunft bestehen aus nur vier Beschwerden der Bonner Zinngießer gegen auswärtige Konkurrenz auf dem Markt, alle aus der Zeit um 1700. Die Anzahl der erhaltenen Zinnstücke aus Bonn ist noch geringer als derjenigen aus Silber. Glücklicherweise enthält die Bonner Polizeiordnung von 1585 eine offensichtlich seinerzeit verfaßte Kannengießerordnung, die uns über Markenwesen und Qualitätskontrollen unterrichtet. Sie wurde 1698 nahezu wortgleich in die neue Polizeiordnung übernommen und galt bis zum Ende der Kurfürstenzeit im Jahr 1794. Aufgrund dieser Schriftquellen und angesichts der erhaltenen Objekte kann man wohl mit einer gewissen Sicherheit sagen, daß die Bonner Zinngießer hauptsächlich für den heimischen Markt gearbeitet haben. Ausschließlich Gebrauchsgerät ist überliefert, und es gibt keinen Hinweis darauf, daß sich Bonner Zinngießer auf ausgefallenere Produkte spezialisiert haben könnten. Daß die Bonner Metzgerzunft ihre Zunftkanne in Köln gekauft (s. Kat. Nr. VI.1) und keinen Bonner Zinngießer damit beauftragt hat, kann hier als Beleg gelten.

Die Bonner Zinngießer gestalteten ihre Formen ganz nach Kölner Vorbild. Auch die »Kölner Probe« wurde verwandt, d. h., das Zinn wurde im Verhältnis 6 zu 1 mit Blei legiert. Offenbar wurde Bonner Zinnware auch in Köln auf dem Markt angeboten, allerdings ist das Ausmaß dieses »Exports« unbekannt.

Seit dem 14. Jahrhundert sind in Bonn Zinngießer urkundlich erwähnt, seit dem 17. Jahrhundert sind sie regelmäßig in den Akten faßbar. Es hat in Bonn nie mehr als zwei bis drei Zinngießer gleichzeitig gegeben, oft gab es nur einen und zu manchen Zeiten läßt sich gar keiner mehr nachweisen. Soweit sich dies überblicken läßt, scheinen die wenigen Zinngießerfamilien in Bonn untereinander verwandt gewesen zu sein. Auswärtige Zinngießer hatten es sehr schwer, sich zu etablieren. Nur wenn es keinen männlichen Nachkommen für die Werkstatt gab, konnte sich eine neue Familie, meist durch Einheirat, in Bonn durchsetzen. Auch zu anderen Handwerken bestanden enge verwandtschaftliche Bindungen. So stellte die Familie Udesheim im 17. und 18. Jahrhundert sowohl Zinngießer als auch Goldschmiede. Die Udesheims müssen sehr angesehen gewesen sein, denn Vertreter beider Handwerke aus der Familie sind als Ratsherren nachweisbar. Als Zinngießer folgten den Udesheims die Müllers, die ebenfalls im Rat vertreten waren und zur Zeit von Clemens August in Bonn die Zinngießer stellten. Mit Paulus Müller starb in Bonn 1751 auch diese letzte »alte« Familie aus. Erst 1768 ist mit Johann Baptist Peretti ein neuer Zinngießer faßbar. Wie sein Name andeutet, war Peretti Italiener, der sich in Bonn niederließ, weil es keine einheimischen Zinngießer mehr gab. Die italienische Einwanderung nach Deutschland im 18. Jahrhundert ist ein überregionaler Vorgang, der hier nicht näher beleuchtet werden kann. Jedenfalls sind im Rheinland und in Westfalen flächendeckend italienische Zinngießer nachweisbar.

Der Umbruch in der Zinngießerei, der sich hier in Bonn ereignete, ist symptomatisch für die Krise, in die das Handwerk im 18. Jahrhundert geriet. Die Mode bevorzugte jetzt leichte und elegante Formen, wie sie mit Silber oder dem neu erfundenen Porzellan zu realisieren waren, nicht aber mit Zinn, das sich eher für schwere und rustikale Formen eignete. Die alten Zinnformen wurden nicht mehr weiterentwickelt. Nur noch ganz einfaches Gebrauchszinn für den Alltag wurde benötigt. Dieses Billiggerät war aber nicht recht mit den immer noch geltenden Qualitätsvorschriften der Zunftordnung aus dem 16. Jahrhundert in Einklang zu bringen. Mehrfach wurde Anklage gegen Peretti erhoben, sein Zinn entspräche nicht der Norm, es würde »von Tag zu Tag« schlechter. Derartige Klagen sind auch aus anderen Städten bekannt, auch hier scheint es sich also nicht um ein lokales Problem gehandelt zu haben. Immerhin ist diesen Verhandlungen zu entnehmen, daß die Zunftordnung auch am Ende des 18. Jahrhunderts immer noch wörtlich geltendes Recht war, das mit aller Härte angewandt wurde, wie die empfindlichen Strafen gegen Peretti beweisen.

M. v. d. B.

Literatur: H.-U. Haedeke, *Zinn* (Bibliothek für Kunst- und Antiquitätenfreunde. 16), München 1983[3]; M. Walz, *Zinngießerfamilien aus Italien in Westfalen und im Rheinland* (Beiträge zur westfälischen Familienforschung, 56, 1998), Münster 1998.

Kat. Nr. VIB.6, S. 194

VI B Bonner Silber

Seit dem 12. Jahrhundert sind Silberschmiede in Bonn bezeugt. Aufgrund der ungünstigen Überlieferung sind Werke vereinzelt erst aus dem 17. Jahrhundert erhalten, in nennenswerter Zahl sogar erst ab der zweiten Hälfte des 18. Jahrhunderts. Groß war die Anzahl der gleichzeitig in Bonn lebenden Silberschmiede nie. Jedenfalls waren die Silberschmiede nie in einer eigenen Zunft organisiert, sondern in einer Sammelzunft den Glasabeitern zugeordnet. Der Hauptgrund für die Verluste an Bonner Silber – wie an rheinischem Silber überhaupt – ist wohl darin zu sehen, daß das Rheinland allzuoft Schauplatz verheerender Kriege war, die sich vernichtend auf den Bestand an Silber auswirkten. Kirchliches oder profanes Silber wurde geraubt, eingeschmolzen und zu Münzen umgeprägt, mit denen der Sold von Armeen zu bezahlen war. Besaß eine Familie reiches Tafelsilber und geriet in Not, so stellte das Silber ebenfalls eine Reserve dar, auf die man zurückgriff.

Nach heutigem Kenntnisstand sind nicht einmal mehr ein halbes Dutzend Silberobjekte aus Bonn vorhanden, die man in die vierzigjährige Regierungszeit von Clemens August datieren könnte, d. h. die Verlustrate liegt nahe hundert Prozent. Wie groß aber war der ursprüngliche Bestand? Hierzu können nur theoretische Überlegungen angestellt werden. Man sollte dabei zwischen kirchlichem, profanem und Schützensilber trennen.

An profanem Silber gab es in der Residenzstadt Bonn einen erheblichen Bedarf. Man darf davon ausgehen, daß neben dem kurfürstlichen Hof jede der halbwegs bedeutenden Adelsfamilien (wie auch der reichen Patrizierfamilien) ein repräsentatives Silberservice besaß. Die Frage ist nun, ob sich die potentiellen Auftraggeber an die ansässigen Silberschmiede oder lieber an renommierte auswärtige Konkurrenten gewandt haben. In Anbetracht der geringen Zahl der in Bonn vorhandenen Silberschmiede, die im Schatten Kölns standen, kann man Bonn wohl kaum als ein Zentrum der Silberverarbeitung bezeichnen. Man könnte angesichts des geringen erhaltenen Bestandes versucht sein, die Bonner Silberschmiede nur als Produzenten für den lokalen städtischen Bedarf anzusehen. Ein Blick auf die zweite Hälfte des 18. Jahrhunderts zeigt jedoch, daß dies möglicherweise eine Fehleinschätzung wäre. Aufgrund glücklicher Umstände haben sich hier größere Teile eines ursprünglich 314 Stücke umfassenden Services des Grafen von Landsberg-Velen erhalten, die 1792/94 vom Bonner Goldschmied Andreas Emmel geschaffen wurden. Dieses qualitätvolle Service ist schon im klassizistischen Stil gearbeitet und zeigt, zu welchen Leistungen die Bonner Silberschmiede fähig waren. Es handelt sich um das umfangreichste aus dem Rheinland erhaltene Service überhaupt. Ansonsten sind von Emmel, wie von seinen Bonner Zeitgenossen, nur wenige Einzelstücke überkommen.

Ähnlich bescheiden ist heute auch der Bestand an kirchlichem Silber. In den Bonner Kirchen haben sich nur drei Stücke erhalten, hinzu kommen noch einige Objekte aus kleineren Ortschaften des Bonner Umlandes. Der ursprüngliche Bestand dürfte nicht unerheblich gewesen sein, wenn man bedenkt, daß Bonn die Residenzstadt eines geistlichen Fürstentums gewesen ist und als ein Zentrum der Gegenreformation eine Vielzahl von Kirchen und Klöstern beherbergte.

Einen Sonderfall stellt das sogenannte Schützensilber dar. Die Schützenbruderschaften waren ihrem Ursprung im Mittelalter nach Bürgerwehren, die sich zur Selbstverteidigung von Städten und Dörfern zusammenfanden. Im Zeitalter des Clemens August hatten sie sich längst zu rein geselligen Vereinigungen der Bürgerschaft gewandelt. Meist waren es die Honoratioren der Bürgerschaft, die im Bruderschaftsleben mit seinen Riten ein geselliges Forum fanden, um den Zusammenhalt untereinander zu stärken. Wie bei den Zünften auch, beinhalteten die Bräuche der Schützen immer eine religiöse Komponente. Die Schützen organisierten sich als Bruderschaft, deren Mitglieder bestimmte religiöse Pflichten hatten. Höhepunkt des Jahres war das Schützenfest mit der Ermittlung des Schützenkönigs. Für den jeweiligen Schützenkönig gab es einen Schützenschild aus Silber, das in die Kette mit den Schilden aus früheren Jahren eingefügt wurde.

M. v. d. B.

Literatur: W. Scheffler, *Goldschmiede Rheinland-Westfalens. Daten, Werke, Zeichen*, Berlin/New York 1973; C.W. Clasen, *Rheinische Silbermarken. Die Marken und Werke der rheinischen Goldschmiede*, Rheinbach-Merzbach 1986; H. Bemmann, *Rheinisches Tafelsilber. Silbernes Prunk- und Tafelgerät des nördlichen Rheinlandes von 1550 bis 1800*, Rheinbach-Merzbach 1992.

Bonner Zinn

VI.1
Köln, Ende 17. Jahrhundert
Zunftkanne der Bonner Metzger
Zinn, H. 46 cm, Dm. 23.5 cm
Bez.: Auf dem Deckel: »AMSKAN«. Im Deckel: Kölner Marke.
StadtMuseum Bonn,
Inv. Nr. SMB 1991/KG 526

Breitgelagerter, runder und profilierter Fuß, darauf bauchiger Korpus, eingezogener kurzer Hals und halbkugelig erweiterter Oberrand. Klappbarer, halbrunder Deckel mit Knauf und Daumenruhe. Sanft geschwungener Henkel. Im oberen Teil des bauchigen Gefäßkörpers umlaufendes, profiliertes Wulstband. Darunter auf Vorderseite Öse mit Ring. Beschädigung an der oberen Laibung, viele Korrosionsdurchbrüche.
Diese Kanne ist das einzige Stück Zunftzinn, das in Bonn erhalten geblieben ist. Bezeichnenderweise wurde es nicht von einem Bonner Zinngießer, sondern von einem Kölner angefertigt. Der Bedarf an derartigen Kannen war offenbar so gering, daß es sich für einen Handwerker einer kleinen Stadt wie Bonn nicht

VI. 1

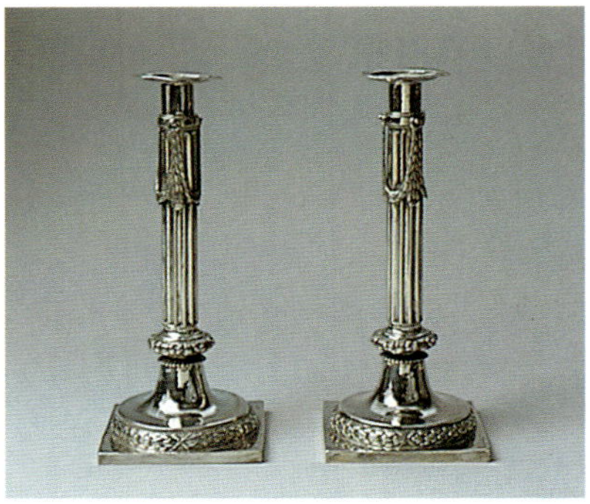

VIB.1

lohnte, dafür eine Gußform anzufertigen. Man griff auf ein verbreitetes Kölner Produkt zurück, das gern als Zunft- oder Ratskanne verwendet wurde. Ein schönes Beispiel ist etwa die Ratskanne der Stadt Neuss, die im Kölnischen Stadtmuseum verwahrt wird und die der Bonner Zunftkanne sehr ähnlich ist. Zinnkannen dieser Art wurden bei den festlichen Umtrünken der Zünfte zusammen mit den zugehörigen Zinnbechern und -tellern verwendet.
Lit.: W. Holzhausen, Die Städtischen Kunstsammlungen, Bonn, *WRJb*, 22, 1960, S. 210–216, Abb.127; H.-U. Haedeke, *Zinn* (Bibliothek für Kunst- und Antiquitätenfreunde, 16), München 1983[3], S. 219, Abbn. 291–292 (Vergleichsstücke).

VIA.1
Mathias Müller
Kölner Kanne, 1706–1727
Zinn, H. 29 cm, Dm. 14,9 cm
Bez. (Innenseite): Bonner Wappen, »MM«, (Innenseite Hals): 2 x 3 Stäbe
StadtMuseum Bonn,
Inv. Nr. SMB 1991/KG 522

Auf glattem Fuß mit Fußring ballenförmiger Körper, in einen schlanken Hals übergehend. Mündung erweitert mit vorgezogenem Ausguß. Rillen an Fuß, Korpus und Hals. Flacher Deckel mit scheibenartiger Erhöhung in der Mitte. Daumenruhe geschweift, mit einer Zunge bis zur mittleren Erhöhung des Deckels reichend. Bandhenkel, ohrenförmig geschweift. Der Typus der »Kölner Kanne« war Ende des 17. und im 1. Viertel des 18. Jh.s die Standardform für die regionalen Zinngießer. Nach dem Kölner Vorbild wurde er völlig gleichartig in verschiedenen Städten des Rheinlandes, etwa Bonn oder Düsseldorf, hergestellt. (Vgl. H.-U. Haedeke, *Zinn*, Kataloge des Kunstgewerbemuseums Köln 3, Köln 1976[2], Nrn. 92–99 und drei Kölner Kannen im Rheinischen Landesmuseum Bonn, Inv. Nrn. 61.5, 63.1194 und 63.1195, alle mit Kölner Marken AR und EE.)

VIA.2
Mathias Müller
Kölner Kanne, 1706–1727
Zinn, H. 24 cm, Dm. 13 cm
Bez. (Innenseite): Bonner Wappen, »MM«, (Innenseite Hals): Geteiltes Dreieck.
StadtMuseum Bonn,
Inv. Nr. SMB 1991/KG 523

VIB.2

VIA.3–6
Bonn, 1. Hälfte des 18. Jahrhunderts
Vier Teller
Zinn, Dm. 30–35 cm
StadtMuseum Bonn und Kölnisches Stadtmuseum

Diese einfachen Gebrauchsteller mit ein- oder zweifacher Profilierung am Rand sind unter den erhaltenen Bonner Zinnobjekte am häufigsten vertreten. Sie sind mit der Bonner Zinnmarke gekennzeichnet: Stadtwappen mit Kurhut und Meistermonogramm. Vertreten sind Mathias Müller (Meistermonogramm MM, Meister 1706, gest. 1727) und Paulus Müller (Meistermonogramm PM, Meister 1705, gest. 1751).

Profanes Silber

VI B.1
Christian Baur
Leuchterpaar, um 1790
Silber, 13-lötig, H. 26 cm
Repräsentationssilber der Stadt Bonn
StadtMuseum Bonn, Inv. Nr. SMB 1999/Alt 12

Es handelt sich hierbei um einen weitverbreiteten Leuchtertyp im Empirestil.

VI B.2
Sebastian Heinrich Becker
Teedose, nach 1760
Silber, 13-lötig, H. 10,5 cm
Rheinisches Landesmuseum Bonn,
Inv. Nr. 76.1641
Lit.: Clasen 1992, S. 2909.

VI B.3
Antonius Bühren
Fußbecher, ca. 1789
Silber, H. 9,4 cm
Rheinisches Landesmuseum Bonn,
Inv. Nr. 95.0087

Fußbecher mit niedrigem, leicht hochgewölbtem Fuß und glockenförmiger Kuppa. Am Unterrand von Kuppa und Fuß jeweils ein getriebener Blattkranz. Inschrift: »Marda Eließabete Antonete geb: 8t Augt 1789«. Silberbecher aus Bonn sind fast gar nicht erhalten. Dieser Taufbecher ist eine Ausnahme.

VIB.5p

VIB.5a-n

VI B.4
Anonym, um 1800
Bildnisse des Bonner Silberschmieds Andreas Emmel und seiner Frau Katharina Eylender
Pastell, je 37,5 x 29,5 cm
Privatbesitz

VIB.4

Andreas Emmel ist der einzige Bonner Silberschmied, von dem nicht nur eine größere Anzahl von Werken erhalten ist, sondern der durch Schrift- und Bildzeugnisse auch als Persönlichkeit faßbar ist. Er wurde 1759 in Bonn geboren als Sohn des kurfürstlichen Kellerdieners Henricus Emmel, der schon 1760 starb. Andreas Emmel wuchs bei seinen Großeltern auf und lernte bei dem aus Wien zugewanderten Johannes Jacobus Math, der als Hofgoldschmied in Bonn wirkte. Emmel heiratete 1786 Katharina Eylender. Aus der Ehe gingen neun Kinder hervor, der Lehrmeister Math war Pate des sechsten und siebten Kindes, was auf eine weiterbestehende enge Bindung schließen läßt. Andreas Emmel machte offensichtlich Karriere und etablierte sich wie Math ebenfalls als Hofgoldschmied. Nach dem Einmarsch der französischen Revolutionsarmee 1794 und der Auflösung des kurkölnischen Staates geriet Emmel zunehmend in wirtschaftliche Schwierigkeiten. Briefe belegen die mangelnde Zahlungsbereitschaft der Kunden angesichts unsicherer Verhältnisse. Emmel mußte Bonn verlassen und arbeitete in Mergentheim und Wien. Er kehrte noch einmal nach Bonn zurück, um dann schließlich ein Jahr nach dem Tod seiner Frau 1814 endgültig nach Wien zu gehen. Ob er sich dort als Silberschmied etablieren konnte, ist nicht bekannt. Allerdings bekleidete er später das Amt eines Tranksteuerrevisors, was auf einen Berufswechsel hindeutet. Emmel starb 1828 an »Lungenlähmung« in Wien.

VI B.5
Andreas Emmel (1759–1828)
18 Teile aus dem großen Tafelservice des Freiherrn von Landsberg-Velen, 1792–1794
Silber, 13-lötig
Rheinisches Landesmuseum Bonn,
Inv. Nr. 75, 1689, 01–14

a) Terrine
b + c) Kasserolle
d) Sauciere
e + f) Tafelleuchter
g) Salzfaß
h) Fünfpaßteller
i) Vierpaßteller
j) Dreipaßteller
k) Große Bratenschüssel
l) Platzteller
m + n) Runde Schüsseln

Münster, Westfälisches Landesmuseum
für Kunst- und Kulturgeschichte,
Inv. Nrn. 311–314, 316

o) Großer Löffel
p) Ovale Schale
q) Dreiecksschüssel
r) Großer Teller

Andreas Emmel gehörte zu den auch über die Stadtgrenzen hinaus erfolgreichen Bonner Handwerkern. Neben dem Bonner Kurfürsten Max Franz, der

1793 ein Service für den Deutschen Orden anfertigen ließ, ist vor allem der Auftrag des Kurfürstlichen Hofrates Paul Joseph Reichsfreiherr von Landsberg-Velen gut belegt, der 1792 ein ursprünglich 314-teiliges Silberservice bestellte. Planskizzen und Briefe dokumentieren die Entstehung. Der Auftraggeber hatte offensichtlich sehr genaue Vorstellungen. Das Service sollte »à l'antique«, d. h. dem zeitgenössischen klassizistischen Geschmack entsprechend gestaltet werden. Es hat mit rund 230 kg ein beträchtliches Gewicht und kostete 25 000 Reichstaler. Die Stücke sind mit dem Wappen des Auftraggebers versehen. Es ist das einzige aus dem 18. Jh. stammende rheinische Service, das in dieser Weise erhalten ist.
Lit.: J. M. Fritz, Andreas Emmel und andere Bonner Goldschmiede des 18. Jh.s, *Bonner Jahrbücher*, 164, 1964, S. 353–391.

VIB.6
Andreas Emmel (1759–1828)
Suppenterrine, um 1790
Silber, H. 37 cm, B. 37 cm, T. 22,9 cm
Marke: Andreas Emmel, Meister- und Beschauzeichen
StadtMuseum Bonn, Inv. Nr. SMB 1990/86

Die klassizistische Terrine steht auf einem runden, mehrfach profilierten Fuß. Der

VIB.12

VIB.15

Korpus ist im unteren Teil mit einem umlaufenden Ornament aus Längsstreifen verziert, die jeweils nach oben hin spitz zulaufen. Der obere Teil des Korpus ist glatt poliert. An den Seiten befinden sich zwei Knäufe, die bewegliche, ovale Griffe halten. Der Deckel ist mehrfach gestaffelt; aus einem konkaven Mittelfeld erhebt sich eine glockenförmige Aufwölbung, die den ellipsoiden Knauf trägt. Die Terrine des StadtMuseums ist ein qualitätvolles Beispiel für den unter dem letzten Kurfürsten auch in Bonn Einzug haltenden klassizistischen Zeitgeschmack. Sie weicht in ihrer herberen Formensprache deutlich von der zum Landsberg-Velenschen Service gehörenden Terrine ab, so daß sie zu einem anderen, bisher nicht zu bestimmenden Service gehört haben muß.
Lit.: I. Bodsch, *Erstvorstellung. Schenkungen – Stiftungen – Ankäufe. Begleitheft zur Ausstellung des Stadtmuseums Bonn im Ernst-Moritz-Arndt-Haus vom 19.12.1991 – 1.3.1992*, Bonn 1991, S.17, Abb.8; Bemmann 1992, Kat. Nr. 58, Abb. 200; Clasen 1992, S. 2911, Abb. 7. Abb. S. 190.

VIB.7
Andreas Emmel (1759–1828)
Salzschälchen mit Glaseinsatz, um 1790
Silber, 13-lötig, H. 5,1 cm
Rheinisches Landesmuseum Bonn, Inv. Nr. 82.0151
Lit. Bemmann 1992, Kat. Nr. 61.

VIB.8
Andreas Emmel (1759–1828)
Leuchterpaar, um 1790
Silber, 13-lötig, H. 30 cm
Museum für Angewandte Kunst, Köln

VIB.9
Andreas Emmel (1759–1828)
Leuchter, um 1786
Silber, 13-lötig, H. 24 cm
Privatbesitz
Lit.: Bemmann 1992, Kat. Nr. 57.

VIB.10
Heinrich Udesheim
Löffel, vor 1761
Silber, 12-lötig
L. 20,1 cm, B. 4,2 cm, H. 2,6 cm
Marke auf Rückseite der Laffe: »HV«, und Bonner Stadtzeichen, Monogramm Vorderseite: »CM«.
Stadtmuseum Bonn, Inv. Nr. SMB 1994/42

Da dieser Löffel als 12-lötiges Silber gemarkt ist, muß er vor 1761 entstanden sein, da damals per kurfürstlichem Edikt die ausschließliche Verwendung des höherwertigen 13-lötigen Silbers vorgeschrieben wurde.

Kirchensilber

VIB.11
Heinrich Udesheim
Monstranz mit Reliquien der Hl. Walburgis, um 1750
Silber mit Holzfuß, H. 30 cm
Katholische Pfarrkirche St. Walburgis, Gelsdorf

Diese Strahlenmonstranz ist die einzig vollständig erhaltene Monstranz von einem Bonner Silberschmied. Wie die Reliquien belegen, war sie von Anfang an für die kleine Kirche in Gelsdorf (südlich von Bonn) gedacht. Auf einem einfachen vergoldeten Strahlenkranz sind Rocailleornamente in Silber montiert. Oben die Hl. Walburgis in Halbfigur. In dem zentralen Schauglas befinden sich die von einem Perlenherz umgebenen Reliquien

VIB.7

VIB.14

mit einer Beschriftung. Offensichtlich waren die für die Monstranz verfügbaren Geldmittel begrenzt, da der Fuß aus Holz gedrechselt wurde.
Lit.: *Kreis Ahrweiler* (Die Kunstdenkmäler der Rheinprovinz, 17. Bd., 1. Abt.), Düsseldorf 1938, S. 253.

VIB.12
Sebastian Heinrich Becker
Kelch, 1780
Silber, 13-lötig, H. 23 cm
Bez.: Kartuscheninschrift am Fuß: »IOAN MELCHIOR MAAGH CAN[ONICUS] CAPIT[ULI] & SENIOR BONN[AE] ME F[IERI] F[ECIT] 1780«
Katholische Pfarrkirche St. Johannes Baptist, Kürten

Dieser mit Rocaillen dekorierte Kelch kann durch eine Inschrift zugeordnet werden. Als Stifter läßt sich der von 1742–1783 am Bonner Münsterstift St. Cassius nachgewiesene Kanoniker Maagh identifizieren. Wie der Kelch selbst belegt, konnte der Bonner Silberschmied Becker (erwähnt 1760–1802) auch den Qualitätsansprüchen der höheren Bonner Geistlichkeit gerecht werden.
Lit.: Clasen 1975, Kat. Nr.140.

VIB.13
Antonius Bühren
Teile einer Monstranz, vor 1761
Silber,12-lötig, teilweise vergoldet, H. 64,4 cm
Katholische Pfarrkirche St. Bartholomäus, Windhagen

Die Monstranz besteht aus einem vergoldeten Strahlenkranz mit Schauglas in der Mitte. Der Strahlenkranz ist mit aufgesetzten, silbernen Rocaillen mit Figurendarstellungen verziert. Dargestellt sind Gottvater und zwei Posaunenengel. Die Krone darüber wird von zwei weiteren Engeln getragen. Unter dem Schauglas befindet sich die gekrönte Maria in Büstenform. Die Monstranz stammt sehr wahrscheinlich aus der Marienkirche des ehem. Zisterzienserklosters Heisterbach bei Bonn und gelangte wohl erst in Folge der Säkularisation nach Windhagen.
Fuß und Kruzifix wurden 1743/46 vom Kölner Goldschmied Hermann Ströttgen gefertigt, der Rest von Antonius Bühren. Laut kurfürstlichem Edikt durften die Bonner Silberschmiede ab 1761 nur noch 13-lötiges Silber verwenden, die Monstranzteile von Bühren (erwähnt 1765–1793) sind also vorher entstanden.
Lit.: *Zisterzienser und Heisterbach.* Ausstellungskatalog Siebengebirgsmuseum, Königswinter (Schriften des Rheinischen Museumsamts, 15), 1981, S. 88–89, Kat. Nr. B 9.

VIB.19

VIB.14
Andreas Emmel
Meßkännchengarnitur, 1786
Silber ,13-lötig, Tablett: 32 x 20,8 cm, Meßkännchen: H. 13,5 cm
Münsterpfarre St. Martin, Bonn

Durch die Gravur »AO 1786« auf der Unterseite des Tabletts datiert, darf diese Garnitur als vielleicht frühestes überliefertes Werk von Andreas Emmel gelten. Es entspricht schon dem modernen Zeitgeschmack, der sich vom Rokoko ab- und dem »Zopfstil« oder Louis XVI. zugewandt hatte.
Lit.: Clasen 1975, Kat. Nr. 142.

VIB.15
Johann Jakob Math
Rauchfaß, 3. Viertel des 18. Jahrhunderts
Silber,13-lötig, H. 20 cm
Katholische Stiftspfarre St. Johannes Baptist und Petrus, Bonn

Einziges bekanntes Rauchfaß von einem Bonner Silberschmied des 18. Jh.s.

Schützensilber

VIB.16
Christian Baur
Zwei Schützenschilder, 1793
St. Sebastianus Bürgerschützengesellschaft, Ahrweiler

VIB.17
Sebastian Heinrich Becker
Vier Schützenschilde, 1766, 1774, 1787, 1802
St. Sebastianus Bürgerschützengesellschaft, Ahrweiler

VIB.18
Peter Dufenthall
Schützenschild, 1742
St. Sebastianus Schützenbruderschaft, Brühl

VIB.19
Johann Jakob Math
Fünf Schützenschilde, 1763, 1764, 1766, 1781, 1786
St. Sebastianus Schützenbruderschaft, Brühl

VIB.20
Johann Jakob Math
Schützenschild
St. Sebastianus Bürgerschützengesellschaft, Ahrweiler

VIB.13

Kat. Nr. VII.18, S. 201

VII Das Bonner Stadtbild im 18. Jahrhundert

Das erste Jahrhundert als Haupt- und Residenzstadt war Bonn nicht gut bekommen, da es durch die Parteinahmen der Wittelsbacher auf dem Kölner Erzstuhl in den großen europäischen Auseinandersetzungen des 17. Jahrhunderts häufige Belagerungen und Plünderungen zu erdulden hatte. Insbesondere die Bombardements vom 12. Oktober 1689 durch brandenburgische, niederländische und münstersche Truppen hatten die Stadt so schwer in Mitleidenschaft gezogen, daß ihr Anblick dem um 1692 durchreisenden französischen Gelehrten Jean DuMont als warnendes Beispiel galt: »*Über Bonn kann ich eigentlich nicht mehr sagen, als dass man gerade hier schon von weitem erkennt, wie sehr Kriege zu fürchten sind.* [...] *Alles Mauerwerk ist geflickt und an tausend Stellen wie von Wundpflastern bedeckt; schon dem Vorübergehenden zeigt sich, wie alle Häuser zerstört sind.*« Mit dem Neubau des Residenzschlosses nach Plänen von Enrico Zuccalli, die vom französischen ›Stararchitekten‹ Robert de Cotte erheblich modifiziert wurden, begann nach 1715 Bonns Blütezeit als Residenzstadt mit dem Hof als Zentrum glanzvoller fürstlicher Repräsentation. Die Festungsanlagen fielen und machten 1741/42 vor der Südfassade des Residenzschlosses den Weg frei für die umfassende Neugestaltung des Hofgartens. Gleichzeitig wurde die Residenz durch den Bau der langgestreckten, zweigeschossigen Großen Galerie mit dem Akademiesaal und dem über dem ›Koblenzer Tor‹ angelegten St. Michaelssaal um einen fast bis zum Rhein führenden Flügel erweitert, der auch im großen Schloßbrand von 1777 im Gegensatz zum Hauptgebäude kaum Schaden nahm.

Ebenfalls schon von Kurfürst Joseph Clemens initiiert, war der Neubau eines Lustschlosses in Poppelsdorf am Fuße des Kreuzberges in direkter Achsenverbindung zur neuen Residenz. Anstelle des ursprünglich von Joseph Clemens geplanten Kanals wurde dann allerdings bei der späteren Weiterführung der Baumaßnahmen unter Clemens August eine Allee angelegt. Mit der Wiederherstellung der in einer Sichtachse mit der Residenz und Schloß Poppelsdorf liegenden Wallfahrtskirche auf dem Kreuzberg 1746/47, an deren Chor eine auf Entwürfe Balthasar Neumanns zurückgehende, prachtvoll gestaltete Heilige Stiege angefügt wurde, hatte einer der großartigsten Prospekte des Rokoko im Rheinland Gestalt angenommen, der in der Gegenrichtung auf das Panorama des Siebengebirges Bezug nahm. Obwohl die gerühmten Blickachsen durch spätere bauplanerische Willkür beeinträchtigt wurden, prägen diese Gebäude und Anlagen heute noch das Bonner Stadtbild, zu dessen besonderen Reizen auch das Alte Rathaus gehört, das 1737/38 nach den Entwürfen des kurfürstlichen Hofbaumeisters Michael Leveilly entstanden ist. Abgesehen vom Rathaus und der 1777 angelegten Marktfontäne hat sich das Bild des Marktplatzes gegenüber dem des 18. Jahrhunderts sehr gewandelt, da keines der relativ schmalen drei- bis fünfgeschossigen Häuser mit ihren geschweiften Giebeln erhalten geblieben ist. Nur noch unterirdische Fundamente künden heute vom ehemaligen kurfürstlichen Jagdschloß Herzogsfreude in Röttgen, das schon in der Franzosenzeit auf Abbruch verkauft wurde, und von der Vinea Domini, einem noch unter Kurfürst Joseph Clemens vollendeten kleinen Lustschlößchen am Rhein. Zur Silhouette des Bonner Rheinufers gehörten auch die zwei bedeutendsten Adelshöfe der Residenzstadt, deren Platz heute von der Oper eingenommen wird: der im Zweiten Weltkrieg zerstörte Boeselagerhof, dessen vielgerühmte Anlage auf den Ersten Minister von Clemens August, Ferdinand Graf von Plettenberg, zurückging, und der daneben liegende, nach 1904 abgebrochene Metternicher Hof, dessen Bauherr auch der Besitzer der 1908 abgebrochenen Sternenburg in Poppelsdorf war. Wenig hat sich von den übrigen Adelssitzen, den Klöstern und Klosterhöfen sowie den barocken Straßenzügen der Innenstadt erhalten. In der Bonngasse, in der neben dem Gudenauer Hof auch die prächtig ausgestatteten Häuser des Hofkammerrats Maagh und des Hofrats und Kriegskommissars Broggia standen, haben immerhin das Geburtshaus von Beethoven, das benachbarte Haus zum Mohren und die Namen-Jesu-Kirche die Jahrhunderte überdauert. Völlige Umgestaltungen sind im Bereich der heutigen Berliner Freiheit zu konstatieren, wo nichts mehr an die Adelssitze der von Weichs, von Trotti und von Gymnich und an die Wohnhäuser von anderen hohen Hofbeamten am ehemaligen Vierecksplatz und in der Rysselstraße erinnert und wo der ehemalige Straßenzug der im 18. Jahrhundert durch zwei Pforten verschlossenen Judengasse weitgehend von einem großen Hotel besetzt ist.

I. B.

VII.1
Henrico Zuccalli
Kurfürstliche Residenz in Bonn
Entwurf zur Hofgartenfassade (westliche Hälfte), vor 1697
Bibliothèque Nationale Paris, Cabinet des Estampes

Die ältere Schloßanlage war 1689 dem Bombardement zum Opfer gefallen. Kurfürst Joseph Clemens begann 1697 mit einem Neubau, dessen Pläne der aus Graubünden stammende kurbayerische Hofbaumeister Henrico Zuccalli (1642–1724) fertigte. Seine Konzeption sah eine geschlossene, mit turmartigen Eckpavillons akzentuierte Vierflügelanlage um einen von Arkaden umzogenen Innenhof vor. Die Architektursprache ist gänzlich italienisch. Die Ansicht der Hofgartenfront – besser Feldseite, der Hofgarten wurde erst sehr viel später angelegt – zeigt diese in 15, insgesamt also 29 Fensterachsen. Gegenüber dem heutigen Zustand sah Zuccalli für das Erdgeschoß rechteckige Fenster und keine rustizierte Blendarkatur vor. Die Fenster des Piano nobile waren als Fenstertüren gedacht, in nobler Form gerahmt und alternierend von Dreiecks- und Segmentgiebeln gekrönt. Die Figurennische mit der Regina Pacis, die erst später entstand, ist hier bereits planerisch vorgegeben. Der fünfachsige Balkonvorbau mit dem entsprechenden Attikageschoß, die abschließende Balustrade, die verzierten Gauben und das Mansarddach förderten eine ungewöhnlich opulente Eleganz und wirkten der bei dieser Monumentalität leicht aufkommenden Monotonie entgegen. G. K.

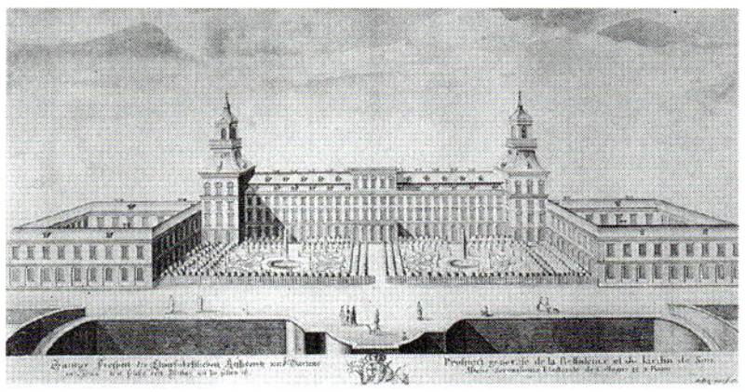
VII. 4

VII. 6

VII. 8

VII.2
Atelier Robert de Cotte
Kurfürstliche Residenz in Bonn, Gesamtplan, um 1715
Bibliothèque Nationale Paris, Cabinet des Estampes

Während seines Exils im französischen Valenciennes beschäftigte sich Kurfürst Joseph Clemens mit den Plänen zum Ausbau der Bonner Residenz. In einer umfangreichen Korrespondenz mit dem Pariser Hofarchitekten Robert de Cotte (1656–1735) entwickelte er seine Visionen von einer gewaltigen Schloßarchitektur einschließlich zugehöriger kleiner Stadt.
Der Plan aus dem Atelier de Cottes zeigt das Geviert der Schloßanlage mit den bereits bestehenden Teilen, die dunkel angelegt sind. Eine aus der französischen Architekturtheorie entwickelte Grundüberlegung für die Weiter- und Neuplanung betraf die Einbeziehung der umliegenden Landschaft in das Bauwerk: als point de vue von der Hofgartenfront aus ist deshalb das Siebengebirge (am rechten Bildrand) eingezeichnet. Der Hofgarten ist noch nicht angelegt. In die hier noch vorhandenen Fortifikationen zeichnet der Kurfürst mit Bleistift seine Vorstellungen einer Schloßerweiterung mit der Kaskade als Beginn der Kanalverbindung nach Poppelsdorf ein. G. K.

VII.3
Antoine Trouvain nach einem Gemälde von Jean Tortebat
Bildnis des Robert de Cotte, um 1700
Kupferstich, 42 x 30,6 cm (Platte)
Bez. l. u.: »Tortebat pinxit«, r. u.: »A. Trouvain sculpsit«

VII. 10

VII. 11

In der Platte, um rundes Wappenemblem: »ROBERTUS DE COTTE
Eques, Regi a consiliis, regiorum aedificiorum praefectus regiis architectonices, picturae et sculpturae academiis praepositus.«
Stadtarchiv und Stadthistorische Bibliothek Bonn, Graphische Sammlung

Kurfürst Joseph Clemens hatte 1714, noch vor seiner Rückkehr aus dem französischen Exil, den Pariser Oberbaudirektor bzw. »Architecte du Roi« Robert de Cotte mit der Oberleitung des gesamten Bauwesens in seinem Kurfürstentum beauftragt, womit ein Zuzug französischer Architekten, u. a. von Michael Leveilly, in die Residenzstadt Bonn verbunden war.
Robert de Cotte übernahm – in der örtlichen Bauaufsicht und Umsetzung der Pläne durch die Architekten Benoît de Fortier und Guillaume Hauberat vertreten – die Weiterführung des nach Plänen von Enrico Zuccali 1697 als barockes Stadtschloß mit vier Türmen und einem Arkadenhof begonnenen kurfürstlichen Residenzschlosses. Dieses wurde nach dem Abbruch der nah gelegenen Befestigungswälle als weitläufige Anlage mit Hofgarten umgeplant, weshalb Robert de Cotte »der eigentliche Schöpfer der das Bonner Stadtbild bestimmenden Bauanlage geworden« ist (Renard 1927, S. 31).

Der französische Baumeister entwarf 1715 für Kurfürst Joseph Clemens auch die Planungen für Schloß Poppelsdorf, das nach langen Verzögerungen und zeitweiligem Baustillstand erst in den letzten Regierungsjahren von Clemens August vollendet wurde. I. B.

VII.4
C. F. Haas
Ansicht der kurfürstlichen Residenz in Bonn von der Gartenseite, um 1740
Tuschzeichnung, 30,2 x 56,5 cm
Bez. u. r.: »dessin par C. F. Haas«
Stadtarchiv und Stadthistorische Bibliothek Bonn, Graphische Sammlung

Unter der Darstellung zentriert Wappen des Kölner Kurfürsten mit Kurhut, davon rechts: »*Gantzer Prospect der Churfürstlichen Ressidentz und Gartens in Bonn, wie solche von Mittag an zu sehen ist*«; rechts neben Wappenschild: »*Prospect generale de la Ressidence et du jardin de son Altesse Serenissime Electorale etc. de Collogne a Bonn.*«
Die Zeichnung zeigt die Schloßanlage um 1740. Die Buchsbaumornamente der zwei Broderieparterres vor der Südfront des Schlosses bilden jeweils eine Kartusche mit dem Monogramm von Clemens August, die Parterres selbst sind von Hunderten von Orangenbäumchen gerahmt. Im Vordergrund sind noch die eher malerisch wirkenden, denn befestigungstechnisch relevanten Schlaunschen Brüstungswälle zu sehen, die über seitlich geschwungene Abgänge auch das tiefer gelegene Terrain zugänglich machten. Nach ihrem Abriß 1741/42 machten sie den Weg frei für die umfassende Neugestaltung des Hofgartens, wie er uns in Darstellungen von ca. 1750 überliefert ist. I. B.

VII. 12

VII. 5

VII.5
François Rousseau
Das kurfürstliche Residenzschloß zu Bonn, um 1755/60
Supraporte
Öl auf Leinwand, 97 x 157 cm
StadtMuseum Bonn

Das Gemälde stellt anschaulich den städtebaulichen Zusammenhang der kurfürstlichen Bauten in Bonn dar: die Residenz mit der Achsenverbindung zum Poppelsdorfer Schloß; im Hintergrund die Wallfahrtskirche mit der Heiligen Stiege auf dem Kreuzberg. Im Gegensatz zur heutigen Farbfassung war der originale Anstrich der Residenz weißgrau. G. K.

VII.6
Das Bonner Residenzschloß von der Hofgartenseite, vor 1777
Federzeichnung, z. T. aquarelliert, unbezeichnet
24,2 x 39,5 cm (Blatt)
Stadtarchiv und Stadthistorische Bibliothek Bonn, Graphische Sammlung

Blick auf das kurfürstliche Residenzschloß und den Hofgarten mit den Wasserspielen, im Hintergrund die Türme des Bonner Münsters, die Turmspitzen der Jesuitenkirche und der Kirche des Franziskanerklosters.

VII.7
Charles Dupuis
Das kurfürstliche Residenzschloß in Bonn von der Hofgartenseite, vor 1777
Kupferstich, 19,1 x 30,8 cm (Platte)
Bez. l. u.: »C. Dupuis Officier del., r. u.: J. G. Sturm fc.«
Untertitelt: »Vue de la Résidence de S. A. E. E. de Cologne etc. du Coté du jardin«
Stadtarchiv und Stadthistorische Bibliothek Bonn, Graphische Sammlung

VII.8
Bernhard Hundeshagen/E. Grünewald
Das Koblenzer oder Michaelstor zu Bonn, um 1840
Kupferstich, 15,8 x 21,3 cm (Blatt)
Bez. l. u.: »B. Hundeshagen del.«; r. u.: »E. Grünewald sc.«
Stadtarchiv und Stadthistorische Bibliothek Bonn, Graphische Sammlung

Bei der Errichtung des langgestreckten Galeriebaues 1751–1755, der vom Residenzschloß zum Rhein führt, wurde der Torbau von Clemens August für das Archiv und den Sitzungssaal des Michaelsordens vorgesehen, dessen Großmeister Clemens August in der Nachfolge des Ordensgründers, seines Onkels Joseph Clemens, gewesen ist. Das bedeutendste Bauwerk des Ordens ist die 1744 geweihte St. Michaelskirche in Berg am Laim bei München, die Clemens August errichten ließ. I. B.

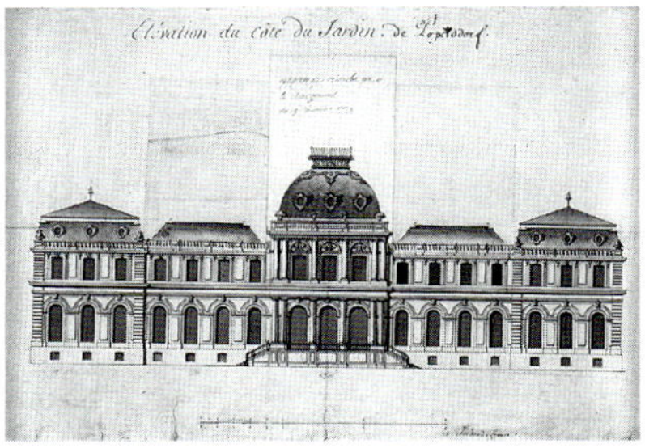

VII. 14

VII.9
François Rousseau
Der Brand des kurfürstlichen Schlosses, 1777
Öl auf Holz, 18,8 x 28,5 cm
Bez. l. u.: »F. Roussaux. pinxit 1777«
StadtMuseum Bonn

Das kleine Gemälde ist eines von mehreren, von der Hand Rousseaus (um 1717–1804) zugeschrieben überlieferten Bildzeugnissen vom verheerenden Brand des Bonner Schlosses am 15. Januar 1777. Die auf diesem Bild dargestellte Hofgartenseite des Schlosses steht in Flammen, die Dächer des Mitteltrakts mit den Turmbauten sind bereits eingestürzt. Die Dramatik des Geschehens mit dem schaurig erhellten Nachthimmel, der bis ins Bonner Umland zu sehen gewesen ist, wird durch die zahlreichen Figurengruppen verdeutlicht, die mit Lösch- und Rettungsaktionen zum Erhalt des kurfürstlichen Mobiliars und Hausrats beschäftigt sind. I. B.

VII.10
Jakob Rousseau
Die kurfürstliche Residenz beim Wiederaufbau nach dem Brand von 1777
Bez.: »Après l'insendie de la Residence de Bonn de S. A. E. E. de Cologne du Cotté du Jardin«; sign. u. dat.: »J. Roussaux Anno 1777«
Radierung, 15 x 19,6 cm
Universität Bonn, Dekanat der Philosophischen Fakultät

Das Blatt gehört zu einer Bildfolge von fünf Radierungen, die von Jakob Rousseau (1757–1826), dem Sohn des Malers François Rousseau, der die Gemälde des Schloßbrandes schuf, stammen. Der Standpunkt ist in der Nähe des Buen Retiro-Flügels (heute Kunsthistorisches Insitut) gewählt. Dargestellt ist das im Dachstuhl und den oberen Stockwerken ausgebrannte Schloß während der Wiederaufbauarbeiten. Im Vordergrund kurfürstliche Beamte, spielende Kinder und Zimmerleute. Bei der mit Dreispitz und Deutschordenskreuz geschmückten Person dürfte es sich um den Obristhofmeister und Minister Belderbusch handeln, der den Wiederaufbau zu leiten hatte. Im Hintergrund die Franziskanerkirche und das unversehrt gebliebene Michaelstor (Koblenzer Tor). G. K.

VII.11
Jakob Rousseau
Residenz von der Stadtseite, 1777
Kupferstich, 18,5 x 29,8 cm
Untertitelt: »Dedie à S: A: E: de Cologne Prince et Evêque de Munster etc. etc. etc. / la Nouvelle Residence de Bonn du côte de la Ville Selon le Dessein de Monsieur Roth / peint par f. Roussaux Conseiller de la chambre Et architect. et mis à l' au fort par f : j. Roussaux le fils 1777.«
Stadtarchiv und Stadthistorische Bibliothek Bonn, Graphische Sammlung

Das Blatt zeigt die ursprüngliche Planung des Hofarchitekten Johann Heinrich Roth zum Wiederaufbau des beim Brand von 1777 stark zerstörten Residenzschlosses von der stadtwärts gelegenen Seite. Roth plante – wie auf dem Stich zu sehen – zur Stadtseite einen eingeschossigen Trakt mit einem dreiteiligen Tor als Zugang zum Arkadenhof. Die Planung blieb unausgeführt.
Nach dem Brand waren von den beiden Querflügeln mit Treppenhaus und Schloßkapelle – letztere hatte den ganzen westlichen Quertrakt ausgefüllt – nur die Erdgeschosse in den Außenmauern übriggeblieben. Die beim Brand zerstörte Kapelle – 1700 als erster fertiger Raum im neuen Schloßbau geweiht –, deren Neubau weder am alten Platz noch in alter Gestalt erfolgte, ist neben dem kurfürstlichen Theater der einzige Innenraum der Bonner Residenz, von dem der Nachwelt eine Innenansicht nach einem Gemälde des 1742 in Bonn als »Churfürstl. Rath und Cabinetsmähler« verstorbenen französischen Künstlers Stephan Laurenz de la Roque überliefert ist. Die Ansicht des alten Kapelleninnenraumes findet sich auf einem gestochenen Wandkalender von 1723 von der Hand des kurkölnischen Hofkupferstechers Simon Thadaeus Sondermayr. I. B.

VII.12
Balthasar Frederic Leizel
Blick auf die Neue Residenz vom Franziskanerkloster, nach 1777
Kolorierter Kupferstich, 36 x 47 cm
Guckkastenbild (seitenverkehrte Darstellung)
Bez. r. u.: »Gravé par Balth. Fredric Leizel«
Stadtarchiv und Stadthistorische Bibliothek Bonn, Graphische Sammlung

Der Kupferstich des Augsburgers Leizel, der eine ganze Reihe Guckkastenbilder mit Bonner Motiven hergestellt hat, zeigt das Residenzschloß nach dem Brand von 1777 mit der ehemaligen, nach dem Brand nur eingeschossigen Haupteingangsfront, durch deren dreiteiligen Torbogen man in den Ehrenhof gelangte. Links im Bild die Straße »Am Hof«, dahinter die Spitzen der Münstertürme und der Kreuzberg. I. B.

VII.13
Johann Ziegler nach Lorenz Janscha
Die Bonner Residenz von der Hofgartenseite, 1798
Kolorierter Kupferstich, 43 x 53 cm (Blatt)
Stadtarchiv und Stadthistorische Bibliothek Bonn, Graphische Sammlung

VII.14
Benôit de Fortier mit Korrekturen von Robert de Cotte
Aufriß der Gartenfront von Schloß Clemensruhe in Poppelsdorf, 1715
Aufschrift von zwei Händen: »Elévation du côte du Jardin de Popelsdorf«
Schwarze Federzeichnung, grau, blau und beige laviert auf glattem, weißem Papier, 27,5 x 44,5 cm. Maßangabe in Toises de france.
Drei Klappen für verschiedene Varianten der Zwischentrakte und des Mittelpavillons, die mittlere Klappe beschriftet: »papiers qui retombe pour le changement du 15 Novembre 1715«. Die Seitenklappe auf anderem Papier.
Rheinisches Amt für Denkmalpflege, Pulheim

Der Aufriß stammt aus der früheren Planungsphase. Das Blatt wurde in Bonn gezeichnet und Robert de Cotte nach Paris zur Korrektur gesandt. Es kam mit der aufgeklebten Mittelklappe zurück, die de Cottes Vorstellung bezüglich der Gestaltung des Mittelpavillons vermittelt. Die beiden Seitenklappen mit den Dachlösungen für die Zwischentrakte wurden

später hinzugefügt. Die Ausführung kommt dem Entwurf nahe, ist jedoch in markanten Einzelheiten abgewandelt und, wie in der Dachzone, vereinfacht worden.
Charakteristisch für die französische Formensprache sind: die klare Gliederung der Fassade in verschiedene Schichten und die Betonung der Seitenpavillons durch Lisenen mit Horizontalfugen. Die schmuckvolle Ausbildung der Zeltkuppel (»dôme à l'impériale«) des Mittelpavillons mit vergoldetem Zierat findet sich bei de Cotte häufiger. G. K.

VII.15
Guillaume Hauberat (?)
Gesamtplan von Schloß Clemensruhe mit Garten in Poppelsdorf, 1718 oder später
Grün, blau, rot und rosafarben lavierte Federzeichnung auf weißlichem, geriefeltem Papier, 64 x 47,3 cm:
Auf glattes Papier aufgeklebt, Gesamtgröße 74 x 50,5 cm.
Drei Klappen für die beiden oberen Boskettinseln und einen Boskettstreifen links. Der Ansatz des geplanten Kanals zwischen dem Bonner Residenzschloß und dem Poppelsdorfer Lustschloß mit der Kaskade links als selbständiges Stück angeklebt.
Rheinisches Amt für Denkmalpflege, Pulheim

Schloß und Umgebung sind als Gesamtkunstwerk aus einem Guß gedacht. Das annähernd quadratische Terrain ist umsäumt von einem Wassergraben, der sich an der Südseite zu einem großen, in der Mittelachse ausschwingenden Teich erweitert. Die Gärten waren zumindest in den Grundzügen größtenteils ausgeführt; nicht verwirklicht wurden die beiden Boskettinseln und die Partie westlich (rechts) des Schlosses mit Menagerie und »Carousel pour les Dames«. An der Ostseite sah der Plan eine gewaltige Kaskade im Zusammenhang mit dem projektierten, aber verworfenen Kanal vor. Die originelle trapezförmige Form des zweiteiligen Hauptparterres ist wohl dadurch bedingt, daß der Prospekt des Siebengebirges in der Ferne perspektivisch in den Garten einbezogen werden sollte. G. K.

VII.15

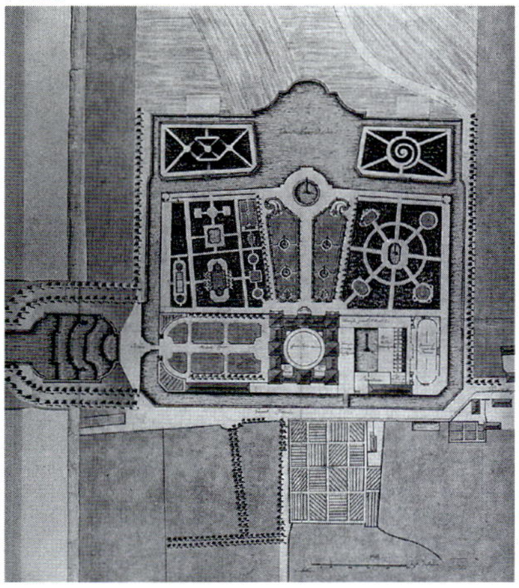

VII.16
Renier Roidkin
Südansicht von Schloß Clemensruhe mit Gartenanlage, um 1730
Bleistiftzeichnung, 29 x 37,5 cm
Rheinisches Amt für Denkmalpflege, Pulheim

Die Skizze des wallonischen Malers Renier Roidkin zeigt das Schloß mit der südlich gelegenen Gartenanlage, den Stadtprospekt von Bonn (rechts) und den Kreuzberg mit der Kirche (links). Fertiggestellt waren zu diesem Zeitpunkt die mittlere Ausbuchtung des Kanals mit der großen Fontäne und die seitlichen Parterres, die statt mit Rasen, wie der Plan sie vorsah, nun sehr viel aufwendiger mit Buchsbroderien ausgestattet sind. Die Bosketts werden nach außen durch hohe Hecken abgeschirmt. G. K.

VII.17
François Rousseau zugeschrieben
Die Poppelsdorfer Kirmes, um 1746/47
Öl auf Leinwand, 61 x 84 cm
StadtMuseum Bonn

Dargestellt ist der von Clemens August anläßlich der Weihe der Schloßkapelle am 3. Juli 1746 veranstaltete Jahrmarkt vor dem Poppelsdorfer Schloß. Drei Jahre hintereinander ließ der Kurfürst das Kirchweihfest mit besonderen Attraktionen begehen. Unter freiem Himmel wechselten Bälle, Redouten, Opern (vgl. S. 169 und Kat. Nrn. II.6–7) und Komödien einander ab. Im Schatten des Schlosses auf der Poppelsdorfer Allee war eine Zelt- und Budenstadt aufgebaut, in der buntes Jahrmarkttreiben herrschte. Das Schloß erscheint in seiner ursprünglichen Farbfassung – Gelb, Grau und

VII.19

Weiß –, die 1977/79 u. a. nach diesem Gemälde rekonstruiert wurde. Auf der Höhe über dem Schloß die Kreuzbergkirche mit der Heiligen Stiege. G. K.
Lit.: Kat. *Internationale Künstler*, 1984, S. 30f; *Stadtmuseum Bonn, Gemälde*, hrsg. v. I. Bodsch (Bestandskataloge des Stadtmuseums Bonn, 1), Bonn 1996, S. 159f., Abb. S. 88.

VII.18
François Rousseau zugeschrieben
Blick auf Schloß Clemensruhe, um 1760
Öl auf Leinwand, 30 x 44,5 cm
Privatbesitz

Zu sehen sind die der Stadt bzw. dem Bonner Residenzschloß zugewandte Ansicht von Schloß Clemensruhe – der Name läßt sich zum ersten Mal für das Jahr 1756 belegen – und die auf der Anhöhe dahinterliegende Kreuzbergkirche mit der Heiligen Stiege. Im Vordergrund die Brücke, die von der Poppelsdorfer Allee – der axialen Verbindung zwischen der Residenz und Clemensruhe – zu der ringsum von einem Weiher umflossenen und von Spaziergängern belebten Schloßanlage führte. Links vorne eines der beiden Wachhäuschen mit Wachposten, ein anderer vor dem Brückenübergang. I. B.
Abb. S. 196.

VII.19
Charles Dupuis
Blick von der Parkseite des Schlosses Clemensruhe in Poppelsdorf Richtung Bonn, um 1790
Kupferstich, 21,2 x 29,2 cm
Bez. u. r.: »C. Dupuis officier G. et Dessein«; untertitelt: »Vue du château de Poppelsdorf du Coté du jardin«
Stadtarchiv und Stadthistorische Bibliothek Bonn, Graphische Sammlung

VII.20
Bernhard Hundeshagen/Bernard
Die Heilige Stiege auf dem Kreuzberg, Mitte 19. Jahrhundert
Kupferstich, 15,5 x 11,6 cm
Bez. l. u.: »B. Hundeshagen del.«, r.u.: »Bernard sculp.«; untertitelt: »DIE HEILIGE STIEGE AUF DEM KREUTZBERG«; darunter: »Bonn, bei T. Habicht«
Stadtarchiv und Stadthistorische Bibliothek Bonn, Graphische Sammlung

1746/47 ließ Clemens August die während der Belagerung von 1689 schwer beschädigte Wallfahrtskirche auf dem Kreuzberg wiederherstellen. Baulich mit dem Chor der Kirche verbunden wurde eine Kapelle mit einer der ›Scala Santa‹ in Rom nachempfundenen Heiligen Stiege. Der Entwurf der triumphbogenartigen, der Stadt zugewandten Fassade geht auf Balthasar Neumann zurück, die Fresken in der Wallfahrtskapelle stammen vom kurfürstlichen Hofmaler Johann Adam Schöpf (s. Kat. Nr. I.15). Zwischen Kapelle und dem Chor der Kirche wurde ein Gebetsraum für den Kurfürsten eingebaut, von dem aus er dem Gottesdienst beiwohnen konnte. Die Wallfahrtskapelle war über eine Sichtachse mit dem Residenzschloß und Schloß Clemensruhe verbunden. I. B.

VII.21
Die Heilige Stiege auf dem Kreuzberg
Federzeichnung, aquarelliert
39,8 x 48,4 cm (Blatt)
Bez.: »Die heilige Stiegen vier halbe Stund hinder Boppelsdorff auf dem †berg gelegen«
Stadtarchiv und Stadthistorische Bibliothek Bonn, Graphische Sammlung

Der Blick vom späteren »Großen Schlafzimmer« Clemens Augusts im Buen retiro des Residenzschlosses bzw. vom unmit-

VII.21

VII.22

telbar an das Große Schlafzimmer angrenzenden Großen Grünen Kabinett in Richtung Schloß Clemensruhe und Kreuzberg bot einen »von den großartigen Prospekten, wie sie die Gartenkunst des Rokoko mit so großem Raffinement zu schaffen wußte« (Hauptmann 1901, S. 45). Schon Clemens Augusts Onkel und Vorgänger als Kölner Kurfürst, Joseph Clemens, hatte diese Sichtachse so entzückt, daß er an seinen Baumeister Robert de Cotte nach Paris schrieb: *»Cette vue, que le pur hazard donne, est si belle, et si j'ose le dire, si précieuse, qu'il faut la conserver en toute manière.«* Bei der späteren Ausgestaltung des Großen Grünen Kabinetts wurde die Rückwand mit Spiegeln verkleidet, um den grandiosen Ausblick einzufangen. I. B.

VII.22
Werkstatt der kurkölnischen Hofstukkateure
Kurfürstliches Lustschloß »Vinea Domini«, um 1750
Farbige Scagliola-Arbeit mit ornamentiertem Rahmen, 59 x 86 cm
Schloß Augustusburg, Brühl

Die Platte wird vermutlich wie ein Gemälde in die Wand eingelassen gewesen sein. Scagliola, eine in der Herstellung höchst komplizierte Technik, bei der eine Formmasse aus Gips mit Leimwasser und Pigmentfarben – als Intarsia ausgeführt, mehrfach geschliffen – die Vorstellung von Marmor gibt. Im Rahmen Kartuschen mit dem Hochmeisterkreuz und dem Monogramm CA. Dargestellt ist das inmitten eines Weingartens am Rheinufer gelegene Lustschlößchen »Vinea Domini«, das 1723 unter seinem Vorgänger Joseph Clemens von dem Hofbaumeister Hauberat errichtet worden war. Clemens August war hier nur Pächter der Michaelsbruderschaft. Es ist die detailreichste Darstellung, die von diesem Gebäude bekannt ist. Sie zeigt einen achteckigen, von einem vergoldeten Kurhut gekrönten Pavillon mit niedrigen flachen Nebentrakten. Terrassenmauern, hinter denen sich gewölbte Räume befinden, schaffen die Verbindung zum Kelterhaus und der Burggrafenwohnung. Über rampenartige Wege ist das Rheinufer zu erreichen, wo die kurfürstliche Jacht geankert hat. G. K.

VII.23
Charles Dupuis und C. Pemsel
Ansicht des kurfürstlichen Lust- und Jagdschlosses Herzogsfreude, um 1790
Kupferstich, 20,4 x 31 cm
Bez. l. u.: »C. Dupuis officier. f:«, r.u.: »I. C. Pemsel. sc:«; untertitelt: »Vue du Château de Röttgen«
Stadtarchiv und Stadthistorische Bibliothek Bonn, Graphische Sammlung

Am Rande des Kottenforstes bei Röttgen (nahe Bonns), wo er der Parforcejagd und der Sauhatz huldigte, ließ Clemens August von seinem Hofbaumeister Johann Heinrich Roth ab 1754 Schloß Herzogsfreude errichten, das beim Tod des Kurfürsten 1761 noch unvollendet war und von der französischen Regierung 1810 auf Abbruch verkauft wurde. An die prachtvolle Anlage im Schnittpunkt eines planvoll angelegten Wege- und Schneisennetzes erinnert heute nur noch eine schon 1740 zu Ehren der Jagdpatrone Venantius und Hubertus geweihte Kapelle. I. B.

VII.24
Michael Leveilly
Fassadenaufriß des Bonner Rathauses, vor 1737
Feder, aquarelliert, 27 x 34,5 cm
Stadtarchiv und Stadthistorische Bibliothek Bonn, Graphische Sammlung

VII.23

Die Fassadengliederung für das 1737/38 erbaute Bonner Rathaus übernahm Leveilly (vor 1700–1762) von der Westfassade des Schlosses Augustusburg in Brühl und betonte damit die Bindung der Residenzstadt an den Landesherrn. Dieser hatte die Genehmigung zum Bau erteilt und selbst den Grundstein gelegt. In der Ausführung erhielt das Rathaus statt des Walmdaches ein Mansarddach. Der Entwurf, präzise bis in die Einzelheiten durchgeführt, zeugt von Leveillys Begabung als Zeichner. G. K.

VII.25
François Rousseau zugeschrieben
Halbfigurenporträt des Michael Leveilly, um 1750
Öl auf Leinwand, 85 x 68 cm
StadtMuseum Bonn

Michael Leveilly, geboren wohl kurz vor 1700 in Frankreich (Paris?), gestorben am 23. Januar 1762 in Bonn, war angeblich Schüler François Blondells d. J. oder Robert de Cottes. Er begegnet zuerst 1717 in Bonn. Spätestens seit seiner Heirat am 10. Februar 1722 war er hier ansässig. Unter Kurfürst Clemens August erscheint er 1722 als »Designateur«; 1728 ist er als »unterbawmeister« und gleichzeitig als Intendant der Gärten bezeugt. 1733 nennt er sich »supremus architector Serenissimi«. Neben seiner Stellung als Hofarchitekt, dem das gesamte kurfürstliche Bauwesen unterstand, war Leveilly auch als freier Architekt, so für das Bonner Rathaus, tätig. Das Porträt zeigt ihn als Baumeister mit dem wichtigsten Attribut seiner Zunft, dem Zirkel in der Rechten. Seine Architektursprache und der Stil seiner Innendekorationen sind französisch geprägt. G. K.

VII.26
François Rousseau zugeschrieben
Halbfigurenporträt wohl der Agnes Gladbach, um 1750
Öl auf Leinwand, 85 x 67 cm
StadtMuseum Bonn

In erster Ehe war Leveilly mit Anna Maria Seron (1700–1742) verheiratet. Dieser Ehe entsprossen neun Söhne und sechs Töchter. Nach dem Tode Anna Maria Serons heiratete Leveilly 1743 die Witwe Agnes Gladbach. G. K.

VII.27
Balthasar Frederic Leizel
Bonner Marktplatz mit dem Rathaus und neuem Brunnen, nach 1777
Kolorierter Kupferstich, 29,2 x 40 cm
Sog. Guckkastenbild (seitenverkehrte Darstellung)
Bez. r. u.: »Gravé par Balth. Fredric Leizel«
Stadtarchiv und Stadthistorische Bibliothek Bonn, Graphische Sammlung

VII.28
Ratssaal im Alten Rathaus
Fotografie von 1939
Stadtarchiv und Stadthistorische Bibliothek Bonn, Bildsammlung

Auf dem Foto sind noch die reichen Stuckdekorationen vorhanden, auf deren Wiederherstellung man beim Wiederaufbau des stark zerstörten Rathauses nach dem Zweiten Weltkrieg verzichtet hat. I.B.

VII.29
Renier Roidkin
Die Sternenburg in Poppelsdorf, um 1730
Bleistiftzeichnung, 29,5 x 40 cm
Rheinisches Amt für Denkmalpflege, Pulheim

Neben dem Clemenshof (späterer Boeselagerhof) und dem Metternicher Hof war die Sternenburg am Fuße des Venusbergs der bedeutendste Adelshof im Umkreis der Residenz.
Sie war im 16. Jh. im Besitz der Familie Kempis, kam im 17. Jh. an die kurfürstliche Beamtenfamilie Heufft, dann an den kurfürstlichen Schatzmeister Jung und schließlich an den kurfürstlichen Bauintendanten und Minister August Wilhelm Freiherr Wolff Metternich, der sie von Kurfürst Clemens August zum Geschenk bekommen hatte.
Die Zeichnung zeigt den Zustand des Anwesens vor dem großen Umbau resp. Neubau um 1750 in äußerst schlichter Gestalt: zweigeschossig mit Satteldach am Rand einer viereckigen Insel. Den verbliebenen Raum an der Schmalseite nahm ein mit Statuen verzierter Garten ein. Jenseits des Wassergrabens befand sich an der Uferböschung – als point de vue vom Garten aus – ein architektonisch aufwendig gestalteter Wandbrunnen mit seitlichen Figurennischen nach italienischem Vorbild. G. K.

VII. 27

VII. 24

VII. 28

VII.30
Die Sternenburg in Poppelsdorf
Reproduktion einer alten Fotografie um 1900
10,5 x 14,1 cm
Stadtarchiv und Stadthistorische Bibliothek Bonn, Bildsammlung

Die vom Obristkämmerer und Intendanten der kurfürstlichen Bauten August Wilhelm Freiherr Wolff Metternich vor 1750 umgebaute Sternenburg blieb auch nach seinem Sturz und dem damit verbundenen Verlust seiner Hofämter im Jahre 1755 in seinem Besitz. Da die Sternenburg ein im Ritterzettel vermerktes Gut gewesen ist, erscheint Wolff Metternich im Hofkalender 1759 als aufgeschworener erzstiftischer Ritter, obwohl er aufgrund seiner Stellung als Domherr

zu Paderborn und Münster eigentlich dem westfälischen Adel angehörte. I.B.
Lit.: Winterling 1986, S. 187, Nr. 46.

VII.31
François Rousseau zugeschrieben
Blick auf das Bonner Rheinufer, um 1750
Öl auf Holz, 16 x 26 cm
StadtMuseum Bonn

Deutlich auf dem Bild erkennbar sind die beiden Gartenpavillons an der Rheinmauer, die zum »Clemenshof« gehörten (s. u. Kat. Nr. VII.36c). Der Standort des ehemaligen kurfürstlichen Gästehauses »Hotel du Clement au Bord du Rhin« (vormals Stadtpalais des Ferdinand Graf von Plettenberg) wird heute von der Bonner Oper besetzt.
Im ersten Regierungsjahrzehnt von Clemens August, als alle politischen Entscheidungen von seinem Obristhofmeister und Ersten Minister Plettenberg getroffen wurden, war es dessen Bonner Haus und nicht der Hof, wo die politischen Geschäfte abgewickelt wurden (vgl. Braubach 1949, S. 358). Von der prächtigen Ausstattung zeugen noch heute die Gobelins, die aus dem 1935 ausgebrannten Palais am Rheinufer gerettet werden konnten, und sich heute im Bonner Rathaus befinden. Der hohe

VII. 29

VII. 30

VII. 32

Anspruch, den Plettenberg auch an seinen Bonner Wohnsitz stellte, läßt sich an einem noch erhaltenen Grundrißplan aus den 1720er Jahren ablesen, auf dem die projektierte Anlage – Palais und ein wundervoll gestalteter Garten – in allen Einzelheiten verzeichnet ist. Kurz nach dem Sturz Plettenbergs 1733 wurde sein Palais vom Kurfürsten beschlagnahmt, die Witwe Plettenbergs – Ferdinand starb 1737, Gerüchten zufolge vergiftet, 46jährig in Wien – später doch noch entschädigt. Seit den 1740er Jahren wurde der »Clemenshof« als kurfürstliches Gästehaus genutzt, bis er 1762 an Ignaz Felix Freiherr von Roll verkauft wurde, der das – laut Aussage des französischen Gesandten Monteynard – »schönste Haus der Stadt« seinerseits 1772 an den Ersten Minister von Kurfürst Max Friedrich, Caspar Anton Freiherr von Belderbusch, veräußerte. Über Erbfolge kam es schließlich im 19. Jh. an die Familie von Boeselager. I. B.
Abb S. 184.

VII.32
Metternicher Hof
Fotografie von ca. 1900
Stadtarchiv und Stadthistorische Bibliothek Bonn, Bildsammlung

Als der kurfürstliche Obristkämmerer, Bauintendant und ›maitre de plaisir‹ August Wilhelm Freiherr Wolff Metternich 1755 wegen des plötzlichen Todes des Ernst Freiherrn von Siegenhoven gen. von Anstel bei Kurfürst Clemens August, der ihn der Mitschuld am Tod seines Günstlings verdächtigte, in Ungnade fiel und seine Hofämter verlor (s. o. Kat. Nr. I.8), ließ er sich im Jahr darauf – vermutlich wollte er die in seinem Besitz verbliebene Sternenburg ihrer Nähe zu Schloß Clemensruhe wegen nicht weiter als Dauerwohnsitz nutzen – neben dem Clemenshof (späterer Boeselagerhof) am Rhein ein Stadtpalais errichten. Die zweigeschossige Anlage mit Mansarddach wurde in den Jahren zwischen 1904 und 1906 abgebrochen. Das vorliegende Foto zeigt deutlich den schlechten Zustand des Bauwerks und des davorliegenden, der Straßenseite zugewandten Ehrenhofs. I. B.

VII.33
Fürstenbergisches Palais mit Münsterplatz und Beethovendenkmal
Kupferstich, 13,1 x 17,6 cm (Platte)
Bez. u. M.: »Druck v. Weger Leipzig«; untertitelt: »Das Beethoven-Denkmal in Bonn«; darunter bez.: »Verlag von Baumgartner's Buchhdlng.«
Stadtarchiv und Stadthistorische Bibliothek Bonn, Graphische Sammlung

VII. 33

Das aus der Mitte des 18. Jh.s stammende ehemalige Palais des Stiftsdechanten Radermacher hat als einziges der barocken Kanonikerhäuser rund um den Bonner Münsterplatz bis heute überlebt. Bis 1831 war es danach im Besitz des Chirurgen von Walther, seitdem bis 1876 Eigentum des Grafen von Fürstenberg-Stammheim. Seit 1876 beherbergt das Gebäude das Bonner Hauptpostamt. I. B.

VII.34
Ehemalige Stiftskirche
Fotografie, 18,6 x 11,5 cm
Stadtarchiv und Stadthistorische Bibliothek Bonn, Bildsammlung

Die 1886 wegen Baufälligkeit abgebrochene Stiftskirche war ein achteckiger, überkuppelter Zentralbau mit monumentaler Fassade, die im Rheinland ohne Parallele war. Sie erinnert an römische

Kirchenfassaden des Barock. Als Architekt wird in einem Vertrag des Jahres 1729 Maevis Bongarts genannt, doch auch eine Mitwirkung von Schlaun ist nicht auszuschließen. I.B.

VII.35
Johann Ziegler nach Lorenz Janscha
Die Redoute in Godesberg, 1798
Kolorierter Kupferstich, 42 x 48 cm (Blatt)
Stadtarchiv und Stadthistorische Bibliothek Bonn, Graphische Sammlung

Die Redoute in Godesberg von ca. 1790/92 ist das einzige Baudenkmal, das auf den letzten Bonner Kurfürsten Maximilian Franz zurückgeht, der damit den Ausbau der Godesberger Heilquelle zu einem Kurbad mit entsprechendem gesellschaftlichen Ambiente voranbringen wollte. I.B.

VII.36
Nikolaus Mettely und Peter Wyon nach Zeichnungen von Johann Martin Metz
Die Schlösser des Kurfürsten Clemens August, um 1755
7 Blätter von 21 Kupferstichen, ca. 38 x 54 cm
Brühl, Schloß Augustusburg

Die Stichfolge der Clemens-August-Schlösser des Hofkünstlers Johann Martin Metz ist sicherlich mehr unter propagandistischem Aspekt der Machtdemonstration, denn unter dem einer detailgetreuen Wiedergabe »mustergültiger« Architektur zu sehen. In einer Art Huldigung galt es, die ungewöhnliche Fülle des dem Kurfürsten Clemens August mit seinen zahlreichen Ämtern zugefallenen Besitzes und die von ihm selbst in dem weitläufigen Machtbereich geschaffenen Bauschöpfungen zu dokumentieren. Die Aufgabe, die sich der Maler stellte, war, Architektur – sei sie repräsentativ oder von bescheidenem Anspruch – gleichsam künstlerisch auf eine höhere Ebene zu bringen, wozu er sich des Ornaments bediente: Man sieht die Architektur gleichsam verklärt »durch« einen ornamentalen Rahmen, der vom Bauwerk eine bestimmte Vorstellung suggeriert, noch bevor der Betrachter dieses bewußt wahrnimmt.
Johann Martin Metz wurde 1717 als Sohn des Nikolaus Metz und seiner Frau Gertrud (geb. Welesen) in Bonn geboren. Seit den vierziger Jahren war er am Hof des Clemens August als »Früchtenmaler« tätig, weshalb er für die kurfürstlichen Schlösser eine Fülle dekorativer Blumen- und Früchtestilleben schuf. Nach dem Tode seines großen Gönners finden wir ihn im Dienste des Kurfürsten Carl Theodor von der Pfalz in Schloß Benrath bei Düsseldorf. 1771 eröffnete er in Köln eine Zeichenschule. Zehn Jahre später übersiedelte er mit seiner Familie nach England. 1784 ist er wieder in Köln, wo er 1790 73-jährig starb. Metz hat seine Stichserie offenbar ganz aus eigenem Antrieb geschaffen und »cum privilegio« publiziert, sie auch gleichsam als eine persönliche Huldigung seinem Gönner »dediziert«.
Die Folge umfaßt – zusammen mit der Widmung – 21 Kupferstiche auf weißem Papier. Jedes Blatt ist mit dem Namen des Zeichners und des Stechers versehen. Trotz aller Mängel in der Architekturwiedergabe entstand – dank dem unnachahmlichen Spiel mit Ornamentenformen im Rahmenwerk – eine der schönsten und eigentümlichsten Stichserien des 18. Jh.s. Je weniger repräsentativ ein Bauwerk erscheint, um so erfindungsreicher wird es vom Rahmenwerk umspielt, so daß der Blick des Betrachters bereits im Vordergrund festgehalten wird. Ornament ist für Metz nicht ausschließlich schmückendes Beiwerk, vielmehr wird es zu einer eigenen Bedeutungsschicht, die sich von Blatt zu Blatt wandelt.

VII. 34

a. Widmungsblatt

Das Widmungsblatt ist hochoffizielle bildliche Einleitung in das Werk. Die Inschrift der Kartusche nennt den Beschenkten und den dedizierenden Künstler: »Rever[endissi]mo ac Ser[enissi]mo Domino D[omi]no CLEMENTI AUGUSTO ArchiEpisco[opo] et Electori Colon[iensis] Sup[erioris] ac Infer[ioris] Bavariae Duci et [cete]na. Domino Suo Clementissimo humilline et Devot[ssi]me Dedicat J[ohann] Martin Metz pictor« (Dem Hochwürdigen und Durchlauchtigsten Herrn, Herrn Clemens August Erzbischof und Kurfürst von Köln, Herzog von Ober- und Nieder-Bayern usw., Seinem gütigsten Herrn widmet [diese Blätter] demütigst und ergebenst Johann Martin Metz, Maler).
Als Rahmung der Dedikationsinschrift erscheint – umgeben von einem Schriftband mit den Namen einzelner Schlösser und Herrschaftssitze des Kurfürsten – das Wappen Clemens Augusts. Es soll die Machtfülle dieses Barockfürsten illustrieren. Dem Schild ist das Hochmeisterkreuz teilend aufgelegt und als Herzschild mittig das quadrierte Wittelsbachische Hauswappen.
Der von zwei Löwen flankierte Schild ist bedeckt mit dem Kurhut und hinterlegt mit Krummstab und Schwert, Abzeichen der geistlichen und weltlichen Würde. Zur weiteren Dekoration des Hintergrundes gehören Fahnen, darunter eine mit dem Kreuz des Hochmeisters. Die von den Löwen gehaltenen Attribute – Helm, das Ordenskreuz des Hochmeisters am Bande und die Kanonen – symbolisieren ebenfalls die Hoch- und Deutschmeisterwürde, deren Erlangung Clemens August wegen ihrer Exklusivität zeitlebens mit besonderem Stolz erfüllte. Für den Inhaber bedeutete sie die Verpflichtung, außer dem Hochmeisterkreuz keinen anderen Orden mehr zu tragen.

b. Die Residenz in Bonn

Riesig in seinen Abmessungen, kaum mit einem Blick zu überschauen, gehört das Bonner Residenzschloß zu den monumentalsten Architekturschöpfungen des europäischen Barock (vgl. Kat. Nrn. VII.1–13).
Kurfürst Joseph Clemens (1688–1723) begann den Neubau einer Vierflügelanlage mit Eckpavillons nach Plänen des bayerischen Hofbaumeisters Enrico Zuccalli. Die Umgestaltung erfolgte 1715–1723 nach Plänen des Pariser Hofarchitekten Robert de Cotte an der Südfront zu einer offenen Rokokoanlage mit

VII.36 b

Gartenparterre nach französischem Muster. Die Vollendung der Innengestaltung fand unter Kurfürst Clemens August bis 1755 statt.
Der Stich zeigt die Residenz in ihrem ursprünglichen – zum Teil auch nur geplanten – Glanz von der Hofgartenseite, kurz nach Vollendung des Michaelstores im Jahre 1755. Der große, von Lindenalleen gesäumte Garten vor dem Hauptgebäude ist gegliedert in ein mittleres Rasenbeet mit zentraler Fontäne und seitlichen Broderieparterres. An die Langseiten des Hauptgartens schließen sich Boskettgärten an. Zum Reichtum des Blattes trägt das Rahmenwerk wesentlich bei. Auf einem Podest in der Mitte des unteren Rahmenstückes steht der Thron des Kurfürsten, darauf sind als Insignien der landesherrlichen Macht Kurhut und Zepter gelegt. Drei Allegorien umstehen den Thron. Sie verkörpern Tugenden – Liebe, göttliche Gerechtigkeit und Milde –, die die Herrschaft dieses Fürsten leiten. Über dem Wittelsbacher Hauswappen links stößt Athene, die Göttin der Künste und der Weisheit zum Regieren, böse Mächte in den Abgrund. Auf der rechten Seite findet sich eine Anspielung auf den Erzbischof von Köln: Der Stern von Bethlehem strahlt über den Bischofsinsignien und dem noch unvollendeten Kölner Dom, vor dem die Initialen CMB, die Abkürzungen für die Namen der Heiligen Drei Könige, zu entziffern sind.

c. Clemenshof

Der ehemalige Adelshof »Zum Sack«, wie die Vinea Domini direkt am Rheinufer gelegen, gehört zu den mehr oder weniger auffälligen Erwerbungen des Clemens August. Seit 1714 im Besitz des kurfürstlichen Ministers und Generals Philibert de Chabo Graf de St. Maurice, war der Hof nach dessen Tod 1719 vermutlich durch Schenkung des Kurfürsten an den Minister Plettenberg gelangt, der ihn dann zu einem der schönsten Bonner Adelssitze ausgestaltet hat. Nach dem Bruch des Kurfürsten mit Plettenberg 1733 wurde der Hof zunächst beschlagnahmt, dann der Witwe abgekauft. Seitdem führte er die Bezeichnung Clemenshof oder auch Hôtel Clément und dürfte als eine Art Gästehaus des Kurfürsten Verwendung gefunden haben. 1772 erwarb Caspar Anton von Belderbusch das Palais, das im 19. Jh. durch Erbfolge an die Familie von Boeselager kam. Die Hofanlage bestand aus einem älteren und einem um 1715 begonnenen Teil. Dieses Neue Palais, als dessen Architekt Benoît de Fortier oder Guillaume Hauberat in Frage kommen, war auf rechteckigem Grundriß längs des Rheins angelegt, zu dessen Ufer hin über der Stadtmauer zwei achtseitige Pavillons vorgebaut waren.
Metz läßt mitten über dem Palais die Sonne erstrahlen, die er durch ein Gesicht personifiziert. Das Wort »Clement« der französischen Inschrift in der Sonnenscheibe steht so betont über dem Gesicht, daß es naheliegt, Fürst und Sonne gleichzusetzen.
Dargestellt ist die Gartenfront des Gebäudes. Der Blick fällt auf das von Mauern abgegrenzte Broderieparterre, als dessen Planverfasser kein geringerer als Dominique Girard in Frage kommt. Vor der Ufermauer des Gartens und den Eckpavillons ist ein Stück der Rheinpromenade wiedergegeben. Das Rahmenwerk des Vordergrundes zeigt hauptsächlich Motive, die mit Acker- und Gartenbau zu tun haben. Aber auch die Künste sind angesprochen. Bemerkenswert ist vor allem das Gemälde, das an dem Globus in der Mitte des unteren Rahmenstücks lehnt. Es zeigt eine Tulpe, deren Blüte in Schatten gehüllt ist. Ein Putto auf einer Wolke begießt sie, aber sein Bemühen ist vergeblich: »non sine te« (nicht ohne dich) besagt die Unterschrift. Im übertragenen Sinne ist die Gnadensonne des Fürsten gemeint, die alles Leben erst zur Entfaltung bringt.

d. Vinea Domini

»Vinea Domini« – Weinberg des Herrn – war ein Weinbergschlößchen, das Kurfürst Joseph Clemens auf dem Hang über dem Rheinufer zu Bonn errichtet hatte. Architekt war der Oberbaumeister Guillaume Hauberat, der es laut Anweisung bis Ende 1723 fertigzustellen hatte. Es bestand aus einem pavillonartigen Hauptbau über einem abgeböschten Souterraingeschoß. Terrassenmauern verbanden ihn mit zwei einfachen, rechteckigen Gebäuden, die die Anlage seitlich abschlossen. Der Hauptbau setzte sich zusammen aus einem achteckigen Mitteltrakt mit Mansarddach und niedrigen, flachgedeckten Seitentrakten.
Im Mittelraum war ein Tischleindeckdich installiert, das im Souterrain hergerichtet und mittels einer Winde zur Überraschung der kurfürstlichen Gäste in den Saal des Achtecktraktes durch den sich öffnenden Fußboden heraufbefördert wurde. An den reich mit Malereien ausgestatteten Saal schlossen sich in den Nebentrakten kleine Kabinette an, die als Spielzimmer eingerichtet waren. In den seitlichen Nebengebäuden befanden sich das Kelterhaus und die Wohnung des Burggrafen.
Clemens August hat das Lustschloß seines Vorgängers gerne benutzt. Im Herbst beging er hier mit seinem Hof ein sechstägiges Winzerfest.
Das Thema »Wein« beherrscht das Rahmenwerk des Stichs. Selbst die Baluster zu seiten der unteren Inschriftkartusche haben die Form stilisierter Weinpokale. Der Tisch rechts mit einem Kühlkessel und Weinflaschen (auf einer die Initialen CA) sowie Gläsern und Früchten dürfte auf das Tischleindeckdich anspielen. Der Blick durch den Rahmen gleitet über den Rhein, auf dem eine kurfürstliche Lustjacht holländischer Bauart treibt, und über die Rampen am Steilufer auf das prunkvolle Lustschloß.

e. Schloß Clemensruhe in Poppelsdorf

Neben der für seine Regierungs- und Repräsentationspflichten erforderlichen Residenz wünschte sich Kurfürst Joseph Clemens ein Sommerschloß. Für die Wahl Poppelsdorfs mag bestimmend gewesen sein, daß hier der durch Krieg und Verwüstung bedingte Verfall und schließlich die Abtragung einer mittelalterlichen Wasserburg einen sofortigen Baubeginn begünstigten.
Der Neubau erfolgte 1715–1723 nach den Plänen des Pariser Hofarchitekten Robert de Cotte und einem Abänderungsentwurf des örtlichen Baumeisters Guillaume Hauberat. Der Tod des Kurfürsten zog die Einstellung aller Bauarbeiten

nach sich. Der Nachfolger Clemens August setzte erst nach zwanzigjähriger Pause die Arbeiten an dem inzwischen ruinösen und schon teilweise wieder abgetragenen Gebäude fort. Als maßgebender Planer während dieser Bauperiode gilt der fränkische Baumeister Balthasar Neumann.

Dem Wunsch Joseph Clemens' entsprechend, wurde das Lustschloß in direkter Achse auf das Residenzschloß bezogen. Ein Kanal sollte beide Schlösser miteinander verbinden; ausgeführt wurde statt dessen unter Clemens August eine Kastanienallee. Die Verschmelzung des französischen Vierflügel-Schloßtyps mit dem in Italien entwickelten Motiv des Rundhofes ist die besondere Bauidee Robert de Cottes; sie gibt Clemensruhe den unverwechselbaren Charakter.

Der Maler stellt die eigentliche Hauptfront des Schlosses dar: die nach Süden hin gelegene Gartenseite mit elegant geschwungener zweiläufiger Treppe, die in den zweigeschossigen Sommerspeisesaal führte. Links schloß sich im Erdgeschoß das Sommerappartement mit dem Appartementsaal im Eckpavillon an. Hohe Hecken und Baumreihen fassen das reiche Broderieparterre mit dem runden Springbrunnen ein. Die paradiesische Blumenpracht des Gartens nimmt Metz als Thema in das Rahmenwerk auf, in das er sich selbst, als Rückenfigur und zeichnend eingefügt hat.

f. Das Paßspiel

Das Paßspiel, als dessen Erfinder Kurfürst Max Emanuel von Bayern, der Vater des Clemens August, gilt, war nördlich des Poppelsdorfer Schlosses, in der Fasanerie gelegen. Kurz vor 1761 hatte der Kurfürst – vermutlich durch Johann Heinrich Roth – die im Stich dargestellte Spielhalle errichten lassen.

Die Spieler verwendeten löffelartige Schläger, mit denen Kugeln aus Holz oder Elfenbein geschaufelt oder getrieben, gelegentlich auch gestoßen wurden. Dabei waren Hindernisse zu »passieren«.

Das eingeschossige Gebäude gliedert die Fasanerie in zwei Teile. Im Grundriß hatte es die Form eines doppelten T. Die Schaufront war dem Schloß zugewandt. Der Mitteltrakt enthielt die längsrechteckige Spielhalle, an die sich an den Schmalseiten Kabinette anschlossen. Diese waren beim Tode des Kurfürsten 1761 noch nicht eingerichtet. Schon 1776 wurde das Paßspiel wieder abgebrochen. Es war das kurzlebigste aller in der Stichfolge veröffentlichten Bauwerke. Metz gibt die Ansicht vom Poppelsdorfer Schloß aus wieder. Das Paßspiel wirkt wie eine Kulisse vor der unteren Fasanerie. Die Mittelallee teilt diese in zwei Abschnitte, die wiederum durch Staketenzäune in einzelne, quer zur Mittelachse angeordnete Gehege aufgeteilt und an der Außenseite durch Mauern eingefriedet sind. An den Mauern steht in jedem Gehege ein Vogelhaus mit phantasievoll geschwungenem Dach. Zwei Vogelkäfige aus Rocailleelementen bilden die seitlichen Rahmenmotive des Stichs. Die untere Inschriftkartusche und der Springbrunnen dahinter sind optisch durch das bewegte Spiel von Wasserstrahlen verbunden, die aus den Schnäbeln von Fasanen auf dem Brunnenrand und auf der Kartusche hervorkommen.

g. Schloß Herzogsfreude

Der Jagdleidenschaft des Kurfürsten Clemens August, die besonders der Parforcejagd auf Hirsche und der Sauhatz galt, hatte Schloß Herzogsfreude bei Röttgen am Rande des Kottenforstes seine Entstehung zu verdanken. Bereits in den 1730er Jahren war zu diesem Zweck mit der kostspieligen Anlage eines zum größten Teil bis heute erhaltenen Schneisensystems von sog. Alleen begonnen worden, die in dem großen Stern vor dem Schloß ihren Ausgangspunkt nehmen sollten. Erste Pläne für einen Schloßbau stammen vom November 1734. Aber erst 1753 konnte mit dem im Typ der »Maisons de plaisance« gestalteten Bau begonnen werden, zu dem Johann Heinrich Roth die Pläne lieferte. Eine ausgedehnte, dreiflügelige Anlage, bestehend aus einem Hauptgebäude und seitlich abgerückten, durch Galerien miteinander verbundenen Nebentrakten, umschloß einen weiträumigen Ehrenhof. Unter den vollständigen Neuschöpfungen des Kurfürsten Clemens August ist »Joie-leDuc« – obwohl unvollendet geblieben – die großartigste gewesen. Mit mehr als 100 Räumen und einer Breite des Ehrenhofs von nahezu 150 Metern hatte es alles Vorherige überboten.

Die Nachfolger Clemens Augusts indes ließen Herzogsfreude unbewohnt. Möbel und Ausstattungsstücke wurden ausgeräumt und versteigert oder auf die übrigen Schlösser verteilt, die Gebäude selbst auf Abbruch verkauft. Der Stich hält ein wenig vom Leben im Umkreis des Jagdschlosses fest. Das Rahmenwerk spielt unmißverständlich auf die Funktion des Schlosses an: Geflügel und ein Hirschkopf als Jagdtrophäen. Die Hirsche im rechten seitlichen Rahmenstück deuten auf die Parforcejagd, der Eber rechts auf die Sauhatz hin. Wegweiser, Jagdhorn, Jagdhunde, Sattel und Stiefel sind Sinnbilder für das Jagdgeschehen im Dickicht des Kottenforstes. G. K.

Lit.: W. Hansmann/G. Knopp, *Die Schlösser des Kurfürsten Clemens August. Veduten-Capricci. 21 Kupferstiche von Nikolaus Mettely und Peter Wyon nach Zeichnungen von Johann Martin Metz*, München 1976.

VII.37

Johann Martin Metz (1717–1790)

Zwei Vorzeichnungen zu der Stichfolge der Schlösser des Kurfürsten Clemens August: Widmungsblatt und Bonner Residenzschloß, vor 1753

Feder, aquarelliert, 37,9 x 53,3 cm

Stadtarchiv und Stadthistorische Bibliothek Bonn, Graphische Sammlung

Zu fünf der 21 gestochenen Blätter haben sich die Vorzeichnungen von Metz als Vorlagen für den Stecher erhalten: das Widmungsblatt, die Bonner Residenz, Schloß Augustusburg, das Indianische Haus und das Schneckenhaus. Sie sind lebendig mit Pinsel und Feder in Schwarz bis Hellgrau und mit Feder in Braun auf weißem Papier ausgeführt. Ein Vergleich mit den Stichen zeigt eine optimale Umsetzung bis in die kleinsten Details. In Nikolaus Mettely hatte Metz einen der begabtesten Stecher seiner Zeit gefunden. G. K.

VII.36 d

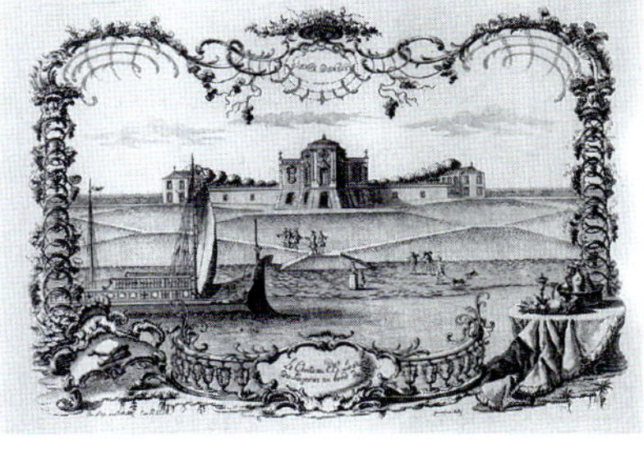

Georges Desmarées, Clemens August als Hochmeister des Deutschen Ordens, um 1745. StadtMuseum Bonn

Der Deutsche Orden im Bonner Raum

Der Deutsche Orden ist im allgemeinen Bewußtsein – wenn überhaupt – nur vor dem Hintergrund seiner Staatsgründung im mittelalterlichen Preußen bekannt. Seit dem 13. Jahrhundert war er jedoch in ganz Europa verbreitet, wobei er bis auf den heutigen Tag in sehr verschiedenen historischen Zusammenhängen gleichermaßen geistliche wie weltliche Funktionen ausüben konnte. Dies gilt auch für das Rheinland, das bereits unmittelbar nach der Ordensgründung im Heiligen Land im Umfeld der Kreuzzüge eine besondere Rolle spielte. Ganz speziell gilt dies auch für das in der Ausstellung betrachtete Bonn und seine nächste Umgebung, liegt die Region doch im direkten Einflußbereich der Ordensbesitzungen in Köln und Koblenz, die für den Orden schon früh überregionale Bedeutung hatten. So mancher Ordensobere (Hochmeister) des Mittelalters stammte aus diesem Abschnitt des Rheinlandes; neben Franken stellte das Rheinland die wichtigste personelle Reserve für die kriegerische und karitative Tätigkeit an den Grenzgebieten christlicher Herrschaft dar, im Heiligen Land wie im Ostseeraum.

Die Ausstellung über den Deutschen Orden im Bonner Raum orientiert diesen mittelalterlichen Teil der Bonner Ordensgeschichte überwiegend an den schon im 13. Jahrhundert begründeten örtlichen Bezügen. Dabei handelt es sich um die beiden Niederlassungen (Kommenden) in Ramersdorf und in Muffendorf, den noch heute augenfälligsten Spuren des Deutschen Ordens in und um Bonn. Über sechs Jahrhunderte hinweg bis zur Säkularisation zu Beginn des 19. Jahrhunderts residierte in den Räumen als Vertreter des Ordens jeweils ein ritterlicher Komtur, der hier eine Versorgung fand. Er führte die Aufsicht über die Bewirtschaftung des zugehörigen Besitzes. Der Orden entwickelte sich rasch zu einem bedeutenden geistlichen Grundherrn im Großraum Bonn. Aber auch auswärtige Kommenden, vor allem Köln und Koblenz, hatten städtischen Besitz, meistens in Form von Stadthöfen oder Handelshäusern. Sehr bekannt und gut erhalten als romanisches Bauobjekt des Mittelalters ist die Kapelle auf dem Alten Friedhof, bei der es sich um die im 19. Jahrhundert translozierte Kapelle der Kommende Ramersdorf handelt.

Neben dieser örtlichen steht als zweiter wichtiger Bezug des Ordens zu Bonn die personelle Ebene. Sie läßt sich vorwiegend vor dem Hintergrund neuzeitlicher Geschichte zeigen. Gerade das 18. Jahrhundert gerät hier ins Blickfeld. Die beiden kölnischen Kurfürsten Clemens August von Bayern und Max Franz von Österreich, die beide ihre Hauptresidenz in Bonn hatten, waren auch Hochmeister des Deutschen Ordens. Dies hatte Folgen für die personelle Besetzung des Hofstaates, im dem nun Deutschordensritter präsent waren und zum Teil wichtige Funktionen übertragen bekamen. Die bekannteste und bedeutendste Person aus diesen Reihen ist der allmächtig genannte Minister Kaspar Anton von Belderbusch, gleichzeitig Landkomtur der Ballei Biesen. Für Clemens August war die Repräsentation im Habitus des Hochmeisters zudem besonders bedeutsam. Und wer weiß schon, daß der junge Beethoven von Vertretern des Deutschen Ordens nicht unwesentlich beeinflußt wurde?

Im 19. Jahrhundert spielte der Orden aufgrund der Säkularisation keine aktive Rolle mehr. In den Köpfen so mancher Gelehrter war er jedoch weiterhin lebendig, so wollte ihm Ernst Moritz Arndt zur Zeit der Befreiungskriege die »Wacht am Rhein« gegen Frankreich übertragen. Dies macht die Präsentation der Ordensgeschichte in seinem Bonner Haus besonders reizvoll. Nach ihm gab es immer wieder Gelehrte an der 1818 begründeten Universität, die sich mit der Geschichte des Ordens befaßten, in engagierter wissenschaftlicher Form genauso wie auf literarischer Ebene. Dieser Bereich soll als Ausstellung in Räumen der Universität Bonn gesondert gezeigt werden, ebenso wie ein Bezug aus der Nachkriegszeit. Nach Gründung der Bundesrepublik war es nun das Familiareninstitut des Ordens, das diesem auf dem politischen Parkett Bonns eine neue Form der Präsenz ermöglichte. Mehrere prominente Mitglieder von Bundestag und Bundesregierung, angefangen bei Konrad Adenauer, waren und sind Familiaren, was die politische Presse zumal des Auslandes oft mißtrauisch kommentierte. Die Darstellung der Geschichte des Deutschen Ordens mit ihren vielfältigen Anknüpfungspunkten im Bonner Raum erscheint lohnend, um so mehr angesichts der vielen Spuren, die der Orden im Bonner Stadtbild hinterlassen hat, angefangen beim Deutschordenskreuz – einem schwarzen Kreuz auf weißem (silbernem) Grund –, das identisch mit dem kurkölnischen Wappen war und bis heute wichtigster Teil des Bonner Stadtwappens ist. Derartige Spuren gilt es nur zu entdecken.

G. C.

Modell der Zitadelle Jülich, 1802
Stadtgeschichtliches Museum Jülich

Die Ästhetik des Krieges?

Jülich thematisiert innerhalb des Gesamtprojektes »Der Riss im Himmel« das Kriegswesen des 18. Jahrhunderts. Das Militär war kein exklusiver Raum, sondern ein integraler Bestandteil des gesellschaftlichen Lebens. Die Erstarrung der Gesellschaft des Ancien Régime spiegelt sich in ihm wider. Die Massenheere der Französischen Revolution verdrängten letztlich nicht nur die klassisch gewordene Kriegführung der Lineartaktik, sondern waren auch Wegbereiter und Ausdruck eines neuen Gesellschaftssystems. In der Zitadelle Jülich wird der Gegensatz zwischen der abstrakten Symbolik des Bauwerks und der Realität der hier stationierten Garnison nachvollziehbar. Die Festungs- und Garnisonsstadt Jülich steht für die beiden Grundsäulen barocker »Kriegs-Kunst«: Die auf ein Zentrum ausgerichtete Geometrie der Gesamtfestung aus Zitadelle und Stadt spiegelt die hierarchische Gesellschaftsordnung des Barock; die Garnison in der Zitadelle und eine ab 1748 erbaute Kaserne in der Stadt verweisen auf die Soldaten als uniformierten und aufwendig gedrillten Teil der Kriegsmaschine. Nach dem jülich-klevischen Erbfolgekrieg im Jahre 1610 gehörten die Herzogtümer Jülich und Berg zu Pfalz-Neuburg, später zu Kurpfalz. Die seit 1548 als landesherrliche Residenz geplante Zitadelle Jülich diente nur noch als Festung, die das strategisch wichtige Vorfeld der Haupt- und Residenzstadt Düsseldorf sichern sollte. Kurpfalz war im 18. Jahrhundert über das Haus Wittelsbach mit den Erzbischöfen von Köln verwandtschaftlich verbunden. Aufgrund der gegensätzlichen territorialen Schwerpunkte nahmen beide jedoch gegenüber dem Reich und Frankreich oft verschiedene Positionen ein. Frankreich war von den Raubfeldzügen Ludwigs XIV. bis zur Präsenz als Garantiemacht für Kurpfalz im wiederaufflammenden jülich-klevischen Erbfolgestreit mit Brandenburg-Preußen sowie im Siebenjährigen Krieg vielfach im Rheinland engagiert. Die zwanzigjährige Eingliederung Jülichs in den französischen Staat nach der Schlacht bei Aldenhoven im Jahre 1794 setzte diese Entwicklung fort.

Die Bastionen der Zitadelle und der Stadtbefestigung erhielten in pfälzischer Zeit ihre bis heute gebräuchlichen Namen. Die südwestliche Zitadellenbastion St. Johannes, die den Mittelpunkt der Jülicher Ausstellung bildet, kann zusammen mit der benachbarten Bastion Wilhelmus auf den bis 1716 in Düsseldorf residierenden populären Kurfürsten Johann Wilhelm zurückgeführt werden, unter dessen Herrschaft die Festung Jülich wesentlich ausgebaut wurde. Die Aufstockung der Zitadelle mit einem Oberwall sollte die Situation der eigenen Festungsartillerie gegenüber Angreifern verbessern. Ein französisches Modell von 1802 zeigt die Zitadelle mit vorgelagerten Ravelins und den an der Feldseite im Norden zum Schutz der Bastionen angelegten hohen Erdwerken, den Contregarden. Ein System umlaufender, gedeckter Wege schloß den Verteidigungsring gegenüber dem Schußfeld ab. Nach der Schlacht bei Krefeld im Jahre 1758 wurde die zwischenzeitlich vernachlässigte Festung Jülich in pfälzisch-französischer Zusammenarbeit grundlegend überholt. Durch die Übersiedlung des Hofes nach München geriet Jülich nach 1778 für die kurpfälzische Verwaltung an die Peripherie. Eine Flut von Plänen und Zeichnungen dokumentiert eine gegenüber den Eingaben untätige Zentralverwaltung. Die ohnehin veraltete Festungsartillerie der durchschnittlich 60–70 Mann starken Artilleriekompanie war zu zwei Dritteln demontiert oder infolge mangelnder Wartung nicht einsatzfähig. Eine Petition von 1790 führt eine auf 136 Personen zurückgegangene Garnison gegenüber rund 2000 Personen in früheren Zeiten auf.

Der Ausstellungstitel »Die Ästhetik des Krieges?« verweist auf die Einbindung der Kriegskunst in die Reihe der anderen Künste und Wissenschaften. Zwar wurde der Krieg selbst nicht als ästhetisch empfunden, aber man versuchte, ihn »schön«, d. h. in Übereinstimmung mit mathematischen Prinzipien, zu führen. Das Bild der gezähmten Bellona steht für diese Illusion der Berechenbarkeit des Krieges. Vom höfischen Tanz bis zur Schlacht, vom Garten- bis zum Festungsbau stand alles unter dem Anspruch geometrischer Ideale. Eine Ästhetik des Krieges erschließt sich immer nur aus der Sicht der Strategen. Die Erfahrung des einfachen Soldaten oder betroffenen Zivilisten entzieht sich einer angemessenen Vermittlung. Dennoch will die Ausstellung das ästhetische Empfinden durchbrechen, das bis heute durch Schlachtgemälde, Festungspläne und Baudenkmäler das Bild der frühneuzeitlichen Kriege mitbestimmt. Denn von der »Ästhetik des Krieges« bis zur heutigen Suggestion einer klinisch sauberen und quasi virtuellen Kriegsführung zieht sich eine problematische Traditionslinie.

M. P.

Kat. Nr. I.3, S. 214

I Das Kriegswesen im Zeitalter der Kabinettskriege

Das Ende des Dreißigjährigen Krieges führte trotz der allgemeinen Kriegsmüdigkeit in Europa nicht zu einer umfassenden Abrüstung der großen Söldnerheere. Die Fürsten hielten ein beständig unter Waffen stehendes Heer zur Verteidigung und Durchsetzung ihrer politischen Ziele weiterhin für unverzichtbar. In den fast ununterbrochenen militärischen Auseinandersetzungen des ausgehenden 17. Jahrhunderts entwickelte sich das nur für den Kriegsfall angeworbene Söldnerheer zum stehenden Fürstenheer. Der *miles perpetuus* wurde zu einem innen- und außenpolitisch jederzeit einsatzfähigen Machtinstrument des Fürsten.

Die Errichtung stehender Heere und der landesherrliche Festungsbau kennzeichnen innenpolitisch den Wendepunkt im langen Kampf zwischen den Landesherren und ihren vorwiegend adeligen Ständen um das Steuerbewilligungsrecht. Im Zuge der Durchsetzung der vollen fürstlichen Souveränität im 17. Jahrhundert gingen die Werbung und der Unterhalt der Armee auf den Landesherrn über. Der bisherige Dualismus wich der *potestas absoluta* des Fürsten, der die Verwaltung, das Beamtentum und das Heer zunehmend auf seine Person als zentralen Punkt des Staates ausrichtete. Der ständige Unterhalt des Heeres verursachte große Kosten. Die zur Finanzierung der stehenden Heere eingeführte Akzise trug zur Entwicklung eines modernen staatlichen Finanzsystems nachhaltig bei.

Die oberste Befehlsgewalt über das Heer lag in den Händen des Souveräns. Im Kabinett des Fürsten wurden alle Entscheidungen zentral gefällt, die den Festungsbau, den Unterhalt des Heeres im Frieden, aber auch seine Führung im Krieg betrafen. Die vom Fürsten mit ihrem Amt bestallten Feldherren standen in einer heiklen Abhängigkeit zum Kabinett. Sie hatten im Auftrag des Fürsten Siege zu erringen, waren aber in zahlreichen strategischen Fragen vom Kabinett abhängig. Die Entscheidung zur Annahme einer Schlacht lag beim Kabinett und entzog sich zumeist der Gewalt des Feldherrn. Die Länge des Befehlsweges wurde um so hinderlicher, je weiter die Armee in gegnerisches Gebiet vordrang. Die Versorgung der Heere aus zentralen Magazinen sollte zwar eine Beeinträchtigung der Landwirtschaft in Kriegszeiten verhindern, beschränkte aber zugleich ihre operative Reichweite. Wurde das Heer geschlagen oder gar vernichtet, mußte sich der Feldherr gegenüber dem Kabinett verantworten. Daher wurde es zum obersten Gebot der Kriegführung, das den Feldherren anvertraute Heer als Machtinstrument des Fürsten zu erhalten. Zog der Fürst dagegen selbst als *roi connétable* an der Spitze seines Heeres in den Krieg, besaß er durch die Vereinigung von Entscheidungsgewalt und Ausführung in seiner Person einen entscheidenden Vorteil.

Im Geist der Aufklärung wurde der Krieg metaphorisch als Maschine verstanden, die einheitliche Uniformierung der Regimenter wurde zum sichtbaren Ausdruck ihrer Gleichförmigkeit. Die auf Befehl hin in Paraden oder in der Schlacht ausgeführten Bewegungen der Regimenter offenbarten nicht nur die umfassende Machtbefugnis des Fürsten, in der Disziplinierung des Heeres spiegelte sich auch das Modell eines geordneten und durch den zentralen Willen des Fürsten gelenkten Verbandes, das zum Ideal der Gesellschaftsordnung im Absolutismus avancierte. Sowohl in der Gestaltung des Staates als auch im Militärwesen wurde Frankreich seit dem ausgehenden 17. Jahrhundert als »Modellstaat des Absolutismus« zum vielerorts nachgeeiferten Vorbild. Der Aufbau einer Armee nach französischem Vorbild war in den kleinen deutschen Territorien nur durch Subsidien der großen Mächte im Rahmen ihrer Bündnispolitik möglich. Nach den Erfolgen Preußens im Siebenjährigen Krieg über die französische Armee bemühten sich zahlreiche europäische Staaten, ihr Militärwesen durch die Übernahme der preußischen Heeresorganisation zu modernisieren. Vor allem bei der Ausbildung der Soldaten erfolgte eine Nachahmung des preußischen Vorbildes.

Am Ende der Epoche ermöglichten die Ereignisse der Französischen Revolution die Durchbrechung der ständischen Ordnung durch das französische Bürgertum. Die Deklarierung aller Bürger zu Verteidigern der Republik, die Einführung der allgemeinen Wehrpflicht und die dadurch mögliche Aushebung von Massenheeren verdeutlichen die enge Verbindung von Staats- und Heeresverfassung in der Frühen Neuzeit. Nicht nur die Dimensionen militärischer Mobilisierung und die sich daraus ergebenden neuen taktischen Möglichkeiten, sondern auch der bis dahin unbekannte Enthusiasmus der Soldaten, die von den Idealen und Utopien der Revolution getragen wurden, trugen entscheidend zum Niedergang des Kriegswesens des Ancien Régime bei. M. B.

I.1

Jacob Mauvillon: »Einleitung in die sämmtlichen militärischen Wissenschaften«. Braunschweig 1783

Lippische Landesbibliothek, Detmold,
Sign. H 12237

Jacob Mauvillon (1743–1794) lehrte als Ingenieuroffizier Militärwissenschaften an Kadettenanstalten in Hessen-Kassel und in Braunschweig. Seine »Einleitung« verstand sich als Lehrbuch für angehende Offiziere der Infanterie und Kavallerie und faßt die Grundzüge der Kriegführung des 18. Jh.s zusammen. Wie zahlreiche Autoren verfolgte Mauvillon das Ziel einer umfassenden militärischen Bildung für angehende Offiziere. Zu diesem Zweck wurden neben Taktik und Strategie auch die Grundlagen des Fortifikationswesens vermittelt. Kompendien dieser Art trugen zur Festschreibung eines »Kriegssystems« bei, das auf der Lineartaktik basierte. Die umfassende militärische Literatur des 18. Jh.s mit ihren Lehrwerken, Enzyklopädien, Essays, Handbüchern und Zeitschriften läßt auf eine intensive Beschäftigung breiter Kreise der Gesellschaft mit dem Kriegswesen schließen. Unter dem Einfluß der bildungsfreudigen Aufklärung kam es zu einer Verwissenschaftlichung des Kriegswesens. Der Umbruch, der aus der barocken »Kriegskunst« eine »Kriegswissenschaft« formte, setzte sich zunehmend auch im Sprachgebrauch und in den Titeln der neu erscheinenden Werke durch. M. B.

I.2

Kaiserliches Infanterieregiment in Schlachtordnung, 1749

Kupferstich,
21 x 142 cm (Platte)
Privatbesitz

Um einen reibungslosen Übergang aus der Marschordnung in die Schlachtordnung zu gewährleisten, wurde die Abfolge der Bataillone eines Regiments in eine dauerhafte und feste Ordnung gebracht. In Paraden und Manövern suggerierten die kontrollierten Bewegungen dieser geordneten Verbände eine Beherrschung der komplexen Kriegsmaschine.

Als größte taktische Einheit war das Regiment einheitlich gekleidet und wurde nach dem Regimentsinhaber benannt. Die Soldaten der kleinsten Einheit, des Peloton, hatten gleichzeitig auf Kommando zu laden und zu schießen. Jedes Peloton wurde von einem Offizier geführt. Die Feuersalven sollten kontrolliert von den Flügeln der Bataillone nach innen aufeinanderfolgend abgegeben werden. Zwischen den einzelnen Bataillonen eines Regiments standen die leichten und beweglichen Feldgeschütze. Der Plan entstammt dem österreichischen Reglement von 1749, das der General Leopold Graf Daun entworfen hatte. Die Position eines jeden einzelnen der insgesamt gut 2400 Soldaten und Offiziere ist peinlich genau festgehalten, was von dem starken Ordnungswillen der Militärführung zeugt. M. B.

I.7

I.4

I.3

Emanuel Trierweiler

Kurpfälzischer Militäretat, 1786

Manuskript mit Titelkupfer, Rubriken und Überschriften in Kupferdruck, 18,5 x 11,1 cm
Nordrhein-Westfälisches Hauptstaatsarchiv Düsseldorf, Sign. HS L.IX 2, Bl. 62v

Die von Hauptmann Emanuel Trierweiler verfaßten Militäretats geben einen Einblick in das kurpfälzische Heerwesen des 18. Jh.s. Sie erfaßten die militärischen Einrichtungen und Verbände in ihrer Stärke, Uniformierung und Standort mit den kommandierenden Offizieren. Nach Veränderungen in der Heeresorganisation fanden Aktualisierungen statt. Obwohl von ihren Titeln her rein pfälzisch, beinhalten die Militäretats seit der Vereinigung der Pfalz mit Bayern im Jahr 1778 die gesamte kurpfalzbayerische Armee. Die kurpfälzischen Militäretats finden in einer preußischen Uniform-Handschrift von 1762 ihren Vorläufer. Sie ist ein weiterer Beleg für die Vorbildfunktion der preußischen Heeresorganisation. M. B.

Abb. S. 212.

I.4

Anonym, 1789–1799

Bildnis eines kurpfalz-bayerischen Offiziers

Öl auf Holz, 35,8 x 45,3 cm
Stadtgeschichtliches Museum Jülich,
Inv. Nr. 99/253

Bei dem abgebildeten Offizier handelt es sich um einen Angehörigen des

6. kurpfalz-bayerischen Füsilierregiments aus der Zeit zwischen 1789 und 1799. Das kurpfälzische Heer wurde nach der Vereinigung der beiden Staaten im Jahr 1778 mit den bayerischen Truppen zusammengelegt. Unter dem Grafen Rumford (1753–1814) wurde eine umfassende Heeresreform durchgeführt, durch die alle Regimenter eine einheitliche neue Uniform erhielten, die sich nach Waffengattung in der Farbe unterschied. Der abgebildete Offizier trägt die weiße Uniform der Infanterie mit enganliegenden grauen Hosen und weißem Rock. Als neu eingeführte Kopfbedeckung hält er ein Kaskett mit schwarzem Helmbusch in der rechten Hand. Ein bayerischer Säbel M 1788 am weißen Bandoulier dient ihm als Waffe. A. K.

I.5

Preußisches Steinschloßgewehr M 1740 mit Bajonett, 1740

Holz, Eisen, Messing,
L. 144,4 cm
Wehrtechnische Studiensammlung des Bundesamtes für Wehrtechnik und Beschaffung, Koblenz, Inv. Nr. 25853 und 26712

Das Steinschloßgewehr war die in allen europäischen Armeen verbreitete Waffe. Die wirksame Schußentfernung lag nicht über 200 Schritt. Häufig wurde das Feuer jedoch erst bei einer wesentlich geringeren Distanz eröffnet. In einer Tasche führte der Soldat Papierpatronen mit sich, in denen Kugeln und das für einen Schuß benötigte Pulver eingewickelt waren. Mit den Zähnen wurde die Papierpatrone aufgebissen und etwas Pulver auf die Pfanne geschüttet. Mit dem Ladestock wurde die Patrone in den Lauf gestoßen. Der gedrückte Abzug ließ den Feuerstein auf das Schloß schlagen, der dabei entstehende Funke löste den Schuß. Während des gesamten 18. Jh.s blieb die grundlegende Technik unverändert. Die Einführung des bikonischen, also beidseitig verwendbaren Ladestocks beschleunigte den Ladevorgang und trug damit entscheidend zu einer höheren Feuergeschwindigkeit bei. Das Bajonett wurde auf das Gewehr aufgesteckt. Es diente zur Abwehr von Kavallerieattacken. Das Modell M 1740 wurde in Manufakturen in großer Stückzahl produziert und ersetzte sukzessive die älteren Modelle. Die preußische Armee hat es bis 1773 unverändert verwendet. M. B.

I.6

Kurpfälzische Trommel, um 1750

Holz, Leder, Leinen, Messing,
H. 61 cm, Dm. 55 cm
Bayerisches Armeemuseum Ingolstadt,
Inv. Nr. A2174

Trommeln dienten zur Übermittlung von Befehlen in Paraden und Schlachten. Die von den Offizieren gerufenen Befehle reichten häufig nicht aus, um den Schlachtenlärm zu übertönen. Die Trommelschläge bestimmten den Rhythmus auf dem Marsch, gaben aber auch den Takt für das Laden und Abfeuern der Gewehre vor, um eine einheitliche Salve zu gewährleisten. Der einzelne Soldat hatte sich bereits im Drill den Taktschlägen unterzuordnen und verlor als Teil des Ganzen individuelle Handlungsmöglichkeiten. In zahlreichen Exerzierreglements waren die einzustudierenden Bewegungen nach genauen Vorgaben der Taktschläge festgehalten. Diese Unterordnung des Menschen ließ bereits Zeitgenossen die Heere metaphorisch als Kriegsmaschine, den Soldaten als Automaten verstehen. M. B.

I.7

Lambert Friedrich Corfey

Feuerwerk anläßlich der Wahl von Clemens August zum Koadjutor des Erzstiftes Köln, 1722

Aquarellierte Federzeichnung, 47,7 x 59,7 cm
Archiv des Rhein-Sieg-Kreises, Siegburg,
Graphische Sammlung, Inv. Nr. 465

Clemens August war bei seiner Wahl zum Koadjutor von Papst Innozenz XIII. und Kaiser Karl VI. unterstützt worden. Ihnen zu Ehren ließ er auf der Zitadelle von Münster ein Feuerwerk veranstalten, das vom münsterischen Kommandanten der Artillerie L. F. Corfey (1645–1733), dem Vorgänger Johann Conrad Schlauns, entworfen wurde. Pyrotechnische Vorführungen gehörten zum Aufgabenbereich der Artillerieoffiziere, da sie über das entsprechende Wissen verfügten. Feuerwerksarchitekturen zeigten den Herrschaftsanspruch und die -gewalt des Souveräns an. Sie machten die militärische Potenz im Frieden sichtbar. In diesem Sinne war der Ort in Münster beziehungsreich gewählt, verband er doch mit der Festinszenierung auf der stadtbeherrschenden Zitadelle geschickt Spiel mit Ernst. G. v. B.

I.8

Carl Joseph Hiernle

Statuette der Pax, um 1740/50

Buchsbaum, H. 27,9 cm
Museum für Kunst und Gewerbe, Hamburg,
Inv. Nr. 1922.127

Hugo Grotius hatte in der ersten Hälfte des 17. Jh.s schon die Vorstellung entwickelt, daß der Krieg eine Verletzung des naturrechtlich gegebenen Friedenszustandes sei. Der ewige Frieden blieb jedoch Utopie, da machtpolitische Beweggründe gerade auch im aufgeklärten 18. Jh. zu militärischen Auseinandersetzungen führten. Friedrich der Große formulierte hierzu: »*Der König hält sich für berechtigt zum Gebrauch der Macht, die ihm der Himmel gegeben hat, um Gewalt der Gewalt entgegenzusetzen …*« Seit dem Dreißigjährigen Krieg war die Friedenssehnsucht zu einem der bestimmenden Motive der Künste geworden. Die als Frau personifizierte Pax des Mainzer Bildschnitzers Hiernle (1710–1755) fleht vergebens um Frieden, wie die abgeschnittenen Arme zeigen. In Anlehnung an einen antiken Torso geschaffen, wird das tragische Moment der Friedenssehnsucht eindrucksvoll unterstrichen. G. v. B.

I. 8

Kat. Nr. II.3, S. 218

II Das Offizierskorps

Im Zuge der Errichtung der stehenden Heere wurde der Kriegsunternehmer des Dreißigjährigen Krieges durch den vom Fürsten dauerhaft in sein Amt berufenen adeligen Offizier ersetzt. In Friedenszeiten waren die Offiziere für die Ausbildung und Ausrüstung des stehenden Heeres verantwortlich. Sie hatten die Aufgabe, Soldaten anzuwerben und im Drill zu einer gleichförmig funktionierenden Kriegsmaschine zu »dressieren«. In Kriegszeiten befehligten die Offiziere ihre Regimenter und führten sie in die Schlacht. Den Offizieren oblag es, in vorderster Linie für den reibungslosen Ablauf zu sorgen. Wichen die Soldaten aus der Schlachtordnung zurück, versuchten die Offiziere häufig, die Ordnung mit Gewalt aufrechtzuerhalten, indem sie »selbigen den Degen, Sponton oder Kurzgewehr in die Rippen« stießen. Während das Verhältnis der Offiziere zu den einfachen Soldaten in vielen Fällen von Gleichgültigkeit oder gar Verachtung geprägt war, fußte der Umgang der Offiziere untereinander auf einem geburtsständigen Ehrenkodex.

Der Adel verstand sich als Verteidiger der ständischen Ordnung und beanspruchte die exklusive Besetzung der Offiziersstellen. Den adeligen Offizier sollten Tapferkeit und Ehre als Standesmerkmale auszeichnen. Man wandte sich damit gegen die Vorstellung, Ehre könne durch Leistung erworben und durch Beförderung sichtbar gemacht werden. In diesem Sinne wurden Beförderungen vornehmlich nach dem egalitären Prinzip der Anciennität – also nach dem Dienstalter – ausgesprochen. In den Garde- und Kavallerieregimentern dienten ausschließlich adelige Offiziere, in der Infanterie waren sie mehrheitlich vertreten. Lediglich in der aus dem Handwerk hervorgegangenen Artillerie überwog der Anteil bürgerlicher Offiziere. Zwischen beiden Gruppen bestand eine scharfe Abgrenzung. Der militärische Dienst bot zahlreichen Adeligen die Möglichkeit eines gesicherten Auskommens. Durch den üblichen Stellenkauf konnte dies zu der grotesken Situation führen, daß bereits Sechzehnjährige ohne spezielle Ausbildung und Erfahrung als Offiziere ihren Dienst absolvierten. Zahlreiche Niederlagen des 18. Jahrhunderts wurden bereits von den Zeitgenossen auf die unqualifizierte militärische Führung zurückgeführt.

Um die Kriegführung erfolgreicher zu gestalten, versuchten zahlreiche Landesherren, den Stellenkauf zu verbieten und die Beförderung von der Qualifikation und dem Verdienst des Anwärters abhängig zu machen. Das Recht, Offiziere zu berufen und zu befördern, zogen die Fürsten an sich und übten damit eine zunehmende Kontrolle über das Offizierskorps aus. Die durch den Landesherrn finanzierten Kadettenanstalten boten den nachgeborenen adeligen Söhnen (frz. »cadets«) eine kostenlose standesgemäße Erziehung und eine Versorgung in der Armee. Der preußische König Friedrich Wilhelm I. (1688–1740) zwang die adeligen Söhne in Preußen zum Eintritt in die Kadettenanstalten und instrumentalisierte damit diese Einrichtung zur Monarchisierung des Adels, der zum loyalen Diener in Staat und Armee degradiert wurde. Der Verlust der politischen Selbständigkeit des Adels im Zeitalter des Absolutismus wurde durch das Vorrecht auf die Besetzung der Hof-, Staats- und Offiziersstellen kompensiert. Dadurch kam es – vor allem in Preußen – zu einer Militarisierung der Gesellschaft. Die Annehmlichkeiten der Fürstenhöfe wollten die adeligen Offiziere auf den Feldzügen nicht vermissen. Eine reichhaltige persönliche Ausstattung durfte daher im Troß nicht fehlen.

Die in der zweiten Hälfte des 18. Jahrhunderts gegründeten Militärakademien sollten eine hohe militärische Professionalität der Offiziere durch die Vermittlung spezieller Fachkenntnisse gewährleisten. Die Anstöße zu diesen Gründungen gingen von aufgeklärten Kräften innerhalb des Militärs aus, die um eine Reform des Heerwesens bemüht waren. Die Militärakademien trugen im Sinne der Aufklärung zu einer Verwissenschaftlichung der Kriegskunst bei. Die Kenntnisse und Erfahrungen eines Offiziers wurde unter dem Einfluß der Reformer zum entscheidenden Kriterium des weiteren Avancements. Diese Entwicklung ermöglichte auch bürgerlichen Aufsteigern den Einzug ins Offizierskorps.

M. B.

II.1

Hans Friedrich von Fleming: »Der Vollkommene Teutsche Soldat«, Leipzig 1726

Universitäts- und Landesbibliothek Düsseldorf, Sign. H. 365 (4')

Hans Friedrich von Fleming war einer der ersten Schriftsteller, die eine umfassende Darstellung des Kriegswesens ihrer Zeit in Angriff nahmen. Darin entwarf Fleming das Bild des vollkommenen Offiziers, der sich vornehmlich durch die Tugenden eines adeligen Kavaliers auszeichnet. Die Ausbildung der jungen Adeligen in den Kadettenanstalten lehnte sich stark an die höfische Erziehung an. Großer Wert wurde auf Reiten, Fechten und Tanzen als standesgemäße Beschäftigungen gelegt. Der ideale Offizier war zuerst der umfassend gebildete Kavalier, der sich gleichermaßen seinen Aufgaben am Hof, in der Staatsverwaltung und im Militär stellen konnte. Im Laufe des 18. Jh.s traten im Zuge der Verwissenschaftlichung der Kriegskunst genuin militärische Fähigkeiten in den Mittelpunkt der Ausbildung. Die noch von Fleming aufgeführten traditionellen Werte des adeligen Kavaliers traten zunehmend in den Hintergrund. M. B.

II.2

Jacob Kuchenreuter

Duellpistolen in Kassette

Holz, Eisen, Messing, Flintstein, Stoff
46,2 x 29,4 x 9,4 cm (Kassette),
L. 41,3 cm (Pistolen)
Sign.: »Jacob Kuchenreuter«
Privatbesitz

Die Pistolen wurden zwischen 1760 und 1770 von Jacob Kuchenreuter (1709–1783) gefertigt, der in Steinweg bei Regensburg als fürstlicher Hofbüchsenmacher der Thurn und Taxis tätig war. Das Ensemble der Pistolen mit Zubehör in Kassette wurde als Auftragsarbeit für einen Offizier ausgeführt und konnte auf Reisen mitgeführt werden. Der Lauf einer Pistole ist gebläut, der andere ist blank gelassen. Von dieser auffälligen Färbung stammt der ihnen zugeschriebene Name »Die ungleichen Schwestern«, die dem Besitzer die Eigenschaften jeder Waffe verriet. Pistolen mit glattem Lauf fanden in Duellen Verwendung, da die geringe Genauigkeit der Schüsse den Charakter des Duells als Gottesurteil unterstützte. In Duellen fand das übersteigerte Ehrgefühl der adeligen Offiziere seinen Ausdruck. Obwohl sie regelmäßig von den Heeresleitungen untersagt wurden, kostete ihre stillschweigende Duldung die Armee manchen Offizier. M. B.

II. 2

II.3

Jacob Hauck

Bildnis des Ludwig Dominic du Jarrys Baron de la Roche, 1758

Öl auf Leinwand, 63 x 81,5 cm
Privatbesitz

Der am 29. Oktober 1698 in Tournai geborene Baron de la Roche (Bayerisches HStA München, Adelsmatrikel Fr L 32) wurde 1744 Platzmajor in Jülich und stieg schließlich 1750 zum Kommandanten auf. 1759 wurde er zum Generalmajor befördert. Ihm vorgesetzt war der Gouverneur von Jülich, der jedoch selten vor Ort weilte. 1750 wurde er seiner Stellung entsprechend in die städtische St. Antonius- und Sebastianusbruderschaft aufgenommen, die den Charakter einer Honoratiorenvereinigung hatte. Das Gemälde zeigt ihn in Uniform mit Harnisch, Ringkragen, blauer Schärpe und gesticktem Großkreuz des Michaelordens. Die Verleihung dieses Ordens, dessen Hochmeister Kurfürst Clemens August war, könnte der Grund für den Porträtauftrag gewesen sein. Am 27. Oktober 1768 ist de la Roche in Brüssel verstorben. Der Maler Jacob Hauck († 1769 in Utrecht) ist in den 1750er Jahren in Mannheim belegt. G. v. B.

Abb. S. 216.

II.4

Kurpfälzisches Unteroffizierskurzgewehr, 2. Hälfte des 18. Jahrhunderts

L. 189,5 cm (Blatt: 26,5cm)
Privatbesitz

Neben dem Degen und dem Ringkragen zeichnete den Offizier das Sponton als Standesmerkmal aus. Der Unteroffizier trug das etwas kürzere Kurzgewehr. Beide hatten sich aus den Stangenwaffen entwickelt, wurden jedoch im 18. Jh. nicht mehr als solche verwendet. Im Drill und in der Schlacht dienten sie zur Erteilung der Kommandos an die Soldaten.

Das Blatt des kurpfälzischen Kurzgewehrs trägt unter dem Kurhut die Initialen »CT« des Landesherrn Carl Theodor als Zeichen des von ihm verliehenen Amtes. Gegen Ende des 18. Jh.s verschwanden Sponton und Kurzgewehr aus dem Felddienst, blieben jedoch als repräsentative Zeichen in den Paraden erhalten. M. B.

II.5

Sachsen, Glücksburger Hütte, um 1730

Schliffglas

H. 22,5 cm, Dm. 9,4 cm

Stadtgeschichtliches Museum Jülich, Inv. Nr. 99/32

Auf der Wandung ist umlaufend eine Belagerungsszene mit Infanterie, Kavallerie und Artillerie in Matt- und Blankschnitt dargestellt. Auf den Feldzügen wurde eine umfangreiche persönliche Ausstattung der Offiziere mitgeführt. Darunter befanden sich auch eine Küchenausstattung sowie gläsernes und silbernes Geschirr, die standesgemäße Tafelfreuden auch im Feld ermöglichten. B. S.

II.6

Brief eines französischen Offiziers Anonym an Monsieur de Meynot à St. Emilion, 20. Juni 1742

Privatbesitz

Der Brief ist im Feldlager *»bei Juliers«* geschrieben worden. Darin wird von einem Offizier um eine Lieferung französischen Weins zu seinem Stammsitz in St. Valery gebeten. Dieses Feldlager wurde für die mit Kurpfalz verbündeten französischen Truppen ab September 1741 zwischen Tetz und Broich errichtet und hat zeitweise 36 000 Soldaten aufgenommen.

Da die Einwohner zur Verpflegung der Truppen herangezogen wurden, bedeutete die Anwesenheit einer derart großen Armee für die Jülicher eine ständige Belastung und gab oftmals Anlaß zu Konflikten.

Dazu kamen zahlreiche Sonderforderungen der Franzosen wie Weizenbrot, das sie dem landesüblichen Roggenbrot vorzogen. Den Wein ließ man offensichtlich lieber aus der Heimat herbeibringen, wobei der Adressat in St. Emillion, eines der renommiertesten Anbaugebiete in Bordeaux, gleichzeitig die Vorlieben der Militärs erkennen läßt. A. K.

II. 5

II.7

4 Livre-Klippen der Belagerung Landaus 1702

Silber, Tellerrand: 6,4 x 4,2 cm, Anhänger: 5,1 x 4,2 cm

Historisches Museum der Pfalz, Speyer, Inv. Nr. HM M.7793 u. 7794 (Rigö Nr. 38 u. 53)

Bei Belagerungen ist in vielen Fällen seit dem 16. Jh. belegt, daß der Sold in einer spontan erstellten Ersatzwährung ausgezahlt wurde. Diese Notklippen wurden aus Blechen, Geschirrteilen oder älteren Münzen geprägt.

Neben der Überbrückung des Münzgeldmangels und der Verpflichtung auf eine siegreiche Zukunft ist der psychologische Wert ihrer Ausgabe nicht zu unterschätzen, wenn z. B. wie in Landau der kommandierende General sein Tafelsilber für die Truppe vermünzen ließ.

Das einem kommandierenden General zusätzlich zu seinem Gehalt zustehende Tafelgeld trug der Tatsache Rechnung, daß er die Offiziere standesgemäß zu bewirten hatte, wozu auch im Feld ein umfangreiches Service mitgeführt wurde. Die Formen der Landauer Klippen von 1702 lassen noch deutlich das Geschirr des französischen Festungskommandanten de Mélac erkennen, dessen Wappengravur sich auf der Rückseite eines Stückes erhalten hat. Einige Klippen wurden nach Ende der Belagerung zu begehrten Souvenirs für den Sieger. Ein

II. 8

als Anhänger umgearbeitetes Exemplar rapportiert in seiner Rückseitengravur die Chronologie der Ereignisse. Im Spanischen Erbfolgekrieg wurde die Festung Landau zwischen 1702 und 1713 viermal belagert und eingenommen. M. P.

II.8

Geprägter Spielstein, 18. Jahrhundert

Holz, Dm. 6,1 cm

Privatbesitz

Auf der Vorderseite ist ein am Rhein schlafender Löwe dargestellt, der das Reich symbolisiert. Das Ährenbündel, auf das er gebettet ist, zeigt den Wohlstand an. Ein französischer Hahn pickt an den Ähren, was auf die im Hintergrund angedeuteten Zerstörungen der linksrheinischen Feldzüge anspielt. Die Umschrift »Trau nicht dem Schlaf. Hier liegt kein Schaf« warnt vor der Stärke des erwachenden Löwen.

Aufwendig geprägte Spielsteine dienten dem angenehmen Zeitvertreib und wurden in Spielkästen oder -tischen aufbewahrt, die auch auf Feldzügen mitgeführt wurden. Gespielt wurden zumeist Puff oder Triktrak, Dame und Mühle.

Auf den Spielsteinen waren neben Herrscherporträts und allegorischen Szenen wichtige Ereignisse des Zeitgeschehens festgehalten. Unter den Kriegsdarstellungen bilden die Türkenkriege eines der beliebtesten Themen. M. B.

Kat. Nr. III.3, S. 222

III Der Soldat

Mit dem Wandel von der Söldnertruppe zum ständig unter Waffen stehenden Heer entwickelte sich eine neue Form des Berufssoldaten. Im Mittelpunkt des soldatischen Lebens stand die Ausbildung. Die komplizierten Bewegungsabläufe der Lineartaktik sowie das Laden und Schießen wurden so lange im Drill eingeübt, bis sie auf Befehl wie automatisch abliefen. Der einzelne Soldat wurde zu einem Rad in der Kriegsmaschine. Die lange Ausbildungszeit machte die Soldaten wertvoll, daher wurden sie nicht leichtfertig dem Risiko einer Schlacht ausgesetzt. Den größten Teil des Einsatzes machten taktische Manöver, Märsche und Lagerleben aus. Zur Schlacht kam es nur, wenn die Heerführer beider Seiten sich einen Erfolg ausrechneten. Der Eintritt ins Soldatenleben war einfach: Werbeoffiziere streiften durch das Land und verpflichteten mit Überredungskunst, List und Gewalt wehrfähige Männer zum Soldatendienst. Die Annahme des Handgelds besiegelte den Eintritt ins Militär. Daraufhin wurde der Dienstvertrag, die Capitulation, aufgesetzt und der Soldat seinem Regiment zugeführt, wo er vereidigt wurde. Die starke Nachfrage infolge der Aufrüstung im 18. Jahrhundert, die Möglichkeit eines Neuanfangs und einer gesicherten, wenn auch bescheidenen Existenz ließen den Militärdienst bei wirtschaftlichen Zwangslagen, als Einstieg für Aussteiger wie flüchtige Leibeigene, Unzufriedene, Tagelöhner, Knechte, aber auch für Straftäter und Deserteure fremder Truppen als Notlösung erscheinen.

Um ihren Sold aufzubessern, übten in den Garnisonsstädten zahlreiche Soldaten ihren ursprünglichen Beruf als Nebenerwerb aus. Häufig gerieten sie deshalb in Konflikt mit der einheimischen Handwerkerschaft, die sich der unliebsamen Konkurrenz zu erwehren suchte. Aufgrund ihrer zahlreichen Eingaben an den Landesherrn wurde der Nebenerwerb der Soldaten häufig untersagt. Auf der anderen Seite duldeten die Landesherren den Nebenerwerb, da so die hohen Soldzahlungen aus der landesherrlichen Kasse begrenzt werden konnten. Nach ihrem Abschied ließen sich zahlreiche Soldaten in den Garnisonsstädten nieder. Trotz eindeutiger Verbote hatten viele Soldaten Frauen aus der Bürgerschaft geheiratet und Familien gegründet.

Der Anstieg der Mannschaftsstärke und die Entwicklung neuer Kriegstechniken gingen einher mit einer verstärkten Disziplinierung der Soldaten. Disziplin und Gehorsam waren das Ideal der Armeen im 18. Jahrhundert. Sie gewährleisteten das Funktionieren des Soldaten und damit das der Armee. Aufgrund der neuen Militärtaktik war nicht mehr individuelle Tapferkeit im Kampf von Mann gegen Mann entscheidend, sondern das Zusammenwirken aller in der geschlossenen Formation. Die Courage als soldatische Tugend wurde abgelöst durch die Contenance, das Ausharren auf dem zugewiesenen Posten. Die Disziplin wies über die militärische Funktion hinaus. Mit dem Militärdienst in den stehenden Heeren des 18. Jahrhunderts wurden die unteren Schichten von der Sozialdisziplinierung erfaßt. Mit den stehenden Heeren verschwand auch das Problem der vagabundierenden Banden, in denen sich entlassene Söldner zusammengefunden hatten. Diszipliniertes Auftreten und Verhalten, wie das korrekte Schultern des Gewehrs, wurden zur ästhetischen Kategorie, die auch durch Uniformierung sichtbar gemacht wurde. Der Soldat als gehorsames und bedingungslos verfügbares Objekt landesherrlicher Macht entsprach den absolutistischen Idealen der Zeit.

Wie weit die Ideale von der militärischen Realität entfernt waren, zeigt exemplarisch das Phänomen der Desertion. Trotz drakonischer Strafen wurde weder zuvor noch anschließend soviel desertiert wie in den Armeen des 18. Jahrhunderts. Desertion war ein alltägliches Phänomen und wurde als feste Größe in die militärischen Überlegungen eingeplant. So wurde bei der Auswahl von Lagerplätzen und Marschrouten darauf geachtet, keine günstigen Umstände für eine Desertion entstehen zu lassen. Die Gründe für die Desertion waren vielfältig und erhellen die Lebensumstände des einfachen Soldaten: Repressive Disziplinierung, Überwachung und Prügelstrafe prägten oft den Umgang der vorgesetzten Offiziere mit den Soldaten. Bei Vertragsbruch, wie ausbleibendem Sold, mangelnder Versorgung und verweigertem Abschied, sahen viele Soldaten ihren einzigen Ausweg in der Desertion. Im Krieg stieg die Desertionsrate deutlich an. In der Hektik der Schlacht wurde manche sich bietende Gelegenheit genutzt. Der einfache Soldat hatte keinen Einblick in die theoretischen Überlegungen zur Kriegführung. Er kämpfte nicht für ästhetische Ideale und stand seinem Kriegsherrn und dessen Zielen gleichgültig gegenüber. C. F.

III.1
»Reglement vor die Chur-Pfälzische Infanterie 1764«
Druck: Mannheim 1764
Stadtbibliothek Wuppertal, Sign. Hg 99 Rara

Die Lineartaktik stellte hohe Anforderungen an die Ausbildung der Soldaten, die einheitlich für alle Regimenter zu erfolgen hatte. Zu diesem Zweck wurden Exerzierreglements von den Heeresleitungen an die ausbildenden Offiziere verteilt. Die Reglements schrieben die Haltung der Soldaten, die Handgriffe beim Laden des Gewehres und die Bewegungsabläufe ganzer Einheiten vor. Da die gleichzeitige Abgabe von schnell hintereinander folgenden Salven nur durch regelmäßige intensive Übung zu erreichen war, prägte der Drill den Alltag der Soldaten. Die Entfaltung der Einheiten in der Schlacht und das Aufrechterhalten der Ordnung wurde durch häufiges Exerzieren auf Paradeplätzen oder vor den Toren der Stadt einstudiert. Nach den Erfolgen der preußischen Armee im Siebenjährigen Krieg wurde 1764 ein erneuertes Exerzierreglement für die kurpfälzische Infanterie herausgegeben, das in zahlreichen Punkten mit dem preußischen Reglement von 1750 übereinstimmt. Auf Kommando hatten die Soldaten über 60 verschiedene Handgriffe und Bewegungen auszuführen. M. B.

III. 2

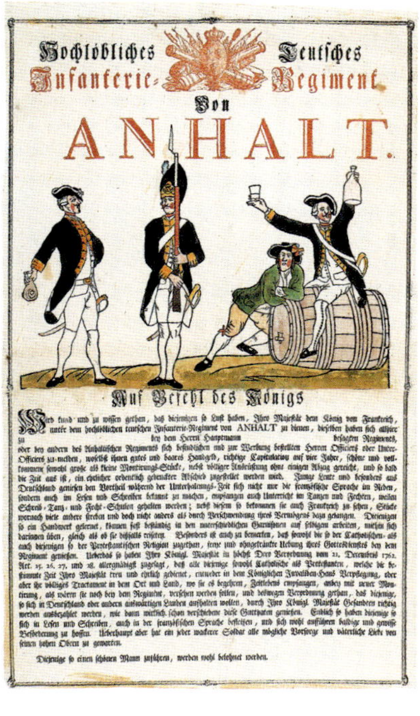

III. 4

III.2
Werbeplakat Anhalt, 1762/63
Holzschnitt, 61 x 36 cm
Deutsches Historisches Museum, Berlin,
Inv. Nr. Gr 92/65

Der übliche Weg zur Rekrutierung und Ergänzung der Heere war die Werbung, die im Auftrag des Landesherrn durch ausgewiesene Werbeoffiziere betrieben wurde. Gedruckte Plakate wiesen auf Werbeaktionen hin, die an öffentlichen Stellen ausgehängt wurden. In den Aussparungen der Plakate konnten die jeweilige Rekrutierungsstelle und der zuständige Offizier handschriftlich eingetragen werden. Die Werber offerierten neben dem Handgeld und einem geregelten Sold auch die Aussicht auf ein sorgenfreies Leben in der Armee. Der anstrengende Alltag und die Gefahren der Kriegszüge traten in den Hintergrund oder wurden verharmlost. M. B.

III.3
Königreich Preußen, um 1715
Figur eines Grenadiers zur Zeit des »Soldatenkönigs« Friedrich Wilhelm I.
Holz, gefaßt, Eisenblech, lackiert,
Gewehr fehlt,
H. 67 cm
Deutsches Historisches Museum, Berlin,
Inv. Nr. AB.9538

Die Figur führt in anschaulicher Weise das Zünden einer Granate vor und ist gleichzeitig ein Nutzgegenstand. Unter der abnehmbaren Mütze befindet sich im Kopfinneren ein Einsatz zur Aufbewahrung von Tabak. In der rechten Hand hält der Grenadier eine Hohlkugel, die aus Eisen, Blei oder Glas gefertigt und mit einer Pulverladung gefüllt war. Mit der Lunte in der anderen Hand wurde die Ladung vor dem Werfen gezündet. Von dieser Tätigkeit leitet sich auch das Wort »Grenadier« ab. Um beide Hände frei zu haben, mußte der Grenadier das Gewehr, das bei der Figur fehlt, schnell auf den Rücken hängen können. Grenadiere trugen Mützen, da die ausladenden Hutkrempen beim Umhängen des Gewehres gestört hätten. Die Uniform kann in ihren Teilen zwar keinem Regiment konkret zugeordnet werden, jedoch ist das äußere Erscheinungsbild der Figur an die Grenadiere der Riesengarde König Friedrich Wilhelms I. von Preußen angelehnt. K. P. M.
Abb. S. 220.

III.4
Johann Christian Gottschick nach
Johann Christian Oldendorp
Karikatur auf die Bürgermilizen, Ende 18. Jahrhundert
Kupferstich,
22,7 x 17 cm
Kölnisches Stadtmuseum,
Inv. Nr. KSM 1960/13

Die vorliegende Karikatur zweier Mitglieder einer Bürgermiliz ist Teil einer mehrteiligen Serie. Die am unteren Rand vermerkten Befehle (hier: »Gewehr bei Fuß« und »Ladet«) werden von den Dargestellten mißverstanden bzw. unsachgemäß ausgeführt. In der Aufklärung waren die stehenden Heere einer wachsenden Kritik ausgesetzt. Auf dem Hintergrund neuer Staatsauffassungen propagierte man die allgemeine Wehrpflicht. Tatsächlich gab es in begrenztem Rahmen Bürgermilizen, die jedoch nicht auf aufklärerischem Gedankengut gründeten. Deshalb werden sie hier – mit Blick auf die Französische Revolution und die Erfolge der Revolutionstruppen – als überholt und militärisch unbrauchbar herausgestellt. Die in der Serie versammelten Honoratioren sind eher den Genüssen zugewandt, wie Branntwein und Pfeifen unterstreichen, als daß sie den Anforderungen des Krieges gewachsen gewesen wären. G. v. B.

III.5

Dienst und Verwaltungsliste der kurpfälzischen Artilleriedivision Mannheim

Handschrift, 106 x 100 cm
Bayerisches Hauptstaatsarchiv, München, Serienakte 170

Die 1786 angefertige Liste erfaßt die Angehörigen der Mannheimer Artilleriedivision nach ihrem Dienstgrad, Alter, Herkunft, Familienstand, Konfession und erlerntem Beruf.
Das Erstellen solcher *Konduite- und Kapacitätslisten* ging auf die Veranlassung der kurpfälzischen Heeresleitung zurück, die in ihnen ein geeignetes Mittel zur Beurteilung der Soldaten und Offiziere sah. Sie sollten als maßgebliche Grundlage ihrer weiteren Anstellung und Beförderung dienen. Zu diesem Zweck wurde neben den persönlichen Angaben auch die Befähigung für den Dienst festgehalten, die sich in Umschreibungen wie »fleißig«, »faul« oder »ungeschickt« ausdrücken konnte.
Das soziale Verhalten der Soldaten und Offiziere wurde zu einem maßgeblichen Kriterium der Beurteilung erhoben. So waren die Spielleidenschaft, die Streitlust und das »Saufen« aufgeführte Charakterzüge. Die Listen wurden regelmäßig von den Regimentsinhabern erstellt und an die Heeresleitung übersandt. Die Kombination der persönlichen Eigenschaften mit dem Vorschlag zur Beförderung zeigt sowohl die Bemühungen der Heeresleitung um eine Verbesserung des Kriegswesens als auch die Intention der Landesherren, das Heer zur Sozialdisziplinierung der dort dienenden Untertanen zu nutzen. M. B.

III.6

III.6

Johann Heinrich Giese

Tabaksdose, 1759

Messing und Kupfer,
15,5 x 4,4 x 3,2 cm
Bez.: »I. H. GIESE ISERLON«
Stadtgeschichtliches Museum Jülich,
Inv. Nr. 99/29

Die ovale Tabaksdose mit geprägtem Deckel und Boden aus Messing stammt aus der Werkstatt des ältesten Iserlohner Dosenmachers, Johann Heinrich Giese (1716–1761). Der Boden zeigt eine Dreiviertelansicht Herzog Ferdinands von Braunschweig unter einer Darstellung der Schlacht von Minden, der Deckel ein Porträt Friedrichs des Großen.
Das in der Grafschaft Mark gelegene Iserlohn war 1610 an Brandenburg gefallen, der preußische König war somit Gieses Landesherr. Die Schlacht bei Minden, die der mit Preußen verbündete Ferdinand am 1. August 1759 gewann, stellte in diesem Jahr den einzigen Sieg für die Preußen dar. C. F.

III.7

Jülicher Meister »IPW«

Abendmahlskanne, 1744

Silber, 31,8 x 17,3 cm,
Evangelische Kirchengemeinde Jülich

Laut Gravur unter dem Standring wurde die Abendmahlskanne 1744 aus dem Silber des Regimentfeldschers Georg Conrad Keiser hergestellt, das er der evangelischen Gemeinde nach seinem Tod vermacht hatte.
Die Schenkung belegt die oftmals enge Verbindung der Soldaten zu den Jülicher Kirchengemeinden. Zudem finden sich in den katholischen Garnisonspfarrbüchern zahlreiche Eintragungen über Taufen, Hochzeiten usw. Die Unterbringung der Soldaten in Bürgerquartieren führte zu engen Kontakten zwischen Militärangehörigen und der Bevölkerung, die bis zum Kasernenbau in der Mitte des 18. Jh.s stets auch konfliktreich blieben. Die seelsorgliche Betreuung der Soldaten durch Geistliche hatte besonders in

III. 7a

III. 7b

Kriegszeiten eine hohe Bedeutung. Feldgeistliche spendeten den Verwundeten und Sterbenden Trost, überbrachten persönliche Nachrichten und segneten die Soldaten vor den Schlachten in Feldgottesdiensten. B. S.

August Querfurt, Schlacht bei Kolin 1757, Öl auf Leinwand, Heeresgeschichtliches Museum Wien

IV Feldschlachten des 18. Jahrhunderts

Die Massenproduktion von Feuerwaffen und die Entwicklung des Bajonetts verdrängte gegen Ende des 17. Jahrhunderts die Stangenwaffen der Landsknechte aus den Heeren. Um eine optimale Ausnutzung der Feuerkraft zu erreichen und zugleich die Verluste durch gegnerische Feldartillerie zu begrenzen, wurde das System der Heerhaufen zugunsten einer lang auseinandergezogenen Linie aufgegeben. In der Hoffnung, den Gegner damit zu überflügeln, wurde sie lediglich drei oder vier Glieder tief aufgestellt und konnte sich über mehrere Kilometer erstrecken. Die Lineartaktik stellte große Anforderungen an die militärische Führung, die einen reibungslosen Übergang der Regimenter aus der Marschordnung in die »ordre de bataille« gewährleisten mußte. Die volle Entfaltung eines Heeres auf dem Schlachtfeld konnte mehrere Stunden dauern. Durch die Verbesserung und den verstärkten Einsatz der Feldartillerie erhielt die Verteidigung einer ausgebauten Stellung einen entscheidenden Vorteil gegenüber dem Angriff. Hatte sich ein Heer in Schlachtordnung verschanzen können, wurde diese Stellung selten aufgegeben.

Die Führung eines Heeres wurde in komplexen Kompendien niedergelegt, die mit praktischen Anweisungen und Vorschriften das militärische Handeln reglementierten. Im Zuge dieser Festschreibung eines Kriegssystems erfaßte das geometrische Denken des 18. Jahrhunderts auch das Kriegswesen. Die Begeisterung für die Anwendung mathematischer Prinzipien verharrte nicht nur in der geometrischen Beherrschung des Raumes durch Gärten, Schlösser oder Festungen. Auch für den Ablauf der Schlachten wurden immer komplexere Choreographien entworfen, die das ästhetische Empfinden der adeligen Feldherren befriedigen sollten. Die Faszination, die von der Betrachtung einer Schlacht aus erhöhter Position ausgehen konnte, erfaßte auch diejenigen Soldaten, die rückwärtig in Reserve gehalten wurden. Die Feldherren betrachteten es als die hohe Kunst des Krieges, die Schlachten nach einem vorher entworfenen Plan gleich einem Uhrwerk ablaufen zu lassen. Die Berechenbarkeit einer Schlacht sollte das Schlachtenglück des Feldherrn als willkürliche Komponente der Entscheidung über Sieg und Niederlage ausschalten.

Um die aufwendig ausgebildeten Heere zu erhalten, wurden Feldschlachten lediglich als letzte Möglichkeit angesehen und wenn möglich vermieden. Der Erhalt der Armee wurde zum bestimmenden Faktor der Feldzüge. Der »Kleine Krieg« der leichten Truppen gegen die Versorgungslinien der gegnerischen Heere im Hinterland erhielt dadurch eine hohe Bedeutung. Die zu diesem Zweck vornehmlich eingesetzten Husaren wurden wegen ihrer Plünderungen und ihrer mangelnden Disziplin gegenüber der Zivilbevölkerung selbst in der eigenen Militärführung verachtet.

Der preußische König Friedrich der Große (1740–1786) konnte durch seine Anwesenheit auf dem Schlachtfeld stärker die Initative ergreifen als die von den Weisungen ihres Kabinetts abhängigen gegnerischen Feldherren. Gegen die übermächtige Allianz seiner Gegner im Siebenjährigen Krieg suchte er die Entscheidung in der Schlacht statt im langwierigen taktischen Manövrieren. Dieser Verstoß gegen die geltenden Regeln der Kriegskunst trug nicht unwesentlich zu seinen Siegen bei, die jedoch mit hohen Verlusten erkauft wurden. Allein in der Schlacht von Kunersdorf im Jahre 1759 wurden von den knapp 50 000 Preußen fast 19 000 verwundet oder getötet. Jenseits der ästhetischen Faszination, die eine Schlacht bei einem entfernt stehenden Beobachter auslösen konnte, bedeutete das Kriegsgeschehen für die davon Betroffenen zumeist Grauen, Verwundung und Tod.

Aufgrund dieser Erfahrungen wandelte sich zum Ausgang des 18. Jahrhunderts die Darstellung des Krieges in der Kunst. Stand in der Schlachtenmalerei bisher die Gruppierung von bewegten Massen, vor allem der Reiterkämpfe in Licht und Schatten, im Vordergrund, so wandte sich das Interesse zunehmend einer genauen Situationsbeschreibung der topographischen Begebenheiten und des Schlachtenverlaufs zu. Das barocke Schlachtentheater, in dem der als heroisch angesehene Kampf im Mittelpunkt stand, hatte das Schicksal des einzelnen durch übersteigertes Pathos überdeckt. In einer neuen künstlerischen Auseinandersetzung mit den kriegerischen Ereignissen und der Erfahrung des Individuums durchbrach am Ende der Epoche Francisco de Goya die glorifizierenden Darstellungen. In seinen zwischen 1810 und 1820 entstandenen Radierungen *Desastres de la Guerra* trat die Grausamkeit des Krieges mit einer bislang nicht erlebten Detailschärfe in den Fokus der Kunst. M. B.

IV.1

Modell Pulverwagen, um 1760 bis um 1770/80

Holz, Flechtwerk, Leder, Eisen,
52,5 x 55 x 160 cm
Braunschweigisches Landesmuseum,
Braunschweig, Inv. Nr. VM 427

Der Modellwagen ist in allen Teilen, auch im Inneren, voll ausgearbeitet. Der Wagen diente als detailgetreue Vorlage für den Nachbau bzw. Ersatz des betreffenden Wagentyps. Demnach gehörte er zur Logistik der »Alliierten« (Preußen, Hessen-Kassel, Kurhannover, Braunschweig) des Siebenjährigen Krieges. Daneben wurde er zu Ausbildungszwecken eingesetzt. Die für Infanterie und Artillerie genutzten Kartusch-, Bomben-, Granat- und Pulverwagen waren als Vier- oder Sechsspänner angelegt. Ein Pulverwagen führte etwa 15 Zentner Pulver mit. Das Pulver war in gepichten Säcken, ledernen Beuteln oder Holzbottichen abgepackt. Der Pulverwagen, ursprünglich im Fürstlichen Zeughaus, wurde 1890/91 zusammen mit weiteren braunschweigischen Modellwagen vom damaligen Prinzregenten dem Museum überwiesen. C. R.

IV.2

Ernst Friedrich Karl von Hanstein

Disposition zu den Herbstmanövern bei Potsdam, 1772

Handschrift, 10 Seiten, 16,9 x 20,6 cm
Wehrgeschichtliches Museum Rastatt,
Inv. Nr. L-113281

Die Handschrift wurde von dem letzten Generaladjutanten Friedrichs des Großen anläßlich der preußischen Herbstmanöver vom 21. bis 23. September 1772 bei Potsdam angefertigt. Sie gibt die Aufstellung der an den dreitägigen Manövern teilnehmenden Regimenter an und hält die für die jeweiligen Tage geplanten Szenarien in einer Art »Spielanweisung« fest. Manöver wurden als wichtiger Bestandteil der praktischen Ausbildung der Regimenter angesehen. Die jährlich durchgeführten Herbstmanöver bei Potsdam wurden vom preußischen König Friedrich dem Großen selbst geleitet. Nach den Erfolgen Preußens im Siebenjährigen Krieg fanden die Manöver europaweit ein großes Interesse. Zahlreiche Pläne und Skizzen wurden hiervon angefertigt. Die bei solchen Gelegenheiten erprobten neuen Taktiken unterlagen jedoch der Geheimhaltung. M. B.

IV.3

Isaac Tirion

Plan der Schlacht bei Krefeld, 1758

Kupferstich, 36,4 x 42,8 cm (Platte)
Bez.: »Nieuwe Kaart van de Heerliykheid Creveld 1758«
Stadtgeschichtliches Museum Jülich,
Inv. Nr. 99/225

IV.1

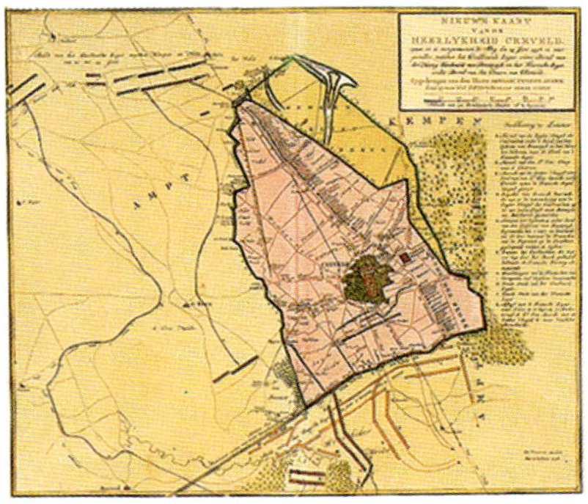

IV.3

Der Siebenjährige Krieg erfaßte das Rheinland durch die Feldzüge Herzog Ferdinands von Braunschweig (1721–1792), des Schwagers und Verbündeten Friedrichs des Großen. In der Schlacht von Krefeld am 23. Juni 1758 verschanzte sich die zahlenmäßig überlegene französische Armee hinter einer alten Landwehr und überließ aus dieser befestigten Stellung heraus dem Gegner die Initiative. Durch ein verdecktes Manöver gelangten braunschweigische Regimenter in den Rücken der französischen Stellung. Die starre Lineartaktik verhinderte einen schnellen Stellungswechsel der französischen Regimenter, wodurch die gesamte Armee in Gefahr geriet. Der französische Feldherr Graf von Clermont ließ den Rückzug antreten, obwohl zwei Drittel seiner Regimenter noch nicht in den Kampf eingegriffen hatten. M. B.

IV.4

Joh. August Corvinus nach Georg Philipp Rugendas

Plan und Ansicht der Truppenbewegungen in der Schlacht bei Höchstädt, 1704

Kupferstich, 44 x 36,5 cm (Platte)
Deutsches Historisches Museum, Berlin,
Inv. Nr. Gr 92/188

In der Schlacht bei Höchstädt an der Donau siegten am 13. August 1704 die alliierten Truppen unter Herzog von Marlborough und Prinz Eugen von Savoyen über die französisch-bayerische Armee unter Kurfürst Max Emanuel. In einer der entscheidenden Schlachten des Spanischen Erbfolgekrieges (1701–1714) wurden von beiden Seiten zusammen über 100 000 Soldaten aufgeboten, von denen ca. 20 000 verwundet oder getötet wurden. Der Spanische Erbfolgekrieg war geprägt von einer zurückhaltenden Kriegführung, die sich auf Manöver, die Besetzung fester Plätze und die Erhaltung der Truppen beschränkte, jedoch nur selten die Entscheidung in der Schlacht suchte, so daß sich der Krieg bis 1714 hinzog. Das vorliegende Blatt wurde von Joh. August Corvinus nach einer Vorlage von Philipp Rugendas gestochen und in der Serie *Kurtzte Beschreibung des Spanischen Sukzessionskrieges* von Jeremias Wolff in Augsburg herausgegeben. In der Kartusche findet sich eine topographische Darstellung des Schlachtfeldes. Vor den aufeinandertreffenden Linien im Hintergrund stehen die Feldherren auf einem Hügel. Der Rahmen mit allegorischen Darstellungen wurde von Abraham Trentwen ausgeführt. M. B.

IV.5
Carl Gottlieb Lück, Frankenthal, um 1767
Gruppe »Verwundeter Soldat«
Porzellan, farbig bemalt, unterglasurblaue Marken »CT« und »AB 6«, H. 18 cm
Reiss-Museum Mannheim, Inv. Nr. II C 1230

Die in der kurpfälzischen Porzellanmanufaktur Frankenthal gefertigte Gruppe zeigt einen am Kopf und Bein verwundeten Soldaten. Daneben kniet ein Feldscher, der die Wunde am Unterschenkel behandelt. Eine Frau steht dem Verwundeten tröstend bei. Obgleich die Kleinplastik Verwundung zum Thema hat, ist deren Darstellung ohne Schrecken: Uniform und Kleidung sind tadellos, der Körper ist ansonsten unversehrt, und der Getroffene ist nicht allein gelassen. Das Fehlen von Schmutz, Blut, Chaos der Schlacht ermöglicht die friedliche Darstellung eines ehrenhaften Soldatenschicksals. Diese dekorative Kleinkunst zielte auf den Adel und das reiche Bürgertum als Käufer. Die Uniform, weiß mit rotem Aufschlag über gelbem Unterrock, kann anscheinend auf keine konkrete Armee bezogen werden. M. P.

IV.6
Skelett eines französischen Soldaten der Revolutionstruppen
Mann, ca. 25 Jahre, ca. 175 cm groß
Bedburg-Königshoven, Lazarettfriedhof beim Kaltschmiedshof, 1794
Rheinisches Amt für Bodendenkmalpflege, Bonn, Grab 17-11

IV. 5

Nach der zweiten Schlacht bei Aldenhoven im Oktober 1794 richteten die französischen Revolutionstruppen auf ihrem Vormarsch zum Rhein in Königshoven ein Feldlazarett ein. Die dort Verstorbenen wurden in der naheliegenden Wiese notdürftig beerdigt, z. T. zu mehreren in einer schmalen Grabgrube. Bei Ausgrabungen 1987 konnten 58 Bestattungen dokumentiert werden. Da den Toten die noch brauchbare Bekleidung genommen wurde, fanden sich lediglich in zwei Gräbern Uniformknöpfe mit Schriftzügen »Republique Française« und »Artillerie Nationale«. Die anthropologische Untersuchung der Skelettreste ergab keine Hinweise auf Todesursachen, so daß Weichteilverletzungen und Wundinfektionen bzw. Erkrankungen an Typhus oder Rhur anzunehmen sind. Der Zustand der Gebisse war bei allen Toten desolat. Das Skelett des jungen Mannes aus Grab 17 zeigt eine Schnittverletzung auf dem Schädeldach hinter dem Stirnbein, woraus jedoch nur auf eine leichte Hiebverletzung zu schließen ist.
Die beiden Schlachten bei Aldenhoven markieren im Rheinland das Ende der Epoche barocker Kriegskunst. Während im Frühjahr 1793 ein desorganisiertes französisches Mischheer aus Regimentsteilen in alter Tradition und mangelhaft bewaffneten und ausgebildeten Sansculotten von den Österreichern zurückgeschlagen werden konnte, errang im Oktober 1794 das – nach dem Vorbild des amerikanischen Befreiungskrieges – aus motivierten Freiwilligen rekrutierte französische Massenheer einen deutlichen Sieg. Die französische Armee operierte inzwischen in kleineren und damit flexibleren taktischen Einheiten. Ihre Kolonnentaktik war den in klassischen Linien operierenden kaiserlichen Einheiten überlegen. M. P.

IV.7
Werkstatt Noel, Paris, Anfang des 18. Jahrhunderts
Trepanationsbesteck im Kasten
Stahl, Holz, Leder, 48 x 14 x 8,5 cm
Deutsches Klingenmuseum Solingen, Inv. Nr. 1957.B.237

Die Versorgung der Verwundeten nach einer Schlacht wurde durch Feldschere übernommen. Schußverletzungen an den Gliedmaßen konnten häufig nur noch durch eine Amputation behandelt werden. Schmerzstillende oder betäubende Mittel während der Operation waren nicht bekannt. Bei der Behandlung von Schädelbrüchen und -verletzungen fanden Trepanationsbestecke eine Verwendung, die vornehmlich zur operativen Öffnung von Schädeldecken eingesetzt wurden. Der vorliegende Kasten enthält ein vollständiges Trepanationsbesteck. Für den kurbelartigen Schädelbohrer finden sich unterschiedliche Aufsätze mit kreisförmigen Sägen zur Entfernung einer Knochenscheibe aus der Schädeldecke. Die Schultern der rotierenden Sägen sind breiter angelegt, um ein Einsinken in das Gehirn zu verhindern. Durch den Mittelschaft verläuft ein Stift, mit dem das Instrument an der Schädeldecke befestigt wurde. Verschiedene Heber ermöglichen die Entnahme der Schädelstücke. M. B.

IV. 7

Kat. Nr. V.1, S. 230

V Festungsbau und Belagerungskrieg

Im 18. Jahrhundert blickte man bereits auf eine lange Tradition des bastionierten Festungsbaus zurück. Das Bastionärsystem stellte im 16. Jahrhundert eine Reaktion auf die Einführung von Feuerwaffen in das Kriegswesen dar. Die Bastion als eine pfeilspitzenförmige Geschützplattform, die an den Ecken einer meist polygonalen Umwallung angeschlossen war, ermöglichte eine Rundumverteidigung. Die exakte geometrische Gestaltung des Festungsgrundrisses orientierte sich an den vorausberechneten Schußlinien und vermied bei der Bestreichung des Vorfeldes weitgehend tote Winkel. Die mächtigen, teilweise kasemattierten Wälle bestanden aus Erdaufschüttungen und bekleidendem Mauerwerk. Sie konnten den durchschlagskräftigen Kanonenkugeln besser als die schlanken, hohen mittelalterlichen Mauern wiederstehen, da sie in tiefen, breiten Gräben standen und somit Fernfeuer weniger Angriffsfläche boten. Der Aufwand für diese Art der Befestigung war groß, so daß nicht alle Städte bzw. Plätze einen entsprechenden Ausbau erfahren konnten. Die kommunalen Möglichkeiten stießen hier an ihre Grenzen. Es waren die Landesherren, die im Zusammenhang mit der Ausbildung des frühmodernen Fürstenstaates den Ausbau von wenigen, strategisch wichtigen Plätzen zu Landesfestungen finanzierten.

Die nach Regularität strebenden Grundrisse der Festungen verbanden sich mit der Faszination für geometrische Formen seit der Renaissance, die als vollkommen verstanden wurden. Als Ausdruck von Zentralität und Uniformität wurde die Festungsstadt zum Sinnbild für die sozialen Ordnungsmuster des absolutistischen Staates. Allerdings war die Gesamtstruktur einer Festung nur in dekorativ gestalteten Plänen und aufwendig gefertigten Modellen erkennbar, da der Blick aus der Luft noch verwehrt war. Der auf den Fürsten ausgerichtete Staat führte zum Aufbau von Hierarchien – gerade auch im militärisch-technischen Bereich. Der Festungsbau als eine neue Bauaufgabe der Frühen Neuzeit schuf das Berufsbild des Ingenieurs. Ingenieure wurden in entsprechenden Korps als eigenständige Einheit des Heeres aufgestellt. Im 18. Jahrhundert lag die oberste Leitung der landesherrlichen Bauaufgaben im Bereich der *architectura militaris* und der *architectura civilis* oft noch in einer Hand, wie Titel und Tätigkeiten Balthasar Neumanns (1687–1753) oder Johann Conrad Schlauns (1695–1773) zeigen.

Die Struktur des Heiligen Römischen Reiches Deutscher Nation verhinderte ein übergeordnetes Verteidigungssystem, sieht man einmal von dem Festungsgürtel gegen die Türken ab. Ganz anders sah die Situation in Frankreich unter Ludwig XIV. aus. Hier existierte mit der Ile-de-France ein Herrschaftsmittelpunkt, den es durch ein System gestaffelt angelegter Grenzfestungen zu sichern galt. In Sébastien le Prestre Marquis de Vauban (1633–1707) fand der Monarch den entsprechenden Ingenieur, der diese gewaltige Aufgabe zu meistern wußte. Vauban war im gesamten 18. Jahrhundert – neben dem Niederländer Menno van Coehoorn (1641–1704) – der Bezugspunkt für den Festungsbau in Europa und Übersee. Er hat das Bastionärsystem vervollkommnet.

Während man einerseits viel Mühe auf die Befestigung verwandte, beschäftigte man sich andererseits genauso umfassend mit der Frage der Einnahme einer solchen Festung. Mit der Poliorketik (Belagerungskunst und -technik) und der Kastrametation (Kunst und Technik des militärischen Lagerwesens) fand eine entsprechende Verwissenschaftlichung statt. Vauban schuf 1704 mit seinem *Traité des sièges* ein epochemachendes Grundlagenwerk.

Festungen bildeten im Krieg der Frühen Neuzeit die Operationsbasis für Heerzüge, da das Heer nur von diesen aus umfassend versorgt werden konnte. Belagerung und Einnahme einer Festung waren somit unabdingbar, um die Nachschubwege beim Vordringen in feindliche Territorien zu sichern.

Festungsanlagen versprachen nicht nur Schutz, sondern bedeuteten auch eine schwere Belastung für die Bevölkerung. Nicht nur den Bau und die Bauunterhaltung galt es mit Hand- und Spanndiensten zu unterstützen, sondern auch die Einquartierungen von Soldaten im Ernstfall, und auch das nicht immer reibungslose Zusammenleben mit der Garnison waren zu ertragen. Der planmäßige, flächendeckende Bau von Kasernen im Laufe des 18. Jahrhunderts entlastete die Bevölkerung zumindest in Friedenszeiten. Für die Einwohner einer Festungsstadt ergaben sich durchaus Verbesserungen in der städtischen Infrastruktur, die z. B. in breiteren Straßen, Steinbauweise und Wasserversorgung greifbar wurden.

G. v. B.

V.1
Sébastien le Prestre Marquis de Vauban:
»Traité des sièges, de l'attaque et deffence des places«, 1714
Handschrift auf Papier, o. O., dat. 1714, mit 33 kolorierten Tafeln
Stadtgeschichtliches Museum Jülich, Inv. Nr. 99/211

Auf dem Zenit seiner einzigartigen Karriere unter Ludwig XIV., die er im Rang eines Maréchal de France beendete, war Vauban der berühmteste Militäringenieur seiner Zeit. Er revolutionierte die Belagerungstechnik des 18. Jh.s auf der Grundlage rationaler Überlegungen durch neue Prinzipien, denen zufolge keine Festung uneinnehmbar sei. Folgte man seinen Anweisungen, sollte jeder befestigte Platz binnen 48 Tagen eingenommen werden können. Bemerkenswert ist Vaubans ausdrückliches Bestreben, den Verlust an Menschenleben bei Belagerungen so gering wie möglich zu halten und das Leben von Soldaten und Zivilisten zu schonen. Auf Geheiß des Königs schrieb Vauban 1704 seine Maximen nieder. Das Manuskript war zur Erziehung von Ludwigs Enkel, dem Herzog von Burgund, bestimmt. Erstmals 1737 im Druck erschienen, kursierte das Traktat schon vorher in Abschriften in ganz Europa. Es wurde in 15 Sprachen übersetzt und bildete für 200 Jahre die Grundlage der Ausbildung von Militäringenieuren weltweit. Das hier vorliegende Exemplar hatte vermutlich eines der in Paris vorhandenen Manuskripte zur Vorlage, die noch zu Lebzeiten Vaubans entstanden waren. A. K.

Abb. S. 228.

V.2
Leonhard Euler: »Neue Grundsätze der Artillerie«, Berlin 1745
Armeebibliothek, Ingolstadt, Inv. Nr. 30/.C7 Eul

Leonhard Euler (1707–1783) war der herausragende Mathematiker des 18. Jh.s. Neben einem umfangreichen mathematischen Werk befaßte sich Euler auch mit den praktischen Anwendungsmöglichkeiten der Mathematik.
Das vorliegende Buch war das erste wissenschaftliche Lehrbuch der Ballistik und wurde zum Standardwerk der Artillerie, das in zahlreiche Sprachen übersetzt wurde. C. F.

V.3
Werkstatt Carlo Barbanti, Turin um 1800
Architektenbesteck im Kasten
Nußbaumholz, 22 x 14,3 x 7,7 cm
Stadtgeschichtliches Museum Jülich, Inv. Nr. 97/3

Der Kasten weist sechs Bodenfächer für die Utensilien zum Kolorieren von Plänen auf. Sie enthalten drei Porzellanschälchen und Farbpigmente in gepreßter Form bzw. lose in Schächtelchen. Ein Holzeinsatz nimmt ein Bündel Schreibfedern und einige Bleistifte auf. Das Reißzeug ist auf einem mit Samt ausgeschlagenen Einlagetableau zusammengelegt. Es besteht aus drei verschiedenen Zirkeln mit Wechselspitzen, Verlängerung und Ziehfedern. Ein Messingmaßstab mit verschiedenen Skalen, ein Klappmaß und zwei Winkelmesser im Deckelfach vervollständigen das Architektenbesteck. M. P.

V.4
A. Chatelain
»Carte Pour Contribuer Aindiquer La Con Noissance Des Premieres Principes Des Fortifications«, 1708
Kolorierter Kupferstich, 49,5 x 59,5 cm
Stadtgeschichtliches Museum Jülich, Inv. Nr. 96/39

Der Kupferstich bildet verschiedene Formen von Befestigungsanlagen im bastionären System und die zugrundeliegenden geometrischen Formen ab. Zahlreiche Einzelbilder zeigen Waffen und Werkzeuge, die für eine Belagerung notwendig waren. Solche Übersichtspläne besaßen neben einem dekorativen auch einen didaktischen Wert und wurden zur Ausbildung der »jeune Noblesse« verwendet. B. S.

V.5
J. Wolff
Plan von Stadt und Zitadelle Jülich, vor 1737
Aquarellierte Tuschefeder- und Pinselzeichnung, 51,5 x 36,5 cm
Jülich, Privatbesitz

Der Plan zeigt die Stadt Jülich mit Stadtbefestigung, Zitadelle, Rurverlauf und Umland. Neben den sehr detailliert gezeichneten bastionierten Festungswerken des 16. Jh.s sind die neuen vorgelagerten Ravelins und Fleches (pfeilförmige Vorwerke) vor den Kurtinen beachtenswert, die eine Antwort auf die leistungsfähigere Artillerie des 18. Jh.s darstellen.
Neben diesen Bauwerken weist die Legende auf die bereits fertiggestellten Oberwälle der Zitadelle hin, die durch halbrunde Katzen verstärkt werden sollten. Diese Planungen wurden zwar nicht realisiert, stellten aber einen Modernisierungsversuch dar, um die eigenen

V.5
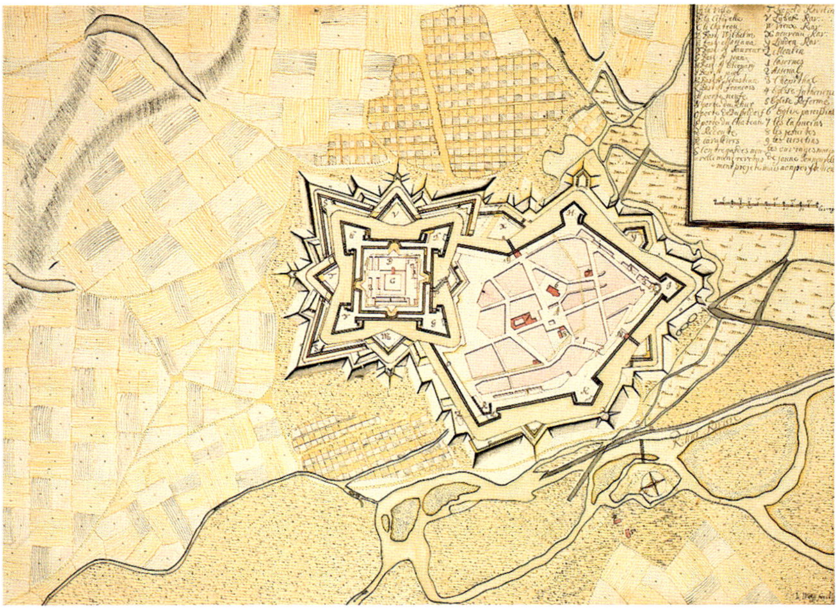

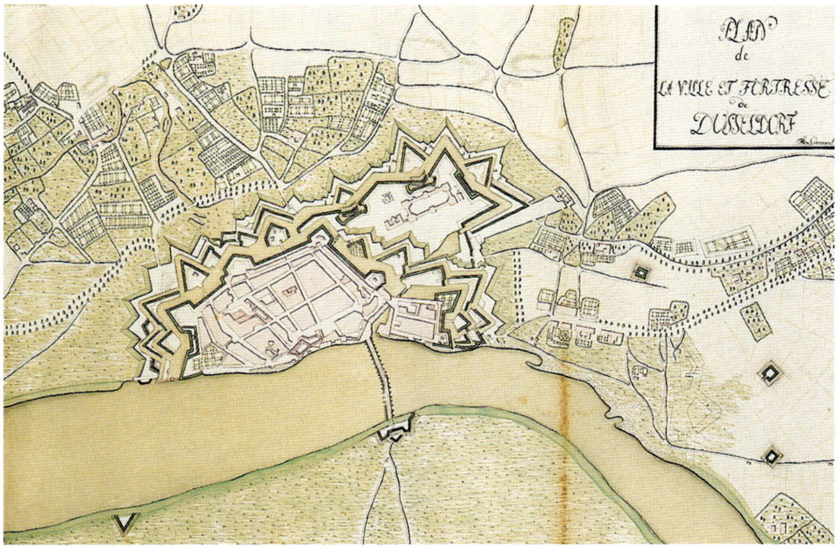

V.6

Geschütze effektiver einsetzen zu können und die besonders verwundbaren Kurtinenmitten der Festung Jülich besser zu schützen. Die Entstehung des Planes liegt vor Errichtung des halbrunden Schützenganges auf der Bastion Marianne um 1737.

A. K.

V.6
F. von Germann
Plan von Stadt und Festung Düsseldorf, 1758
Aquarellierte Tuschfeder- und Pinselzeichnung,
32 x 49 cm
Stadtgeschichtliches Museum Jülich,
Inv. Nr. 99/210

Darstellung der Altstadt, der Zitadelle und der Extension (Karlstadt), die unter Kurfürst Carl Theodor angelegt wurde, mit den Zugangswegen, Gärten, Festungsbauten und wichtigen Gebäuden in der Stadt. Im Gelände damals noch erkennbar und deshalb mit gestrichelter Linie berücksichtigt, ist ein kurzes Stück Tracé der unter Kurfürst Johann Wilhelm begonnenen Stadterweiterung im Süden. Auf dem linken Rheinufer befinden sich zwei Brückenköpfe: im Norden das 1757 errichtete Reduit für die militärische Schiffsbrücke der Franzosen und gegenüber dem Hafen das 1758 von den Hannoveranern auf kurkölnischem Gebiet errichtete Retranchement mit der Schiffsbrücke. Dieses steht in der Folge des Ende des 17. Jh.s errichteten, aufwendigeren Forts Düsselburg, das 1720 geschleift werden mußte.

G. v. B./E. S.

V.7
Jan van Huchtenburg nach Jean de Bodt
Bombardierung der Stadt Geldern 1703
Kupferstich,
46,5 x 145,5 cm
Stadtgeschichtliches Museum, Jülich,
Inv. Nr. 99/220

Der dem zweiten Band der Geschichte der Kriegszüge Eugens von Savoyen von 1729 beigegebene Prospekt zeigt die Bombardierung Gelderns durch preußische Truppen 1703.
Die Stadt bildete im Spanischen Erbfolgekrieg die letzte Bastion der Spanier am Niederrhein.
Neun Monate dauerte die Blockade, ehe am 12. Dezember 1703 die Festung übergeben wurde. Vom 3. bis 15. Oktober hatte man die Stadt unter heftiges Feuer genommen.
Im Vordergrund wird die preußische Stellung gezeigt, die unter der Leitung des Artillerieobersten Schlundt das heftige Bombardement eröffnet hat. Geschütze werden geladen, ausgerichtet und abgefeuert. Daneben werden Lafetten zusammengesetzt bzw. repariert, während die rasch aufgeworfene Stellung mit Erde und Reisigbündeln ausgebessert wird. Kanonenkugeln werden erhitzt, bis sie glühend heiß sind und als Brandbomben eingesetzt werden können. Zwischen den Batterien stehen Offiziere, die diskutieren bzw. Anweisungen geben. Obgleich die Darstellung in Details unvollständig ist, vermittelt sie dennoch einen anschaulichen Eindruck von einer zeitgenössischen Beschießung.

G. v. B

Literatur: siehe S. 253.

V.7

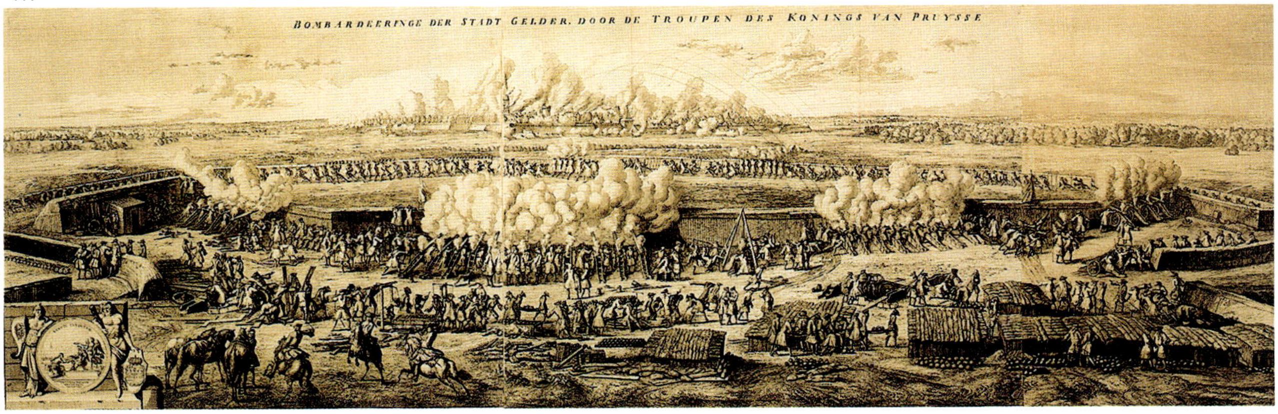

Bildnis des Caspar Anton Graf Belderbusch, um 1770
Swisttal, Schloß Miel

Caspar Anton Graf Belderbusch: Minister, Bauherr, Landkomtur

Eine der bedeutendsten Persönlichkeiten im Rheinland des 18. Jahrhunderts war zweifellos der allmächtige Hof-, Staats- und Premierminister des Kurfürsten Max Friedrich (1761–1784), Caspar Anton Freiherr von der Heyden gen. Belderbusch (seit 1782 Reichsgraf). Praktisch während der gesamten Regierungszeit seines Kurfürsten hielt dieser Mann alle Fäden von Politik und Verwaltung in der Hand. Er war durch das unbedingte Vertrauen seines Fürsten nahezu unangreifbar und konnte daher gestaltend in die Geschicke des Rheinlandes, des Reiches und Westeuropas eingreifen. Geboren und erzogen im Ancien Régime, entwickelte er sich in der zweiten Lebenshälfte zu einem aufgeklärten Pragmatiker, der nicht nur Wissenschaft und Künste großzügig unterstützte, sondern auch in seinem Privatleben Wege ging, die sogar heute noch verschiedentlich Mißfallen hervorrufen.

Er verkörperte beispielhaft die Widersprüchlichkeit und Ambivalenz seiner Zeit und hat in diesem Sinne der Nachwelt sein ganz persönliches Denkmal hinterlassen: sein Lustschloß in Miel.

Caspar Anton wurde am 5. Januar 1722 als drittes von sieben Kindern des Freiherrn Vinzenz Philipp Anton von der Heyden gen. Belderbusch und der Maria Clara Eugenie von Westrem in Montzen geboren. Die von der Heyden gehörten zum Uradel des Herzogtums Limburg und lebten in erster Linie von der Bewirtschaftung ihrer Güter Belderbusch, Broich und Streversdorf; später kam noch Terworm hinzu. Der Vater war Direktor der Limburgischen Landstände. Von 1732 bis 1734 besuchte er die Jesuitenschule in Aachen, von 1734 bis 1740 die in Bonn, wo er als Page am Hofe des Kurfürsten Clemens August erzogen wurde. Gleichzeitig studierte er Jura an der Universität Löwen und verfaßte 1738 und 1739 zwei juristische Diplomarbeiten in Bonn. 1741 schloß er sein Jurastudium in Löwen mit Diplom in beiden Rechten ab. Damit und mit der Beherrschung von vier Sprachen (u. a. Latein) besaß er eine überdurchschnittliche Bildungsgrundlage, die er dem Kurfürsten zu verdanken hatte. Auch seine Karriere im Deutschen Orden ging auf die Protektion durch dessen Hochmeister Clemens August zurück; trotz fehlender Militärerfahrung wurde er 1749 in den äußerst elitären Orden aufgenommen. Die Positionen als Komtur und Landkomtur brachten neben sozialem Prestige auch enorme Einkünfte, die das Gehalt z. B. eines Feldmarschalls um das Zehnfache überstiegen. Komtur wurde Belderbusch schon 1749, Landkomtur von Alden Biesen dann 1766. Parallel stieg er am kurfürstlichen Hofe zu Bonn auf: 1745 wurde er Kämmerer, 1754 Hofkammerpräsident, Geheimer Rat und Oberbaukommissar mit der Aufsicht über alle fürstlichen Bauvorhaben. Clemens August behandelte ihn als einen seiner engsten Vertrauten, den er zur Kaiserkrönung nach Frankfurt mitnahm sowie auch auf privaten Reisen. Verhandlungen mit ausländischen Staaten, so mit Frankreich im Siebenjährigen Krieg, wurden Belderbusch anvertraut, der zudem die gesamten Finanzen des Staates verantwortete. Nach dem Tode Clemens Augusts im Jahre 1761 wurde Belderbusch von dem neuen Kurfürsten Maximilian Friedrich von Königsegg-Rothenfels, an dessen Wahl er maßgeblichen Anteil hatte, im Dienst übernommen. Von Anfang an stützte sich Max Friedrich so ausschließlich und vollständig auf Belderbusch, daß der Komtur schnell zum eigentlichen Regenten avancierte. Als er 1766 zum Geheimen Konferenzminister ernannt und schließlich zum Premierminister gemacht wurde, war das nur noch die äußerliche Anerkennung längst bestehender Machtverhältnisse.

Zu den aufmerksam beobachteten Brüchen im Leben dieses Erfolgsmenschen gehörte vor allem seine lebenslange Beziehung zu Caroline Gräfin von Satzenhofen, der Äbtissin des adeligen Damenstiftes zu Vilich, deren Schwester mit seinem Bruder Maximilian verheiratet war. In Verbindung mit seiner persönlichen Verpflichtung zur Ehelosigkeit als Deutschordensritter ergab das eine recht prekäre Situation, die hämische Kommentare provozierte. Um ein ungestörtes Privatleben führen und sich von den Staatsgeschäften erholen zu können, suchte er sich Rückzugsmöglichkeit auf dem Lande und fand diese 1767 in der Unterherrschaft Miel, wo er für sich und Caroline ein Schloß bauen ließ, das noch heute die Handschrift dieses kultivierten, kunstliebenden und aufgeklärten Politikers trägt. Als Mäzen gehörte er zu den Gründungsvätern der Bonner Hochschule, unterstützte die Hofkapelle und das Theater und war Pate von Beethovens jüngerem Bruder. 1784 ist er in Bonn gestorben. H. H.

Ansicht von Schloß Miel, 1999

Schloß Miel – ein rheinisches Landschloß des Barock

In den Jahren 1768–1771 wurde in dem kleinen Dorf Miel westlich von Bonn auf den Trümmern einer mittelalterlichen Ritterburg ein neues Schloß erbaut, welches hinsichtlich seiner Erscheinung und Form als der bemerkenswerteste Bau seiner Art und Zeit im Rheinland gelten darf. Hier wurde der modernste Schloßtyp des 18. Jahrhunderts, die Maison de Plaisance, bei aller Prinzipientreue sehr eigenwillig interpretiert. Zwar erfüllte man in Miel immer noch die grundsätzlichen Anforderungen an eine Maison – Bequemlichkeit, Wirtschaftlichkeit, ausgeklügelte Raumaufteilung bei größtmöglicher Repräsentanz und typischer Formgebung –, aber doch in einem weit darüber hinausweisenden, aufgeklärten Pragmatismus, der das streng gefaßte Grundmuster durchbrach und Nutzen über Schönheit stellte. Auffälligstes Merkmal dieses Pragmatismus ist der an die Nordseite des Hauses angebaute Dienstboten- und Gästeflügel, der – äußerst praktisch durch die direkte Verbindung von Wohnung und Arbeitsstätte des Personals zum Herrenhaus – formal die Geschlossenheit der Maison aufhebt und in dieser Form erstmals auf dem Kontinent auftritt.

Noch in manch anderer Hinsicht ist das Schloß zu Miel ein herausragender und singulärer Bau unter den rheinischen Adelssitzen.

Zum einen entstand hier – eine Seltenheit unter den rheinischen Burgen und Schlössern – ein völliger Neubau an der Stelle der Burgruine, deren Status als landtagsfähiger Rittersitz mitsamt den zugehörigen Privilegien an den Neubau überging. Des weiteren ist das Schloß in nur drei Jahren schlüsselfertig erstellt worden und hat dabei ein künstlerisches und handwerkliches Niveau erreicht, das sich nur aus der Person des Bauherrn und seinem hohen Rang erklärt – schließlich leitete Caspar Anton von Belderbusch auch alle Baumaßnahmen des kurfürstlichen Hofes und hatte Zugriff auf dessen Handwerker und Künstler. Außerdem ist der Bau bis heute nahezu in seiner gesamten Substanz bis hin zu scheinbar unwichtigen Details wie Türschlösser und Fensterscheiben unverändert erhalten, eine Ausnahmesituation, die aus dem verständigen und behutsamen Umgang während der letzten 230 Jahre resultiert. Nicht zuletzt muß die überdurchschnittlich gute Quellenlage genannt werden, die den Kauf- und Bauvorgang dokumentiert und den Schriftwechsel zwischen Bauherrn und Bauleiter über die gesamte Bauzeit ebenso wie alle relevanten Rechnungen, Unterlagen über Belderbuschs Einkünfte, sein Testament und die komplette Inventarliste des Hauses nach seinem Tod umfaßt. All dies zusammen ergibt das einmalige und authentische Bild eines hochkarätigen Adelssitzes im 18. Jahrhundert, das in dieser Deutlichkeit, Originalität und Farbigkeit ohne Parallele ist.

Als Käufer und Besitzer der Unterherrschaft Miel hatte der Minister seinen Bruder Maximilian vorgeschoben, wohl um dem Hofklatsch keine Nahrung zu geben, denn immerhin hatte er, der als Landkomtur des Deutschen Ordens dem Zölibat unterlag, sein Landschloß als »casa di delizie« gedacht, wo er mit seiner Lebensgefährtin Caroline Gräfin von Satzenhofen, Äbtissin von Vilich, ein ungestörtes Privatleben entfalten konnte.

Unmittelbar nach dem Kauf im Jahre 1767 begann er mit der Erneuerung und Erweiterung des Wassergrabensystems, das er weitgehend von der alten, 1730 abgebrannten Burg übernahm. Im Januar 1768 setzte die Gartengestaltung unter der Leitung von Johann Cunibert Lenné ein, im Januar 1769 der Abbruch der Ruine und der Neubau des Schlosses. Der Rohbau war im selben Jahre fertig, der Innenausbau im Dezember 1771, so daß das Schloß am 19. Mai 1772 bezogen werden konnte. Architekt war der Poppelsdorfer Bauunternehmer Johann Georg Leydel, der bei Johann Conrad Schlaun, Franz Joseph Roth und Balthasar Neumann gelernt und sich durch verschiedene Bauten für den Hofadel empfohlen hatte.

Obwohl Belderbusch nicht gerade als Liebhaber französischer Lebensart galt, hat er für sein Landschloß dennoch den aktuellsten Typ aufgegriffen, der für die anspruchsvolleren Landhäuser des 18. Jahrhunderts verbindlich war und im Rheinland in mehreren qualitätvollen Beispielen vorkam: die französische Maison de Plaisance. So entstand auch Miel als zweigeschossiger Kubus mit eingangsseitigem flachem Mittelrisalt und gartenseitigem Polygonrisalit (für den unabdingbaren Gartensaal), dem im Inneren eine weitgehend symmetrische Raumaufteilung nach Art des »appartement double« um eine mittlere Hauptachse mit Vestibül und Saal entspricht. Die für Leydel charakteristischen Abwei-

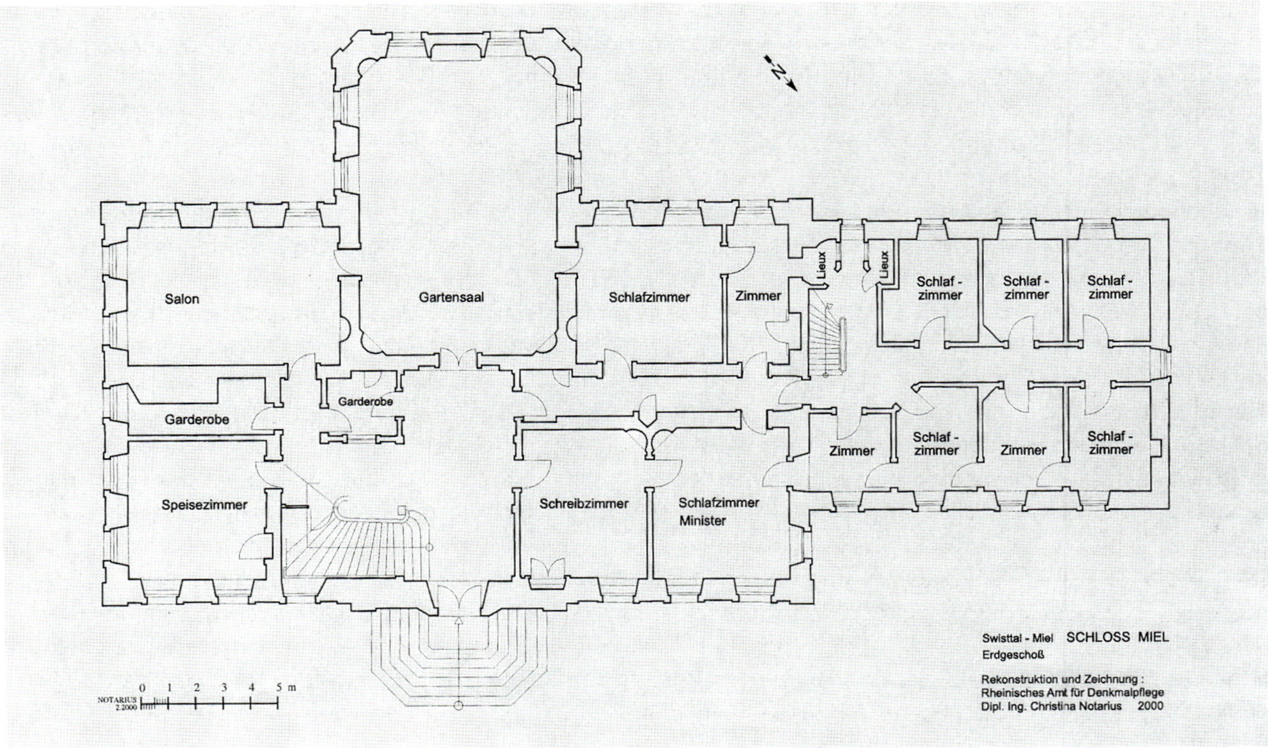
Salon
Gartensaal
Schlafzimmer
Zimmer
Lieux
Lieux
Schlaf - zimmer
Schlaf - zimmer
Schlaf - zimmer
Garderobe
Garderobe
Zimmer
Schlaf - zimmer
Zimmer
Schlaf - zimmer
Speisezimmer
Schreibzimmer
Schlafzimmer Minister
Swisttal - Miel SCHLOSS MIEL
Erdgeschoß
Rekonstruktion und Zeichnung :
Rheinisches Amt für Denkmalpflege
Dipl. Ing. Christina Notarius 2000
0 1 2 3 4 5 m
NOTARIUS 2.2000

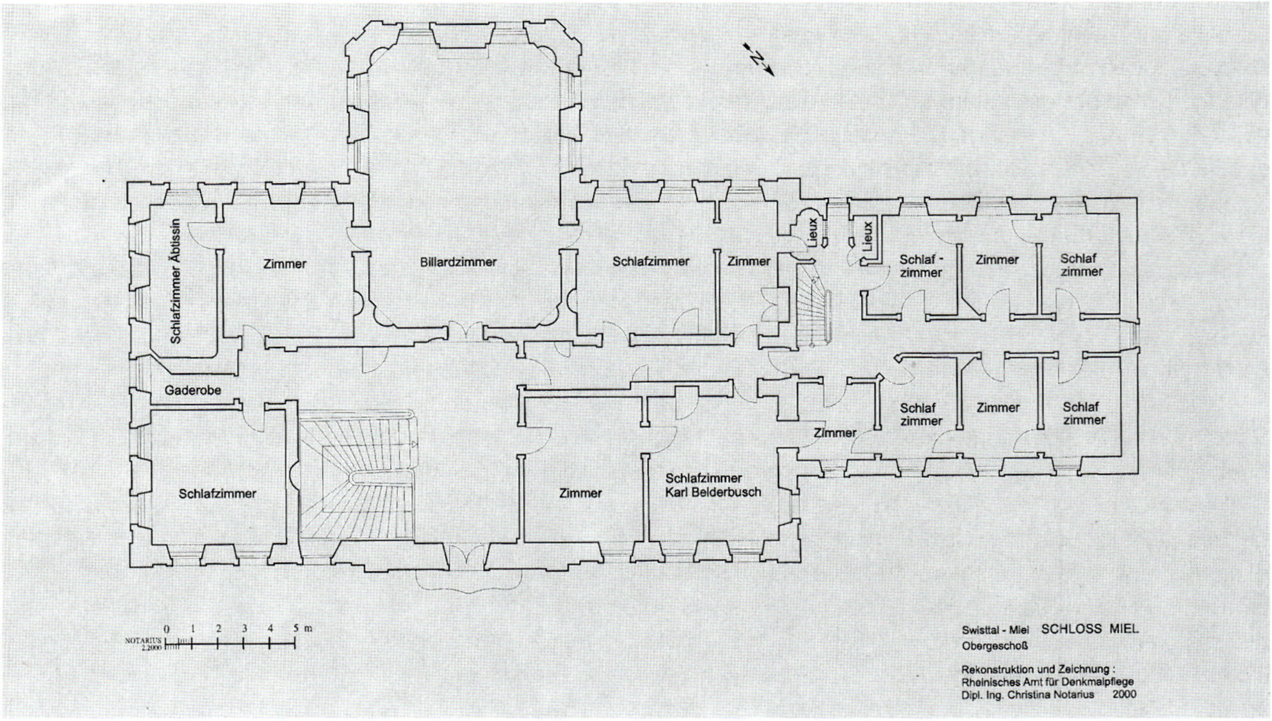
Schlafzimmer Äbtissin
Zimmer
Billardzimmer
Schlafzimmer
Zimmer
Lieux
Lieux
Schlaf - zimmer
Zimmer
Schlaf zimmer
Gaderobe
Schlaf zimmer
Zimmer
Schlaf zimmer
Zimmer
Schlafzimmer
Zimmer
Schlafzimmer Karl Belderbusch
Swisttal - Miel SCHLOSS MIEL
Obergeschoß
Rekonstruktion und Zeichnung :
Rheinisches Amt für Denkmalpflege
Dipl. Ing. Christina Notarius 2000
0 1 2 3 4 5 m
NOTARIUS 2.2000

chungen vom Standardtyp betreffen z. B. eine mittlere Querachse in beiden Geschossen, die als fensterloser Gang zwar keine höfische Eleganz vermittelt, aber in einem familiären Wohnschloß bedeutende Vorteile für die Alltagstauglichkeit mit sich bringt. So sind alle Räume um diese Verkehrsachsen (Dégagements), die dem Personal vorbehalten waren, angeordnet und von diesen aus einzeln zugänglich, ohne daß die Dienerschaft andere Räume durchlaufen mußte. Für Feste und Repräsentation war die typgemäße gartenseitige Enfilade mit dem Gartensaal in der Mitte vorgesehen.

Vestibül und Treppenhaus sind zu einer Einheit verschmolzen, wobei in Miel neben der schlichten Halle mit ihrem ungewöhnlichen Einbau einer »Schweizerstube«, einer Art Portiersloge, die elegante große Treppe auffällt. Vom Vestibül gehen die Zugänge zu allen Erdgeschoßräumen, zum Keller und Obergeschoß ab. Gegenüber dem Eingang befindet sich der Gartensaal, der programmatische Höhepunkt einer Maison, in dem sich deren Zweckbestimmung, Rang (auch des Bauherrn) und Vornehmheit auf künstlerisch hervorragender Stufe zu manifestieren haben.

Der längsrechteckige Saal bietet als Blickfang in der Hauptachse statt eines Ausgangs in den Garten einen Trumeauaufbau mit Marmorkamin, Spiegel und Porträt des Landesherrn – hier des Kurfürsten Max Friedrich – und ist ansonsten über niedrigem Eichenholzlambris vollständig ausgemalt. Die Decke ist über Gesims, Kehle und geschwungener Stuckleiste glatt geputzt und cremeweiß gefaßt. Zwischen Lambris und Gesims bedecken die auf Leinwand gemalten Bilder alle Wandflächen – insgesamt 15 Bildfelder mit Szenen aus dem ländlichen Leben in duftigen, vorherrschend grünen und blauen Tönen, gerahmt von grünen Rocaillen mit bunten Blumenranken auf weissem Grund. Die Fensterlaibungen sind mit Blumen und Früchten ausgemalt. Blumen- und Früchtestilleben bestimmen auch den Sockel des dreiteiligen Bildaufbaus. Darüber befinden sich große Felder mit ländlichen Szenen in arkadischer Landschaft, die von aufwendigen Rocaillemedaillons mit Früchten, Blumen und Vögeln bekrönt werden. In den Saalecken finden sich Darstellungen der vier Jahreszeiten. Neben Bildmotiven mit bäuerlich gekleideten Menschen zeigt die Supraporte über dem Hauptzugang eine sitzende Dame mit zwei Musikanten. Sie trägt als einzige höfische Kleidung – wohl eine Hommage an die Äbtissin. Während das Vorbild hierfür eindeutig im Watteauschen Werk zu finden ist, sind die anderen Bilder hinsichtlich ihres Sujets und Farbklangs diesem zumindest verpflichtet, was den Sinn der Ausstattung von Miel wieder klar vor Augen führt. Belderbusch schuf sich mit Miel sein kleines ländliches Paradies, das der Adel des Spätbarock europaweit vor allem in Watteaus Werk angemessen ins Bild gesetzt fand. Die von der französischen Architekturtheorie geforderte Übereinstimmung von Inhalt und Form ist in Miel wohlgelungen und das hohe künstlerische Niveau damit gewährleistet, was unmittelbar den hohen gesellschaftlichen Rang des Bauherrn bestätigt. Die Ausmalung stammt vom kurkölnischen Hofmaler François Rousseau, dessen Stärke exzellente Natur- und Rocaillemalereien und weniger treffende Menschenbildnisse waren. Erstaunlich ist der gute Zustand der Mieler Wandbespannungen, die nie beschädigt oder restauriert worden sind. Sie wurden erstmals im Jahre 2000 behutsam gereinigt und an einigen Stellen repariert.

Auch die weiteren Räume des Hauses bestechen durch qualitätvolle originale Ausstattung und Erhaltung, die anläßlich der Einrichtung zur gegenwärtigen Ausstellung nur geringer Überarbeitung bedurften. Dazu gehört die Rückführung des Trumeaus mit dem Porträt Belderbuschs vom Salon in den oberen Saal, wo es – wieder über (!) dem Porträt des Kurfürsten im Gartensaal angeordnet – das Selbstbewußtsein des Landkomturs deutlich macht.

Nach dem Tode des Grafen Belderbusch am 2. Januar 1784 erbte sein Neffe Carl Leopold Graf Belderbusch Schloß Miel, allerdings ohne die zugehörige Ausstattung. Er lebte meist in Frankreich, wo er 1826 kinderlos verstarb. Nach Wilhelm von Neufville und Emil Freiherr von der Leyen kaufte 1897 Hugo von Kintzel aus Kassel das Schloß mit restlichem Land (ca. 80 Hektar), das bis 1991 im Besitz seiner Familie blieb. Danach formierte sich die Grundstücksgemeinschaft Schloß Miel GbR als neue Besitzerin, die die landwirtschaftlich genutzten Ländereien zu einem Golfplatz umgestaltete, die kriegszerstörte ehemalige Remise des Grafen Belderbusch zum Clubhaus und Restaurant ausbaute und dabei die äußere Erscheinung des 18. Jahrhunderts wiederherstellte. Das Schloß wurde mit dem Fernziel, hier ein Museum einzurichten, fachgerecht und behutsam restauriert und für die Ausstellung auf Grundlage des Inventars von 1784 neu eingerichtet, so daß es jetzt wieder das Lebensgefühl und die Wohnkultur eines gehobenen adeligen Haushaltes im 18. Jahrhundert vermitteln kann. H. H.

Michael Leydel d. J., Schloß Miel von Südwesten, um 1770, Zeichnung, Privatbesitz

Der Garten von Schloß Miel

Wie jeder standesgemäße Adelssitz besaß Schloß Miel seit dem Mittelalter ein gärtnerisch gestaltetes Umfeld, welches – über den reinen Nutzen hinaus – seit jeher ein wichtiges Statussymbol und ein Bestandteil des Kunstwerkes Burg bzw. Schloß war. Planung und Bau des Barockgartens wurden schon im Sommer 1768 mit der Absicht in Angriff genommen, die vorhandenen Gräben und Inseln der abgebrochenen mittelalterlichen Burg zu reparieren und dem neuen Schloß anzupassen.

Beauftragt wurde der Poppelsdorfer Hofgärtner Johann Cunibert Lenné, der Großvater des preußischen Hofgartendirektors. Von seinen Planungen sind Rechnungen über verschiedene Pflanzenlieferungen erhalten, Zeichnungen dagegen konnten keine gefunden werden. Grundrisse der Gartenanlagen sind überliefert durch ein Kataster von 1766, die Tranchotkarte von 1808/09 und Katasterpläne von 1823 und von 1845.

Lenné hatte auf den vorhandenen vier Inseln verschiedene Gartenbereiche angelegt, wie sie für einen barocken Landsitz obligatorisch waren. Die inhaltlich und formal abgestufte Mehrgliedrigkeit barocker Gärten sowie die ihnen zugrundeliegende Vorstellung vom Mikrokosmos im Makrokosmos sind in Miel nachvollziehbar verwirklicht worden.

Hauptbereich und Kern der Anlage war die Schloßinsel selbst. Sie wurde von Bewuchs freigehalten, lediglich im hinteren Bereich, unmittelbar um das Schloßgebäude herum, zog sich ein rasenbewachsener Erdsockel mit abgeschrägten Böschungen, der gegen die Fundamente der alten Burg angeschüttet wurde. (Siehe Zeichnung von Michael Leydel, dem Sohn des Architekten, Abb. S. 238) Ab der südöstlichen Hausecke wurde der große Vorplatz von Böschungsmauern eingefaßt, die in abgesetzten Halbkreisschwüngen zur einbogigen Brücke über den inneren Burggraben verliefen. Die Mauern aus Backstein waren mit starken Trachytplatten abgedeckt und verputzt. Neben der Brücke an der Hauptzufahrt gab es noch eine »schwebende Wasserbrück auf dem Burgweiher«, eine Zugbrücke aus Holz von der Südseite der Schloßinsel zum Gartenparterre. Im 20. Jahrhundert wurde anstelle der längst untergegangenen Holzbrücke eine Stahlträgerbrücke errichtet, die mittlerweile wegen Baufälligkeit abgebrochen worden ist. Der Schloßhof war mit einer wassergebundenen Decke befestigt.

Der in der Hierarchie folgende zweite Teil der Anlage war der Lust- und Ziergarten. Er lag, wie es sich gehörte, vor der Südfront des Schlosses. Dabei handelte es sich nun nicht etwa um die rückwärtige Breitseite mit dem Gartensaal, dem man normalerweise die beste Aussicht und das Gartenparterre zuordnete, sondern um eine Schmalseite, was mit der Übernahme der Ausrichtung des Vorgängerbaues auf das Dorf zusammenhängt.

Bis zur Umgestaltung als Lustgarten wurde dieser Teil als »Gemüsgarten« genutzt. Die weitere Gestaltung des Mieler Gartenparterres bleibt im konservativen Rahmen; das etwas verschobene Rechteck der Insel umfaßt parallel zu den Gräben verlaufende Außenwege, die über ein eingeschriebenes Wegekreuz zum Mittelrondell führen. Die Nord-Süd-Achse des Wegekreuzes bezieht sich auf die Mitte des Schloßkörpers. Die Ecken der Rasenkompartimente waren durch beschnittene Solitäre akzentuiert. Mehr ist vom Lennéschen Entwurf nicht überliefert. Die nach Süden anschließende schmalere Insel erscheint auf allen Karten ungegliedert. Möglicherweise befand sich hier zu Belderbuschs Zeiten jener Gemüsegarten mit Küchenkräutern, der 1772 erwähnt wird.

Die dritte Partie des Schloßgartens, ein Mittelding zwischen Lust- und Nutzgarten, befand sich auf der westlichen Garteninsel. Der Baumgarten war nach Aussage der Zeichnung von Michael Leydel mit beschnittenen Obstbäumen im Quincunx-System bepflanzt, das sich an der Anordnung der Punkte auf der Fünferseite eines Würfels orientierte und vom barocken Schloßbau Eingang in den bäuerlichen Obstgarten fand. Hierbei wird es sich um jene 80 Bäume gehandelt haben, deren Pflanzlöcher im Januar 1768 festgelegt worden waren.

Als vierte Partie ist die westlich des Schlosses gelegene große Freifläche bis zur Rheinbacher Straße zu erwähnen, auf der sich bis zum Totalabbruch in den Jahren 1998 und 1999 der erst ab 1897 angelegte Gutshof befand. Zu Belderbuschs Zeiten und noch bis 1897 verlief hier die Fortsetzung der westlichen Baumgarteninsel, die sich als Rudiment der mittelalterlichen Ringinsel um die Herrenhausinsel zog und von einem Außengraben begrenzt wurde. Um 1770 legte man eine Allee in der Mittelachse und rechts und links der Allee durch Baumreihen begrenzte Wiesen an,

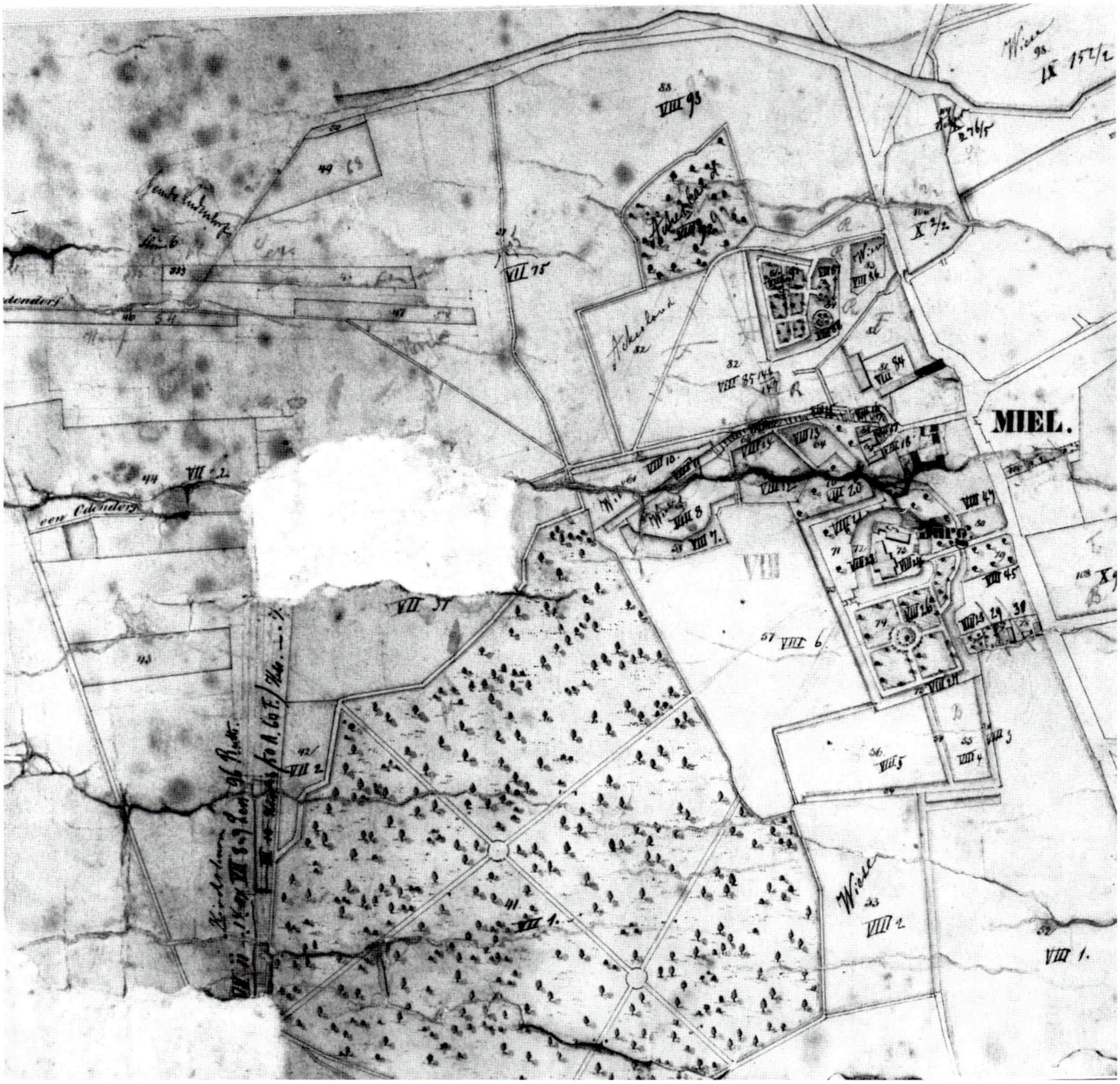

Ausschnitt aus dem Kataster von 1845, Privatbesitz

die dem Schloß die angemessene und nötige Distanz zum Dorf und zur Straße gaben. Herrschaftlicher Status und die fein komponierte Form des Schlosses kamen auf diese Weise bestens zur Geltung, was durch den Bau des Gutshofes verlorenging. Ein Teil der Gräben und der Baumgarteninsel verschwanden unter dem Gutshof; an eine Wiederherstellung zumindest des inneren Herrenhausgrabens ist gedacht. Der östliche und nördliche Teil der Ringinsel waren – im Sinne einer besseren Wirkung des Schlosses – zur Auffahrtsseite nach 1771 sicher nicht mehr mit Obstbäumen bepflanzt (siehe auch Zeichnung Leydel.); nur uferbegleitende Ziergehölze scheint es gegeben zu haben.

Im Verlaufe des 19. Jahrhunderts ließ man Gartenparterre und Baumgarten zum anglisierenden Landschaftspark umgestalten.

Nach dem Zweiten Weltkrieg wurden die Parkbestandteile zunehmend vernachlässigt und zum Schluß gänzlich der Pferdebeweidung freigegeben. Ferner zerstörten Kriegschäden, Holzeinschlag und der unkontrollierte Aufwuchs von Wildgehölzen jede noch erkennbare Parkgestalt und den größten Teil der Bäume, so daß beim Besitzerwechsel im Jahre 1991 90 Prozent des Baumbestandes nicht mehr zu halten waren. Alle Wege waren verschwunden, der einstige Park war zur Ruderallandschaft verkommen.

Noch vor dem Abräumen der kranken und geschädigten Bäume (bis 1999) wurde überlegt, welche Gestalt das historische Ambiente des Schlosses zukünftig haben sollte. Da mittlerweile die museale Nutzung des Schlosses geklärt war, entschied man sich, den barocken Garten wiederzugewinnen.

Die Westinsel wurde mittlerweile mit hochstämmigen Obstgehölzen im Quincunx-System neu bepflanzt. Der Schloßhof erhielt eine wassergebundene Decke mit Kiesauflage, während die zerfallenen Brüstungsmauern, die Brücke und die Böschungen nach Originalvorbild wiederhergestellt wurden.

Das ehemalige Gartenparterre wurde auf die barocke Wegeführung zurückgeführt, wobei die neuen Wege aufgelegt wurden, damit nicht in archäologische Strukturen eingegriffen werden mußte. Die Wege sind gekiest und werden von gestutzten Buchsbaumhecken begleitet, die Zwischenflächen wurden mit Rasen eingesät. Auf den Ecken der Rasenkompartimente stehen pyramidenförmig geschnittene Taxus. Alle Gräben sind entschlammt, alle Ufer saniert, d. h., Anlandungen und Ausschwemmungen sind beseitigt und ein gleichmäßiger Böschungswinkel ist geformt. Der gestaltete Übergang von der Architektur zur freien Natur ist auf diese Weise wieder sinnlich faßbar geworden. Diese freie Natur wird in Miel durch den unmittelbar westlich der Schloßanlage beginnenden Wald repräsentiert, der zum Schloß Miel seit wenigstens 700 Jahren dazugehört und unter Belderbusch mit Sichtachsen, die strahlenförmig vom Schloß ausgingen und sich mit Querwegen kreuzten, sowie runden Kreuzungsplätzen versehen worden war. Diese Achsen wurden wieder freigelegt bzw. ergänzt. Die mittlere Achse war im 19. Jahrhundert nach ihrem Austritt aus dem Wald abgeknickt und auf die neue Brücke an der Nordwestecke der Garteninsel ausgerichtet worden, die südliche Achse verlief mittlerweile an der Waldkante. Durch Wiederaufforsten des südlichen Waldecks wurde die Sichtachse wieder in eine Schneise zwischen zwei Waldflächen umgewandelt. Die historischen Freiflächen zwischen Schloßpark und Wald, einst feuchte Wiesen, sind auch nach der Umgestaltung für Golfzwecke von störender Bepflanzung verschont geblieben und vermitteln das alte Bild.

Einziger Wermutstropfen im Bild der Gesamtanlage wird der große östliche Vorplatz zwischen Schloß und Rheinbacher Straße sein. Das Grundstück wurde an eine Bauträgergesellschaft verkauft, um mit dem Erlös die Renovierung des Schlosses finanzieren zu können. Eine Mittelzufahrt mit Lindenallee und die Abgrenzung der neu errichteten Häuser zum Schloß hin mit Hilfe regelmäßiger Baumpflanzungen ist vorgesehen.

So läßt sich resümieren, daß Garten und landschaftliches Ambiente des barocken Landsitzes Schloß Miel – mit gewissen Abstrichen – eindrucksvoll wiedererstanden sind. Zusammen mit dem originalen und nach Originalvorbild wiedereingerichteten Herrenhaus lassen sie ab Mai 2000 einen rheinischen Adelssitz in all seinem Glanz, seiner Vielfalt und seiner Lebensqualität anschaulich werden.

Für die Unterstützung bei der Restaurierung danken wir dem Ministerium für Arbeit, Soziales und Stadtentwicklung, Kultur und Sport des Landes Nordrhein-Westfalen, der Deutschen Stiftung Denkmalschutz, der Nordrhein-Westfalen-Stiftung Naturschutz, Heimat- und Kulturpflege, dem Rhein-Sieg-Kreis und der Gemeinde Swisttal.

H. H.

Literatur: H. Herzog/W. D. Penning, *Schloß Miel in Swisttal* (Rheinische Kunststätten, H. 405), Köln 1994.

Schloß Miel, Innenansicht, Gartensaal nach Westen

»Raumdistribution« und Raumausstattung

Der Grundriß von Schloß Miel entspricht weitgehend den idealtypischen Entwürfen für die Maison de Plaisance, wie sie in den französischen Musterbüchern seit Anfang des 18. Jahrhunderts in ganz Europa verbreitet wurden. Sie darf als der letzte, aber auch wohnlichste Bautypus des Ancien Régime angesehen werden. Anhand eines Inventars von 1784 konnten die ursprüngliche Raumdistribution und Raumausstattung bis ins Detail rekonstruiert werden.

Kennzeichnend für eine Maison de Plaisance rheinischer Prägung sind die Mittelfiguration von Vestibül und Gartensaal mit den anschließenden Gesellschaftsräumen an der Gartenseite sowie die Verschmelzung von Vestibül und Treppe. Daneben lagen im Erdgeschoß das Speisezimmer, das Appartement des Hausherrn und des Ehrengastes. Die Appartements konnten von den Bediensteten bequem über ein Dégagement erschlossen werden, wie auch die Öfen in sämtlichen Zimmern des Erdgeschosses über Versorgungsklappen vom Flur aus zu bestücken waren, ohne daß die Herrschaft gestört wurde. Das Obergeschoß folgt in seiner Anlage weitgehend dem Grundriß des Erdgeschosses. Neben einem Billardsaal waren dort Schlafzimmer für Angehörige der Familie und Gäste untergebracht. Im Anbau befanden sich im Erd- und Obergeschoß Gästezimmer mit je zwei Schlafzimmern und einem mittleren Raum, der als Vorzimmer und Aufenthaltsraum diente. Das Zwischengeschoß beherbergte die einfachen Dienerzimmer.

Alle Geschosse, sogar das der Dienerschaft im Anbau, verfügten nachweislich über Toilettenanlagen mit Wasserspülung, so daß Schloß Miel einen hohen Wohnkomfort bot. Die Dienerschaft gelangte über den Keller, die Nebentreppe und die Flure ins herrschaftliche Haus. Die Gäste werden sich nur in einer Ebene bewegt haben, also zur Hofseite über die Appartements des Ministers und seines Neffen oder ebenfalls über die Dégagements.

Die Bedeutung der Räume erschließt sich aus Größe, Lage und Ausstattung. Allerdings gibt das Inventar über die Qualität und die Thematik der Textilien leider keine Auskunft, so daß hier nur die Wahl der Materialien beurteilt werden kann – mit Ausnahme des Gartensaals, in dem die Gemälde noch vorhanden sind. Im Gegensatz zum Erdgeschoß, wo durchgehend textile Wandbespannungen angebracht waren, war das Obergeschoß mit Papiertapeten verkleidet (die zu der Zeit hochmodern waren), so daß auch dadurch eine hierarchische Abfolge von Beletage und Obergeschoß deutlicht wird. Eine weitere Differenzierung besteht zwischen den Bildteppichen des Hauptgebäudes und den Peking- und Wachstuchtapeten, die in den Gästezimmern des Anbaus angebracht waren. Die Qualität und die Gestalt der Möbel sind ebenfalls unbekannt. Aus den Baurechnungen geht hervor, daß es sich um neue und gebrauchte Möbel handelte, die von dem Schreiner ausgebessert, bzw. gefirnißt wurden. Es waren zum Großteil massive Möbel der Aachen-Lütticher Art. Wie an der Wandbespannung, so läßt sich auch anhand der Bestuhlung eine hierarchische Unterscheidung der Räume nach ihrer Funktion und Bedeutung erkennen. So standen beispielsweise im Vestibül und den Dienerzimmern einfache Holzstühle, in den Gästezimmern des Anbaus Stühle mit geflochtenen Sitzen, im Speisezimmer lederbezogene Stühle und im Gartensaal gepolsterte Lehnsessel.

Die großen Gesellschaftszimmer und die vielen Gästezimmer lassen vermuten, daß Miel häufig anläßlich familiärer Zusammenkünfte genutzt wurde. Das Allianzwappen zur Hofseite, das für die Äbtissin ausgewiesene Schlafzimmer und einige Details der Ausstattung bestätigen andererseits die Annahme, daß Schloß Miel dem Paar als gemeinsames intimes Landschloß diente, in das sie sich unbehelligt zurückziehen konnten. Auch das Fehlen von Staatsporträts – mit Ausnahme des Porträts des Landesherrn – läßt auf eine vornehmlich private Nutzung schließen.

Da für die Ausstellung nur ein Bruchteil der ehemaligen Ausstattung aus dem Besitz des Ministers und der Äbtissin zur Verfügung steht, wird das Schloß zu diesem Anlaß vorwiegend mit Leihgaben aus dem Privatbesitz des rheinischen Adels eingerichtet. Darunter befinden sich qualitätvolle Stücke aus Schloß Brühl, die der Landadel nach dem Tode Clemens Augusts im Jahre 1761 bei den darauffolgenden Versteigerungen erwarb. Ziel der Ausstellung in Schloß Miel kann es deshalb auch nicht sein, die originale Ausstattung des Schlosses wiederzugewinnen, sondern es soll die zeitgenössische adelige Wohnkultur in einem rheinischen Landschloß vorgestellt werden. Das Inventar des Schlosses Miel von 1784 (aus dem im folgenden auch zitiert wird) bot hierfür eine unschätzbare Hilfe. K. B.

Abb. 1

1. Vestibül

»Im Vorhauß des großen Baues.
Eine Uhr, zwey Tisch, fünf hölzene Stühl.
ein hangendes Handfaß von fayance mit farben, und Wappen des Hochseel[igen] Herrn Minister Grafen von Belderbusch. eine hangende Leucht mit Glaß.«

Das Vestibül dient als Eingangshalle und Kommunikationszentrum. Es erschließt alle Räume des Erdgeschosses und fungiert als Verkehrsweg für Dienerschaft und Herrschaft. Die schlichte Einrichtung spiegelt diese Multifunktionalität wider. Die Wände sind weiß gekälkt, der Boden ist im Unterschied zu den Holzböden in den »Wohnräumen« mit Steinplatten belegt. Einfache Stühle standen für das wartende Personal bereit. Das Handfaß war der Herrschaft vorbehalten, damit sie sich nach einer staubigen Kutschfahrt die Hände reinigen konnte.

Eingerichtet mit:
Glasleuchte aus der Erbauungszeit; Bodenstanduhr aus Nußbaum, geschnitzt, Aachen/Lüttich, um 1760; Konsoltisch, Eiche, Mitte 18. Jh.

2. Speisezimmer

»Im Speiß-Zimmer
Drey chinesische Figuren. zwölf elfenbeinen Köpf in ein schwarzes Brett, und Rahm gefast.
vier Landkarten. ein Mutter Gottes Bild Mahlerey in einem vergoldeten Rahme.
vier marmor-stuck in farben: zwey Laub- zwey, eins ein Hund, das andere ein wildes schwein vorstellend. zwey pferd in Mahlerey. 21. Kupferstich mit rothlichen Rahmen, die Kurfürstl[ichen] Schlösser vorstellend; das Hauß Miehl zweymal, das Hauß Kreuzberg an der Ahr einmal, und die Abtey Vilich zweymal in vergoldeten Rahmen.
ein Spielbrett, noch sechs Kupferstich, wovon drey in vergoldeten Rahmen.
ein standuhr. zwey Spiegel mit vergoldeten Rahmen. ein Komode mit 8. Kleinen, und ein großen Auszug. ein Scribale mit drey Auszüg. ein großer Sessel mit plüsch überzogen – und eilf mit Leder überzogene stühl. ein Tisch mit Spreit. ein ofen, vier fenster Vorhäng von halb grau Leinen.«

Das Speisezimmer liegt neben dem Abgang zur Küche. Der kurze Weg garantierte, daß die Speisen noch warm auf den Tisch gelangen konnten. Seine Ausrichtung nach Süden zum barocken Parterre und einige Ausstattungsstücke, wie der Schreibtisch und das Spielbrett, deuten darauf hin, daß der Raum auch als Aufenthaltsraum genutzt wurde, wofür er sich auch anbot, da er sehr hell und warm gewesen sein dürfte. Die Spiegel, die vermutlich den Hoffenstern gegenüber hingen, verstärkten den Lichteinfall noch. Ungewöhnlich für ein Speisezimmer mutet die große Anzahl an Bildern und Kupferstichen an. Es ist daher fraglich, ob hier ursprünglich überhaupt eine Wandbespannung vorgesehen war. Die Wände mit Kupferstichen gar regelrecht zu »pflastern«, war in der Zeit Mode. Viele Motive haben einen direkten Bezug zum Bauherrn und seiner Lebensgefährtin: Neben Schloß Miel wird die Stichserie der kurfürstlichen Schlösser von Nikolaus Mettely und Peter Wyon nach Johann Martin Metz (um 1755) erwähnt, die u. a. auch eine Darstellung des Clemenshofes in Bonn (des späteren Boeselagerhofes) beinhaltete. Diesen hat der Graf 1773 erworben. Ferner werden die Burg Kreuzberg an der Ahr, die aus dem Besitz der von Satzenhofen kam, und die Abtei Vilich genannt. Die große Anzahl an Bildern, chinesische Figuren und die elfenbeinfarbenen »Köpf«, worunter vermutlich Porträts in Steinschnitt zu verstehen sind, weisen darauf hin, daß der Raum neben seiner Nutzung als Speisezimmer noch eine Kabinettfunktion umfaßte.

Abb. 2

Abb. 3

Eingerichtet mit:
Stiche nach den Zeichnungen von Metz; eine Zeichnung von Schloß Miel kurz nach der Erbauung von dem Sohn des Architekten, Michael Leydel; zwei Zeichnungen der Abtei Vilich und von Kreuzberg a. d. Ahr von Renier Roidkin, um 1730; Vanitas-Stilleben, Pieter Claez III zugeschrieben, 1. Hälfte 17. Jh. (Abb. 3); Kupferstich der Kommende Aldenbiesen, von Romeyn de Hooghe, Haarlem um 1700; vier chinesische Figuren; Madonnenbildnis; Pferdestiche mit Figuren der hohen Schule; Spiegel, Mitte 18. Jh.; Kohlkopfterrine aus Fayence; Kommode aus Nußbaum und Wurzelholz, westdeutsch, um 1740; Pendule à console von F. A. Könner aus Bruchsal nach dem sog. Neuenburger Typus, um 1780 (Abb. 1); Stühle mit Korbgeflecht; Armlehnsessel, Buche, geschnitzt, um 1750; 2 Fayencekühe aus Delft von Pieter Adriaenz. Kocks, 1. Viertel 18. Jh.; sog. Antwerpener Schrank (Stollenschrank), um 1700, Nußbaum mit Zinnintarsien (Abb. 2); Tafelaufsatz aus Silber. Aus dem Privatbesitz Belderbuschs stammen:

Teile eines Services aus Tournai um 1780; Damastservietten mit eingewebtem Wappen von Belderbusch; ein Pokalglas mit Wappen.

3. Salon

»Im Zimmer neben dem Saal.
Tapeten haute lice. vier Blumenstuck Savanerie Arbeit, und ein gemahltes Vogelstuck oben den Thüren und Spiegel. zwey Wandleuchter. zwey Spiegel mit glaßenen Rahmen.
drey Komoden. zwey Tisch mit grünem Tuch überzogen. zehn Stühl, und ein Canapée.
sechs fenster Vorhänge von Leinen. ein Ofen.«

Der Salon diente als offizieller Raum zum Empfang von Gästen und zum Aufenthalt beispielsweise nach den Mahlzeiten, wie aus seiner Ausrichtung auf den Barockgarten im Süden und dem Obstgarten im Westen schon zu erkennen ist. Seine Vornehmheit unterstreichen die Wandbespannungen aus gewirkten Stoffen. Wie im Speisezimmer befanden sich die Spiegel vermutlich den westlichen Fenstern gegenüber, um den Raum zu erhellen und illusionistisch zu vergrößern.
Die drei Kommoden standen vermutlich zwischen den Fenstern, unterhalb der Spiegel. Denn nach dem ästhetischen Empfinden der Zeit benötigten solche Spiegel einen Abschluß zum Boden hin. Gläserne Rahmen deuten auf Muranoglas hin.
Bei den Tischen mit grünem Tuch kann es sich um Spieltische gehandelt haben.

Abb. 5

Abb. 4

Neben der Anzahl der Stühle und dem Canapé unterstreicht dies den gesellschaftlichen Charakter des Raumes, der aber von intimerem Charakter als der Gartensaal (und auch leichter zu heizen) ist. Wandleuchter waren zu der Zeit üblicher als große Kronleuchter.

Eingerichtet mit:
Papiertapeten; drei Blumenstilleben aus der kurkölnischen Savonneriemanufaktur von Ferdinand Gloss nach einem Entwurf von Johann Martin Metz, 2. Hälfte 18. Jh.; Spiegel mit gläsernem Rahmen und zwei zugehörigen Wandleuchtern, Böhmen; Muranoleuchter, um 1750; vier Vogelstilleben von Jacobus Biltius, von denen eines vermutlich mit dem im Inventar erwähnten identisch ist (Abb. 6a, b), 1765–1773; zwei Kommoden, 1. Hälfte 18. Jh.; Canapé, fünf Stühle und ein Tisch, Louis-seize; Pendule à console, Mitte 18. Jh.; Porträts von Clemens August und Joseph II. von J. H. Fischer, 1784.
Aus dem Besitz Belderbuschs stammt ein Spieltisch mit Deutschordenskreuz, um 1760.

4. Saal

»Im Saal gemahlte Tapeten.
Ein Spiegel oben den Kamin. oben diesem das Portrait S[einer] Kurfürstl[ichen] Gnaden. im Kamin stehen zwey Brandruther von Eisen. ein feuer Zang mit Schüpp von Messing. ein Blaßrohr von Eisen. vor dem Kamin ein Schirm Savonerie Arbeit. zwey Wandleuchter, zwey Komoden. zwey Tisch mit grünem Tuch überzogen. sechs Sessel. zwey Canapée, an welchem die Füß, und Lehnen zum Theil vergoldet. 6. fenster Vorhänge von Leinen. zwey ofen.«

Der Saal ist der formale und gestalterische Höhepunkt von Schloß Miel: Er ist der größte Raum mit abgeschrägten Ecken und einer aufwendigeren Stukkatur. In ihm fanden größere Empfänge statt. Seine original erhaltenen Wandgemälde mit den Darstellungen der vier Jahreszeiten, idealisierten Bauernszenen und Jagddarstellungen verweisen auf die Funktion der Maison als Landsitz fern von zeremoniellen Zwängen. Allein der Platz über dem marmornen Kamin

Abb. 6a

bleibt dem Landesherrn, Kurfürst Max Friedrich von Königsegg-Rothenfels, vorbehalten.
Im Saal befanden sich die wertvollsten Möbel: Canapés mit Vergoldungen und bequeme Sessel. Die Einrichtung stand entlang der Wände symmetrisch zu beiden Seiten.
Möbel solcher repräsentativen Räume wurden meist (oft sogar vom Architekten selbst) eigens dafür hergestellt, damit sie in Form und Qualität der Wandgestaltung angepaßt werden konnten. So durften beispielsweise die Umrisse der Möbel nicht die Lambris der Wände überschneiden.

Eingerichtet mit:
Wandgemälde nach Motiven der »Fêtes galantes« von Watteau und Lancret, dem Bonner Hofmaler François Rousseau zugeschrieben; Marmorkamin mit Trumeau und Gemälde von dem Hofmaler J. H. Fischer; vier Konsoltische des Ebenisten Adolphe Jaques mit Stuckmarmorplatten, 1757. Auf den Platten sind Trompe-l'oeils – Kupferstiche, Zeichnungen und gedruckte Seiten –, deren Vorlagen teilweise aus dem Besitz Clemens Augusts stammten – aufgemalt; Tisch, Marketerie mit Palisander und Nußbaum, Niederrhein/Niederlande, 2. Hälfte 17. Jh.; Tisch, Niederlande, 1. Hälfte 18. Jh., Marketerie mit Palisander, Ebenholz und Elfenbein; sechs Polstersessel, Deutschland/Niederlande, Eiche, geschnitzt, 1. Hälfte 18. Jh.; Canapé, Eiche, geschnitzt, Mitte 18. Jh.

5. Chambre de Parade

»Im folgenden Zimmer nach dem Saal haute lice Tapeten.
Ein groß Bettstatt mit grünem seiden Damas Vorhängen samt Spreit. zwey Matratzen. ein federbett. ein federn Pullen, und zwey Küssen. ein groß-wollene decke mit rothen streifen. ein Nachts Komödchen. ein Spiegel, mit vergoldeter Rahm.
zwey Wandleuchter. ein Comode. zwey Tisch mit grünem Tuch überzogen. sechs gewirkte Stühle, und ein Sessel mit Blumen. zwey Fenster Vorhänge. ein Ofen.
Im kleinen Zimmer darneben haute lice Tapeten. Zwey Sessel, und ein Stuhl. gewirkte Überzüg mit Figuren. 4. dito mit Büsch gepflochten. ein Tisch mit grünem Tuch überzogen. ein Fenster Vorhang.«

Das Prunkschlafzimmer diente als Chambre de Parade zur Unterbringung hochgestellter Gäste, was allein schon seine Lage in der repräsentativen Gartenenfilade verdeutlicht. Im Sommer konnte das Zimmer auch als Schlafraum und Empfangsraum der Dame des Hauses dienen, während die kleineren Schlafzimmer in den Wintermonaten bezogen wurden. Wie der Salon verfügt der Raum über eine Menuiserie zwischen den Fensterbahnen und eine Türverkleidung mit Supraporten. Die Wandverkleidung hebt den Raum ebenso heraus wie die textile Ausstattung des Bettes mit Damast und die gewirkten Überzüge der Stühle und des Sessels. Allerdings ist schon eine Rangabstufung gegenüber dem Saal zu erkennen, denn dem Gast stand hier nur ein Sessel zur Verfügung. Die Anzahl der Sitzgelegenheiten insgesamt weist auf die Gewohnheit hin, kleine Zusammenkünfte in den Schlafzimmern abzuhalten. Das Bett stand üblicherweise den Fenstern gegenüber. Ursprünglich war von dem Raum ein kleines Vorzimmer abgetrennt, das einen Wandschrank besaß und Zugang zu den Toiletten bot. Es diente allerdings nicht allein als Garderobe, sondern war mit den gewirkten Wandbespannungen und Stuhlbezügen als ein multifunktionales Vorzimmer gedacht.

Eingerichtet mit:
Lit à la polonaise; Kommödchen, um 1760;

Abb. 6b

Tisch mit grünem Überzug, Mitte 18. Jh.; Reisemundzeug in lederbezogenem Kasten, Augsburg um 1730: mit Frühstücksgeschirr und Besteck aus vergoldetem Silber (Abb. 4); Kommode; Wandteppich, Aubusson, um 1700; Wandteppich mit Darstellung einer Seeschlacht, aus dem ehem. Boeselagerhof, Aubusson, 1780. Supraporten: zwei Früchtestilleben, Süditalien, 2. Hälfte 17. Jh.

6. Schreibzimmer

»Das Schreib-Zimmer.
Ein Scribale mit Aufsatz. ein Spiegel. ein Komode. ein Schrank mit Aufsatz. zwey Tisch, ein mit grünem Tuch uberzogen. neun Stühl, und ein Canapée mit Leder überzogen.
ein Ofen, feuer schüpp, und Zang samt Blech.«

Das Schreibzimmer des Hausherrn war zugleich das Vorzimmer zu seinem Schlafzimmer. Es zeugt von dem unermüdlichen Arbeitseifer des Ministers und diente ihm auch als »Büro« der Unterherrschaft Miel.
Neben dem Gartensaal verfügt es über die aufwendigste Stuckdecke, was seine Bedeutung unterstreicht. Die Sitzausstattung erlaubte den Empfang einer größeren Personengruppe.

Eingerichtet mit:
Prunkstück des Raumes ist der Bücherschrank aus dem Besitz Clemens Augusts mit dessen in Elfenbein eingelegten Initialen aus der Mitte des 18. Jh.s. Er stammt vermutlich aus Schloß Brühl. Marketerie aus Nußwurzelholz mit Glastüren; Schreibschrank, Niederrhein, um 1750 (Abb. 7); Aufsatzschrank, 1750; Spiegel, Anfang 18. Jh., Reisealtar, Flämisch, 16. Jh., Flügel mit der Darstellung der Leidensgeschichte und Auferstehung Jesu, Retabel mit der Himmelfahrt, Darstellung der Trinität und Kreuzaufsatz. Beschlagwerk zeigt die vier Kirchenväter als Medaillonsreliefs (Abb. 5).
Zwei Pistolen, zwei Flinten; ein Hundehalsband aus dem Besitz des Grafen Belderbusch mit seinen Initialen.

7. Bedientenzimmer

»Das 2te Stock im Kleinen Bau,
die Bedienten Zimmer, das 1te an der Kleinen Trepp nach dem Büsch zu.
Ein Bettstatt samt Kordinen. ein stroh-sack. ein Matratz. zwey federn Küssen.zwey wollene Decken. ein Tisch. zwey holzene Stühl. ein Mantelbrett.«

Die Bedientenzimmer im Anbau liegen in einem Zwischengeschoß und verfügen somit über eine geringe Deckenhöhe. Sie waren schlicht weiß gekälkt und besitzen kleine Fenster mit inneren Läden. Im Gegensatz zu den herrschaftlichen Räumen sind die Türbeschläge nicht aus Messing, sondern aus Eisen. Einfachste, massive Eichenholzmöbel bildeten die Einrichtung. Die Räume waren nur als Schlafstätte gedacht und dienten nicht zum Aufenthalt.

»Im großen Bau die Stiege hinauf an der Wand hangenden Mahlerey, in See, Jagd, und Bauern Stucken bestehend. Zwanzig.«

Aus den Baurechnungen geht hervor, daß der Altar sich in der Nische über dem Treppenabsatz befand. Durch diese geschickte Lösung konnten die Herrschaft von der oberen Vorhalle und die Dienerschaft vom Vestibül aus dem Gottesdienst beiwohnen, ohne daß man einander zusah. Wie bereits im Speisezimmer zeigen die Gemälde durchweg Motive des niedrigeren Genres, was wiederum für den privaten Charakter des Schlosses spricht.

Eingerichtet mit:
Altar, 1. Hälfte 18. Jh.; mehrere Gemälde mit Landschafts- und Bauernszenen.

8. Vorhalle 1. OG

»Oben auf dem Vorplatz des zweiten Stocks im großen Bau.
Vier Domstifts Kalender. zwey Land Karten. ein Tisch. vier hölzene Stühl- zwey große Schränker.

Der Vorplatz diente ebenso wie das Vestibül im Erdgeschoß als Verkehrsweg und Vorzimmer. Daneben hatte er die Funktion einer Garderobe.

Eingerichtet mit:
Zwei Schränke 17. und 18. Jh.; Kommode, Aachen/Lüttich, 1740/50 (Abb. 9); Domstiftkalender von 1758 mit Clemens August und den Stadtpatronen; Landkarten: Niedergermanien von A. Ottelius, ab 1570, Jülich-Kleve-Berg von Homann, 1760, und von Jan Janssonius, 1644.

9. Gästezimmer

»Das 1te Zimmer das Eck nach dem Ort, und Garten zu oben dem Speiß Zimmer.«
Ein Bettstatt mit zitzenen Vorhängen. ein Strohsack. zwey Matratzen. ein federn Pullen. zwey Küssen. eine zitzene Decke, wie die Vorhänge. eine wöllene Decke. ein Nachts Komödchen. ein Spiegel mit vergoldeter Rahme. ein comode. ein Tisch, sieben Stühl.

Abb. 7

6 mit Büsch gepflochten. einer von hölz. drey kathaunen fenster Vorhänge.

Es handelt sich um ein weiteres Gästezimmer. Vielleicht war es für eine der Schwestern der Äbtissin gedacht, da es wie die einfacheren Gästezimmer im Anbau nur über baumwollene Fenstervorhänge verfügte.

Eingerichtet mit:
Tapete mit Pekingmuster; Himmelbett, 1639; Spiegel mit vergoldeter Palmettenrahmung; Poudreuse um 1770; Nachttisch mit Jalousieverschluß, um 1770; Kommode, westdeutsch, 2. Hälfte 18. Jh. (Abb. 8); Nachtstuhl.

10/11. Appartement der Äbtissin

»Das folgende Zimmer nach dem Garten zu, der Gnadigen Frau Abtissinn von Vilich Schlafzimmer papierne Tapeten.
Ein Alcov, worin ein Bettstatt mit davor ins grün fallende seiden taffeten Vorhänge von nämlichen die Decke. ein strohsack. ein Matratz. ein federn Pullen.
zwey Küssen. ein wöllen – und ein Kathaunen Decke. ein Nachts Komödchen. zwey Portraits. wovon eins der Hochseel[ige] Herrn [?] Minister. ein Eckschrank, zugleich schreibtisch. zwey mit grünem Tuch überzogene Tisch. ein Sessel mit plüsch überzogen, weiss den Grund, und grün die Blumen. ein Ofen. ein hölzener Stuhl.

Das folgende Zimmer neben dem Saal papierne Tapeten.
Ein Spiegel. ein Comode. ein Tisch mit grünem Tuch überzogen. sechs Stühl, und 2 Canapée mit plüsch überzogen, wovon der Grund weiss, und grünen Blumen. Vier Marmor Ecktisch ohne füß. zwey fenster Vorhänge von Leinen. ein Ofen.«

Bei dem Appartement der Dame des Hauses handelte es sich traditionellerweise um die schönsten Räume, in Miel um diejenigen zum barocken Parterre und Baumgarten hin. Im Vergleich mit den anderen Schlafzimmern des Obergeschosses hatten die Zimmer die anspruchsvollste Ausstattung, u. a. mit gewirkten Polsterbezügen und Marmoreckkonsolen. Durch die Bespannung der Wände mit Papiertapeten blieb die Differenzierung vom repräsentativen Erdgeschoß allerdings gewahrt.

Eingerichtet mit:
Madonna mit Christuskind, Holz um 1750 (Abb. 13); Rollpult mit Kommodenunterbau, marketiert, um 1770/80 (Abb. 10); Kommode,

Abb. 8

Abb. 9

Abb. 10

Abb. 11

Abb. 12

Marketerie mit Bronzebeschlägen und mit Marmorplatte, um 1760 (Abb. 11); Tisch, um 1770; zwei Encoignuren von Mathieu Criard, um 1750 (Abb. 12). Die Schränkchen bestehen aus einem schwarzen Lackkorpus mit zwei rotlackierten Flügeltüren, auf die chinesische Lacktafeln furniert sind. Sie stammen vermutlich aus dem Gelben Appartement in Brühl. Ein »Dejeuné à l'antique« der Caroline Gräfin von Satzenhofen mit ihren Initialen, zwölfteilig, 1785; ein Canapé Louis-Seize.

12. Billardsaal

»Das Saal papierne Tapeten.
Auf dem Kamin ein Spiegel. oben dem das Portrait des hochseel[igen] Herrn Ministers Grafen v. Belderbusch Excellenz.
zwey Wandleuchter. ein Billjar. sechs Kugeln. 19 Kohe. ein Markir Tafel. zwey Komödchen. zwey Tisch mit grünem Tuch überzogen. acht Stuhl, und ein Canapée mit streifigt gearbeiteten Zeug überzogen. sechs leine fenster Vorhäng. zwey ofen.«

Der große Gesellschaftsraum des Obergeschosses diente als Billiardsaal. Die Ausstattung ist schlichter als die im Gartensaal darunter: eine einfache Stuckleiste, Kaminrahmung aus geschnitztem Holz (statt Marmor) und Papiertapeten. Das Porträt des Bauherrn im Ornat eines Landkomturs des Deutschen Ritterordens sitzt – als Pendant zu seinem Landesherrn im Gartensaal – über dem Kaminspiegel.

Eingerichtet mit:
Papiertapete. Billiardtisch; zwei Canapés, Louis-Seize; Stühle; Spieltisch mit grünem Tuch, um 1760; Spieltisch mit drehbarer Platte, um 1750; Porträts der Familienmitglieder Belderbuschs von J.H. Fischer, 1784; Porträt der Äbtissin von Vilich.

13. Gästeappartement

»Das darnach folgende Zimmer papierne Tapeten.
Ein Bettstatt mit zitzenen Vorhängen, und ein Spreit von nämlichem. ein Strohsack. ein Matratz. zwey federn Küssen. ein Nachts Komödchen. ein Spiegel mit vergoldeter Rahm. ein Komode. ein Tisch mit grünem Tuch überzogen. fünf Sessel mit Kord gepflochten. ein hölzener Stuhl. zwey Fenster Vorhänge von Leinen. ein Ofen.«

In Entsprechung zum Prunkschlafzimmer im Erdgeschoß handelt es sich um ein weiteres Gästeappartement, aber mit einfacherer Ausstattung, zumindest was Stoffwahl und Bestuhlung angeht.

Eingerichtet mit:
Papiertapeten. Himmelbett, Niederrhein, 17. Jh.; Kommode mit Marmorplatte, um 1760; Tisch aus Nußbaum, um 1750; Ziertisch, um 1760; Stutzuhr mit »Zeitansage«, um 1750.

Abb. 13

Abkürzungs- und Literaturverzeichnis

Verwendete Abkürzungen

AHVN = Annalen des Historischen Vereins für den Niederrhein
HAStK = Historisches Archiv der Stadt Köln
HStAD = Nordrhein-Westfälisches Hauptstaatsarchiv Düsseldorf
Jb. d. KGV = Jahrbuch des Kölnischen Geschichtsvereins
KSM = Kölnisches Stadtmuseum
LVR = Landschaftsverband Rheinland
RLMB = Rheinisches Landesmuseum Bonn
SMB = StadtMuseum Bonn
WRJb = Wallraf-Richartz-Jahrbuch

Verzeichnis der abgekürzt zitierten Literatur

Bayer 1912:
J. Bayer (Hrsg.), *Köln um die Wende des 18. und 19. Jahrhunderts (1770-1830), geschildert von Zeitgenossen*, Köln 1912.

Bemmann 1992:
H. Bemmann, *Rheinisches Tafelsilber. Silbernes Prunk- und Tafelgerät des nördlichen Rheinlandes von 1550 bis 1800*, Rheinbach-Merzbach 1992.

Boenisch 1979:
G. Boenisch, *Der Sonnenfürst. Karriere und Krise des Clemens August*, Köln 1979 (Neuauflage 2000).

Boge 1999:
B. Boge, Clemens August und seine Zeit im Spiegel der Zeitschriften des Kölner Satirikers Heinrich Lindenborn, in: Zehnder/Schäfke, *Der Riss im Himmel 4*, 1999, S. 211–226.

Braubach 1949:
M. Braubach, Kurköln. *Gestalten und Ereignisse aus zwei Jahrhunderten rheinischer Geschichte*, Münster 1949.

Braubach 1954:
M. Braubach, *Kurkölnische Miniaturen*, Münster 1954.

Braubach 1967:
M. Braubach, Die Mitglieder der Hofmusik unter den vier letzten Kurfürsten von Köln, in: S. Kross/ H. Schmidt (Hrsg.), *Colloquium amicorum. Joseph Schmidt-Görg zum 70. Geburtstag*, Bonn 1967, S. 26–63.

Bürgerliche Eliten, 1985:
Bürgerliche Eliten in den Niederlanden und in Nordwestdeutschland. Studien zur Sozialgeschichte des europäischen Bürgertums im Mittelalter und in der Neuzeit, hrsg. v. H. Schilling und H. Diederiks (Städteforschung A/23), Köln/ Wien 1985.

Clasen 1975:
C. W. Clasen, *Rheinische Goldschmiedekunst der Renaissance und Barockzeit* (Kunst und Altertum am Rhein. Führer des Rheinischen Landesmuseums Bonn, 56), Bonn 1975.

Clasen 1992:
C..W. Clasen, "... in dahiesiger Unserer Residenz-Stadt ...". Echtes und falsches Silber aus Bonn, *Weltkunst*, 20, 15.10.1992.

Depel 1961:
E. Depel, Bemerkungen zur Gemäldesammlung des Kurfürsten Clemens August, in: Kat. *Kurfürst Clemens August* 1961, S. 103–105.

Dieckhoff 1987/1988:
R. Dieckhoff, Zur republikanischen Thematik im häuslichen Bereich des 16. und 17. Jahrhunderts in Köln, in: *Der Name der Freiheit 1*, S. 422–425.

Dotzauer, 1973:
W. Dotzauer, Die Mitglieder der Kölner Freimaurerlogen, insbesondere der Loge 'Le Secret des trois Rois', vom Ende des Alten Reiches bis zu den Freiheitskriegen. Ein Beitrag zur Entwicklung der städtischen Gesellschaft vom Ancien régime zum Zeitalter Napoleons, *Jb. d. KGV*, 44, 1973, S. 123-231.

Dreczko 1978:
E. B. D. S. Dreczko, *Die kurkölnische und kurpfälzische Savonneriemanufaktur (1715–1798)*, Phil. Diss. Bonn 1978.

Durant 1982:
W. u. A. Durant, *Das Zeitalter Voltaires* (Kulturgeschichte der Menschheit, 14), München 1982.

Ebeling 1987:
D. Ebeling, *Bürgertum und Pöbel. Wirtschaft und Gesellschaft Kölns im 18. Jahrhundert* (Städteforschung A/26), Köln/Wien 1987.

Härter 1999:
K. Härter, »... zum Besten und Sicherheit des gemeinen Weesens ...«. Kurkölnische Policeygesetzgebung während der Regierung des Kurfürsten Clemens August, in: Zehnder/Schäfke, *Der Riss im Himmel 2*, 1999, S. 203–235.

Hansen, Quellen:
Quellen zur Geschichte des Rheinlandes im Zeitalter der Französischen Revolution 1780–1801, ges. u. hrsg. v. J. Hansen, 1. Bd.: *1780–1791* (Publikationen der Gesellschaft für Rheinische Geschichtskunde, XLII), Bonn 1931.

Hansmann 1971:
W. Hansmann, Fünf unbekannte Modelle des kurkölnischen Hofbildhauers Johann Franz van Helmont, *WRJb*, 33, Köln 1971, S. 161ff.

Hansmann 1972:
W. Hansmann, *Das Treppenhaus und das Große Neue Appartement des Brühler Schlosses. Studien zur Gestaltung der Hauptraumfolge*, Düsseldorf 1972.

Hansmann 1973:
W. Hansmann, Die Planung Johann Conrad Schlauns für Schloß Brühl, in: *Johann Conrad Schlaun 1695–1773, Schlaunstudie I. Textteil*, Ausstellungskatalog Westfälisches Landesmuseum für Kunst und Kulturgeschichte Münster, hrsg. von Klaus Bußmann, Münster 1973.

Hansmann 1977:
W. Hansmann, *Die Bau- und Kunstdenkmäler des Erftkreises. Stadt Brühl*, historische Texte v. G. Knopp (Die Bau- und Kunstdenkmäler von Nordrhein-Westfalen. I. Rheinland, 7.3), Berlin 1977.

Hansmann 1985:
W. Hansmann, Die Brühl-Aquarelle Adolph Wegelins für Königin Victoria, *Jahrbuch der Rheinischen Denkmalpflege*, 30/31, 1985, S. 101ff.

Hansmann 1987:
W. Hansmann, Die kurkölnische Landesburg Brühl als Ruine – Zwei Veduten von Renier Roidkin aus Schloß Augustusburg in Brühl, *Jahrbuch der Rheinischen Denkmalpflege*, 32, 1987, S. 55ff.

Hansmann 1999:
W. Hansmann, *Balthasar Neumann*, Fotografien von Florian Monheim, Köln 1999.

Hansmann/Knopp 1976:
W. Hansmann/G. Knopp, *Die Schlösser des Kurfürsten Clemens August. Veduten-Capricci. 21 Kupferstiche von Nikolaus Mettely und Peter Wyon nach Zeichnungen von Johann Martin Metz*, München 1976.

Hansmann/Knopp 1997:
W. Hansmann/G. Knopp, *Schloß Brühl. Die kurkölnische Residenz Augustusburg und Schloß Falkenlust*, 2. Aufl. Köln 1997.

Hauptmann 1901:
F. Hauptmann, *Das Innere des Bonner Schlosses zur Zeit Clemens Augusts*, Bonn 1901.

Hegel 1979:
E. Hegel, *Das Erzbistum Köln zwischen Barock und Aufklärung vom Pfälzischen Krieg bis zum Ende der französischen Zeit* (1688–1814) (Geschichte des Erzbistums Köln, 4), Köln 1979.

Henseler 1961:
T. A. Henseler, Musik und Theater unter Clemens August, in: Kat. *Kurfürst Clemens August* 1961, S. 92–98.

Hermes 1982:
J. Hermes, *Das alte Kempen. Eine Stadt im Spiegel der Jahrhunderte*, Krefeld 1982.

Heyderhoff 1912:
J. Heyderhoff (Bearb. u. Hrsg.), *Johann Baptist Fuchs. 1757–1827. Erinnerungen aus dem Leben eines Kölner Juristen*, Köln 1912.

Höroldt/ van Rey, *Geschichte der Stadt Bonn 3*, 1989:
D. Höroldt, *Bonn als kurkölnische Haupt- und Residenzstadt 1597–1794* (Geschichte der Stadt Bonn, 3, hrsg. von D. Höroldt/ M. van Rey), Bonn 1989.

Hoff 1987:
M. Hoff, Carl Daniel Freydanck – Ansichten und Aussichten, Katalog der Gemälde, in: *Carl Daniel Freydanck 1811–1887. Ein Vedutenmaler der KPM*, Ausstellungskatalog Schloß Charlottenburg, Berlin 1987.

Janssen 1997:
W. Janssen, *Kleine Rheinische Geschichte*, Düsseldorf 1997.

Lawrence 1991:
C. Lawrence, *Gerrit Adriaensz. Berckheyde (1638–1698). Haarlem Cityscape Painter*, Doornspijk 1991.

Martin 1876:
Th. Martin, *Das Leben des Prinzen Albert – Prinzgemahls der Königin von England*, Bd. 1, Gotha 1876.

Matzner 1995:
F. Matzner, »Natura Mensura Ars«. Architektur zwischen Idee und Ausführung, in: *Johann Conrad Schlaun 1695–1773. Architektur des Spätbarock in Europa*, Ausstellungskatalog Westfälisches Landesmuseum für Kunst und Kulturgesichte Münster, Stuttgart 1995.

Matzner/Schulze 1995:
F. Matzner/U. Schulze, *Johann Conrad Schlaun 1695–1773. Das Gesamtwerk*, hrsg. von Klaus Bußmann, Stuttgart 1995.

Meister/Jedding, 1958:
P. W. Meister/ H. Jedding, *Das schöne Möbel im Laufe der Jahrhunderte*, Heidelberg 1958.

Michel 1984:
P. Michel, *C.W.E. Dietrich und die Problematik des Eklektizismus*, Phil. Diss. München 1984

Militzer 1984:
K. Militzer, Die feierlichen Einritte der Kölner Erzbischöfe in die Stadt Köln im Spätmittelalter und in der frühen Neuzeit, *Jb. d. KGV*, 55, 1984, S. 77–116.

Der Name der Freiheit 2, 1988:
Der Name der Freiheit. 1288 - 1988. Aspekte Kölner Geschichte von Worringen bis heute. Ergänzungsband zur Ausstellung des Kölnischen Stadtmuseums in der Josef-Haubrich-Kunsthalle Köln 1988, hrsg. v. W. Schäfke, Köln 1988.

Nicke 1957:
J. Nicke, *Die Familie Herstatt. Insbesondere das Haus Johann David Herstatt in Köln* (Rheinische Geschlechter, 8: Haus I. D. Herstatt), 2. erw. Aufl., bearb. v. R. Steimel, Köln 1957.

Niessen 1924:
J. Niessen, *Landesherr und bürgerliche Selbstverwaltung in Bonn von 1244–1794* (Rheinisches Archiv, 5), Bonn/ Leipzig 1924.

Ohm 1998:
G. Ohm, *Zur Sozialpolitik in der Residenzstadt Bonn zur Zeit der Kurfürsten Max Friedrich und Max Franz* (Bonner Geschichtsblätter 47/48, 1998), S. 204ff.

Quarg 1996:
G. Quarg, *Naturkunde und Naturwissenschaften an der alten Kölner Universität* (Studien zur Geschichte der Universität zu Köln, 14) Köln/Weimar/Wien 1996.

Reble 1999:
A. Reble, *Geschichte der Pädagogik*, Stuttgart 1999.

Renard 1927:
E. Renard, *Clemens August Kurfürst von Köln. Ein rheinischer Mäzen und Weidmann des 18. Jahrhunderts*, Bielefeld/ Leipzig 1927.

Scholten-Nees/Jüttner 1971:
M. Scholten-Nees/W. Jüttner, *Niederrheinische Bauerntöpferei, 17.–19. Jahrhundert* (Werken und Wohnen, 7), Düsseldorf 1971.

Schuchard 1995:
J. Schuchard, Schmuck des 'empfindsamen Zeitalters'. Sepulkrale Motive auf Ringen, Broschen und Anhängern des 18. Jahrhunderts, in: *»... mit schwarzem Schmucke oder mit Perlen«. Trauerschmuck vom Barock bis zum Art Déco*, Ausstellungskatalog Museum für Sepulkralkultur, Kassel 1995/1996, S. 28ff.

Stiasny 1962:
H. H. Th. Stiasny, *Die Strafrechtliche Verfolgung der Täufer in der Freien Reichsstadt Köln 1529–1618* (Reformationsgeschichtliche Studien und Texte, 88), Münster 1962.

Valder-Knechtges 1989:
C. Valder-Knechtges, Die Musikgeschichte, in: Höroldt/ van Rey, *Geschichte der Stadt Bonn 3*, 1989, S. 449–514.

Vey 1963:
H. Vey, Die Gemälde des Kurfürsten Clemens August, in: *WRJb*, 25, 1963, S. 193–226.

Vigarello 1988:
G. Vigarello, *Wasser und Seife, Puder und Parfum*, Frankfurt/ New York 1988.

Wagner 1994:
G. Wagner, Der »Proportionalzirkel« Balthasar Neumanns, in: *Jagdschlösser Balthasar Neumanns in den Schönbornlanden*, Ausstellungskatalog Martin von Wagner Museum der Universität Würzburg (Bayerisches Landesamt für Denkmalpflege, Arbeitsheft 68), München 1994, S. 209f.

Wagner, Zuckerindustrie, 1998:
R. Wagner, Zuckerindustrie im Kölner Raum, in: P. Joerißen/ R. Wagner (Hrsg.), *Süßes Rheinland. Zur Kulturgeschichte des Zuckers*, Bonn 1998, S. 39–52.

Wamser 1994:
L. Wamser, Stechzirkel aus Balthasar Neumanns Gartenpavillon in Randersacker bei Würzburg, in: *Jagdschlösser Balthasar Neumanns in den Schönbornlanden*, Ausstellungskatalog Martin von Wagner Museum der Universität Würzburg (Bayerisches Landesamt für Denkmalpflege, Arbeitsheft 68), München 1994, S. 210f.

Weinforth 1992:
F. Weinforth, *Armut im Rheinland. Dokumente zur Geschichte von Armut und Fürsorge im Rheinland vom Mittelalter bis heute* (Veröff. der staatlichen Archive des Landes Nordrhein-Westfalen, Reihe G, 3), Kleve 1992.

Winterling 1986:
A. Winterling, *Der Hof der Kurfürsten von Köln 1688–1794. Eine Fallstudie zur Bedeutung »absolutistischer Hofhaltung«* (Veröff. des Historischen Vereins für den Niederrhein, 15), Bonn 1986.

Zehnder/Schäfke, *Der Riss im Himmel 1*, 1999:
W. Schäfke (Hrsg.), *Coellen eyn Croyn. Renaissance und Barock in Köln* (Der Riss im Himmel. Clemens August und seine Epoche, 1, hrsg. von F. G. Zehnder/W. Schäfke), Köln 1999.

Zehnder/Schäfke, *Der Riss im Himmel 2*, 1999:
F. G. Zehnder (Hrsg.), *Im Wechselspiel der Kräfte. Politische Entwicklungen des 17. und 18. Jahrhunderts in Kurköln* (Der Riss im Himmel. Clemens August und seine Epoche, 2), Köln 1999.

Zehnder/Schäfke, *Der Riss im Himmel 3*, 1999:
F. G. Zehnder (Hrsg.), *Eine Gesellschaft zwischen Tradition und Wandel. Alltag und Umwelt im Rheinland des 18. Jahrhunderts* (Der Riss im Himmel. Clemens August und seine Epoche, 3), Köln 1999.

Zehnder/Schäfke, *Der Riss im Himmel 4*, 1999:
G. Mölich/ G. Schwerhoff (Hrsg.), *Köln als Kommunikationszentrum. Studien zur frühneuzeitlichen Stadtgeschichte* (Der Riss im Himmel. Clemens August und seine Epoche, 4), Köln 1999.

Zehnder/Schäfke, *Der Riss im Himmel 5*:
F. G. Zehnder (Hrsg.), *Hirt und Herde. Religiosität und Frömmigkeit im Rheinland des 18. Jahrhunderts* (Der Riss im Himmel. Clemens August und seine Epoche, 5) (im Druck).

Zehnder/Schäfke, *Der Riss im Himmel 6*:
F. G. Zehnder (Hrsg.), *Das Ideal der Schönheit. Rheinische Kunst im Barock und Rokoko* (Der Riss im Himmel. Clemens August und seine Epoche, 6) (im Druck).

Zehnder/Schäfke, *Der Riss im Himmel 7*:
F. G. Zehnder (Hrsg.), *Die Bühnen des Rokoko. Theater, Musik und Literatur im Rheinland des 18. Jahrhunderts* (Der Riss im Himmel. Clemens August und seine Epoche, 7) (im Druck).

Zehnder/Schäfke, *Der Riss im Himmel 8*:
D. Ebeling (Hrsg.), *Aufbruch in eine neue Zeit. Gewerbe, Staat und Unternehmer in den Rheinlanden des 18. Jahrhunderts* (Der Riss im Himmel. Clemens August und seine Epoche 8) (im Druck).

Kataloge:

Kat. *Architekt und Ingenieur* 1984:
Architekt und Ingenieur. Baumeister in Krieg und Frieden, Ausstellungskatalog Herzog August Bibliothek Wolfenbüttel, hrsg. von H. Neumann, Braunschweig 1984.

Kat. *Bilderbuchmuseum Troisdorf* 1997:
Prinz Bröseldieb und Pu der Bär, Kinderbücher aus der Sammlung Brüggemann, Bilderbuchmuseum Troisdorf (1997 oder später).

Kat. *Blauer Dunst*
Blauer Dunst. Vier Jahrhunderte Tabak in Köln, bearb. v. W. Schäfke, Köln 1984.

Kat. *Bonner Alterthümer* 1886:
Catalog der Ausstellung von den Bonner Alterthümern, bearb. v. F. Hauptmann, Bonn 1886.

Kat. *Bonner Keramik* 1999:
Bonner Keramik (Bestandskatalog des StadtMuseums Bonn, 3), hrsg. v. I. Bodsch, bearb. v. C. Haunhorst, mit Beiträgen von G. Herrmann/ S. Shigihara-Goede/ T. Shigihara, Bonn 1999.

Kat. *Clemens August – Fürstbischof, Jagdherr, Mäzen* 1987:
Clemens August – Fürstbischof, Jagdherr, Mäzen. Katalog zu einer kulturhistorischen Ausstellung aus Anlaß des 150jährigen Jubiläums von Schloß Clemenswerth, Meppen/Sögel 1987.

Kat. *Coffeum* 1998:
Coffeum wirft die Jungfrau um. Kaffee und Erotik in Porzellan und Grafik aus drei Jahrhunderten, Ausstellungskatalog Museum der Porzellanmanufaktur Fürstenberg, Leipzig 1998.

Kat. *Europa und der Orient*:
Europa und der Orient 800–1900, Ausstellungskatalog – Festival der Weltkulturen Horizonte, Berlin 1989.

Kat. *Facetten des Barock* 1990:
Facetten des Barock, Meisterzeichnungen ... aus dem Kunstmuseum Düsseldorf/ Akademiesammlung, Katalog Kunstmuseum Düsseldorf 1990.

Kat. *Glanz des Barock* 1995:
Glanz des Barock – Sammlung Ludwig in Bamberg. Fayence und Porzellan (Schriftenreihe des Historischen Museum Bamberg, 31), Bamberg 1995.

Kat. Graven 1935:
H. Graven, *Die alte Kölner Universität und die Kunst*, Köln 1935.

Kat. *Internationale Künstler* 1984
Internationale Künstler in Bonn 1700–1860, Ausstellungskatalog Stadtarchiv und Wissenschaftliche Stadtbibliothek Bonn im Ernst-Moritz-Arndt-Haus (Veröffentlichungen des Stadtarchivs Bonn, 35), Bonn 1984.

Kat. *Köln 1475*, 1975:
Köln 1475. Des heiligen Reiches freie Stadt. Ausstellung des Historischen Archivs der Stadt Köln zum 500. Jahrestag der Anerkennung Kölns als Freie Reichsstadt am 19. September 1475, Köln 1975.

Kat. *Kurfürst Clemens August* 1961:
Kurfürst Clemens August. Landesherr und Mäzen des 18. Jahrhunderts, Ausstellungskatalog Schloß Augustusburg, Brühl. Köln 1961.

Kat. *Kurfürst Max Emanuel* 1976:
Kurfürst Max Emanuel. Bayern und Europa um 1700, 2 Bde. (Aufsatzband und Ausstellungskatalog Altes und Neues Schloß Schleißheim), München 1976.

Kat. *Lust und Verlust* 1995:
Lust und Verlust. Kölner Sammler zwischen Trikolore und Preußenadler, Ausstellungskatalog Forschungsreferat der Kölner Museen in Zusammenarbeit mit dem Wallraf-Richartz-Museum, hrsg. v. H. Kier/ F. G. Zehnder, Köln 1995.

Kat. *Der Name der Freiheit 1*, 1987/88:
Der Name der Freiheit. 1288–1988. Aspekte Kölner Geschichte von Worringen bis heute. Handbuch zur Ausstellung des Kölnischen Stadtmuseums in der Josef-Haubrich-Kunsthalle Köln 1988, hrsg. v. W. Schäfke, Köln 1987 (2. Aufl. 1988).

Kat. *Porzellan aus der Sammlung Blohm* 1968:
Porzellan aus der Sammlung Blohm. Leihgaben von Ernesto und Emily Blohm, Museum für Kunst und Gewerbe Hamburg, Hamburg 1968.

Kat. *Reformatio* 1965:
Reformatio. 450 Jahre Evangelisches Leben im Rheinland, Ausstellung veranstaltet von der Stadt Köln anläßlich des 12. Deutschen Evangelischen Kirchentages im Overstolzenhaus 1965.

Kat. *Reliquien, Verehrung und Verklärung* 1989:
Reliquien, Verehrung und Verklärung. Skizzen und Noten zur Thematik und Katalog zur Ausstellung der Kölner Sammlung Louis Peters im Schnütgen-Museum, hrsg. v. A. Legner, Köln 1989.

Kat. *Rheinisches Landesmuseum Bonn* 1982:
Rheinisches Landesmuseum Bonn. Gemälde bis 1800, bearb. v. F. Goldkuhle/ I. Krueger/ H.-M. Schmidt, Bonn 1982.

Kat. *Schurke oder Held* 1996:
Schurke oder Held. Historische Räuber und Räuberbanden, Ausstellungskatalog Badisches Landesmuseum Karlsruhe 1996.

Kat. *Sehnsucht nach Vollkommenheit* 1995:
Sehnsucht nach Vollkommenheit, Ausstellungskatalog Deutsches Hygiene-Museum Dresden 1995.

Kat. *Stadtrat, Stadtrecht, Bürgerfreiheit* 1996:
Stadtrat – Stadtrecht – Bürgerfreiheit, Ausstellung aus Anlaß des 600. Jahrestages des Verbund-

briefes vom 14. September 1396, Historisches Archiv der Stadt Köln, Köln 1996.

Kat. Wallraf-Richartz-Museum 1973:
U. Erichsen-Firle/ H. Vey, *Katalog der deutschen Gemälde von 1550 bis 1800 im Wallraf-Richartz-Museum und im öffentlichen Besitz der Stadt Köln mit Ausnahme des Kölnischen Stadtmuseums* (Kataloge des Wallraf-Richartz-Museums, X), Köln 1973.

Kat. *Zeit der Postkutschen* 1992:
Zeit der Postkutschen. Drei Jahrhunderte Reisen 1600–1900, Ausstellungskatalog Deutsches Postmuseum Frankfurt, Karlsruhe 1992.

Literaturverzeichnis zum Ausstellungsteil »Die Ästhetik des Krieges?«

Architekt und Ingenieur. Baumeister in Krieg und Frieden, Ausstellungskatalog Herzog August Bibliothek Wolfenbüttel, hrsg. von H. Neumann, Braunschweig 1984.

E. Bennion, *Alte medizinische Instrumente*, Köln 1996.

M. Bernhardt, »Es sollten gleichsam Krieges-Schulen seyn vor dem Adel, daß man geschickte Krieges-Officierer hätte.« Die Gründung militärischer Bildungsanstalten im Rheinland des 18. Jahrhunderts, in: Zehnder/Schäfke, *Riss im Himmel 3*, 1999, S. 87ff.

G. Bers/ S. Graumann, *Funktions-Eliten einer Territorial-Hauptstadt. Jülich in regionalen Staatskalendern 1748–1800* (Forum Jülicher Geschichte, 26), Jülich 1998.

O. Bezzel, *Geschichte des kurpfälzischen Heeres von seinen Anfängen bis zur Vereinigung von Kurpfalz und Kurbayern 1777* (Geschichte des Bayerischen Heeres, 4, T. 1), München 1925.

Die Bildung des Offiziers in der Aufklärung. Ferdinand Friedrich von Nicolai (1730–1814) und seine enzyklopädischen Sammlungen, Ausstellungskatalog der Württembergischen Landesbibliothek, Stuttgart 1990.

A. Blanchard, *Vauban*, Paris 1996.

G. von Büren / E. Spohr, Die Festungsanlagen von Düsseldorf und Jülich in kurpfälzischer Zeit, in: Zehnder/Schäfke, *Der Riss im Himmel 6* (im Druck).

W. Burgdorf, »Der Kurfürst von Köln solle für einen weltlichen Kurfürsten erklärt, verheiratet, und die Kur auf seine Deszendenten festgestellt werden, ...« Clemens August, der Siebenjährige Krieg und die Folgen, in: Zehnder/Schäfke, *Der Riss im Himmel 2*, 1999, S. 23–42.

H. Eichberg, *Festung, Zentralmacht und Sozialgeometrie. Kriegsingenieurwesen des 17. Jahrhunderts in den Herzogtümern Bremen und Verden*, Köln 1989.

S. Fiedler, *Kriegswesen und Kriegsführung im Zeitalter der Kabinettskriege* (Heerwesen der Neuzeit, II, 2), Koblenz 1986.

H.-W. Herrmann/ F. Irsigler, *Beiträge zur Geschichte der frühneuzeitlichen Garnisons- und Festungsstadt* (Veröff. der Kommission für Saarländische Landesgeschichte und Volksforschung, 13), Saarbrücken 1983.

E. Herter, *Geschichte der Kurkölnischen Truppen in der Zeit vom Badener Frieden bis zum Beginn des Siebenjährigen Krieges*, Diss. Bonn 1914.

H.-M. Hinz, *Der Krieg und seine Museen*, Frankfurt a. M. 1997.

M. Jähns, *Geschichte der Kriegswissenschaften*, 3 Bde., München/ Leipzig 1891, Nachdruck Hildesheim 1966.

R. Knötel, *Farbiges Buch der Uniformkunde*, überarb. Neuaufl., Augsburg 1996.

Krieg der Bilder. Druckgraphik als Medium politischer Auseinandersetzung im Europa des Absolutismus, Ausstellungskatalog Deutsches Historisches Museum Berlin, hrsg. von W. Cilleßen, Berlin 1997.

B. R. Kroener (Hrsg.), *Europa im Zeitalter Friedrichs des Großen. Wirtschaft, Gesellschaft, Kriege*, München 1989.

B. R. Kroener/ R. Pröfe (Hrsg.), *Krieg und Frieden. Militär und Gesellschaft in der Frühen Neuzeit*, Paderborn 1996.

H. Küffner/ E. Spohr, *Burg und Schloß Düsseldorf. Baugeschichte einer Residenz* (Jülicher Forschungen, 6), Kleve 1999.

J. Kunisch, *Fürst – Gesellschaft – Krieg. Studien zur bellizistischen Disposition des absoluten Fürstenstaates*, Köln 1992.

J. Kunisch/ B. Stollberg-Rilinger (Hrsg.), *Staatsverfassung und Heeresverfassung in der europäischen Geschichte der frühen Neuzeit* (Historische Forschungen, 28), Berlin 1985.

Lebenslust und Frömmigkeit. Kurfürst Carl Theodor (1724–1799) zwischen Barock und Aufklärung, Ausstellungskatalog Reiss-Museum Mannheim, 2 Bde., hrsg. von A. Wieczorek u.a., Mannheim 1999.

H. Meier-Welcker (Hrsg.), *Untersuchungen zur Geschichte des Offizierkorps – Anciennität und Beförderung nach Leistung*, Stuttgart 1962.

Militärstadt Spandau. Zentrum der preußischen Waffenproduktion von 1722 bis 1918, Ausstellungskatalog Stadtgeschichtliches Museum Spandau, hrsg. v. A. Theissen/ A. Wirtgen, Berlin 1998.

H. Müller-Hengstenberg, Werbung, Rekrutierung und Desertion beim kurkölnischen Militär im 18. Jahrhundert, *AHVN*, 195, 1992, S.167–175.

H. Neumann, *Festungsbaukunst und Festungsbautechnik. Deutsche Wehrbauarchitektur vom XV. bis XX. Jahrhundert* (Architectura Militaris, 1), Koblenz 1988.

H. Neumann, *Stadt und Festung Jülich auf bildlichen Darstellungen* (Architectura Militaris, 5), Bonn 1991.

G. Ortenburg, *Waffe und Waffengebrauch im Zeitalter der Kabinettskriege* (Heerwesen der Neuzeit, II, 1), Koblenz 1986.

G. Parker, *Die militärische Revolution: die Kriegskunst und der Aufstieg des Westens 1500–1800*, Frankfurt 1990.

J. Prieur (Hrsg.), *Stadt und Festung Wesel. Beiträge zur Stadtgeschichte der frühen Neuzeit* (Studien und Quellen zur Geschichte von Wesel, 20), Wesel 1998.

R. Pröve, Zum Verhältnis von Militär und Gesellschaft im Spiegel gewaltsamer Rekrutierungen, *Zeitschrift für Historische Forschung* 22, 1995, S. 191–223.

R. Pröve (Hrsg.), *Klio in Uniform? Probleme und Perspektiven einer modernen Militärgeschichte der Frühen Neuzeit*, Köln 1997.

Johann Conrad Schlaun 1695–1773. Architektur des Spätbarock in Europa, Ausstellungskatalog Westfälisches Landesmuseum für Kunst und Kulturgeschichte Münster, Stuttgart 1995.

U. Schulz, *Das Duell. Der tödliche Kampf um die Ehre*, Frankfurt a. M. 1996.

M. Sikora, *Disziplin und Desertion. Strukturprobleme militärischer Organisation im 18. Jahrhundert* (Historische Forschungen, 57), Berlin 1996.

E. Spohr, *Stadt und Festung Düsseldorf*, Düsseldorf 1978.

Autorenverzeichnis

Dort, wo der Autor/ die Autorin von Katalogartikeln zu allen Einzelobjekten einer Abteilung auch die entsprechende Einleitung des Kapitels verfaßt hat, wurde auf eine zusätzliche Namensnennung (Sigle) verzichtet.

M. v.d.B.	Matthias von der Bank
A. B.	Alfred Beckers
K. B.	Kristiane Benedix
M. B.	Marcus Bernhardt
O. B.	Otto Biba
S. B.	Susanne Blöcker
I. B.	Ingrid Bodsch
D. v.B.	Dela von Boeselager
G. v.B.	Guido v. Büren
G.C.	Georg Cox
S. E.	Silke Eberhardt
C. F.	Christoph Fischer
S. F.	Stefan Frankewitz
M. G.	Marianne Gechter
W. H.	Wilfried Hansmann
H. H.	Harald Herzog
M. H.	Manfred Huiskes
H. K.	Holger Kempkens
G. K.	Gisbert Knopp
A. K.	Andreas Kupka
C. K.	Constanze Kusch
H. M.	Harald Marx
K. P. M.	Klaus-Peter Merta
B. P.	Bernd Päffgen
M. P.	Marcell Perse
J. R.	Juliane Riepe
C. R.	Christoph Römer
M. B. R.-R.	Maria Barbara Rößner-Richarz
B. R.	Barbara Rommé
St. R.	Stefanie Rother
W. S.	Werner Schäfke
B. S.	Barbara Scheidt
M. Sch.	Monika Schwingeler
E. S.	Edmund Spohr
E. W.	Eckard Wagner
R. W.	Rita Wagner
U. W.	Ulrich Weber
M. W.	Marion Werber
F. G. Z.	Frank Günter Zehnder

Bildnachweis

Aachen, Domkapitel: S. 62 (© Domkapitel Aachen, Foto: Pit Siebigs).
Aachen, Sammlung Ludwig, Dauerleihgabe im Brückenrathaus Bamberg: S. 109, 110, 116, 126, 129, 145.
Berlin, Deutsches Historisches Museum: S. 153, 220, 222.
Berlin, Preußische Schlösser und Gärten Berlin-Brandenburg: 26
Berlin, Staatliche Museen zu Berlin – Preußischer Kulturbesitz, Gemäldegalerie: S. 115 (Foto: Jörg P. Anders).
Bonn, Katholische Stiftspfarre St. Johannes Baptist und Petrus: S. 194.
Bonn, Münsterpfarre St. Martin: S. 195.
Bonn, Rheinisches Landesmuseum: S. 56, 68, 142, 192, 193, 194.
Bonn, Stadtarchiv und Stadthistorische Bibliothek: S. 93, 165, 186, 198, 199, 201, 202, 203, 204, 205, 206, 207.
Bonn, StadtMuseum: S. 94, 166, 180 unten und 192 unten links (Fotos: Sachsse, Bonn).
Bonn, Universität, Dekanat der Philosophischen Fakultät: S. 198.
Braunschweig, Braunschweigisches Landesmuseum: S. 226 (Foto: Otto Hoppe).
Bremen, Focke-Museum – Bremer Landesmuseum für Kunst- und Kulturgeschichte: S. 111.
Brühl, Verwaltung Schloss Brühl: S. 90, 91 (Fotos: Wolfgang F. Meier, Köln).
Darmstadt, Hessisches Landesmuseum: S. 74 (Foto: Werner Kumpf).
Dresden, Deutsches Hygiene-Museum, Sammlung Schwarzkopf: S. 154 (Foto: David Brandt).
Dresden, Staatliche Kunstsammlungen Dresden – Gemäldegalerie Alte Meister: S. 104, 137, 144 (Fotos: Estel/ Kluth, Dresden).
Dresden, Staatliche Kunstsammlungen Dresden – Grünes Gewölbe: S. 104.
Dresden, Staatliche Kunstsammlungen Dresden – Mathematisch-Physikalischer Salon: S. 149 (Foto: J. Karpinski).
Dresden, Staatliche Kunstsammlungen Dresden – Skulpturensammlung: S. 76, 119.
Düsseldorf, Kunstmuseum Düsseldorf im Ehrenhof: S. 105, 115.
Düsseldorf, Nordrhein-Westfälisches Hauptstaatsarchiv: S. 100, 212.
Frankfurt am Main, Historisches Museum: S. 58.

Frankfurt am Main, Museum für Kunsthandwerk: S. 133.
Gent, Oudheidkundig Museum de Bijloke: S. 69 (Foto: Studio Claerhout Beeldproducties).
Göttingen, Georg-August-Universität Göttingen, Ethik und Geschichte der Medizin: S. 132.
Göttingen, Niedersächsische Staats- und Universitätsbibliothek: S. 101.
Hamburg, Museum für Kunst und Gewerbe: S. 118, 215 (Foto: Karin Kiemer, Hamburg).
Hilden, Wilhelm-Fabry-Museum: S. 150.
Hürth, Rüdiger Block: S. 20.
Jülich, Evangelische Kirchengemeinde: S. 223 (Foto: Fotostudio Petersen).
Jülich, Stadtgeschichtliches Museum: S. 210, 214, 219, 223, 226, 228, 231 (Fotos: Fotostudio Petersen).
Karlsruhe, Badisches Landesmuseum Karlsruhe: S. 109, 128, 134.
Karlsruhe, Staatliche Schlösser und Gärten, Oberfinanzdirektion Karlsruhe: S. 98 (Foto: Bachinger Fotografie Karlsruhe, Adi Bachinger).
Köln, Erzbischöfliches Diözesanmuseum: S. 74.
Köln, Kölnisches Stadtmuseum: 97, 181.
Köln, Wolfgang F. Meier: S. 33 oben.
Köln, Marion Mennicken: S. 160, 163, 164, 176, 178, 180 oben, 181, 182, 183, 184, 190, 192 oben, 196, 199 oben, 208.
Köln, Rheinisches Bildarchiv: S. 26, 39, 42, 44, 45, 46, 50, 51, 52, 54, 55, 71, 75, 87, 152, 168, 187, 195, 200, 222; Helmut Buchen: S. 64, 65; Wolfgang. F. Meier: S. 30, 32, 33, 34, 35, 36, 38, 48, 49, 51, 54 unten, 55 Mitte, 105, 118, 146; Marion Mennicken: S. 48.
Köln, Universitäts- und Stadtbibliothek: S. 96, 148.
Kopenhagen, Statens Museum for Kunst: S. 114, 115 (Fotos: DOWIC Fotografi).
Krefeld, Museum Burg Linn: S. 60, 61, 141.
Liège, Trésor de la Cathédrale de Liège: S. 76.
Lille, Musée des Beaux-Arts: S. 112 (© Photo RMN – P. Bernard).
Ludwigsburg, Förderverein Strafvollzugsmuseum Ludwigsburg e.V.: S. 100.
Madrid, Carmen Thyssen Bornemisza Collection: S. 102
Mannheim, Reiss-Museum: S. 70 (Foto: Jean Christen), 136, 227.
Meerbusch, Florian Monheim: S. 22.
Mönchengladbach, Städtisches Museum Schloß Rheydt: S. 130 (Foto: Klaus Möhlenkamp, Krefeld).
München, Bayerische Staatsbibliothek: S. 80.
München, Bayerische Staatsgemäldesammlungen: S. 71, 81; 87 (Foto: Bayer & Mitko-Artothek).
München, Bayerische Verwaltung der staatlichen Schlösser, Gärten und Seen: S. 81, 108, 129.
München, Deutsches Theatermuseum: S. 70.
München, Münchner Stadtmuseum: S. 78; 122 (© Wolfgang Pulfer Fotographie München).
München, Städtische Galerie im Lenbachhaus: S. 81.
München, Wittelsbacher Ausgleichsfonds: S. 80.
Münster, Museum für Lackkunst: S. 119, 120, 123.
Münster, Stadtmuseum Münster: S. 92, 105.
Münster, Westfälisches Landesmuseum für Kunst- und Kulturgeschichte: S. 29, 88 (Foto: S. Ahlbrand-Dornseif), 193.
Nümbrecht, Museum des Oberbergischen Kreises Schloß Homburg: S. 111 (Foto: Wolfgang Grümer Fotodesign).
Paris, Compagnie de Danse Baroque l'Eventail: S. 16 (© Compagnie de Danse Baroque l'Eventail).
Paris, Photothèque des Musées de la Ville de Paris: 122 (© Photothèque des Musées de la Ville de Paris – Cliché: P. Pierrain).
Pforzheim, Schmuckmuseum Pforzheim: S. 133.
Privatsammlungen: S. 84, 85, 105, 106, 167, 193; 216, 218 und 230 (Foto: Fotostudio Petersen, Jülich), 219 (Foto: Thomas Laux, Köln).
Pulheim-Brauweiler, Rheinisches Amt für Denkmalpflege: S. 2, 66, 82, 86, 108 unten, 158, 159, 162, 194, 201, 202 oben, 204, 234 (bearb. v. Wolfgang F. Meier, Köln), 236, 238, 240, 242, 244, 245, 248, 249; Michael Thuns: S. 27, 28, 29, 246, 247; Silvia M. Wolf: S. 136, 140, 156.
Randersacker, Der Bürgermeister der Stadt Randersacker: S. 28.
Ratingen, Rheinisches Industriemuseum – Museum für Industrie und Sozialgeschichte, Außenstelle Ratingen: S. 141.
Siegburg, Archiv des Rhein-Sieg-Kreises: S. 214
Sögel, Emslandmuseum Schloß Clemenswerth: S. 77, 93, 127, 128.
Solingen, Deutsches Klingenmuseum: S. 101, 227 (Foto: Maas, Solingen).
Troyes, Musée des Beaux Arts et d'Archéologie: S. 72.
Utrecht, Centraal Museum Utrecht: S. 138.
Venedig, Museo Correr e Quadreria Correr: S. 97 (Foto: Fotoflash di Zennaro Elisabetta, Venedig).
Venedig, Museo di Ca'Rezzonico: S. 124.
Wien, Heeresgeschichtliches Museum Wien: S. 224.
Wien, Sammlung der Gesellschaft der Musikfreunde in Wien: S. 172, 173, 174, 175.
Windhagen, Katholische Pfarrkirche St. Bartholomäus: S. 195.
Zülpich, Harald Herzog: S. 232.
Zürich, Medizinhistorisches Institut und Museum der Universität Zürich: S. 155.

Impressum

Der Katalog erscheint anläßlich der Ausstellungen
Der Riss im Himmel. Clemens August und seine Epoche
Schloß Augustusburg in Brühl – StadtMuseum Bonn – Museum Zitadelle Jülich – Schloß Miel,
13. Mai bis 1. Oktober 2000

Herausgeber:
Frank Günter Zehnder und Werner Schäfke

Redaktion:
Nicole Buchmann, Rita Wagner, Uschi Baetz
unter Mitarbeit von Ulrich Weber

Verlagslektorat: Karin Thomas

Gestaltung: Silvia Cardinal

Umschlaggestaltung:
Silvia Cardinal in Anlehnung an die visuelle Konzeption des Projektes *Der Riss im Himmel*, freundlicherweise zur Verfügung gestellt von Rüdiger Block, Hürth

Produktion: Peter Dreesen, Marcus Muraro

Reproduktion: Atelier 13, Kaarst

Druck und buchbinderische Verarbeitung:
B.o.s.s Druck und Medien GmbH, Kleve

Umschlagabbildungen:
Vorderseite:
Schloß Augustusburg, Brühl, und Kurfürst Clemens August aus einem Gemälde von F. J. Winter in Schloß Falkenlust.
Fotos: Rüdiger Block, Hürth
Unterlegung auf Vorder- und Rückseite, Vorsatzpapier:
Carlo Carlone, Ausschnitt aus dem Deckengemälde im Speise- und Musiksaal von Schloß Augustusburg, Brühl, 1752.
Foto: Rheinisches Amt für Denkmalpflege, Pulheim

Frontispiz:
Ausschnitt aus dem Deckengemälde von Carlo Carlone in der Nepomukkapelle von Schloß Augustusburg, Brühl, 1749.
Foto: Rheinisches Amt für Denkmalpflege, Pulheim

Die Deutsche Bibliothek – CIP-Einheitsaufnahme

Der Riss im Himmel : Clemens August und seine Epoche ; Katalog zum Gesamtprojekt Bonn – Brühl – Köln – Jülich – Miel, 13. Mai bis 1. Oktober 2000 / hrsg. von Frank Günter Zehnder und Werner Schäfke. – Köln : DuMont, 2000
ISBN 3-7701-5001-5
ISBN 3-7701-5002-3

Printed in Germany
ISBN 3-7701-5001-5 (Buchhandelsausgabe)
ISBN 3-7701-5002-3 (Katalogausgabe)